21世纪高职高专精品系列规划教材 ◎ 电子商务专业

电子商务概论

DIANZI SHANGWU GAILUN

（第三版）

主　编 ◎ 王伟军

副主编 ◎ 沈金波　张婷婷

首都经济贸易大学出版社
Capital University of Economics and Business Press
·北　京·

出版说明

21 世纪是信息化的时代，在全球信息化的大趋势下，各国电子商务在不断发展和完善。随着我国电子商务的蓬勃发展，培养多层次电子商务专业人才成为各界的迫切要求。

国内外教育学者都在积极探寻电子商务专业的教育教学模式，尤其是以培养应用型人才为主的高职高专的教学，更需要一套有别于本科层次的教学模式，那就是在保证基本理论教学的基础上增加实际应用部分的训练。相应地，高职高专教材的编写同过去相比也发生了较大变化，不再是本科教材的简写版，而是在讲解必备理论知识的基础上突出与实际相结合的特点。针对这一变化和要求，我们出版了这套颇具特色的高职高专电子商务专业规划教材。

本套教材有如下特点。

第一，为了让同学们对即将学习的内容有一个感性的认识，每一节都从"引导案例——打开知识的大门"开始，带着引导案例后的问题，展开对本节内容的讲述。

第二，在每一节正文内容讲完之后，设置了"本节内容图表化"，用图表的形式将本节内容作一归纳总结，这样方便学生对本节所讲内容的脉络有一个清晰整体的把握。

第三，在"本节内容图表化"之后安排有"开阔视野——还有你所不知道的"。这一部分介绍与本节内容相关的最新知识或最新应用，尽可能拓展学生们的知识面和眼界。

第四，在"开阔视野"之后安排有"案例学习——看看你的分析能力"。这一部分主要选取现实中的企业案例，让学生在对实际案例的分析中领悟本节所讲的理论知识，并通过回答案例之后的问题来检验自己对本节知识的应用能力。

第五，在"案例学习"之后设置了"班级讨论——加深你的知识理解"。这一部分由几道讨论题组成，最好由老师在完成本节教学内容之后，有准备地组织大家在课堂上展开班级讨论，让学生在轮流发言的过程中加深并补充对知识的理解

第六，在"班级讨论"之后设置了"自己动手——锻炼你的实践能力"。这一部分向学生提出了实际操作的科目，可由老师指导，让学生将其作为课后实践作业来完成，也可以作为平时实践测评的内容。

第七，在每一小节的最后设置"小节复习——牢记本节主要内容"。这一部分归纳出学生应当掌握的重点内容，便于老师进行阶段性知识点考核。

当然，由于不同课程特点不同，有个别教材并不一定同时具备以上所有特点，不过这并不妨碍读者对教材的使用。

本套教材力求有所创新，以便更好地为教师和学生服务，但是由于时间有限、难度较大，疏漏之处在所难免，希望各位老师、同学以及各界同仁们在使用过程中，如有意见和建议随时与我们联系沟通。

·21 世纪高职高专精品系列教材规划小组·

第三版前言

• PREFACE TO THE SECOND EDITION •

时光荏苒，距2011年本书第二次修订已过了将近4年时间。在这4年里，电子商务领域发生了翻天覆地的变化——2014年，阿里巴巴在美国上市，成为有史以来全球最大的IPO；百度的移动端流量超过了PC端；腾讯已在微信上投放信息流广告；京东、淘宝在农村刷墙做广告；新浪微博已试水商业运营；海淘已经成为很多人的生活常态。电子商务的发展呈现出国际化、移动化、农村化等特点，社交网络已成为电子商务发展的重要助力。

电子商务正在改变传统行业的运营方式和商业模式，开始塑造中国经济的新常态。作为一名一直从事电子商务教学及研究的一线教师，笔者及团队深刻地体会到电子商务带来的新变化、新应用、新常态。在此背景下，为让教材更贴近实际，更能反映电子商务的最新发展，我们认为有必要对《电子商务概论》进行第三次修订。

在修订过程中，我们将团队的最新研究成果、电子商务的最新发展、读者的最新反馈等融入教材之中。此次修订突出一个“新”字，主要从以下几个方面进行：第一，内容更新。我们增加了O2O（线上到线下）、跨境电子商务、农村电子商务（淘宝村）、社会化电子商务、众筹、云服务平台、政务微博、政务微信、网络视频、个人网络征信等内容，更新了B2C电子商务模式、移动电子商务、电子支付等内容，删掉了网上市场调研、虚拟社区等内容。增加和更新的内容充分反映了电子商务的最新发展和应用，删掉了一些过时的内容，使整本书的内容架构体系更趋完善和合理。第二，数据更新。电子商务的发展一日千里，我们对相关的统计数据进行了更新，如中国网络购物用户规模、电子商务交易额、中国B2C网络零售市场企业份额、中国B2B电子商务服务商营收份额等，使读者能更客观地了解中国电子商务的现状。第三，营销和应用更新。我们增加了微信营销、移动营销、粉丝营销、大数据营销等最新的营销方式，介绍了移动购物、网络视频、政务微博、政务微信等应用，让读者深刻体会电子商务带来的便利性。第四，案例更新。在对“引导案例”、“开阔视野”、“案例学习”的更新中，新增案例基本上都采用国内案例，如聚美优品、携程、光明菜管家、饿了么、优酷网、蘑菇街等，让案例更接地气，更容易为读者所认可和接受。同时，我们调整了部分章节的顺序，将原先的第二章改为第四章，将原先的第三、第四章改为第二、第三章，使章节之间更具逻辑性。

在本书的修订过程中，由王伟军负责修订大纲、统稿和定稿。华中师范大学信息管理学院部分硕士研究生参与了本书的修订。具体分工如下：张婷婷负责第一章；丁雪负责第二章；陈博洋负责第三、第八章；宋艳秋负责第五、第七章；王玉珠负责第四章；王玉珠、张婷婷负责第六章。汉口学院的沈金波老师和研究生张婷婷参与了大纲的讨论并承担了部分校对工作。

本书在修订过程中参考了很多资料，在此向相关作者表示衷心的感谢！由于时间所限，本书的修订难以全面体现电子商务最新的发展及应用，欢迎广大读者批评指正，以期进一步改进和完善。

2015 年 1 月

前 言

•PREFACE•

随着互联网和电子商务发展与应用的深入,电子商务正成为21世纪新的生产经营形态。电子商务的发展需要大量的应用型专业人才。为培养高质量的电子商务应用人才,高质量的教材建设是其中的关键因素之一。

当首都经贸大学出版社通过精心策划和准备,计划出版一套体例全新、更加适合于高职高专教学方式的电子商务专业系列教材时,我们欣然同意参加,愿意将我们多年的教学和研究成果,通过该书独特的体系展现出来,以促进电子商务专业的教材建设。

本书体系完整、内容新颖、体例生动,具有以下几个显著特点。

1. 体例创新,便于学习。本书主要按节来组织内容的编写,每一节以引导案例开始,正文之后是开拓学生思维的新视野、案例分析、讨论题和练习题。这样一种体例结构有别于同类教材,虽然编写难度大大增加,但更加适应教学的需要。

2. 突出实用性和引导性。本书注重理论与实践的紧密结合,在全面系统地介绍电子商务基本理论与基本方法的同时,书中每一章节都提供了引导案例、案例分析题和动手操作题,从而调动读者学习的积极性和主动性,并增强实际动手能力。

3. 体现创新性和前沿性。本书是课程组多年教学和科研的结晶,总结电子商务最新发展的成果,融入全书生动的体例之中。在强调基本知识传授的同时,通过大量电子商务创新应用的实例,加强对读者创新能力和创业意识的培养,使读者逐渐养成电子商务的创新型思维和能力。

本书是“电子商务概论”课程组集体智慧的结晶,王伟军负责总体规划、设计,拟订大纲、统编和定稿。各章具体分工如下:第一、二章由王伟军、冯益鸣编写;第三章由白玉、王蕾编写;第四、五章由沈金波、刘二涛编写;第六章由王丹、王蕾编写;第七章由岳云龙编写;第八章由程璇、白玉编写。刘蕤、孙晶、王显斌和张蓉晖同学在课件制作和资料的收集与整理等方面做了大量的工作。

电子商务是一门由经济、管理、信息技术和法律等多学科交叉而形成的全新的学科,并在迅猛发展,由于时间与经验不足,书中定有不当之处,欢迎广大读者批评指正,以期改进和完善。

编者

2008 年 1 月 18 日

目　录

• CONTENTS •

1

电子商务概述

【本章要点】

- 电子商务的产生与发展过程
- 电子商务的含义与特征
- 电子商务的分类
- 电子商务的体系结构
- 电子商务的商业模式

【学习要求】

通过本章学习，能够理解电子商务与商务活动的内涵，了解电子商务的含义与框架；能根据几种不同的分类标准进行电子商务分类，并能针对给定的电子商务网站进行区分，还要会分析其业务及赢利模式。同时，学生还应该通过上机实践来了解电子商务产业最新的发展状况。

当今世界信息技术发展迅猛，信息技术在贸易和商业领域得到日益广泛的应用，利用计算机技术、通信技术和互联网技术实现商务活动的国际化、信息化和无纸化，已经成为各国商务发展的趋势。电子商务正是为了适应这种全球性经济的变化而出现和发展起来的。

1.1 电子商务的含义

引导案例——打开知识的大门

电子商务的影响

在北方最大的箱包产业基地河北白沟，2008年金融危机爆发后，海外订单下降给当地产业带来巨大压力，但电子商务发展则让白沟实现"软着陆"。2013年，白沟网店数量增长到8 000余家，电子商务平台产生的箱包交易额接近总销售额的30%，从业人员达到3万余人。同时，规模定制、柔性制造也成为白沟箱包产业的新特点。网商依托箱包市场，先到网上卖货，然后到箱包市场进货，完全尊重消费者需求。电子商务改变了原来白沟"设计—生产—销售”的产业环节，转而变为“销售—设计—生产”。

（资料来源：阿里研究院，中国淘宝村研究报告，2014）

■ 这个案例中的现象你知道是如何产生的吗？

■ 你知道电子商务对传统行业有哪些影响呢？

1.1.1 商务与传统商务

1.1.1.1 商务的含义

关于商务的概念，有着广义、狭义两种不同的理解和界定。狭义的商务概念仅指商品的交易环节，多数情况下被当做“商品交易”来加以使用。这是社会经济发展中曾经经历过的“分工过程”的产物，商品的销售环节与生产分离，流通部门从生产部门中独立出来，它们成了社会经济的两个部门，流通部门专责商品交易，这为把商务限定在交易环节的观念提供了实践形态的支持。但是，商品的生产、销售是一个完整的过程链，它们是这一过程链上的两个基本环节，本质上都是根据消费者的市场需求，将原材料转换为产品再转移到消费者手中的商业行为，两个环节的活动之间有着密切的联系，并存在着内在的一致性。所以，现在的商务概念定义中，已开始从市场的角度，从商品的生产、销售一体化层面上来作广义的理解与界定。例如，乔治·M.邦兹和查尔斯·W.小兰姆在他们合著的《商务》中，将商务定义为：商务是将社会资源转化为产品和服务，并以营利为目的向消费者销售的有组织的活动。定义中，“社会资源”泛指生产商品的原材料。

随着我国市场经济的不断完善，企业直接面对市场谋求更大的生存和发展空间，政府采购采用市场化运作方式，个人消费日趋多样化，市场运作日益法制化、规范化，企业、政府、家庭与个人同市场联系愈加紧密，商务活动已渗透到社会经济生活的各个领域。“商务”的含义大致可以从以下几方面理解。

（1）商务是涉及买卖商品的事务。

（2）商务泛指营利性的活动。

（3）商务是涉及各种经济资源有偿转让的相关活动，这种资源通过交换方式实现所有权的转移过程就是商务活动过程。

（4）商务是涉及企业、政府部门（包括事业单位）、家庭和个人的市场交换活动。

1.1.1.2 传统商务的局限

在传统模式下，商务活动往往采取面对面直接交易或纸面交易的方式来进行。传统的商务运作方式，无论是柜台售货、开架自选，还是订货会、洽谈会，都是以直接或间接的物理交换或物理接触来完成业务交易的。人们在商场选择一件商品，试穿一件衣服，试坐一把按摩椅，然后付现金购买；按照样品订购货物，签订合同，按合同规定交货、付款结算。无论是面对面直接交易，还是通过信函、传真等纸面方式交易，都是一种物理方式，这是传统商务的运作特点。

由于传统商务活动大部分以面对面及书面文档传递为主,使传统商务具有信息不完善、耗费时间长、花费高、产品积压、生产周期长、客户服务有限等局限性。

1.1.2 电子商务产生的背景与动因

电子商务最早产生于20世纪60年代,并在20世纪90年代得到迅猛发展。电子商务的产生是计算机和Internet技术的发展以及商务应用需求的必然结果,具有深刻的技术背景和商业背景(如图1-1所示)。

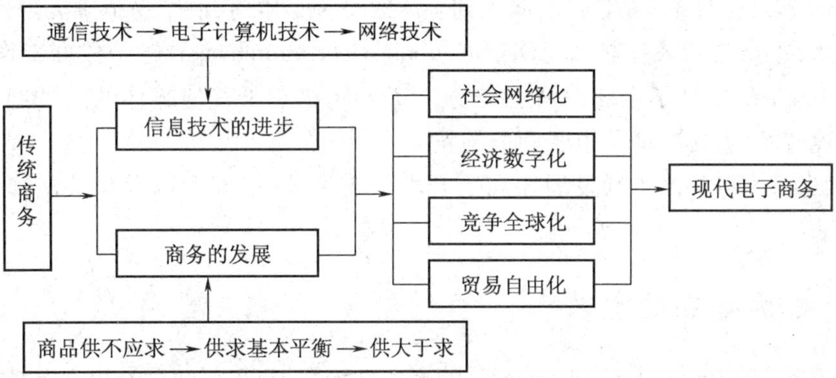

图1-1 电子商务产生与发展的背景

1.1.2.1 电子商务产生与发展的商务背景

由于社会生产力的发展,在商品经济条件下,随着商业贸易的国际化和国际贸易的迅速增长,在贸易过程中,制造商、供货商和消费者之间,跨国公司和其各分公司之间迫切要求提高商业文件和票据的传递处理速度,提高处理的准确度,而传统的文件采用人工方式处理,劳动强度大、效率低、出错率高,因而商业贸易业务的电子化成为必然。追求商业贸易的"无纸化"成为所有贸易伙伴的共同需求。

1.1.2.2 电子商务产生与发展的技术背景

IT(Information Technology,信息技术)的发展为电子商务的产生和发展奠定了坚实的技术基础,并且推动着电子商务的蓬勃发展。随着计算机的处理速度越来越快、处理能力越来越强、价格越来越低,计算机已快速进入普通百姓家庭和中小企业,这一切都为电子商务的应用提供了物质基础;当Internet逐渐成为全球通信与交易的媒介,全球上网用户呈几何级数增长,国际线路容量不断增大,带宽不断扩大,Internet上的应用和服务也更加丰富,这些又为电子商务的发展提供了应用条件;随着网络计算技术的迅速发展,网络数据库也不断推陈出新,随着Web的诞生,许多商家开始采用Web应用系统来支持电子商务;Java语言的诞生进一步促进了Internet与网络计算的发展,这种集数据、文本、图像、语音的超文本功能与超链接功能于一体的网络信息服务方法,使得Internet更加适合于商业应用。另外,计算机安全保障技术和网络安全技术的研究和发展,包括数据加密技术、数字签名技术和防火墙技术的应用等,为电子商务的发展提供了重要的保障作用。网络的发展与日渐成熟使得电子商务成为可能。

现代意义上的电子商务是20世纪90年代Internet技术成熟后才开始的。1991年,美国政府宣布Internet向社会公众开放,允许在网上开发商业应用系统;1993年,万维网(World Wide Web,简称WWW或Web)在Internet上出现,这是一种具有处理图文、声像等超文本对象能力的网络技术,使Internet具备了支持多媒体应用的功能;到了1995年,Internet上的商业信息量首次超过了科教信息量,这是电子商务从此大规模起步发展的标志。

Internet实现全球范围的连接,深入到全球的每一个角落,使交易范围无限扩大,交易费用却大大降低,使依赖于传统EDI(Electronic Data Interchange,电子数据交换)的企业迅速加入Internet,实现了全球性网上交易。Internet相对于其他媒体的这种绝对优势使其得以迅速普及,直接推动了电子商务的发展。

另外,电子商务的产生与发展还离不开电子支付、网络安全以及相关法律体系的完善等因素。

1.1.3 电子商务的定义

电子商务(Electronic Commerce,EC)的概念大约在1996年前后被提出并被迅速传播和推广,但至今仍缺少一个公认的权威性定义。

1.1.3.1 政府、组织对电子商务的定义

(1)OECD(Organization for Economic Co-operation and Development,经济合作与发展组织)的定义是:电子商务是发生在开放网络上的包括企业之间、企业和消费者之间的商业交易。

(2)世界贸易组织(World Trade Organization,WTO)电子商务专题报告中对电子商务的定义是:通过电信网络进行的生产、营销、销售和流通活动,它不仅指基于Internet的交易,而且指所有利用电子信息技术来解决问题、降低成本、增加价值和创造商机的商务活动,包括通过网络实现从原材料查询、采购到产品展示、订购、储运以及电子支付等一系列的贸易活动。

(3)美国政府在其《全球电子商务纲要》中比较笼统地指出:电子商务是指通过Internet进行的各项商务活动,包括广告、交易、支付、服务等活动,全球电子商务将会涉及全球各国。

1.1.3.2 学者对电子商务的定义

(1)美国佐治亚大学的卡拉科塔教授和得克萨斯大学奥斯汀分校的温斯顿教授在他们的专著《电子商务的前沿》中指出:“广义地讲,电子商务是一种现代商业方法。这种方法通过改善产品和服务质量、提高服务传递速度,满足政府组织、厂商和消费者降低成本的需求。”

(2)美国圣迭戈大学的施耐德教授认为:虽然很多人认为电子商务就是在 Internet 上购物,但其实电子商务的业务领域并不仅限于网上购物,而是包含了很多商业活动。

(3)厦门大学的姚立新教授认为,作为完整概念的电子商务可以有广义和狭义之分。广义电子商务泛指应用电子与信息技术而进行的经济贸易活动。狭义电子商务是指利用电子信息网络如因特网、企业内部网、企业外部网等设施来实现的商品和服务活动的总称。

1.1.3.3 企业对于电子商务的定义

(1)IBM 提出了一个电子商务的定义公式,即电子商务 = WEB + IT。它所强调的是在网络计算环境下的商业化应用,是把买方、卖方、厂商及其合作伙伴在互联网(Internet)、企业内部网(Intranet)和企业外部网(Extranet)结合起来的应用。

(2)Intel 公司给出的电子商务定义是:“电子商务 = 电子化的市场 + 电子化的交易 + 电子化的服务。”

(3)HP 公司认为:电子商务简单地说,是指从售前服务到售后支持的各个环节实现电子化、自动化,它能够使我们以电子交易手段完成物品和服务的等价值交换。

1.1.3.4 本书对电子商务的定义

从上述不同定义可以看出,有关政府组织和学者们侧重于从电子商务运用的技术,及其对于政府、企业和消费者的影响等方面界定电子商务。企业侧重于从企业经营管理的微观方面界定电子商务,电子商务能改进产品和服务质量,提高服务传递速度,满足政府组织、厂商和消费者降低成本的需求,电子商务强调创造新的商机,以较少的投入获得较高的回报,创造商业价值。

总的说来,人们对电子商务性质的认识可以分为两种类型:第一是以电子商务活动为主体,通过对活动的性质与特征分析来界定电子商务的性质;第二是把电子商务置于整个供应价值链中,从商品的生产、销售一体化层面上来认识、界定其本质。就其认识的深入程度和所起作用而言,前一类定义是处于初始层面时的认识,但在普及电子商务观念和知识的初期起过相当大的作用;后者表明人们在认识上的深化和发展,是对电子商务更为本质的揭示,在已经来临的这场新的生产经营形态变革中,它将有效地发挥观念导向作用。

我们认为电子商务不但是一种新型的商务运作模式,同时还将影响到企业内部组织结构和管理模式。因此,综上所述,我们认为电子商务是指运用电子工具(包括互联网)所进行的产品或服务的生产、交易及相关行政作业的一种商业模式。

1.1.3.5 对电子商务定义的理解

商业模式的概念意指商务行为的“范式”化,亦即商务活动运行方式的结构化、程式化、格局化。在电子商务中,交易双方分处网络的不同端点进行异地交易,使用计算机、电话机、电视机、传真机等工具开展交易活动。作为交易的客体可以分为产品和服务两大类型。其中,产品包括实体化的物质产品,如汽车、电视机、图书等,也包括数字化的信息产品,如新闻、影视节目、计算机软件、网上书刊等;服务则指企业为顾客提供的各类服务等无形产品,如远程教育、安排旅游、网上医疗等,当然,从商业的角度而言,它们也是商品。电子商务的交易过程以产品生产完成或服务项目形成为正式起点,并前溯到市场调查、安排生产等交易前的环节;交易完成后的售后服务是这一过程的终端。在这一过程中,电子商务在网络上展开了一个基本完整的产品或服务交易的活动体系和与之相关的行政作业体系。活动内容包括:市场调查、生产安排、产品或服务信息发布(供方)、产品或服务信息搜索(买方)、售前服务、订购或申请服务、商务洽谈、金融汇兑、海关报关、纳税、运输(数字化信息产品)或运输管理(实体化物质产品的发送管理与运输信息跟踪)、保险、售后服务与信息反馈等。

总之,除实体化物质产品的运输环节外,产品或服务交易及相关行政作业的所有活动都是在网络上进行的。电子商务是一个多种电子技术应用的综合体,包括计算机技术、网络通信技术、数据库技术、自动控制技术、多媒体技术等。它们的应用,形成了一整套电子商务应用的技术体系,包括交换数据(电子数据交换、电子邮件)、获得数据(共享数据、电子公告系统)、自动捕获数据(条形码)等。电子商务是一种信息化的作业方式。除实体化物资产品的具体运送活动外,产品或服务交易及相关行政作业的全部活动都是通过对信息流的控制而得以进行的,整个电子商务的运行模式都是以信息流引导资金流、物流来实现价值交换的。

1.1.4 电子商务的发展历程

1.1.4.1 基于EDI的电子商务

在贸易的推动下,为了克服传统的人工处理单证和文件的困难,贸易商们开始在商务活动中尝试运用计算机来处理商务活动中所涉及的文件和单据。在使用计算机处理各类商务文件的时候,重复输入和输出过程中由于过多的人为因素,影响到数据的准确性和工作效率的提高,因此,人们开始尝试在贸易伙伴之间的计算机上使数据能够自动交换,于是,EDI应运而生。

EDI是英文Electronic Data Interchange(电子数据交换)的缩写,EDI就是标准化的电子商业文件在计算机之间的传送和处理。国际标准化组织(ISO)将EDI描述成“将贸易(商业)或行政事务处理按照一个公认的标准变成结构化的事务处理或信息数据格式,实现从计算机到计算机的电子传输”。

EDI将企业与企业之间的商业往来文件,以标准化、规范化的文件格式,无须人工介入,无须纸张文件,采用电子化的方式,通过网络在计算机应用系统之间直接进行信息业务的交换与处理。相对于传统的订货和付款方式,传统贸易所使用的各种单证、票据全部被计算机网络的数据所取代。EDI系统的大范围使用,可以减少数据处理费用和数据重复录入费用,并大大缩短交易时间,降低库存和成本,提高效率。通过EDI,贸易实现了商业数据的无纸化处理。

由于EDI大大减少了纸张票据,因此,人们也形象地称之为“无纸贸易”或“无纸交易”。由于不同行业的企业是根据自身的业务特点来规定数据库的信息格式的,因此,当需要发送 EDI 文件时，必须把它翻译成 EDI 的标准格式才能进行传输。EDI 即是电子商务的初级阶段。

1.1.4.2 基于 Internet 的电子商务

EDI 的应用使得单证和文件处理的劳动强度、出错率和费用大为降低，效率大为提高，从而极大地推动了国际贸易的发展，显示出巨大的优势和强大的生命力。由于 EDI 通信系统的建立需要较大的投资，使用 VAN(Value Added Network，增值网)的费用很高，这就限制了基于 EDI 的电子商务应用范围的扩大，而且 EDI 对于信息共享考虑得也较少，比较适合大型公司。随着大型跨国公司对信息共享的需求增加和中小公司对 EDI 的渴望，迫切需要建立一种新的成本低廉、能够实现信息共享的电子信息交换系统。

20 世纪 90 年代中期以后，Internet 迅速普及，电子商务成为互联网应用的最大热点。互联网也借助于商业应用而迅速发展。例如，以直接面向消费者的网络直销模式闻名的美国戴尔(Dell)公司、亚马逊(Amazon)、eBay 拍卖网站，都利用电子商务获得了巨大的成功。根据中国互联网络信息中心(CNNIC)发布的《第 34 次中国互联网络发展状况统计报告》显示，截至 2014 年 6 月，我国网络购物用户规模达到 3.32 亿人，较 2013 年底增加 2 962 万人，半年度增长率为 9.8%。根据商务部电子商务司测算，2014 年我国电子商务交易额(包括 B2B 和网络零售)将达到约 13 万亿元，同比增长 25%。

以互联网为主的电子商务比以 EDI 为主的电子商务对企业具有更大的吸引力，这些优势主要体现在以下几方面。

(1)费用低廉。开放性的互联网，使用费用很低，一般来说，其费用不到 VAN 的 1/4。

(2)覆盖面广。互联网几乎遍及全球的各个角落，用户通过普通电话线就可以方便地与全球贸易伙伴相互传递商业信息和文件。

(3)功能更全面。互联网可以全面支持不同类型的用户实现不同层次的商务目标，如发布电子商情、在线洽谈、建立虚拟商店或网上银行等。

(4)使用更灵活。基于互联网的电子商务可以不受特殊数据交换协议的限制，任何商业文件或单证都可以直接通过填写与现行的纸面单证格式一致的屏幕单证来完成，不需要翻译，任何人都能看懂或直接使用。

Internet 克服了 EDI 的不足，满足了中小企业对于电子数据交换的需要。Internet 作为一个费用更低、覆盖面更广、服务更好的系统，将替代 VAN 而成为 EDI 的载体。在 Internet 基础上建立的电子信息交换系统，既成本低廉又能实现信息共享，为在所有的企业中普及商务活动的电子化——电子商务提供了可能。

1.1.5 电子商务的特征

电子商务作为一种新型的不断成熟的交易方式，具有方便性、高效性、技术性、社会性和虚拟性的特点，下面对这五个特点分别进行简要阐述。

1.1.5.1 电子商务的方便性

时间、空间限制是人们从事社会经济活动的主要障碍，也是构成企业经营成本的重要因素，Internet 遍及全球各个角落，电子商务贸易活动亦随之遍布全球，电子商务把商业和其他业务活动所受的时空限制大大弱化了，从而降低了企业经营成本和国民经济运行成本。通过电子商务，企业与企业间可以在网上方便地进行贸易合作、商业洽谈以及商业信息传递等，用户能足不出户地查询商业信息、享受购物便利，同时也节约了在搜寻产品服务上与交通上的时间成本，这都体现了电子商务给人们带来的方便性。

1.1.5.2 电子商务的高效性

由于在 Internet 上能实现电子数据交换，这使得电子商务中的各种商务活动所产生的商业文件、信息都可以在互联网上实现瞬间传递和自动处理，没有了传统商务活动中处理速度慢、费用高等缺点，极大提高了商务活动的运作效率和交易速度。并且，在互联网上发布信息具有高速、实时的特点，也能及时引导企业按市场需求作出快速反应，从而避免产品积压和过时的现象。

电子商务为企业节省了大量的开销，无须营业人员，无须实体店铺，并可以提供全天候服务，能大大提高销售量，提高客户满意度和企业知名度等。例如，瑞士一家覆盖全国的网上超市，全部经营管理人员只有 8 人，经营数千种商品，开业仅几个月就有数万客户，其商品的储存、运输及送货上门均由邮政部门负责。

1.1.5.3 电子商务的技术性

电子商务建立在计算机技术和网络通信技术等新技术的基础上。计算机技术、网络技术的发展和软件技术的广泛应用，造就了电子商务欣欣向荣的发展势头。除了计算机技术和网络技术外，电子商务还涉及新的管理思想、管理方法、安全技术、自动识别技术和标准化技术等，同时还涉及物流活动中应用的机械化、自动化和智能化技术。

在应用集成技术方面，电子商务提高了事务处理的整体性和统一性，使用户能更加有效地利用他们已有的资源和技术。电子商务能规范事务处理的工作流程，将人工操作和电子信息处理集成为一个不可分割的整体，这样，不仅能提高人员和设备的利用效率，也提高了系统运行的可靠性。

1.1.5.4 电子商务的社会性

经济全球化和信息化是当今世界经济社会发展的趋势，各国、各地区的人们正在有意识或无意识地被纳入世界经济社会的体系之中，Internet 和电子商务的出现加速了这一进程。电子商务的出现导致了某些行业的衰落，同时也造就了许多有生机的新行业和新商务模式。电子商务构筑了一个电子化的市场，在目前仍是活动自由度相对较高、法律约束较少的一个经营活动领域，这一特点在有利于企业探索新的经营方式、降低营业成本的同时，也使得一些不良分子欺骗消费者、侵犯他人知识产权的行为难以得到及时有效地查处。因此，针对网上交易活动制定和执行一些基本规范，通过国际协调，以法律形式来保障网络用户的合法权益，维持网上交易秩序显得十分必要。

1.1.5.5 电子商务的虚拟性

电子商务市场环境建立在以 Internet 为基础的网络之上，它的主要商务活动，如产品发布、交易、结算等都是数字化的，犹如在 Internet 上形成一个跨越全球的虚拟市场，冲破了传统商务的时空限制。借助网络，网上交易可以不受时空制约，消费者不仅可以与国内经营者交易，而且可以和世界范围的任何经营者交易。任何一个企业都可以利用这个虚拟市场向全世界推销自己的产品，这也正是电子商务能在如此短的时间里取得巨大发展的原因之一。

1.1.6 电子商务与传统商务的比较

与传统商务比较起来，电子商务为经济发展提供了战略性、选择性和持续性的支持，是社会向前发展和演进的重要标志。

首先从交易方式来看，电子商务是网络化交易，是最先进的买卖方式，这种买卖方式依托计算机网络而开展。电子商务系统可以协助用户完成合同的签订、分类、传递和款项收付等全套业务。而在网络上开展的商贸活动同样是一种跨越时空的现代化商贸活动，它通过虚拟手段破除了诸如时间、距离等限制市场机会的壁垒，彻底改变了竞争的性质，使得边远地区的企业、规模较小的企业也能够在公平的环境下参与竞争，也使得不同地区、不同工作性质的消费者能同样享受现代社会的各种好处。

其次，从经营方式来看，电子商务是网络化经营，在电子商务日新月异的今天，网上营销已经成为不可回避的商业命题，它不仅仅是一种新的技术或手段，更是一种影响企业未来生存及长远目标的选择，这是企业的一种新的经营方式。互联网络所具有的高效、及时的双向沟通功能为加强企业与分销商、供应商的联系提供有力的平台，运用网络实现产前、产后联系是企业营销工作的重要组成部分。

最后，从科技含量来看，电子商务是一种自动化商务，实际上是以网络通信为依托，以电子信息技术为手段提供的服务贸易、商品交易和商务性数据交换，它的核心是极大地扩张商务活动的空间及运作对象，最大限度地缩短业务流程和工作时间，从而降低企业和社会的交易费用，以较少的成本获取最大的收益，增加业务的价值和社会净福利。传统商务与电子商务的详细比较见表 1－1。

表 1－1 传统商务与电子商务的比较

项 目	传统商务	电子商务
信息提供	根据销售商的不同而不同	透明、准确
流通渠道	企业—批发商—零售商—消费者	企业—消费者
交易对象	部分地区	全球
交易时间	规定的营业时间内	24 小时
销售方法	通过各种关系买卖	完全自由购买
营销活动	销售商的单方营销	双向通信、一对一
顾客方便度	受时间与地点的限制	顾客按自己的方式购物

续表

项　目	传统商务	电子商务
对应顾客	需长时间掌握顾客的需求	能够及时应对顾客的需求
销售地点	需要销售空间(店铺)	虚拟空间

1.1.7 电子商务带来的商务变革

对电子商务本质与概念的认识、理解，现在已出现了这样一种观点，即把电子商务作为一种新的生产经营形态。这种观点，把电子商务视做网络精神与商务本质的融合，其核心思想是把电子商务纳入总体化的网络经济范畴内，揭示电子商务对于整个生产经营形态所带来的巨大变革。我们可以从以下几个角度来加以说明。

1.1.7.1 网络经济视角

从网络经济的角度来说，电子商务是网络的一种商业应用，它不只局限于提高商品营销活动的效率，而是从根本上对生产经营的方式、方法、运行机制、管理理念等进行整体变革，改变的是整个商业模式，产生了一种基于电子商务应用的生产经营形态。因此，我们说电子商务是网络经济的较高境界和典范。

从更为本质的角度说，电子商务是一种利用电子工具在网络上进行的生产经营形态，其根本目的是通过提高企业生产效率，降低经营成本，优化资源配置，从而实现社会财富的最大化。

1.1.7.2 顾客关系视角

电子商务是一种以顾客关系管理为核心的生产经营形态。由于网络在商业中的应用，产生了从卖方到买方的权利转移，在卖方市场转向买方市场之后，顾客成为市场的主宰。通过互联网，顾客置身于全球市场的环境，传统商务实体市场所造成的商务信息的获取障碍和实体市场壁垒所带来的购、销障碍已不复存在，顾客有很大的商品选择空间，顾客对服务的要求超过对产品质量的要求。传统商务中以产品为中心的观念受到严重冲击，而以顾客为中心的顾客关系管理则成为现代企业的市场经营中心，以顾客为导向的理念成为生产经营中管理文化的核心，深度发展顾客中心战略成为基本的战略决策。因此，电子商务仅依赖产品的质量已难以留住顾客，必须提升产品的服务质量。

1.1.7.3 企业生产视角

通过电子商务，企业在产品生产阶段，将市场需求、产品开发、生产计划、生产进度、原材料供应、产品销售、消费者反馈意见等信息在网上实时更新，公司员工在各自的岗位上搜索、利用信息，使整个生产过程更加协调进行，产品的生产与消费者的要求更加相符。网络产品甚至可以实现在线生产，做到在生产的过程中与顾客保持信息交流，根据顾客要求对生产进行实时的调整;企业将在更大程度上直接根据顾客订单安排生产,使原材料和产品的库存降到最低,甚至实现零库存管理;顾客消费水平大大提高,达到消费的个性化。为此,企业必须改变过去那种批量生产模式,在最大限度上实行定制生产、及时生产的方式,根据顾客的特定需要,量身定做,并且,在生产环节应尽可能增加产品的附加值服务。

1.1.7.4 产品销售视角

在产品的销售方面,电子工具和网络使得电子商务可以采取直接市场营销(Direct Marketing)的方式。这是一种包括利用直接反馈的广告、直接邮件、电话、传真和其他相互交流形式的媒介来开展营销活动的方式。在这种方式中,公司与顾客之间实行直接联系,通过快速互动的信息交换完成产品销售的全过程,商品交易具有跨地域、超时限、高速度、低成本的种种特征和优势。

由于省去了公司与顾客之间的中间环节,电子商务将改变传统的分销商概念,分销商或者被取消,或者转向面对特殊顾客经营更为专门的增值服务。公司与顾客直接联系的方式使得公司可以存储顾客的信息,顾客信息数据库在公司的顾客关系管理中将成为留住老顾客、发现潜在客户、发展新顾客的重要工具。

1.1.7.5 价格机制视角

在商品价格机制上,电子商务将传统商务的固定价格模式变为动态价格模式。功能健全的电子交易平台能提供自由、动态的定价机制。它将众多的卖方和买方集中在一起,将商品的所有报价和索价都集中在了一起,共同竞价,以浮动的价格进行交易。在一次竞价中,商品的销售价格也随着顾客索价的变化而变化,厂家、商家所确定的商品价格只能作为报价而出现,最终的价格将由顾客来确定。这样,商品价格可以根据网上顾客的消费信息实时更新,动态价格模式成为电子商务市场的基本价格模式。

1.1.7.6 企业协作视角

电子商务将促使企业之间结成更为广泛的联系,并改变它们关系的本质。在电子商务环境下,任何一家企业要想赢得并巩固其市场地位,都需要与其他公司结盟,做到资源整合、优势互补,整体形成顾客服务优势。相关企业结成战略联盟,组成虚拟企业等,这超出了传统意义上的单纯的企业之间合作的性质,而是组成了电子商务共同体。比如,计算机技术、网络技术飞速发展,技术更新需要投入巨额资金和技术力量,为了减少成本投入,更好地吸引顾客,获取市场地位,传统生产型企业将采取平台接入、技术外购、技术托管的方式开展电子商务活动,从而把精力投向公司的市场开发、产品、流程和收益等战略方面的。在电子商务环境下,公司之间结成机动灵活的外购联盟,将是一个极其普遍的现象。企业之间的广泛联系,对于完善整个社会的资源配置,有着极其重要的推动作用。

本节内容图表化

政府与组织对电子商务的定义	经济合作与发展组织	电子商务是发生在开放网络上的包括企业之间、企业和消费者之间的商业交易
	世界贸易组织	电子商务就是通过电信网络进行的生产、营销、销售和流通活动
	美国政府	电子商务是指通过 Internet 进行的各项商务活动
学者对电子商务的定义	卡拉科塔教授和温斯顿教授	广义地讲,电子商务是一种现代商业方法
	施耐德教授	电子商务的业务领域并不仅限于网上购物,而是包含了很多商业活动
	姚立新老师	电子商务的概念有广义和狭义之分。广义的电子商务泛指应用电子与信息技术而进行的经贸活动。狭义电子商务指利用电子信息网络来实现的商品和服务活动的总称
企业对电子商务的定义	IBM 公司	电子商务 = WEB + IT
	Intel 公司	电子商务 = 电子化的市场 + 电子化的交易 + 电子化的服务
	HP 公司	电子商务简单地说,是指从售前服务到售后支持的各个环节实现电子化、自动化
本书对电子商务的定义	电子商务是指运用电子工具所进行的产品或服务的生产、交易及相关行政作业的一种商业模式	

开阔视野——还有你所不知道的

E 概念电子商务

自 2000 年初以来,人们对于电子商务的认识逐渐由互联网商务扩展到 E 概念的高度,人们认识到电子商务实际上就是电子信息技术同商务应用的结合。而电子信息技术不但可以和商务活动结合,还可以和医疗、教育、卫生、军事、政府等有关的应用领域结合,从而形成有关领域的 E 概念。电子信息技术同教育结合,孵化出电子教务——远程教育;电子信息技术和医疗结合,产生出电子医务——远程医疗;电子信息技术同政务结合,产生出电子政务;电子信息技术同军事联系,孵化出电子军务——远程指挥;电子信息技术和金融结合,产生出在线银行;电子信息技术与企业组织形式结合,形成虚拟企业,等等。随着电子信息技术的发展和社会需要的不断改变,人们会不断地为电子信息技术找到新的应用,因而也必将产生越来越多的 E 概念。

案例学习——看看你的分析能力

克莱斯勒公司的电子商务发展历程

GE TradeWeb 是美国通用电气信息服务公司提供的企业—企业电子商务服务产品，为中小企业提供基于互联网的商业文件交换服务。所有申请 TradeWeb 服务的企业都可以使用通用标准或客户定制标准的商业文件，如订单、报价单、发票等。

克莱斯勒将 GE TradeWeb 作为一种价格低廉的 EDI 应用于规模较小的非生产性供货商中。克莱斯勒于1997 年春天在五家供货商处试用了 GE TradeWeb。1997 年6 月，它开始加入 GE 的全球推广实施行动，向其他非生产性供货商推广 EDI 服务。截止到 1998 年1 月，大约有1 500 家克莱斯勒供货商使用 GE TradeWeb，到1998 年底这一数字翻了一番。供货商可通过 GE TradeWeb 与克莱斯勒进行发票、购货订单、购货订单变更、预付款项和文本文件等内容的交换处理。

克莱斯勒公司的目标是到2000 年彻底抛弃它同供货商间的书面文件，而在达到这一目标的过程中，GE TradeWeb 是关键所在。这将使克莱斯勒和各供货商之间的开支减少，并且使运行更合理化。

使用 GE TradeWeb 之后，克莱斯勒与非生产性供货商间的支票错误更正时间减少了。例如，该公司以前与加拿大供货商间的业务处理需 30 天，有了 GE TradeWeb 后，这一过程压缩到 24 小时，仅此一项克莱斯勒预计每年就能节约数百万美元。

（资料来源：黄京华. 电子商务教程. 北京：清华大学出版社，1999.）

- 从这个案例中你能归纳克莱斯勒公司积极推广的 EDI 系统所起的作用吗？
- 你知道还有哪些系统在电子商务产生的过程中作出了重要的贡献吗？

班级讨论——加深你的知识理解

（1）电子商务的定义非常多，你能否给出新的电子商务定义？
（2）你认为电子商务在哪些方面改变了自己的生活？
（3）电子商务的产生对商务活动的变革主要体现在哪些方面？

自己动手——锻炼你的实践能力

（1）通过门户网站的分类目录或者搜索引擎查找专业电子商务网站。
（2）通过浏览专业电子商务网站来了解目前电子商务发展和应用的热点。

小节复习——牢记本节主要内容

一、解释概念

(1)电子商务;(2)EDI

二、简短回答

(1)电子商务的特征有哪些?

(2)电子商务与传统商务有什么区别?

(3)简要分析电子商务产生的背景与动因。

(4)电子商务对人类生活和工作方式的影响表现在哪些方面?

1.2 电子商务的类型

引导案例——打开知识的大门

唯品会的定位

唯品会由沈亚和洪晓波于2008年12月在广州创立,是一家以品牌特卖为特色的电商网站。自成立以来,唯品会保持着快速发展态势,在中国领创“名牌折扣+限时抢购+正品保障”的独特商业模式,目前已经成为华南地区最大的电商企业和中国电商江湖的三巨头(天猫,京东,唯品会,简称“TJV”)之一。中国线下零售持续疲软,消费者不断向网络平台转移,再加上国家刺激消费、鼓励电商发展的政策,中国电商行业迎来前所未有的发展机遇。主打品牌特卖的唯品会在7年的时间里实现飞速发展,于2012年3月登陆纽约股票交易所,一度成为各家争相研究和模仿的企业,当当、凡客、京东均效仿其商业模式。截至2014年9月30日,唯品会第三季度净营收达8.826亿美元,连续八个季度实现赢利,目前已成为全球最大的特卖电商,所代表的“特卖”模式也已成为国内三大主流电商业态之一。

(资料来源:根据唯品会网站 http://www.vip.com/和艾瑞咨询集团的《唯品会企业案例研究报告》改写)

■ 你知道本案例中的唯品会属于电子商务的哪种类型吗?

■ 你认为影响电子商务企业模式创新的关键因素是什么?

电子商务可以按参与电子商务的主体、网上支撑平台、交易活动网上完成的程度以及交易的地域范围等进行分类,如表1-2所示。

表 1-2 不同分类标准的电子商务的种类

分类标准	分　类
参与主体	B2C，B2B，B2G，B2E，C2C
网上支撑平台	基于企业内部网的电子商务、基于企业外部网的电子商务、基于互联网的电子商务
交易活动网上完成的程度	完全电子商务、不完全电子商务
交易的地域范围	本地电子商务、区域电子商务、国家电子商务、国际电子商务

1.2.1 按参与电子商务的主体分类

1.2.1.1 企业与消费者间电子商务（Business to Customer，即 B2C）

企业与消费者之间的电子商务可以说就是通过网上商店（电子商店）实现网上在线商品零售和为消费者提供所需服务的商务活动，这是大众最为熟悉的一类电子商务类型。目前，在 Internet 上有许许多多各种类型的虚拟商店和虚拟企业，提供各种与商品销售有关的服务。

通过网上商店买卖的商品可以是实体化的，如书籍、鲜花、服装、食品、汽车、电视等，也可以是数字化的，如新闻、音乐、电影、数据库、软件及各类基于知识的商品；还有提供的各类服务，如安排旅游、在线医疗诊断和远程教育等。开展 B2C 业务的网站可以是传统实体企业，如国美（www.gome.com.cn）、戴尔（www.dell.com.cn）等；也可以是专门从事网上销售的虚拟企业，如当当（www.dangdang.com）。企业与消费者之间的电子商务引发了商品营销方式的重大变革，无论企业还是消费者都从中获益匪浅。艾瑞咨询统计数据显示，2013 年网络购物市场 B2C 交易额为 6 661.1 亿元，占网络购物市场整体的 36.2%，成为网购市场发展的主要推动力。中国电子商务研究中心监测数据显示，截至 2014 年 6 月底中国 B2C 网络零售市场（包括开放平台式与自营销售式，不含品牌电商），天猫排名第一，占 57.4% 份额；京东名列第二，占据 21.1% 份额；苏宁易购位于第三，占 3.6% 份额；第四至第十位排名依次为：国美在线（3.3%）、唯品会（1.9%）、亚马逊中国（1.5%）、当当网（1.2%）、腾讯电商（0.8%）、聚美优品（0.7%）、1 号店（0.6%）。

1.2.1.2 企业与企业间电子商务（Business to Business，即 B2B）

企业对企业的电子商务是指在 Internet 上采购商与供应商谈判、订货、签约、接受发票、付款以及索赔处理、商品发送管理和运输跟踪等所有活动。企业间的电子商务包括了供应商管理、库存管理、销售管理、信息传递和支付管理等功能，通过这些功能的应用可以实现减少订货成本、缩短周转时间、降低存货成本、促进存货周转、安全及时地传递订单与发票等所有商务文档信息以及进行网上电子货币支付等业务。

B2B 方式是电子商务应用中最重要的和最受企业重视的一种形式，目前在电子商务的交易额中所占的资金额度也最大。根据中国电子商务研究中心统计数据，2014 年上半年我国 B2B 电子商务市场交易额达 4.5 万亿元，同比增长 32.4%，增速同比上升；我国

B2B 电子商务服务网站达 12 030 家，同比增长 5.5%；我国 B2B 电子商务服务商的营收规模为 115 亿元，同比增长 22.6%。B2B 电子商务服务商营收份额中，阿里巴巴继续排名首位，市场份额为 40.5%。接下来的排名分别为：我的钢铁网、环球资源、慧聪网、中国制造网、环球市场、网盛生意宝分别位列第二至第七位，分别占比 8.0%、5.7%、4.0%、2.3%、1.6%、1%，其他 36.9%。

B2B 不仅适用于大企业之间，利用企业间专门建立的网络完成买卖双方的交易。也适用于中小企业，通过诸如阿里巴巴之类的中介机构建立的平台，为每笔交易寻找最佳合作伙伴。

1.2.1.3 企业与政府间电子商务（Business to Government，即 B2G）

企业与政府之间的电子商务涵盖了政府与企业间的各项事务，包括政府采购、税收、商检、管理条例发布和法规政策颁布等。

政府在电子商务活动中扮演着两重角色：既是电子商务的使用者，进行商业购买活动，又是电子商务的宏观管理者，对电子商务起着扶持和规范的作用。政府作为消费者，可以通过 Internet 发布自己的采购清单，公开、透明、高效、廉洁地完成所需物品的采购。政府对企业的宏观调控、指导规范、监督管理的职能通过网络以电子商务方式能更充分、及时地发挥。借助于网络及其他信息技术，政府职能部门能更及时全面地获取所需信息，作出正确决策，做到快速反应，能迅速、直接地将政策法规及调控信息传达到企业，起到管理与服务的作用。

图 1-2 显示了三种典型的电子商务的功能比较。

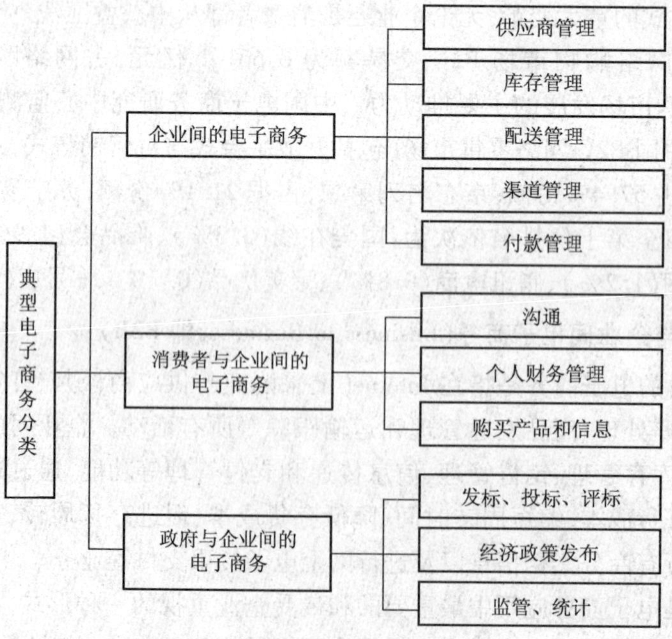

图 1-2 三种典型的电子商务

1.2.1.4 消费者与消费者间电子商务(Customer to Customer,即 C2C)

C2C 模式即消费者之间通过 Internet 进行个人交易,如个人购物等形式。这种模式为消费者提供了便利与实惠,成为电子商务迅速普及与发展的重要环节。目前主要表现为网络购物。随着今后各种技术的进步,以及网上支付形式的变化和电子货币的推广和使用,可以相信网络上的 C2C 形式的电子商务也像现实社会中自由市场上的商品交易一样会得到同样的发展。

艾瑞咨询统计数据显示,2010 年中国 C2C 交易规模达 4 350 亿元,占中国整体网络购物市场交易规模的比重为 87.3%,较 2009 年降低三个百分点。中国平台式购物网站市场格局变化不大。淘宝网一家独大,稳占市场八成以上份额;拍拍网次之,市场地位稳步提升;易趣网转型主营海外代购,市场份额略有下滑。

1.2.2 按网络支撑平台分类

按所利用的计算机网络划分,有基于企业内部网(Intranet)、企业外部网(Extranet)和互联网(Internet)的三种不同类型的电子商务。

1.2.2.1 基于企业内部网(Intranet)的电子商务

企业内部网是采用互联网技术和产品建立起来的企业内部专用网络,是一个针对企业人员、信息的集成机制。在企业的生产经营中,企业内部网是生产管理的工具,也是产品设计的资源,还是巨大的数据库。比如,我们可以在企业内部网上召开在线会议,发布经营计划、工艺流程说明、产品研制说明、设计跟踪、生产质量和交付程序、在线报表,利用网络进行运行信息跟踪,开展内部信息管理等等。

基于 Intranet 的电子商务可以在企业内部普及电子邮件,可以保证企业各部门和人员充分享用互联网的全部功能,缓解传统信息传输过程中的丢失和歪曲现象。企业内部网与互联网连接,其间用"防火墙"(Firewall)隔离,从而实现了开放性与安全性的统一。保障企业内部有关信息的安全,使其不受外部非法访问的干扰,同时又可充分发挥企业内部信息系统的全部功能。目前,很多国内知名的大企业(如海尔、联想等)利用 Intranet 网络建立了自己内部的集生产、管理、资金划拨为一体的网络集成管理系统,而进行的企业内部的电子商务活动则降低了内部管理的成本和费用,加速了内部资金的周转和使用效益,获得了较好的效果。

1.2.2.2 基于企业外部网(Extranet)的电子商务

企业外部网是互联网的另一种应用,是企业内部网的外部扩展和延伸。为了提高业务联系的速度和效率,运用万维网技术扩展一个企业的内联网,形成企业间或同一企业不同地区间的 Extranet,可以增强企业与其供应商和客户以及企业各地区部门的联系速度和效率。随着现代信息技术的发展,企业联盟间、合作伙伴间都建立了彼此联系的企业外部网。

企业外部网所提供的是既能充分利用互联网的方便性、又具有安全性能的商品交易与行政作业环境。它能使企业和其他企业及相关机构,如材料供应商、部件供应商、产品批发商、用户、银行、工商管理、税务部门等之间互访企业内部网，开展商品交易及相关作业，同时由于企业外部网置于防火墙之后，拒绝非法外来访问，从而使得这种商务活动具有与企业内部网同样的安全性。

1.2.2.3　**基于互联网(Internet)的电子商务**

基于互联网的电子商务是指利用连通全球的 Internet 网络开展的电子商务活动。在 Internet 上可以进行各种形式的电子商务业务，所涉及的领域广泛，诸如在线产品信息发布、在线订货、物流管理等，全世界的企业和个人都可以参与。

基于互联网的电子商务具有交易主体庞大、交易范围广泛、交易过程完整等特点。基于互联网的电子商务不受地域范围的限制，在理论上既是一个全球市场环境，也是一个地域市场环境，还可以是一个行业市场环境。互联网功能齐全，如电子邮件、电子公告和新闻组、在线交谈、文件传输、远程登录、信息检索等，为开展各种内容的商务活动提供了技术支持。因此，基于互联网的电子商务基本上涵盖了贸易活动及相关行政作业的全部内容。

互联网是一个开放性网络，具有全球性、互动性、连接方便、连接费用低、信息资源及表现形式丰富和使用方便等特点，使得电子商务拥有包括从企业到政府部门、社会团体，直到普通消费者的极其庞大的用户群。但是，互联网是一个开放的网络，存在着各种安全风险，开展电子商务对于安全技术及电子商务政策、法规建设有着很高的要求。

Intranet 商务、Extranet 商务和 Internet 商务的关系可以用图 1－3 表示。

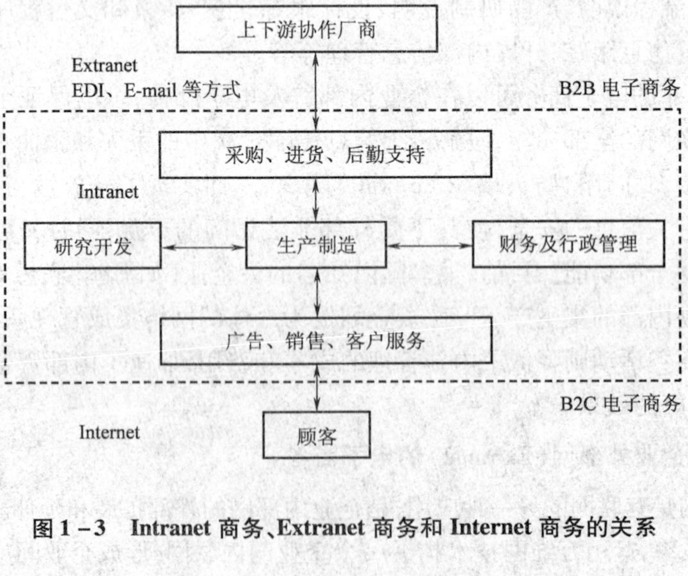

图 1－3　Intranet 商务、Extranet 商务和 Internet 商务的关系

1.2.3　按交易活动在网上完成的程度分类

根据电子商务的交易过程是否可以在网络上完整地进行，电子商务可以划分为完全电子商务和不完全电子商务两种类型。

1.2.3.1 完全电子商务

完全电子商务是指完全通过电子商务方式实现和完成整个交易过程的交易。一些数字化的无形产品和服务，如计算机软件、网络版书刊、娱乐内容（影视、游戏、音乐节目等）、电子订票、远程教育、旅馆订房等，供求双方直接在网络上完成联机订购或申请服务、付款、交付，即完全在电子信息网络上完成交易活动而无须借助其他手段。完全电子商务交易对象限于无形产品和网上信息服务。目前，有网上订阅（在线服务、在线出版、在线娱乐）、付费浏览等商务模式。

1.2.3.2 不完全电子商务

不完全的电子商务是指无法完全依靠电子商务方式实现和完成整个交易过程，而需要依靠一些外部要素，如有形商品的交付过程仍然要采用传统的运输方式来完成的交易。当产品、销售过程和代理人三个维度中的某一项未能被数字化时则称之为不完全电子商务。O2O（Online To Offline）就是典型的不完全电子商务。O2O 模式充分利用了互联网跨地域、无边界、海量信息、海量用户的优势，同时充分挖掘线下资源，进而促成线上用户与线下商品与服务的交易，团购就是 O2O 的典型代表。据中国电子商务研究中心监测数据显示，2014 年 12 月大众点评团购交易额单日突破 1 亿元，团购用户数和合作商户大幅增长。

1.2.4 按交易的地域范围分类

按交易的地域范围，电子商务可以划分为本地电子商务、区域电子商务、国家电子商务、国际电子商务四种类型的电子商务。它们之间的差别主要表现在对于电子商务系统和电子商务环境方面的特定要求。

1.2.4.1 本地电子商务

本地电子商务是指在本地区范围内开展的电子商务，交易双方都在本地范围之内，利用本地的电子商务系统开展商务活动。发展社区电子商务是我国电子商务发展的一个方向，电子商务应该重视本地化服务，同时网络消费者在同等情况下也会优先从本地网站购买商品，这样在支付、配送和售后服务等方面会带来很多便利。本地电子商务系统是开展全国和全球电子商务的基础系统，因此，建立和完善本地电子商务信息系统是最终实现全球电子商务的一种途径。

1.2.4.2 区域电子商务

区域电子商务是指在某一地理区域范围内进行的网上电子交易活动。其交易的地域范围较大，对软硬件和技术要求较高，要求在区域范围内实现商业电子化、自动化，实现金融电子化，交易各方需具备一定的电子商务知识、经济能力和技术能力，并具有一定的管理水平和能力等。

我国在2004年12月14日发布的《泛珠三角区域电子商务合作发展行动纲要思路框架》中提出的该地区区域电子商务的发展目标是:“①建立合作机制和合作平台,定期交流信息,推介项目和典型;②推动建设本区域共享的专业和综合电子商务平台,并着力推动省域范围内的优秀专业电子商务平台成为本区域范围共享的电子商务平台;③联合组织制定和推行国家尚未制定且在本区域范围内必需的电子商务制度体系;④联合制定和推行符合本区域实际的统一电子商务标准;⑤引导核心企业合作,建立以电子商务为中心的大物流配送信息系统;⑥积极发挥各级政府的引导和示范作用,优化资源配置,促进本区域电子商务的实质性发展。”

1.2.4.3 国家电子商务

国家电子商务是指在本国范围内开展的电子商务。在这种电子商务应用中,交易双方及相关部门分处国内的不同地区,利用本国电子商务开展商品交易和相关行政作业。国家电子商务在构成要素和联结网络上与区域电子商务没有本质区别,只不过在范围和规模方面提升到了国家级。国家电子商务要求具有一个全国性的电子商务环境,比如要在全国范围内实现商业电子化、自动化,实现金融电子化等。

1.2.4.4 国际电子商务

国际电子商务是指在全世界范围内进行的电子交易活动,参加电子商务的交易各方通过网络进行贸易活动。它涉及有关交易各方的相关系统,如买卖方国家进出口公司系统、海关系统、银行金融系统、税务系统、保险系统等。2014年,各大电商巨头纷纷加紧部署各自的国际电商业务。2014年4月,阿里巴巴宣布,旗下天猫国际已与宁波保税区签订战略合作协议;6月,聚美旗下化妆品海淘网站聚美海外购上线;7月,苏宁成立跨境电商项目组;9月,1号店与东方电子支付及跨境通实现对接,亚马逊在进入中国的第十个年头,全面进驻上海自贸区。

本节内容图表化

按参与电子商务的主体分类	企业与消费者间电子商务;企业与企业间电子商务;企业与政府间电子商务;企业与员工间电子商务;消费者与消费者间电子商务
按网络支撑平台分类	基于企业内部网的电子商务;基于企业外部网的电子商务;基于互联网的电子商务
按交易活动在网上完成的程度分类	完全电子商务;不完全电子商务
按交易的地域范围分类	本地电子商务;区域电子商务;国家电子商务;国际电子商务

开阔视野——还有你所不知道的

电子商务的其他类型

(1)C2B模式。C2B(Customer to Business),又称反向电子商务。通过要约模式、聚合需求模式、服务认领模式、商家认购模式等,C2B将庞大的人气和用户资源转换为对企业产品和品牌的注意力,转换为企业所迫切需要的营销价值。并从用户的角度出发,通过有效的整合与策划,改变企业营销内容及形式,从而形成与用户的深度沟通与交流。如,七格格TOP潮店、麦包包等。

(2)B2F模式。B2F(Business to Family)是企业以家庭为中心所开展的一系列商业活动,包括各种商品及服务的零售,其实质是B2C模式的一种延伸扩展模式。如,妇婴用品网站——红孩子、零售连锁超市联合一百。

(3)G2G模式。G2G(Government to Government)模式。政府的工作并非征税一项,从国防、外交、公安、海关、统计到邮电、铁路、航空等国有经济部门,管理内容庞杂,靠手工不能适应经济发展要求。因此,近年来,许多国家致力于计算机网络的建立完善以提高政府部门的工作效率。

(4)B2G与G2B模式。当政府与企业这两个主体通过网络发生业务活动时,由政府采取主动的业务活动与企业采取主动的业务活动也有不同,前者可以称为G2B,后者可以成为B2G。同时,对政府与消费者之间的电子业务活动也可以细分为C2G与G2C模式。

(5)C2E与E2C模式。传统的B2B和B2C等电子商务模式等都是立足于销售关系的,而C2E或E2C模式则以改进企业内部管理形态为目的。广州地球村电脑网络软件技术有限公司把一种新的电子商务模式C2E(Company to Employee)和E2C(Employee to Company)运用于实践,并取得了成功。

(6)B2B2B模式。《2007中国中小企业信息化发展报告》指出社会机构为中小企业提供信任平台服务(B2B2B模式)是建设信用体系、营造信任环境的重要保障。B2B2B(Business to Business to Business)较为妥善地解决了制约行业B2B电子商务模式发展的诸多因素,如流程整合不完全、资金流不完全电子化、与运输部门的关系协调不足等问题。

(7)B2B2C模式。B2B2C(Business to Business to Customer),B2B2C颠覆了传统的电子商务模式,将企业与单个客户的不同需求完全地整合在一个平台上,提供高附加值服务的渠道结构,拥有客户管理、信息反馈、数据库管理、决策支持等功能,既省去了B2C的库存和物流,又拥有C2C欠缺的赢利能力。2007年,国内首个B2B2C电子商务平台落户贵州电信。2007年10月,贵州电信"多彩网桥"网站开通上线并开始试运营。

(8)C2B2C模式。C2B2C(Customer to Business to Customer)。在传统的C2C模式中(如eBay),两个人买卖成交必须通过eBay这个商家的交易平台,并非两个人直接联系成交,因此有人认为这种模式是C2B2C而不是C2C,中间商家往往还要收取交易费用,从中获利。一些人通过个人主页等发布信息吸引到买主直接成交的交易,才能算真正的C2C,或者为了避免混淆,也可以称P2P(Peer to Peer,Person to Person),是两个平等的个人之间直接联系完成的交易。

(9)CBBS模式。由阿里巴巴提出，并在2013年正式开始实践。C(消费者)、小b(渠道商)、大B(制造商)、S(服务)。消费者和渠道商在网上交易，由B2B不断供货，然后渠道商再把消费者的个性化需求反馈至制造商，并加以引导。同时，S是一种服务，面向整个产业链。这不同于现阶段的B2B、B2C、C2C商业模式，这是对现有模式的整合升级。

(10)X2X模式。X2X(eXchange to eXchange)是B2B电子商务的一次深入发展。随着网上电子交易市场(e－Marketplace)的不断增加，不同交易市场之间也需要实时动态传递和共享信息，即信息的Exchange，从而产生了X2X的电子商务。X2X可以使一个X上的交易信息无限地延伸和扩展，从而使买卖双方扩大选择的机会，大大提高了成交的机会。全球贸易社区平台GTW就是Commerce one(全球最大的B2B电子商务站点之一)建立的X2X模式。

(11)A2A模式。A2A(All to All)的基础是B2B2C，但不同于点对点的关系，是多点对多点的关系。A2A的好处在于信息的跨越性，不拘于单一的产品或消息，方便了用户的信息发布与交流。TOMOS平台就是一个典型的A2A平台。

(资料来源:根据参考文献[26]、[27]、[30]、[32]、[36]、[37]改写)

案例学习——看看你的分析能力

阿里巴巴网站的电子商务

阿里巴巴网站是目前世界上最大的网上贸易网站之一，提供来自全球186个国家和地区的最新商业机会信息，是一个高速发展的商人社区。

阿里巴巴网站立足于互联网，成长于互联网。从第一天起，阿里巴巴网站就没有将自己定位为一家互联网公司，而是一家商业服务公司。该公司的领导层认为，电子商务贵在商务，电子只不过是一个手段。正是把互联网作为工具为客户提供服务的正确理念，使得阿里巴巴网站在激烈的网络竞争时代能够不断地扩展自己的业务。阿里巴巴网站一开始就提出为中小型企业服务，为出口企业服务，做中国特色的电子商务，这个观念一直没有改变过。为此，他们推出了国内第一个相关行业加入世贸组织的"WTO"频道，帮助中国中小企业全面铺平"入世"之路。

阿里巴巴网站独创的B2B模式实际上是主要面向中小企业的网络平台(中介网)，它是由中介机构即阿里巴巴网站建网，主要面向中小企业提供产品信息以及采购和销售等方面的服务，它可以协助企业采购人员和供应商直接见面，并能够追踪供应商品的种类和价格的变化，从而大大简化企业间的业务流程，极大地减少了传统商务模式下产品营销过程中的耗费。同时，客户管理成本的降低和采购决策方面的海量信息更可以为企业带来长期效益。

作为互联网经济的核心，电子商务的目标是通过计算机网络的方式进行商务活动。所以，它要服务于商务，满足商务活动的要求。商务将是电子商务的永恒主题。电子商务代表着未来商务的发展方向，这一点，决定了电子商务的生命力。Forester Research公司的研究资料表明,B2B 的在线收入在未来 3 年内将达到 1.3 万亿美元,而同一时间,B2C 的收入也会达到 2 000 多亿美元。电子商务对世界经济的发展和竞争格局正在产生巨大影响。正是基于对电子商务的正确认识,才使得阿里巴巴网站对自己的事业充满信心。

2014 年 9 月 20 日,阿里巴巴集团正式在纽约股票交易所挂牌交易,市值为 2 314 亿美元,超越 Facebook 成为仅次于 Google 的第二大互联网公司。

(资料来源:根据阿里巴巴公司简介改写。)

- 阿里巴巴公司是怎样确定自己的发展战略的?
- 在很多网络公司走下坡路的背景下,为什么阿里巴巴网站还能获得发展?

班级讨论——加深你的知识理解

(1)根据本章对电子商务分类的介绍,请举出符合分类的电子商务企业。

(2)按参与电子商务的主体分类划分,你认为哪一类更具有发展前景?

自己动手——锻炼你的实践能力

(1)在中国电子商务研究中心(http://www.100ec.cn/)下载浏览 2014 年度《国内 B2C 电商行业深度分析报告》和《中国中小企业 B2B 电商行业年度监测报告》。

(2)搜索新兴的如 P2P 和移动商务类型的一些电子商务网站,体验新兴的电子商务模式 。

小节复习——牢记本节主要内容

一、解释概念

(1)B2B;(2)B2C;(3)C2C

二、简短回答

(1)电子商务有哪些分类方法?是如何进行分类的?

(2)按照参与电子商务的主体分类,电子商务可以分为哪些类型?

(3)按照网络支撑平台分类,电子商务可以分为哪些类型?

1.3 电子商务的体系结构

引导案例——
打开知识的大门

上海电子商务应用

新华网上海2003年6月7日电："非典"时期，在"接触式经济"遭遇严寒之际，以跨越时空、不正面接触为特点的电子商务赢得了商机。在上海，企业和商家纷纷借助信息技术和网络平台，改变服务和交易方式，网上购物、网上交易数量激增，沉寂多时的电子商务迅速升温。上海市电子商务行业协会统计显示，"非典时期"，上海生产资料网上交易量平均上升50%，生活资料网上交易量上升100%，个人之间的网上交易量平均上升30%。譬如，"东方钢铁在线"2003年2月份网上交易额为700吨，3月份增加到6 000吨，4月21日到25日5天就达5 000吨。2003年1~4月，"易购365"、"联华OK"的网上订购量也比去年同期翻了一番，送货人员增加了80%。

据上海市电子商务行业协会秘书长裔勇介绍，2003年上海有500多家大中型商业企业建立了管理信息系统，5 000多家中小企业应用电子收款机。连锁超市、便利店、大卖场实现了计算机联网管理，并建立了上海商业电子商务服务中心平台，实现了网上信息交换、网上采购和分销。传统工业企业，如钢铁、化工、医药、汽车等，完成信息化改造后，普遍开展网上采购和营销。2002年，上海电子商务交易额达254亿元，比上年增长80%，2003年增幅可望超过100%。

（资料来源：叶国标，新华网，2003年6月7日。）

■ 通过以上案例，我们知道电子商务已经深入到我们的生活中，那么你知道电子商务可在哪些领域中应用吗？

■ 你认为电子商务交易需要具备哪些基本条件？

1.3.1 电子商务的"四流"

众所周知，经济活动发展离不开"四流"：信息流、资金流、物流和商流。信息流包括商品信息、技术支持信息、服务信息等的传递过程，也包括询价单、报价单、付款通知单等商业贸易单证信息的传递过程。资金流是指资金的转移过程，包括付款、转账等。物流是商品或服务的流动过程，具体指运输、储存、配送、装卸、保管等各种活动。商流是指商品在交易过程中发生的有关商品所有权的转移。电子商务的运作就是围绕这"四流"展开的，许多对策和措施是为了顺利实现四流的运转而设计的。

1.3.1.1 信息流的形成

信息是人们对客观世界中事物的特征和变化的认知，包括情报、各类商品资料、科学技术知识、社会法律规范等。信息是不断更新、不断传递和流动的，经济信息的流动对经济活动起着重要的作用,可以对经济活动进行计划、组织、指挥、协调和控制等。电子商务是信息经济的一部分,是商业信息化的结果。网络、信息技术的普及,使信息成为推动社会生产力发展、提高经济效益的主要资源之一。

在电子商务活动中,会产生诸如货物的名称、规格、价格、产地、型号、使用价值、功能特性,某个客户订购了哪些商品、数量多少,货物是否投保、何时发运,从工厂直接提货还是从仓库提货,货物采用水运、空运还是火车或汽车的运输方式,货物何时运抵顾客手中,货物的验收及货物受损赔偿,若验收合格货款是否按时交付到货主手中以及买卖合同的执行,可能产生的官司等信息,所有这些都是商品流动过程中必然产生的有关资料数据,是对持续不断、周而复始的商品流通活动的客观描述,同时也是对资金、货物的状况及流向的客观反映。也就是说,商务活动中物流及资金流产生的数据信息传递,分别形成了物流信息和资金流信息,而物流信息与资金流信息的综合便构成了商品流通中的信息流。

在传统的商品交易中,首先表现出物流、资金流的有机结合,信息则由于具有一定的隐蔽性并未被人们重视。但是,随着社会生产力的发展,商品的生产和流通日益发达,人们对信息的需求也日益迫切,信息呈现出前所未有的重要性。企业通过网站可以了解现在市场上的需求信息、某些产品市场的饱和程度,并围绕得到的供求信息组织生产,减少货物积压,以及停产那些产销不对路的产品,以最低的成本获得最大的经济效益。顾客通过网站可以与生产厂家直接沟通,相互了解,更好地合作,使商品在合适的时间准确地送到所需的地点,减少中间费用,从而达到优化资金流和物流的目的。

1.3.1.2 资金流的产生

在日常的商品流通领域,顾客向货主订购了商品并需要获得该商品的所有权时,顾客不管采用哪一种方式,总是需要向货主付款,这是人类商品经营活动中所共同遵守的规则。同样,在电子商务活动中,只要顾客在网上订购了商品,网上商场就要按顾客所订购的商品,向顾客收取款项。另外,顾客若需保险,则顾客也需向投保的公司付款,还有网上商场需向合作的物流公司支付运输、仓储等送货费用。这一连串的资金来往都在网上进行,自然产生了网上不断流动的资金流。

自古以来,"一手交钱,一手交货"是天经地义的商品交换规则。在电子商务中,用来换取商品的货币不再是有形的实物货币,取而代之的是以电子数据形式存储在计算机中并通过计算机网络转移的电子货币。这和人类古代使用的贝壳、金、银、铜币被如今的纸币代替一样,电子货币取代实物货币,价值将以看不见、摸不着的形式进行交换,这是人类文明的又一重大进步。

在商务活动中,采用传统的方式需要几周甚至数月才能完成账目来往、外汇兑换等业务,如今通过电子商务与金融网络,这些业务在瞬间就能办好,这就使在途资金减少到最低的程度。可见,运用资金的电子流代替实物货币和金融票据的流通,能最有效地发挥资金的使用率。

1.3.1.3 物流的运作

物流顾名思义就是把货物按购货者指定的地点进行实体的移动,包括运输、配送、保管、包装、装卸、流通加工及物流信息处理等一系列有关物品流动的事项。不管是传统的商务活动还是现代的品种众多、纷繁复杂的商品交换，不管货主采用何种运输方式，都客观地存在着按购货者的意愿要求，把物品送到购货者手中的物品配送活动。

现代物流理论认为，物流服务的最大目标是在物流的全过程中以最小的综合成本来满足用户的需求。随着电子商务的进一步推广和应用，物流对电子商务的影响日益明显，而信息技术与电子商务的发展，反过来又推动着传统的物流向现代物流发展。因特网在这一过程中起了关键性的作用。电子商务借助互联网使得物流领域产生了极大的变化，导致效率大大提高，加快了反应速度，使流通过程变快，减少了实物的库存，减少了中间环节，简化了物流过程，降低了物流成本。

1.3.1.4 信息流、物流和资金流的关系

众所周知，在商品流通的第一阶段，只能采取“以物易物”的方式进行交换，主要是以物流为主。随着生产力的发展、货币的产生，在商品流通的第二阶段出现了“以钱买物”的方式，但人们遵从的是“一手交钱，一手交货”的现金买卖规则。随着社会的进步、商业信用的发展，在商品流通的第三阶段出现了钱庄、银行这样从事货币中介服务甚至货币买卖业务的行业，使得物流与商流开始分离，产生了多种交易付款方式，如事前的预付款、订金，事中的托收承付、现金、支票、汇票，事后的分期付款、延期付款等等。而随着商流与物流的分离，信息流的地位就突显出来。在商品交换的前、中、后期，交易双方为了各种的利益，都要尽力掌握对方和中介方的有关商品交易的各种信息，如商品信息、支付能力、支付声誉、中介能力和中介信誉等，而中介方也必须掌握交易双方的各种信息。随着电子技术的高度发展，在商品流通的第四阶段，信息流明显处于最重要的地位。可见，在当今社会的商品交换、流通过程中没有信息流的物流是不可思议的。

信息流、物流和资金流的关系可以归纳为下述两个方面。

(1)相互分离，各自独立。如前所述，信息虽然来自对物流、资金流特征的描述与客观反映，但它又与物流、资金流分离，独自成为一种对物流、资金流说明的载体。

(2)相互联系，三位一体。物流、资金流、信息流的形成是商品流通不断发展的必然结果，它们在商品交换的过程中有机地统一起来，由信息流提供及时准确的有关资料，由资金流按合同条款要求完成商品所有权的转换，由物流按照资金流的明确规定完成商品实体向消费者的转移，从而使这三者在商品交换过程中形成不可分离的整体，共同完成商品交换这一全过程。由此可见，在任何买卖双方的商业活动中，信息流反映的是物流的移动与资金流流向细节的具体描述，对物流和资金流的运作起到指导和监控的作用，并为人们安全控制资金流、物流提供决策的依据。

因此，信息流、资金流和物流三者的功能及其相互关系，可以总结为：以信息流作为指导，通过资金流实现商品的价值，通过物流实现商品的使用价值。图 1 – 4 列示了“四流”的基本功能。

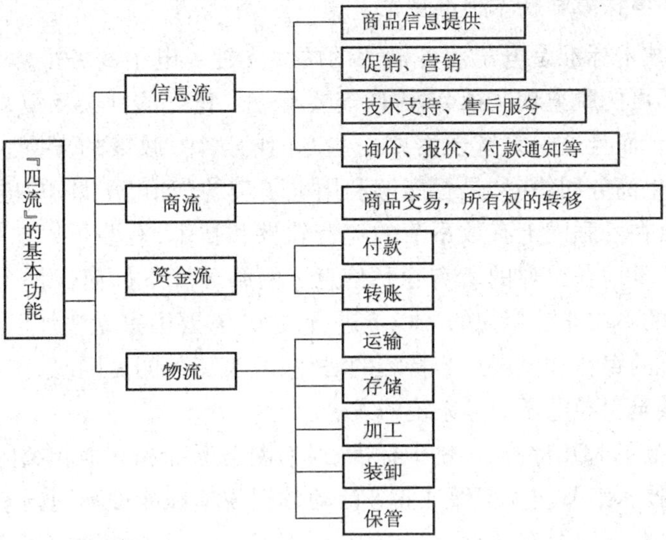

图1－4 "四流"的基本功能

1.3.2 电子商务的应用框架

许多人认为,电子商务就是建立 Web 网站或公司门户网站而已,但实际上电子商务远不局限于此。电子商务的应用丰富多样,而为了实现这些应用,必须有合适的信息、基础设施和支持系统。了解这一系统内部结构及它们之间的相互关系,将有助于人们开发与应用电子商务系统。电子商务系统一般由两大支柱、五层次结构组成,其体系框架归纳为图1－5所示的形式。该框架从宏观角度指出了电子商务体系的各应用层面和众多支持条件,可以帮助我们更好地理解电子商务。

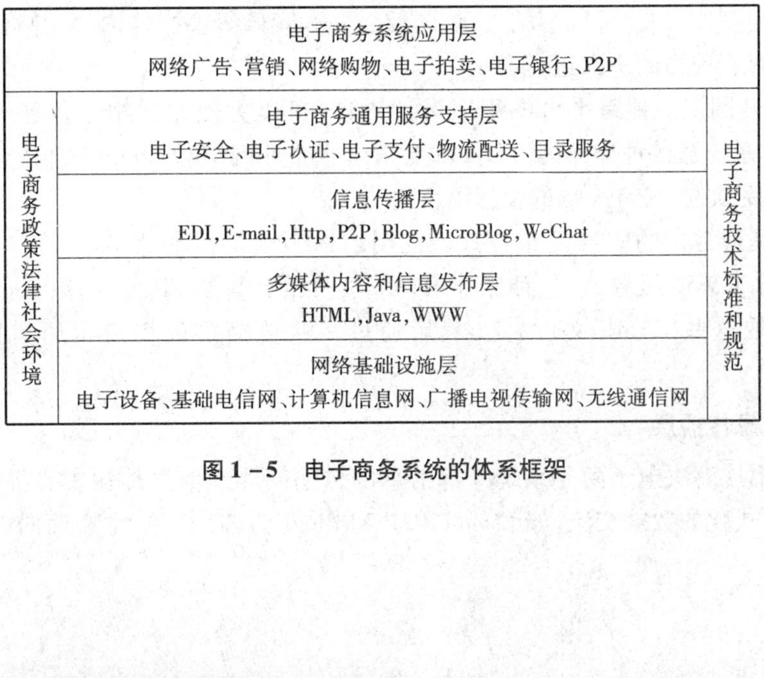

图1－5 电子商务系统的体系框架

1.3.2.1 社会环境保障和技术标准规范

政策法规和技术标准是电子商务框架的两大支柱。电子商务虽然是通过网络开展商务活动,但仍不可能脱离现实社会,因此需要有一个良好的社会环境,才能保障电子商务健康有序发展。而且这一系统还需要一些专门的法律、政策的支持。例如,当开展电子商务的双方发生商务纠纷时,是否能够利用电子契约(如电子订单、电子合同等)作为法律证据。再如,在互联网上有数不清的免费软件和技术,有些可以在你一无所知的情况下,神不知鬼不觉地获得你的所有隐私信息。网络环境下如何保护个人隐私,以保证电子商务在安全的不被非法窥视的环境下进行,也是需要国家立法加以解决的问题。所以,电子商务系统的存在和发展是与特定的法律、政策相关的。同时,国家也需要制定相应的政策,鼓励甚至引导电子商务系统的发展。

技术标准规范了 EDI 标准、识别卡标准、通信网络标准和其他相关的标准传输协议、信息发布标准等技术细节。为了保证商务活动数据或单证能被不同国家、行业贸易伙伴的计算机识别处理,一定要有数据、格式的一致约定。技术标准对于保证兼容性和通用性是十分重要的。技术标准保障了在不同国家的人与使用不同网络和不同类型的计算机设备的人之间开展电子商务的可能性。

1.3.2.2 网络基础设施层

网络基础设施是电子商务得以开展的技术基础,包括网络平台、计算机主机和外部设备,它是电子商务系统的硬件环境,是电子商务应用系统的运行平台。

在这里网络平台是电子商务系统的基础设施,是信息传送的载体和用户接入的基础。它包括计算机信息网、基础电信网、增值网、广播电视传输网和无线通信网。

1.3.2.3 多媒体内容和信息发布层

多媒体内容和信息发布解决电子商务系统信息的呈现与发布问题。

HTML(Hyper Text Markup Language,超文本标记语言)作为全球互联网中主要的信息内容出版与制作工具,可以容纳文字、图像、动画、音效等多媒体内容,并将其组织成易于检索和富有表现力的页面进行展示。

Java(互联网上一种跨平台的程序设计语言)可以方便地适用于各种网络、各种设备、各种操作系统及各种界面等。Java 非常适合于企业网络和 Internet 环境,现在已成为 Internet 中最受欢迎、最有影响的编程语言之一。

WWW 是最常用的信息发布方式。使用 HTML 或 Java 将多媒体内容发布在 Web 服务器(又称 WWW 服务器,一种储存 HTML 文件的计算机,其他计算机可以连入这种服务器并读取这些 HTML 文件)上,然后通过一些传输协议将发布的信息传送到接收者。

1.3.2.4 信息传播层

信息传播层解决电子商务系统外部信息的传输问题。信息传输工具提供了两种交流方式:非格式化的数据交流,如 E-mail、P2P 和 Blog(博客)等,它主要面向人;格式化的数据交流,如EDI的传递和处理过程可以是自动化的,无须人为干预,主要面向机器,订单、发票、装运单都比较适合于格式化的数据流。

Http(Hyper Text Transportation Protocol,超文本传输协议)是互联网上最常见的协议,用于传输超文本编辑语言编写的文件(也就是通常所说的网页),通过这个协议我们可以浏览互联网上的各种信息。

E-mail为世界各地的Internet用户提供了一种极为快速、简单和经济的交换信息的方法。与常规信函相比,E-mail发信迅速,使用方便、经济,传输几乎免费,成为利用率最高的Internet应用之一。

P2P是Peer-to-Peer(点对点)的缩写,P2P直接将人们联系起来,让人们通过互联网直接交互,真正地消除了中间商。通过P2P,人们可以直接连接到其他用户的计算机来交换文件,而不是像过去那样连接到服务器去浏览与下载。P2P的另一个重要特点就是改变互联网现在的以大网站为中心的状态,重返"非中心化",并把权力交还给用户。

Blog就是以网络作为载体,简易、迅速、便捷地发布自己的心得,及时、有效、轻松地与他人进行交流,并集丰富多彩的个性化展示于一体的综合性平台。Blog是继Email,BBS(Bulletin Board System,电子公告牌系统,俗称论坛),IM(Instant Messaging,实时通信)之后出现的第四种全新的网络交流方式。Blog绝不仅仅是一种单向的发布系统,它有着极其出色的相互交流功能。

微博,即微博客(MicroBlog)的简称,是一个基于用户关系的信息分享、传播以及获取平台,用户可以通过Web、WAP(无线应用协议)以及各种客户端组件进入社区,以140字左右的文字更新信息,并实现即时分享,是目前国内网民最常用的信息发布、交流方式之一。最早也是最著名的微博是美国的Twitter,国内知名的微博有新浪微博、腾讯微博等。

微信(WeChat)是腾讯公司于2011年推出的一个为智能终端提供即时通讯服务的免费应用程序。微信以移动网和互联网为基础,支持发送语音短信、视频、图片和文字,拥有三亿多用户。微信具有实时通讯、异步交流、支持多种媒体信息等特点,使信息交流更加快速、开放、高效,也使得信息传播更具有针对性。微信的这些优点使其能够应用于政务、商业以及教育文化等领域。

1.3.2.5 电子商务通用服务支持层

服务支持为特定商务应用(如网上营销与广告、网上购物、网上采购与招标、电子拍卖等)的通用业务需要提供保证,是为了方便商务活动所提供的通用的基础业务服务。服务支持包括电子安全、电子支付、电子认证、物流配送和目录服务等。

1.3.2.6 电子商务系统应用层

电子商务应用是企业利用Internet开展商务活动的核心,也是电子商务系统的核心组成部分。它的应用内容包括网上营销与广告、网上购物、网上采购与招标、电子拍卖、视频点播、有偿信息服务等。

电子商务通用服务支持和电子商务系统应用的差别主要体现在:服务支持层提供公共的商务服务功能,例如电子支付、电子认证、物流配送等,这些公共的服务和具体业务的关系并不密切,具有一般性,基本上任何企业的电子商务活动都需要这些服务支持。而电子商务系统应用则主要实现某一企业特定的商务功能。

1.3.3 电子商务交易的市场结构

1.3.3.1 传统商务活动过程

传统商务活动是由许多过程组成的,每个过程又包含着许多活动,这些具体过程与活动之间的逻辑联系我们称之为商务活动的流程。传统商务活动的基本过程如图 1－6 所示。

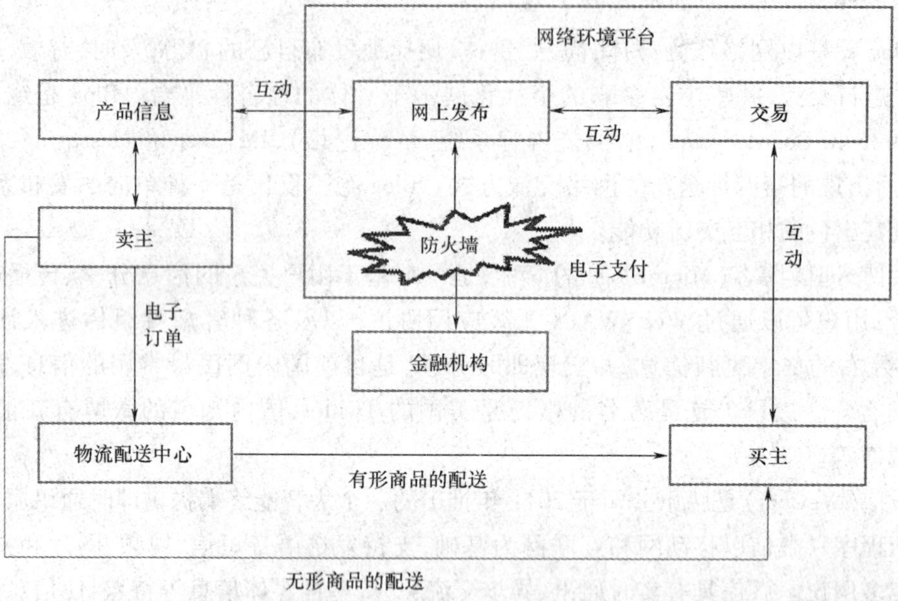

图 1－6 传统商务活动过程

传统商贸交易过程中的实务操作由交易前的准备、贸易磋商、合同与执行、支付等环节组成。

(1)交易前的准备。对于商贸交易过程来说,交易前的准备就是供需双方如何宣传或者获取有效商品信息的过程。商品供应方的营销策略是通过报纸、电视、户外媒体等各种广告形式宣传自己的商品信息。对于商品的需求者来说,则要尽可能得到自己所需要的商品信息,来充实自己的进货渠道。因此,交易前的准备实际上就是一个商品信息的发布、查询和匹配过程。

(2)贸易磋商过程。在商品的供需双方都了解了有关商品的供需信息后,就开始进入具体的贸易磋商过程，贸易磋商实际上是贸易双方进行口头磋商或纸面贸易单证的传递过程。纸面贸易单证包括询价单、价格磋商、订购合同、发货单、运输单、发票、收货单等，各种纸面贸易单证反映了商品交易双方的价格意向、营销策略管理要求及详细的商品供需信息。传统商贸活动的贸易磋商过程中使用的方式有电话、传真或邮寄等，因为传真件不足以作为法庭仲裁依据，故各种正式贸易单证的传递主要通过邮寄方式传递。

(3)合同与执行。在传统商务活动中，贸易磋商过程经常通过口头协议来完成，但在磋商过程完成后，交易双方必须要以书面形式签订具有法律效力的商贸合同，来确定磋商的结果和监督执行，并在发生纠纷时通过合同由相应机构进行仲裁。

(4)支付过程。传统商贸业务中的支付一般有支票和现金两种方式，支票方式多用于企业的商贸过程，用支票方式支付涉及双方单位及其开户银行；现金方式常用于企业对个体消费者的商品零售过程。

在传统的商务活动中，交易的主体是商家和消费者，而联系他们的是市场。

1.3.3.2 电子商务交易的市场模式

交易的商务活动和市场的发展有很直接的关系，而市场又与交易的需求信息、媒介及方式有直接的关系。电子商务交易的市场模式如图1-7所示。

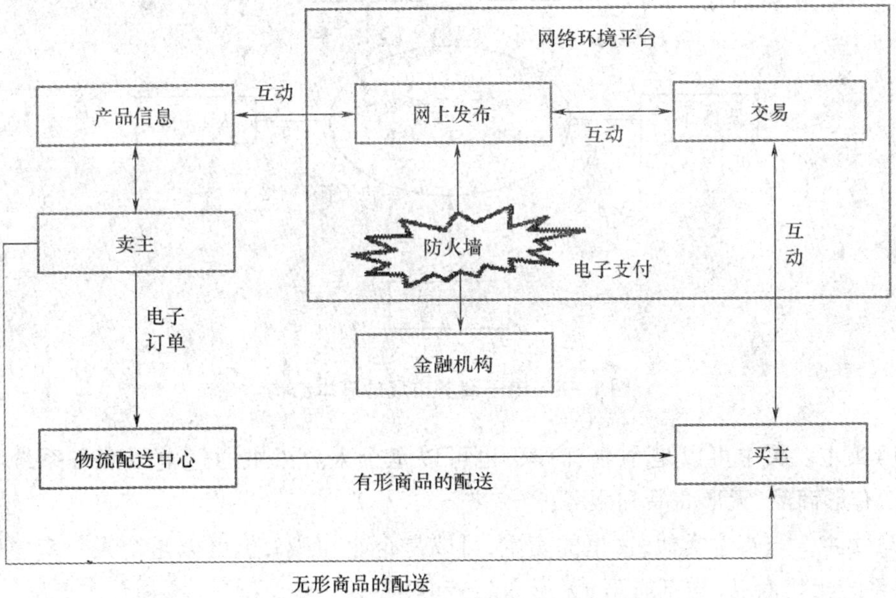

图1-7 电子商务交易的市场模式

电子商务的活动以信息技术为基础，这是一种高技术的信息载体形式。而网络又是联系交易各方的便捷交易平台，在网上虚拟交易市场进行商务活动，将会给参与交易的各方提供广阔的活动场所。随着发展，小公司甚至个人在网上进行的电子商务活动都可以扩大到全球的范围，而不需要雄厚的资金支持，这就给参与者和个人提供了进行商务活动的广阔空间。

由于电子商务交易过程是在网上电子媒介的作用下完成的,因此,它具有瞬时和不受地域限制的新特点。这就决定了其交易过程比任何一种传统交易的成本都小,而且在同一个时间段内其交易次数是传统交易次数的数倍之多。如果经营者再辅之以个性化服务的跟踪,则更可以不断刺激消费者进行网上购物的欲望和需求。

所以,电子商务交易比传统的任何交易形式都更优越,它必然是21世纪商务交易的主要形式。

1.3.3.3 电子商务交易的市场结构

电子商务市场的运作要求制定互联网的信任机制,以保证网上交易正常安全地进行,同时,还产生了如何使网上订购的产品迅速送达买主、谁来提供电子商务相关服务等问题。以上问题促使了网上身份认证的认证中心、完成商品配送的物流中心和提供电子商务相关服务的电子商务服务商等的出现。因此,电子商务市场的主要角色有采购者、供应者、支付中心、认证中心、物流中心、电子商务服务商等。电子商务市场的基本结构如图1-8所示。

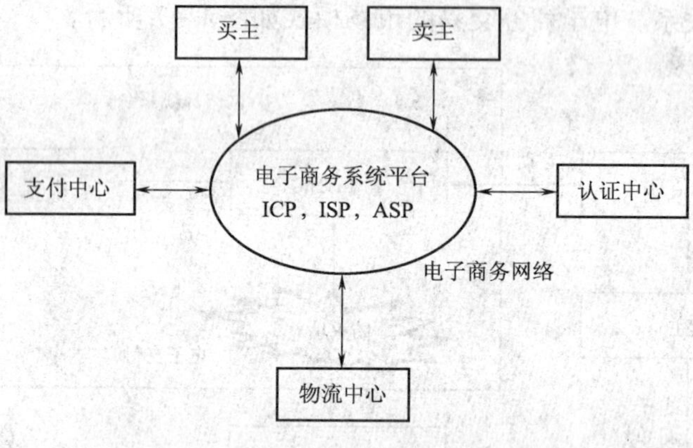

图1-8 电子商务市场的基本结构

(1)买主。买主可以是企业、商家,也可以是个人。买主通过电子商务系统购买商品,包括有形商品、无形商品和服务。

(2)卖主。与买主类似,这里的卖主,可以是企业、商家,也可以是个人。卖主通过电子商务系统出售商品(包括有形、无形商品)和服务。

(3)支付中心。在网络上进行商品交易,电子支付是其中最基本的环节之一。电子货币和网上支付伴随着电子商务的发展而普遍推广开来。电子支付是以电子货币形式通过网络银行在互联网上进行的资金划拨,是信息时代一种重要的结算方式。

支付中心的功能是为电子商务系统中的采购者、供应者等提供资金支付方面的服务。此角色一般由网上银行承担,提供网上支付服务,并保证支付的安全性。

(4)CA认证中心。电子商务认证是电子鉴别技术在商务交易关系中的一种具体应用,是建立在电子签名技术之上的电子商务安全交易所必需的一种组织保障,是指由特定的认证机构在电子商务中所作的认证。电子商务认证不仅需要一定的标准,还需要有一定的社会组织机构与之配套,它是由独立权威的第三方机构用于确认交易者身份、考察交易人的品行而进行的验证。

认证中心专指电子商务中对用户的电子签名颁发数字证书的机构,它是开放性电子商务活动中不可缺少的信用服务机构。认证中心是承担网上安全电子交易认证服务、签发数字证书,并确认用户身份的服务机构。其主要任务是受理数字证书的申请、签发数字证书,以及对数字证书进行管理。

(5)物流中心。物流中心是指接受并处理下游用户的订货信息,对上游供应方的大批量货物进行集中储存、加工等作业,并向下游进行批量转运的设施和机构。物流中心主要接受供应者的送货要求,组织将无法从网上直接得到的商品送达采购者,并能跟踪商品动态流向。

(6)电子商务服务商。这里专指提供网络接入服务、信息服务以及应用服务的IT厂商。它不仅提供面向终端用户的接入服务,而且面向ICP(Internet Content Provider,互联网内容提供商)提供从虚拟主机到托管、租赁的全面服务。这种提供广泛服务内涵的ISP(Internet Service Provider,互联网服务提供商)或者IT服务厂商又被称为数据中心(Data Center),它帮助传统企业迅速借助互联网开展业务,不必为管理如此庞大的、复杂的信息系统而耗费更多的精力,从而使企业可以专注于自己的核心业务和核心竞争力。ASP(Application Service Provider,应用服务提供商)主要针对中小企业信息化要求提供网上服务,比如提供办公应用、客户关系管理和财务、进销存管理等。甚至于一些大型企业也将自己的信息化应用全部委托给这类既是ISP也提供ASP服务的企业去做,而且很多提供这类服务的是传统的IT厂商,像Intel或IBM等。

本节内容图表化

电子商务的总体框架	电子商务活动主要包括信息流、资金流、物流三要素,最后才是商流,产生商品所有权的转移。电子商务的运作就是围绕这“四流”展开的,许多对策和措施是为了顺利实现四流的运转而设计的。我们就是从四流的角度来得出电子商务总框架的
电子商务的应用框架	电子商务的各类应用建立在两大支柱和五个层次之上。自下向上,从最基础的技术层到电子商务的应用层依次分为:网络基础设施层、多媒体内容与信息发布层、信息传播层、电子商务通用服务支持层和电子商务系统应用层;两个支柱是社会人文性的政策法律和自然科技性的技术标准
电子商务交易的市场结构	电子商务市场结构的主要角色有采购者、供应者、支付中心、认证中心、物流中心、电子商务服务商等,他们以电子商务系统平台为基础进行电子商务交易

开阔视野——
还有你所不知道的

电子商务时代的新型市场结构

结合西方经济学中市场结构划分的主要依据，我们可以把电子商务所组成的市场划分为以下几个类型的市场结构。

一、买方主导市场结构

买方主导市场结构主要包括整个产业厂商形成的行业联盟网站和行业主导厂商建立的门户网站两类，其实质是B2B型电子商务。在这类市场结构中，买方占据市场主导地位，市场结构是“金字塔”形，设立该网站的目的主要是服务于买方的生产和经营需要，因此该市场结构的顶端是一个或几个大的买家，下面是众多的供应商。从结构上看，它类似于经济学中所谓的买方垄断市场结构；从交易的方式来看，主要是卖方来满足买方的单向交易。

二、卖方主导型市场结构

卖方主导型市场结构主要包括网上证券交易、网上信息咨询、网上人才招聘等形式的网站。其实质是B2C和B2B的组合型电子商务。在这类电子商务网站中，卖方占据主导地位，网站本身往往由卖方或其代理人创建，其目的主要是为满足卖方需求，但常常采用众多的卖方信息来吸引买方加入网站，营业收入主要来自于买方。从结构上看，它类似于经济学中所谓的卖方垄断型市场结构；从交易的方式来看，主要是买方来满足卖方的单向交易。

三、第三方市场结构

第三方市场结构可分为综合类国际贸易网站、网上交易中心、纵向行业交易中心、功能型网站。这类网站的实质是B2B型电子商务。在这类网站中，卖方和买方均不占市场主导地位，而市场本身处于绝对的权威地位。第三方市场常常由熟悉因特网技术的网络公司通过整合行业资源而形成。网络公司一般不参与交易，它只提供各类贸易信息并提供双方进行交易的中介平台，网站的收入主要来源于信息服务费和佣金，有的第三方中介市场的收入来源于电子场地（空间）的租赁费和服务费。从结构上看，这类市场结构为“对顶三角形”。从交易方式来看，双方交易不是单向交易，而是双向交易，中间是第三方交易市场，两头是众多的买家和卖家。

四、梯形市场结构

梯形市场结构主要是针对电子零售商业的，由于这类商业零售网点多而广，与消费者联系相当广泛，因此，它的市场结构呈梯形，上方是电子零售商店，下方是众多的消费者。从交易方式看，消费者先在电子商店进行货品价格、质量等信息的查询，确认后通过网络进行订货，最后由电子商店委托最近的商店配送商品给消费者。

案例学习——
看看你的分析能力

mySAP.com电子商务系统结构

作为企业级软件解决方案的市场领导者，德国SAP公司在专注行业的商务软件及全球最大的企业软件用户的基础上，提供mySAP. com电子商务整体解决方案。mySAP. com提供了一个开放、协作、个性化解决方案的业务环境，这使得不同规模、不同行业的公司能够使其雇员、客户及合作伙伴利用全新的Internet经济。SAP业务解决方案能够集成上千个单个组织。

mySAP. com系统由个人门户模块、业务模式模块、行业解决方案模块和应用托管模块四部分组成。其中，个人门户模块包括工作台和商业市场，业务模式模块包括电子商务、客户关系管理、供应链管理、商务管理和企业资源计划。系统结构如图1－9所示。

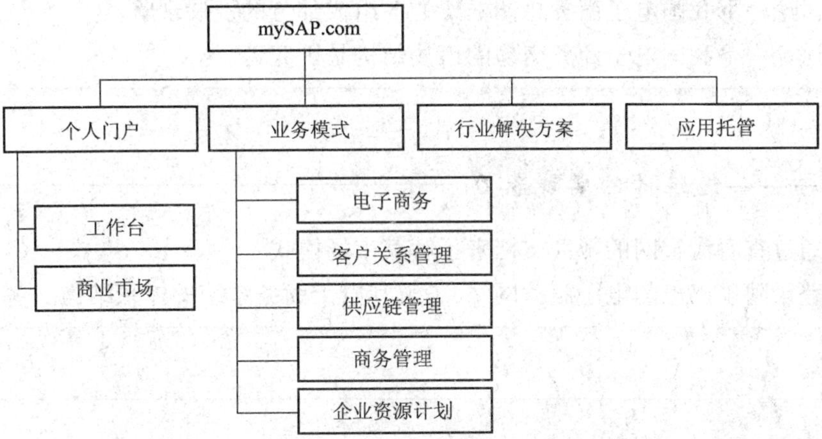

图1－9　mySAP. com系统结构

(1)个人门户。个人门户涉及工作台和商业市场两部分内容。

①工作台。mySAP. com的工作台是一个开放的企业门户。它为所有的雇员、业务合作伙伴、供应商和客户提供唯一的出口，通过一次登录他们就可访问需要的所有应用、信息和服务。

②商业市场。mySAP. com商业市场作为Internet上的商务中心，为协作商务提供协作化的结构。托管的应用组构成了协作商务解决方案的基础，更专业的社区帮助企业快速找到所需的产品和服务，并在协作商务流程中连接他们的客户、供应商和业务合作伙伴，在企业之间形成双向的和多元化的协作。

(2)业务模式。mySAP. com业务模式联合了企业内部和企业间的服务、信息和应用组件，在电子商务、客户关系管理、供应链管理、商务智能和企业资源计划领域中形成协作的业务模式。

(3)行业解决方案。在企业信息系统建立的时候，不可能选用一个通用的产品来满足所有业务，每个行业的管理既有共性，又有各自的特性。SAP行业方案图，区分了不同行业的共性和特性，按企业管理的对象不同，将最佳的行业管理模式提供给用户。

(4)应用托管。mySAP. com应用托管是一种服务，它通过网络提供企业解决方案和相关技术，并由一个专业的管理环境来提供托管服务。它降低了企业参与到协作商务中所需的风险、时间和投资。

（资料来源：刘军等. 电子商务系统的规划与设计. 北京：人民邮电出版社，2001.）

■ 请分析 mySAP. com 的系统结构。

■ 分析一下 mySAP. com 是如何为客户企业提供价值的。

班级讨论——加深你的知识理解

(1)讨论一下我国电子商务总体框架的各组成部分的发展现状。

(2)讨论一下我国电子商务交易的市场结构是否完善。

自己动手——锻炼你的实践能力

(1)通过查看淘宝网的帮助文档来了解其市场模式。

(2)登录阿里巴巴的电子商务网站，了解其电子商务系统的体系结构。

小节复习——牢记本节主要内容

一、解释概念

(1)信息流；(2)资金流；(3)物流；(4)商流

二、简短回答

(1)简述电子商务系统的总体框架。

(2)简述电子商务系统的应用框架。

(3)构成电子商务市场的角色有哪些？各起什么作用？

(4)电子商务系统支撑环境包括哪些方面？各起什么作用？

1.4 电子商务的商业模式

引导案例——打开知识的大门

eBay 的商务模式

eBay 于 1995 年创立，公司设在美国加州的 SanJose，现有员工 600 多名，以提供个性化的虚拟交易市场为宗旨。eBay 成立之初，决定使用拍卖的方式来体现商品价值，并提供机会促使买卖双方成交。

eBay 仅是一个交易市场，自己既没有商品，也没有库存，销售的只是信息，并在用户每次交易成功时收取佣金。1998 年 9 月,eBay 成功上市并开始迅速发展壮大,自那以后,eBay 开始营利,而且每年以持续稳定的幅度上升。eBay 同时积极寻找新的市场和产品,努力开辟世界市场。几年间,它在加拿大、英国、德国、新西兰和澳大利亚都开通了贸易网站,2002 年 3 月收购中国最大的网上拍卖网"易趣",进军中国市场。现在 eBay 的会员分布在 19 个不同的国家和地区,来自所有收入阶层和种族群落,他们都积极参与了网上购销活动,在 eBay 上,可以找到几乎所有的年龄阶层。

eBay 凭借其完备的网站服务功能,通过合作而具备的强大技术支持、周到而细致的客户服务、便捷有效的反馈和交流方式、让客户帮助企业成长的理念,在短短几年间成为同行业中当之无愧的佼佼者。

(资料来源:根据 eBay. com 网站资料翻译改写。)

- eBay 没有自己的商品和库存品,为什么还能够赢利?
- 你知道 eBay 的商务活动属于电子商务的哪种业务模式吗?

商业模式是什么?最简单的答案就是赚钱的方法;而严谨的解释是,企业经营的环境、企业需要实现的财务目标,以及在给定环境中实现既定的财务目标所需要的内部活动和能力。它是一种系统的设计,用于衡量和打造一个企业的健康状况和营利方法。

1.4.1 电子商务的营利模式

美国学者 Rappa 和 Afuah 认为电子商务营利模式是企业通过互联网获得收入的方式,这种方式可以使企业获得持续发展。按照收入方式的不同,在互联网上常见的电子商务营利模式基本包括以下 8 种:①代理模式;②广告模式;③信息中介模式;④商贸模式;⑤厂商模式;⑥会员模式;⑦社区模式;⑧订阅模式。这些模式以不同的形式被实现。任何一个公司都可以把不同的模式组合在一起作为它的电子商务策略的一部分。例如,广告模式可以和订阅模式结合在一起,形成一个产生利润的全面商业策略。下面简要介绍这 8 种模式。

1.4.1.1 代理模式

代理商是市场的制造者,他们把买方和卖方撮合在一起,并且推动交易行为。交易的双方可以是企业对企业、企业对消费者或消费者对消费者市场。代理商从撮合成功的每项交易中收取一定的费用。

1.4.1.2 广告模式

广告模式是企业在自己的网站上通过提供一些内容或者服务来吸引访问者,向在网站上进行宣传的企业收取广告费。互联网广告模式是传统的媒体广告模式的扩展。在这里,一个 Web 网站是广告发送者,提供内容和服务(如 E-mail、聊天室、论坛等),同时包含标题广告(Banner)。标题广告可以是该网站公司的主要或唯一的收入来源。该网站公司可以是内容的提供者,也可以是内容的分发者。只有当浏览量非常大或者高度专业化时,广告模式才能正常运作。

1.4.1.3 信息中介模式

信息中介模式是收集网上消费者、网上企业的信息,经过加工处理,提供或出售给企业和网上消费者。在此模式中,有关消费者和他们购物习惯的信息是非常有价值的,特别是当这些信息被仔细地分析并用来指导市场定位活动时。某些公司能够通过收集信息并把信息卖给其他公司的方法发挥信息中介的功能。一个信息中介可以为用户提供免费的 Internet 访问或免费的硬件,作为交换,中介获得有关用户的网络冲浪和购物的习惯信息。这要比单纯的广告模式更易于成功。

信息中介模式也能以另外的一些方式工作而获得赢利:在经过市场细分后,为消费者提供有用的网站信息,来节约他们的金钱,如 Gomez。

1.4.1.4 商贸模式

商贸模式是批发商和零售商通过网络出售货物,该模式模拟传统的商品和服务的批发商和零售商。销售可以基于列表价格或拍卖方式进行。

1.4.1.5 厂商模式

厂商模式是制造商绕过批发商和零售商等环节将产品直接出售给消费者。这种模式被预言最能体现 Web 的强大力量,它使厂商直接接触消费者,因此压缩了分销渠道(省去了批发商和零售商)。厂商模式是具有效率的(节约成本),能提高客户服务水平,更好地理解客户喜好。容易腐烂的产品将会从快速销售中受益,如鲜花等商品,通过省去中介,也会使消费者受益。但是,这种模式会和厂商已经建立起来的供应链具有潜在的渠道冲突,如 Intel、Apple。

1.4.1.6 会员模式

会员模式中,访问网站的浏览者通过本网站提供的链接点击进入一些批发商或者零售商的网站并完成一些交易后,本企业就会从批发商或零售商处得到提成。

1.4.1.7 社区模式

社区模式是企业通过建立网上社区,吸引一定数量的参与者,企业依赖建立起来的社区忠诚宣传并销售自己的产品和服务。社区模式的生存依赖于用户的忠诚度。用户在网站上投入了大量的时间和感情,在某些情况下,用户是有规律的内容和金钱提供者。如果网上社区具有持续浏览该网站的用户群,也就提供了广告、信息中介或专业化的门户入口的机会。社区模式也可能对服务收取费用。社区模式又有以下两种。

(1)知识网络或专家网站。提供基于专家的信息资源或另外一些用户的经验。网站以论坛的形式开展,用户可以搜索信息,提出问题,接收来自专家的答复。专家可以是被雇用的职员,也可以是较固定的志愿者,或者在某些情况下仅仅是 Web 上愿意回答该问题的用户,如 Deja,Xpertsite,Abuzz,丁香园。

(2)自愿贡献者模式。有时被称为“NPR 模式”。这种模式通过用户团体的创建而形成,这些用户团体通过自愿捐赠来支持网站。非营利组织可以通过寻求慈善组织获得投资来支持该组织的任务。

1.4.1.8 订阅模式

订阅模式是按月、季、年收取访问者的订购费,提供有价值的内容和服务。这种模式的用户要为访问该网站付费。高附加值的内容是最基本的要求。一般的新闻内容已被证明不适合用订阅模式。

1.4.2 电子商务的业务模式

1.4.2.1 B2C 电子商务的主要业务模式

B2C 电子商务模式,是企业通过网络针对个体消费者实现价值创造的商业模式,是目前电子商务发展最为成熟的商业模式之一。B2C 目前发展较为成熟的电子商务模式主要有:门户网站、电子零售商、内容提供商、交易经纪人、社区服务商等。

(1)B2C 门户网站。门户网站是在一个网站上向用户提供强大的 Web 搜索工具,内容集成为一体的服务提供者。

网络发展的初期,网站数量比较少,特别是人们对网上信息的搜寻能力较低、搜寻成本较高的时候,门户网站为人们了解更多的网络信息提供了方便。而今天,网络经济的不断发展,尤其是信息搜索技术的不断提高,门户网站这种商业模式成为网络的重要终点网站。除保持了强大的网络搜索功能以外,门户网络向人们提供了一系列的高度集成的信息内容与服务,如新闻、电子邮件、及时信息、购物、软件下载、视频交流等。从广义来理解,门户网站是搜索的起点,能向用户提供易用的个性化界面,帮助用户找到相关的信息。目前在中国,公认的四大门户网站是腾讯网、新浪网、搜狐网和网易网,它们成为门户网站成功的范例。

在门户网站的发展中,逐步形成了水平型门户网站和垂直型门户网站两种类型。水平型门户网站将市场空间定位于因特网上的所有用户,如 Yahoo、美国在线、MSN,以及中国的四大门户网站均为水平型门户网站。垂直型门户网站的市场空间定位为某个特定的主题和特定的细分市场如美国的 iBoats. com 为美国划船消费市场的门户网站,该市场吸引了包括想租船或者自己拥有船的用户约 1 600 万美国人。

门户网站的赢利主要是依靠广告费、订阅费以及交易费等。但并非每个门户网站都能够有很好的收益。事实上,网络中有大量的门户型网站,但排名前 10 位的网站约占据了整个门户市场搜索引擎流量的 90%。究其原因,很多排名靠前的门户网站都是最早开展网上业务,因而具有先行者的优势,从而不断积累出非常高的品牌知名度。消费者信任可靠的网络服务提供商,如果要他们转移到其他网络服务商的网站,他们会承担相当大的转移成本,因此,造成消费者对品牌门户网站更为偏好。

(2)电子零售商。电子零售商是在线的零售店,其规模各异,内容也相当丰富,既有像当当网一样大型的网上购物商店,也有一些只有一个 Web 界面的本地小商店。

1996 年前后,欧美发达国家出现了基于因特网的零售形式——电子零售。在随后的几年中,我国也产生了众多的网上商店。由于电子零售具有为消费者省时间、给消费者带来方便、帮消费者省金钱、向消费者提供信息等优点,因此,对于这种新的零售形式的诞生,无论国内还是国外的消费者都表现出相当的热情。

(3)内容提供商。内容提供商是通过信息中介商向最终消费者提供信息、数字产品、服务等内容,或直接给专门信息需求者提供定制信息的信息生产商。内容提供商通过网络发布信息内容,如数字化新闻、音乐、流媒体等。内容提供商将市场定位于信息内容的服务上,因此,成功的信息内容是内容提供商模式的关键因素。信息内容的定义很广泛,包含了知识产权的各种形式,及以有形媒体(如书本、光盘或者网页等)为载体的各种形式的内容。

内容提供商的营利方式主要是收取内容订阅费、会员推荐费以及广告费用等。由于内容服务的竞争日趋激烈,一些内容服务商的网络内容并不收费,如一些报纸和杂志的在线版纷纷推出了免费的举措,它们主要通过网络广告或者借助网络平台进行企业合作促销、产品销售链接以及网友自助活动等获得收入。

(4)交易经纪人。交易经纪人是指通过电话或者电子邮件为消费者处理个人交易的网站。采用这种模式最多的是金融服务、旅游服务以及职业介绍服务等。在中国的金融服务方面,招商银行、工商银行等推出的网上银行服务成为金融个人服务的新亮点;在旅游服务方面,以携程网、春秋旅行网等为代表的旅游电子商务也纷纷通过电话或者邮件形式为旅游者提供便利;在职业介绍服务方面,中华英才网、前程无忧等是网上职业经纪人的代表。

交易经纪人的营利方式主要是在每次交易中收取佣金。比如,网上股票交易中,无论是按单一费率还是按与交易规模相关的浮动费率,每进行一次股票交易,交易经纪人就获得一次收入;旅游电子商务中,在线成交一次机票、景点门票以及酒店客房的预定,旅游电子商务企业便按一定比例获得提成;职业介绍网站一般是预先向招聘企业收取招聘职位排名的服务费,然后向求职者收取会员注册费用等,再对招聘企业和求职者提供撮合、配对等服务。

(5)社区服务商。社区服务商是指那些创建数字化在线环境的网站,有相似兴趣、经历以及需求的人们可以在社区中交易、交流以及相互共享信息。

网络社区服务商的构想来源于现实的社区服务,但实际的社区服务通常受到地域限制,并不能够很好地整合需求,从而无法实现个性化的服务。而网络社区服务商通过构建数字化的在线环境,将有相似需求的人联系在一起,甚至利用在线身份扮演一些虚幻的角色。社区服务商的关键价值在于建立一个快速、方便、一站式的网站,使得用户可以在这里关注他们最感兴趣、最关心的事情。

社区服务商的营利模式较为多样化,包括收取信息订阅费、交易费用、会员推荐费用以及广告费等。

B2C 电子商务的主要商业模式的特点如表 1－3 所示。

表 1－3 B2C 电子商务的主要商业模式的特点

模式类型	特　点	举　例	赢利来源
门户网站	提供集成的综合性服务与内容，如搜索、新闻、购物、娱乐等	163. com sina. com sohu. com	广告费、订阅费、交易费等
电子零售商	在线的零售商店，提供在线的零售服务	dangdang. com	广告费、订阅费、交易费、产品销售等
内容提供商	以提供信息和娱乐服务为主，是网络中的传媒资讯提供商	cctv. com xinhuanet. com	广告费、订阅费、会员推荐费等
交易经纪人	在线的交易处理人，帮助客户完成在线交易	51job. com ctrip. com	交易费等
社区服务商	建立网上平台，集中有相同兴趣、爱好、需求的人交流、交易	ivillage. com	广告费、订阅费、会员推荐费等

1.4.2.2 B2B 电子商务的主要业务模式

B2B 电子商务模式，是一种企业之间的电子商务，它是一种主要针对其他企业进行销售的业务形式。目前，B2B 应用较为广泛的模式主要有：电子市场、电子分销商、B2B 服务提供商以及信息中介等。

(1)电子市场。电子市场有时称为 B2B 交易中心，由于其潜在的市场规模而成为 B2B 电子商务中最为成熟和有前景的商业模式。一个电子市场就是一个数字化的市场形态，供应商和采购商均可以在此进行交易。

对于买方来说，利用 B2B 电子市场，在一个地方就能够收集信息，检验供应商，收集价格，根据最新发生的变化进行选择；而对于卖方来说，则能够从与买方的广泛接触中不断优选，因为潜在的购买者越多，销售的成本越低，而成交的机会和利润也就越高。

从电子市场的整体来看，利用电子市场可以最大限度地减少识别潜在的供应商、客户和合作伙伴，以及在双方和多方开展交易所需要的成本和时间等。因此，电子市场的出现，可以降低交易成本，简化交易手续，获得更多的交易机会。

目前全球的电子市场，主要出现了两种细分模式：综合性电子市场和垂直型电子市场。综合性电子市场又称为水平市场，主要针对较大范围的企业销售产品和服务。在中国，阿里巴巴成为综合交易平台最为成功的企业之一，慧聪网、买麦网也是综合性电子市场的重要代表。而垂直型电子市场主要针对特定的行业，如钢铁、汽车、化学或者物流配送等，这些行业多为生产资料性行业，成交量大、专业性强，垂直电子市场迅速成为这些行业商业信息、物资信息的集成地。目前中国较为成熟的垂直电子市场有中国纺织网、中国化工网等。

(2)电子分销商。电子分销商是直接向各个企业提供产品和服务的企业。电子分销商与B2B电子市场有一定的区别。B2B电子市场是将许多企业招徕到一起,使它们有机会与其他公司做生意,而电子分销市场则是由一家寻求为多个客户服务的企业所建立的。

(3)B2B服务提供商。B2B电子商务服务商是指向其他企业提供业务服务的企业。它们主要通过整合各方资源,提供集中物流服务、公共服务、信用保障服务、支付服务、信息服务的一站式服务,将供应链运作整体解决方案提交给客户,并对客户决策产生影响。从本质上看,B2B服务提供商就是为企业采购、分销等供应链过程提供服务。

(4)信息中介。信息中介是以收集消费者信息并将其出售给其他企业为商业模式。目前的信息中介主要为面向供应商模式,中介将消费者信息收集给供应商,供应商利用这些信息向不同的消费者有针对性地提供产品、服务和促销活动。面向供应商的信息中介可分为两类:受众代理和商机制造者。

受众代理是收集消费者的信息,帮助广告商向最适合的受众做广告;商机制造者收集消费者信息,通过数据挖掘形成消费者的特征、偏好,然后指导供应商将符合消费者需求的产品和服务销售给消费者。信息中介的赢利主要来源于信息收费和数据挖掘后的咨询费用等。

B2B商业模式的特点如表1-4所示。

表1-4 B2B电子商务的主要商业模式的特点

模式类型	特 点	举 例	赢利来源
电子市场	将买卖双方集合在一起,降低交易成本	Alibaba. com	交易费
电子分销商	直接为企业提供产品或者服务	Grainger. com	产品销售
B2B服务提供商	通过网络向其他企业提供业务服务	Salesforce. com	交易费、租金等
信息中介	收集消费者信息并出售给其他企业	Doubleclick. com	信息出售费、咨询费等

本节内容图表化

电子商务的营利模式	电子商务营利模式是企业通过互联网获得收入的方式,这种方式可以使企业获得持续发展。按照收入方式的不同,在互联网上常见的电子商务营利模式基本包括以下8种:①代理模式;②广告模式;③信息中介模式;④商贸模式;⑤厂商模式;⑥会员模式;⑦社区模式;⑧订阅模式。这些模式以不同的形式被实现。任何一个公司都可以把不同的模式组合在一起作为它的电子商务策略的一部分
电子商务的业务模式	B2C电子商务模式,是企业通过网络针对个体消费者,实现价值创造的商业模式,是目前电子商务发展最为成熟的商业模式之一。B2C目前发展较为成熟的电子商务模式主要有:门户网站、电子零售商、内容提供商、交易经纪人、社区服务商等
	B2B电子商务模式,是一种企业之间的电子商务,它是一种主要针对其他企业进行销售的业务形式。目前,B2B应用较为广泛的模式主要有:电子市场、电子分销商、B2B服务提供商以及信息中介等

豆瓣网的营利模式

开阔视野——还有你所不知道的

你经常对着书店里令人眼花缭乱的封面发呆吗？或者头昏脑涨地从音像店琳琅满目的音像产品中逃出？这其中一定会有你喜爱的东西，但十有八九它们会在不知不觉中和你擦肩而过。媒体让老少咸宜的大片无处不在，对只适合一群人的东西却显得力不从心。

作为 Web2.0 时代代表网站的"豆瓣"会根据你的口味，从百万种书、电影、音乐中挑出你最可能感兴趣的；对你想看、在看、看(听)过的书、电影和音乐标注、分类、评价；发表书评或回应，参加关于任何书或电影的自由讨论，加入或创建各类主题的小组。

作为充分体现 Web2.0 应用代表的豆瓣网，它的商业模式和营利模式从以下三方面能看出来。

(1)广告。"豆瓣"是分众媒体，对于企业而言，分众媒体的受众同质性高、广告针对性强、广告传达率和关注度高，所以"豆瓣"可以根据不同的受众群来开发广告业务，这也是 GOOGLE、楼宇电视、DM(Direct Mail)刊物等吸引广告的理论基础，是收益的主要来源。

(2)产品代理。产品代理也就是作为一种销售渠道，成为图书、影音制品等商品的销售代理。

当然，"豆瓣"作为销售渠道与其他的一些电子商务网站比确实存在很多不足，如产品种类、交货、价格等。"豆瓣"如果不以新的模式来运营，而是选择直接与当当网等竞争，就很难发展起来。不过"豆瓣"作为社区，其成员交流十分密切，信任度很高，可以从这个优势上思考一种新的商业模式来运营，比如，针对"豆瓣"上的交流小组来进行"团购"式的销售，可以拿到相当低的折扣，而当当在这个方面却没有优势。

(3)衍生媒体。"豆瓣"依靠网络积累的信息开发网下媒体。

"网站开张第一天就有人通过豆瓣去当当买书"。作为豆瓣网发起者的杨勃对于第一笔生意仍依稀有些记忆，他表示豆瓣网的收入来自与书商的分账和广告，目前的营业收入完全可以支付网站的日常运营费用。像所有 Web 2.0 的网站那样，杨勃也宣称对用户"永远免费"。"我们的核心价值是让用户发现新东西，如果我们做得好，用户就会发现有价值，就会去买。这样我们等于帮助商家作了营销，因此我们会与之分账。"目前豆瓣已经在和当当、卓越分账，杨勃称豆瓣网的每 10 次点击平均就会发生至少 1 次购买行为。

但是，有部分人认为这甚至并不能称为一种商业模式。面对质疑，杨勃回答说，"我不太理解这种说法，可能很多人需要看到了日进百金才肯定这种模式，豆瓣网在 Web2.0 大潮涌现的这一年时间，至少给电子商务网站供应了上百万元的销售，我们可能会考虑和出版商合作，并做信息提供或精准投放的广告。着什么急呢，有些人似乎比我们还急"。

案例学习——看看你的分析能力

麦包包的电子商务发展历程

麦包包(www. mbaobao. com)是中国领先的时尚箱包在线直销网站。自1996年创业以来,麦包包已经积累了10多年的箱包行业经验,为全球客户提供从箱包生产加工、进出口贸易、箱包设计、品牌推广以及在线销售一条龙服务。2007年9月,麦包包创始人叶海峰一改传统的贴牌加工模式,出口转内销,全面运用网络营销模式,创立"麦包包"品牌。利用信息技术,麦包包实现了对C2C平台数百家箱包店铺,以及数十家B2C箱包网站的信息和数据抓取,从而判断市场前景。如今,麦包包的数据抓取范围已经走出中国,开始监控亚马逊、eBay和欧洲的一些电子商务平台。通过对品牌的培育和对箱包产业链的深度挖掘,麦包包正在积极地推动着中国的箱包市场理性化及规范化发展,并真正为用户创造时尚价值。

麦包包之所以能在电子商务的浪潮中脱颖而出,主要得益于以下几个方面:①快时尚定位下的产品快速推陈出;②供应链的精准化管理;③品牌文化与内涵的塑造。统观"麦包包"的电子商务模式,里面始终包含一种以消费者为中心的商业理念,而在这种精神统领下建立的电子商务模式就是正在逐渐走向主流的B for C模式,一种全新的B to C模式。正是由于消费者决定工厂该生产什么、生产多少,生产厂商就不会陷入产品滞销的泥潭。这种定制模式将"惊险的一跃"提前到商品的生产环节之前,抓住了购买者的最大消费愿望,在很大程度上规避了商业风险,同时也可以获得最大的利润回报。毋庸置疑,"麦包包"的成功是专业的成功,是专注用户体验的成功,是定制服务的成功。虽然普遍认为在电子商务中,面对消费市场则意味着面对成本控制的巨大压力,但"麦包包"用行动表明,成本控制的根本在于专业的生产管理体系和顺畅的产业链,而以用户为中心的定制服务能够带来最大的利润和最小的风险。

(资料来源:根据参考文献[26]和易观国际的《淘品牌案例分析:麦包包》改写)

- 请简要分析麦包包电子商务系统的推广实施经验。
- 试分析麦包包通过电子商务从哪些方面来赢利。

班级讨论——加深你的知识理解

(1)搜集相关材料,讨论一下为什么在2000年左右的时候电子商务被称做"泡沫经济"。

(2)结合平时对电子商务企业的关注,讨论在电子商务近年来的发展中是否有其他新兴的模式。

自己动手——锻炼你的实践能力

(1)在新浪网上查找其年度财务报表,查看其主要的营利来源。

(2)查看我国电子商务行业的领先者的电子商务网站,分析其属于哪种业务模式,是如何营利的?

小节复习——牢记本节主要内容

一、解释概念

(1)业务模式;(2)营利模式

二、简短回答

(1)试分析每种电子商务模式的内涵。

(2)比较分析各种电子商务模式的流程。

(3)电子商务中的中介机构主要指什么?具有什么作用?

2

B2C电子商务

【本章要点】

◆B2C 电子商务的特点

◆B2C 电子商务模式

◆B2C 电子商务交易市场

◆网上商店

【学习要求】

在本章的学习中，首先要了解 B2C 电子商务的特点和应用；然后对 B2C 电子商务的商务模式和营利模式进行讨论性学习；再对 B2C 电子商务市场的相关理论和应用作进一步了解；最后认识网上商店，掌握网上开店的具体步骤和网上商店的经营策略。本章的内容与现实生活联系比较紧密，所以在学习的过程中，可以结合一些相关的实践来学习，达到更好的学习目的。

2.1 B2C 电子商务应用概述

引导案例——
打开知识的大门

华为：一家 B2B 巨头实现手机业务 B2C 的跳跃

华为技术有限公司是一家生产销售通信设备的民营通信科技公司，华为的产品主要涉及通信网络中的交换网络、传输网络、无线及有线固定接入网络和数据通信网络及无线终端产品。

在当前手机业务竞争日益激烈的环境下华为手机业务成功实现由 B2B 巨头到 B2C 的跳跃。2014 年，华为在与苹果、三星乃至小米的竞争中站住了脚，几乎是一年内，华为旗下手机品牌“荣耀”销售额就达到了 30 亿美元，销售量预计达 2 000 万部。这一数字比去年足足增长了 30 倍。

华为总裁任正非认为，传统思维的 B2B 领域和互联网思维的 B2C 之间存在较大差异，把电信产品卖给全球数百家运营商，和把手机卖给几十亿消费者不同。华为过去在运营商系统设备业务上的 B2B 思维、习惯，与作为消费品的手机业务要求的 B2C 运作要求，有很大的差别，需要转变员工的思维习惯，核心是要真正面对终端消费者。

华为正是依靠较强的渠道营销能力，流程 IT 综合能力才得以不断发展，2015 年华为终端将在渠道、零售、数字媒体、互联网营销以及品牌营销，流程 IT 支撑体系上打造整体综合能力，提升综合实力。

（资料来源：第 1 财经 http://www.yicai.com/）

■ 你了解 B2B、B2C 的含义吗？并且说说两者有什么不同和相同之处？

■ 你还知道哪些 B2C 电子商务网站？试列举几个。

2.1.1 B2C 电子商务的特点

B2C 电子商务是指企业和消费者之间通过网络所发生的一切商务活动。B2C 电子商务具有下面几个特点。

2.1.1.1 从商品中介变为商品信息中介

在网络环境中，B2C 电子商务企业要生存和发展，一方面要利用传统的品牌、营销渠道、支付环节和配送体系；另一方面，也是更重要的，是要充分发挥网络的信息媒体优势，这也是 B2C 网站的核心作用——商品信息中介。

Amazon（亚马逊）的成功经验之一是与出版商建立了最直接的链接，以最快的速度将书目送上网。它通过 Internet 向全世界消费者提供 350 万种书目信息，在短短几年中积聚了巨大的无形资产——上千万的顾客群；与众多搜索引擎链接，使自己一直保持为网民关注的焦点；与每本书的内容链接，使图书内容摘要能在读者需要时立即展现于眼前。Amazon 比传统书商高明的地方就在于，它在更深、更广的层次上提供了商品信息的中介服务。

2.1.1.2 从商品交易场所变为商品配送中心

传统的零售企业以商品交易为核心，储运系统处于从属的地位。对于 B2C 企业来说，销售环节会相对弱化，而仓储运输环节则得以强化。随着 B2C 模式的应用越来越普遍，对现代化的大型商品配送中心的需求也就成为发展的必然。

从物流配送的发展过程来看，在企业经历了以自我服务为目的的企业内部配送中心的发展阶段后，政府、社会、零售业、批发业以及生产厂商都积极投身于物流配送中心的建设。专业化、社会化、国际化的物流配送中心显示了巨大优势，新型物流配送中心将是未来物流配送中心发展的必然趋势。目前国内较大的物流公司有德邦物流、华宇物流、佳吉快运、佳怡物流、远成物流、新邦物流等物流企业。

2.1.1.3 由提供大众化服务变为提供个性化服务

传统零售企业提供的是面向广大消费者的大众化服务。零售企业的一个重要功能就是搜集市场信息并反馈给生产厂商，但在传统市场环境中，这个处理过程较长，信息几经传递而失真，难以实现满足顾客需求的个性化服务。

而在 B2C 却不同以往，利用 Web 提供的在线表单或电子邮件自动回复、转发系统，能对每位顾客的需求作出及时响应，同时将订单传输至生产厂商，厂商按订单生产，不仅大大缩短了供货时间,同时也能满足顾客的各种特殊需求,实现个性化的服务。因此,提供个性化的服务已成为B2C网站的特色之一。

2.1.1.4 变商品管理为用户管理

传统零售企业是以商品的组织、服务和销售为核心,围绕商品管理来做文章,提供的也是大众化的服务。而网上零售企业的个性化服务是与用户管理紧密相关的,企业将以用户管理为核心,针对每个用户的需求,提供相应的产品和服务,这已成为B2C电子商务活动的基本原则。

2.1.2 B2C电子商务对传统零售业的影响

B2C电子商务(也称为网络零售)与传统零售是零售的两种方式,目的都是通过一定的渠道将产品卖出,送到消费者的手中。可以预见的是,随着配送体系、银行支付体系、电子商务法规、安全技术的逐步健全,以及消费者信任度的提高,B2C电子商务这种购物模式可以吸引更多的消费群体。B2C电子商务对传统零售业的影响主要表现在以下几个方面。

2.1.2.1 非中介化和再中介化

在B2C电子商务中,生产商绕过了批发商和零售商,直接将产品出售给消费者。这种现象被称为非中介化(如图3-1所示)。然而,消费者需要在大量的生产商间进行选择,这是相当困难的。因此新的在线辅助手段正在出现,它们取代了传统中介的角色。这些手段被称为再中介化(如图3-1所示),它们在数字环境中充当了新中介的角色。对于中介来说,互联网提供了接触新顾客的新途径、给顾客创造价值的新途径,以及创造收入的新途径。一些再中介是完全的电子零售商,填补了一个独特的细分市场,是传统零售商店的竞争对手;而另外一些是传统零售商店自己建立的;其他一些再中介与生产商或零售商合作,在网络空间为销售商提供必需的服务。购物门户网站、产品目录网站以及比较购物代理等中介也可以充当再中介。

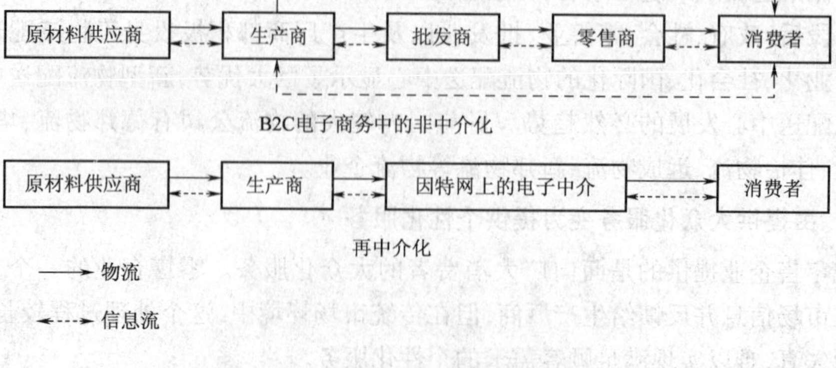

图3-1 非中介化和再中介化

2.1.2.2 渠道冲突

渠道冲突指的是营销渠道的渠道成员发现其他渠道成员从事的活动阻碍或者不利于本组织实现自身的目标,从而发生的种种矛盾和纠纷,是营销渠道成员间的一种敌对的或者不和谐的状态。许多传统零售商从网下走向网上时,实际上正在建立一条新的营销渠道。其中一些零售商以前不仅经营实体商店,还开设了电话直销业务部。一些生产商在其原有的销售渠道,如零售或代理之外,又制定了平行的直销战略。常见的是汽车制造商通过代理商网络以及新的网络中介销售产品,也为消费者提供直销。在这样的情况下有可能发生渠道冲突。

2.1.2.3 个性化

所有在线市场商业模式的一个重要特点是卖方可以为每位消费者创造个性化元素。网上零售商可以使用cookie文件和其他技术来跟踪每名消费者的特定浏览和购买行为,并能根据该消费者的爱好量身订制营销计划,提供符合该消费者价值观的激励手段,或提供能吸引该消费者重回网站的特定服务。从网上销售的各种实物和数字化产品与服务中都可以发现这种批量化定制的现象。IBM客户个性化网站是IBM出资专门为特定客户创建的个性化专用网站或电子商务项目,实现对客户一对一的7×24小时网络客户关系服务(e-Relationship),并提供一站式的在线产品信息、采购、培训和技术支持等服务,是IBM运用互联网技术和供应链管理优化大客户与IBM之间业务流程的郑重承诺。IBM客户个性化网站不仅仅是IBM为客户所创建的一种个性化Web网站,它还是一种工具,可以帮助客户轻松处理企业关于IT产品和服务的选择、采购及管理这样一种既复杂又耗时的工作。

本节内容图表化

B2C电子商务的特征	(1)从商品中介变为商品信息中介 (2)从商品交易场所变为商品配送中心 (3)由提供大众化服务变为提供个性化服务 (4)变商品管理为用户管理
B2C电子商务对传统零售业的影响	(1)非中介化和再中介化 (2)渠道冲突 (3)个性化

开阔视野——还有你所不知道的

B2C网上商城

B2C网上商城又叫网上商城系统,英文是Online Mall system。最先提出这个单词的是英国的Lap公司,该公司在中国大陆设有分公司,1998年,当时英国在线购物刚刚起步,Lap在英国系统开发方面已经小有名气，为规范市场称谓，则提出 Online Mall system 统一名称，同时还提出了 Online Shopping System（网上购物系统），Online Store System（网上商店系统），后被引入中国，亦是网上商城购物系统。

案例学习——看看你的分析能力

当当网

当当网（www.dangdang.com）是全球知名的综合性网上购物商城，由国内著名出版机构科文公司、美国老虎基金、美国IDG集团、卢森堡剑桥集团、亚洲创业投资基金（原名软银中国创业基金）共同投资成立。从1999年11月当当网正式开通至今，当当已从早期的网上卖书拓展到网上卖各品类百货，包括图书音像、美妆、家居、母婴、服装和3C数码等几十个大类，其中在库图书、音像商品超过80万种，百货50余万种；目前当当网的注册用户遍及全国32个省、市、自治区和直辖市，每天有450万独立UV，每天要发出20多万个包裹；物流方面，当当在全国11个城市设有21个仓库，共37万多平，并在21个城市提供当日达服务，在158个城市提供次日达服务，在11个城市提供夜间快递服务。

当当网于美国时间2010年12月8日在纽约证券交易所正式挂牌上市，成为中国第一家完全基于线上业务、在美国上市的B2C网上商城。2014年1月27日，当当网与腾讯达成全面合作，将在PC端、移动客户端以及当当电子书APP等项目中，全方位接入微信支付和财付通服务。在追求规模效益的同时，当当也在不断优化品类。2014年10月20日，“当当网”宣布更名“当当”，同时推出了一对红色的“圆形铃铛”作为新LOGO，以适应向时尚电商转型的需要。

（资料来源：当当网 http://www.dangdang.com/）

- 分析当当网的企业类型和网站种类。
- 仔细浏览当当网，画出当当网的购物流程图。

班级讨论——加深你的知识理解

（1）谈谈在B2C电子商务中，存在的不安全因素。

（2）有人说“网上购物不会取代传统的购物方式，只是对传统的购物方式的补充”，你同意这一观点吗？说说你的理由。

自己动手——锻炼你的实践能力

（1）在当当网或卓越网上参与一次网上购物，记录下购物的过程，将购买到手的商品向同学们展示，并与同学们进行交流。

（2）通过在网上查找资料，看一看企业与个人是如何进行电子商务交易的。

（3）上网了解一些国内外成功的B2C电子商务网站。

小节复习——牢记本节主要内容

一、解释概念

(1)网络零售;(2)非中介化;(3)再中介化

二、简短回答

(1)简述 B2C 电子商务的特点。

(2)B2C 电子商务对传统零售业的影响有哪些?

2.2 B2C 电子商务模式

引导案例——打开知识的大门

B2C 的几种电子商务模式

ESPN(Entertainment and Sport Program Network)网站提供各种体育新闻。ESPN 充分利用它在有线电视业的品牌名气创建了一个访问量很大的网站。它销售广告并且提供大量免费信息,而忠诚的体育迷也可以选择其 Insider 服务访问更多的体育新闻。

《华尔街日报》网站允许访问者查看分类广告和某些特定报道,但大部分内容只有订阅者才能看到;订阅印刷版的访问者可以打折订阅在线版。

- ESPN 和《华尔街日报》网站属于哪种电子商务模式?
- 你还知道哪些电子商务模式?

2.2.1 B2C 电子商务模式分类

B2C 电子商务模式的分类方法有很多。例如,有的按交易商品范围(一般商品还是特定商品)分类,有的按销售覆盖的区域(全球还是地方的)分类,还有的按营利模式分类。这里按商品性质将 B2C 电子商务模式划分为四类。

2.2.1.1 无形商品的电子商务模式

无形商品是指能通过互联网传输的商品,无须实际的物流配送,能以信息的形式通过互联网传输。无形商品分为两类:一类是信息产品,如报纸、电影、软件、书、游戏等;一类是虚拟商品,如邮箱、虚拟货币、域名等。无形商品的电子商务模式主要有以下四类:

(1)网上订阅模式。网上订阅模式指的是企业通过网页安排向消费者提供网上直接订阅,消费者直接浏览信息的电子商务模式,主要被商业在线机构用来销售报纸杂志、有线电视节目等。主要有以下几种:①在线服务,指在线经营商通过每月向消费者收取固定的费用而提供各种形式的在线信息服务;②在线出版,指出版商通过电脑互联网络向消费者提供除传统纸面出版之外的电子刊物;③在线娱乐,如网站向消费者提供在线游戏并收取一定的订阅费。

(2)付费浏览模式。付费浏览模式指的是企业通过网页安排向消费者提供计次收费性网上信息浏览和信息下载的电子商务模式。如维普资讯网通过其主导产品《中文科技期刊数据库》提供综合性文献服务,将用户分为流量用户和包库用户。

(3)广告支持模式。广告支持模式是指在线服务商免费向消费者或用户提供信息在线服务,而营业活动全部用广告收入支持。

(4)网上赠予模式。网上赠予模式是一种非传统的商业运营模式,是企业借助于国际互联网用户遍及全球的优势,向互联网用户赠送软件产品,以扩大企业的知名度和市场份额。

2.2.1.2 有型商品的电子商务模式

有型商品指的是传统的实物商品,这种商品和劳务的交付不是通过电脑的信息载体,而仍然通过传统的方式来实现。网上实物商品销售的特点主要是网上在线销售的市场扩大了。与传统的店铺市场销售相比,网上销售可以将业务伸展到世界各个角落。

企业实现在线销售,目前有两种形式:一种是在网上设立独立的虚拟店铺,如当当网、1 号店、卓越网、京东商城等;一种是参与并成为网上在线购物中心的一部分,如优衣库、美特斯邦威等品牌都在淘宝商城开设了店铺。

2.2.1.3 综合模式

多数企业网上销售并不仅仅采用一种电子商务模式,而往往采用综合模式,即将各种模式结合起来实施电子商务。例如,一家旅行社的网页不仅向客户提供旅游在线预订业务,同时接受度假村、航空公司、饭店和旅游促销机构的广告,还可向用户提供一定的折扣或优惠,以便吸引更多的注意。

2.2.1.4 团购模式

团购就是团体购物,指认识或不认识的消费者联合起来,加大与商家的谈判能力,以求得最优价格的一种购物方式,如美团网、淘宝网的“聚划算”、一号店的“一号团”等。团购的模式主要有以下三种:

(1)网站对客户。团购网站提供有吸引力的商品和服务,超级优惠折扣,吸引用户购买,通过奖励用户推广等方式推广用户,或通过社交化的网络传播,带来规模效应。

(2)网站对商家。团购网站寻找有合作意向的商家,约定达成团购的有效人数,若没有达到人数则相当于媒体广告,若达到不同人数规模即可分享或提成部分收益。

(3)商家对用户。用户去商家进行消费,成为实际用户,商家积累用户后,进一步了解需求,再次开拓用户的价值。

2.2.2 B2C 电子商务营利模式

B2C 是中国电子商务最先兴起的商业模式,但在后来的发展中却经历了诸多波折。目前,各行各业的厂商纷纷进军电子商务,希望依靠网络这个平台,为自己在竞争中赢得优势。通过对国内B2C电子商务的营利模式进行分析,可将各行业的营利模式概括如表2-1所示。

表2-1 B2C电子商务营利模式

赢利模式	描　述	典型网站
收取服务费	企业通过网络上提供各种服务来获取服务费	盛世收藏网
会员制	按不同的方式和服务的范围收取会员的会费	百合网
销售本企业的产品	商品制造商通过网站销售本企业的产品	凡客诚品、戴尔
销售其他企业的产品	网上零售商销售来自其他各个企业的各种各样的商品	1号店、京东商城、当当网
销售衍生品	销售与某一行业相关的产品	中国饭网出售食品相关报告、就餐完全手册;莎啦啦除销售鲜花外,还销售健康美食和数字产品
收取广告费	直接从厂商处获得广告,帮助厂商销售产品来获取赢利的方式,是最主要的赢利模式。	新浪网、搜狐等大型门户网站,优酷、土豆等视频网站

本节内容图表化

网上订阅模式	企业通过网页安排向消费者提供网上直接订阅,消费者直接浏览信息的电子商务模式
付费浏览模式	企业通过网页安排向消费者提供计次收费性网上信息浏览和信息下载的电子商务模式
广告支持模式	在线服务商免费向消费者或用户提供信息在线服务,而营业活动全部用广告收入支持
网上赠予模式	企业借助于国际互联网用户遍及全球的优势,向互联网用户赠送软件产品,以扩大企业的知名度和市场份额

开阔视野——还有你所不知道的

当当网的赢利模式

当当网较同行业企业具有商品种类繁多、价格较低等优势,从网上书店成功拓展到网上商城,主要是以下三种赢利模式:

(1)直接销售,压低制造商(零售商)的价格,在采购价与销售价之间赚取差价。

(2)虚拟店铺出租费,产品登录费、交易手续费,此外还可以利用平台,充分利用付款和收到货物再支付的时间差产生的巨额常量资金进行其他投资,从而赢利。

(3)广告费,是主要的赢利模式,也是增长速度最快的赢利方式。

案例学习——看看你的分析能力

京东商城

京东(JD. com)是中国最大的自营式电商企业,是中国B2C市场上最大的3C网上购物专业平台。2010年,京东成为中国首家规模超过百亿的网络零售企业。2011年6月,京东商城在“2010—2011艾瑞新经济奖”(电子商务类)评选中荣获“中国最佳B2C网络购物平台”奖项。2014年5月22日,京东在纳斯达克挂牌上市 。2014年8月8日,京东开通手机QQ一级购物入口,加上微信一级入口、京东客户端,京东将正式借力腾讯,完成移动端布局。

京东(JD. com)在线销售计算机、手机及其他数码产品、家电、汽车配件、服装与鞋类、奢侈品、家居与家庭用品、化妆品与其他个人护理用品、食品与营养品、书籍与其他媒体产品、母婴用品与玩具、体育与健身器材以及虚拟商品等,共13大类3 150万的商品。

京东商城的快速发展,不仅得益于中国日趋良好的电子商务大环境,更得益于其在对环境深刻洞察、把握基础上的富有特色的垂直B2C运作模式。京东商城的运作模式主要具有以下特点:

(1)洞察市场,精准定位。互联网的用户以25~35岁的青年为主,而计算机、通信和消费类电子产品的主流消费人群正是他们。这意味着京东商城的主流消费人群与互联网的用户重合度非常高,也就具有了开拓市场的前提。

(2)降低成本,提高效率。网上购物,看重的就是便宜、快捷、方便。这对于所有的B2C公司来说,意味着网络生存的法则就是“低成本、高效率”。

(3)以人为本,大胆创新。京东商城的发展是与其“以人为本”的服务理念和大胆创新的开拓精神分不开的。京东商城在发展的过程中,成功开创了很多个行业第一,丰富了电子商务的运作模式。

(4)借力资本,高速扩张。京东商城能够不断做大销售规模,连续保持高达300%的增速,与其成功融资是分不开的。

(资料来源:根据京东商城网站 http://www.jd.com/和《销售与市场》2010年第5期改写)

■ 京东商城成功的因素有哪些?

■ 京东商城与当当网、天猫的差别有哪些?

班级讨论——加深你的知识理解

(1)对于电子商务的营利模式,你还能想出更好的方式吗?

(2)你接触过哪些B2C电子商务模式?

自己动手——锻炼你的实践能力

(1)对应本节叙述的电子商务营利模式,分析一下当当网使用了哪几种方法。

(2)根据本节叙述,找出几个电子商务网站,看看这些网站是以何种方式营利的。

小节复习——牢记本节主要内容

一、解释概念

(1)网络直销;(2)虚拟电子零售;(3)"鼠标加水泥"零售;(4)网络集市零售

二、简短回答

(1)电子商务模式有哪几种类型?

(2)电子商务营利模式有哪几种类型?

2.3 B2C 电子交易市场

引导案例——打开知识的大门

聚美优品

聚美优品是一家化妆品限时特卖商城,首创"化妆品团购"模式,本质上是一家垂直行业的 B2C 网站,由陈欧、戴雨森、刘辉三人于 2010 年 3 月 31 日创立。经过发展,聚美优品从最初每日一件限时折扣团购模式到每日多件产品限时抢购,在品类管理上主要以推荐明星产品搭配其他产品进行销售。2014 年 5 月 16 日,聚美优品在美国纽交所正式挂牌上市。聚美优品上市后进行重要业务转型,为力保主营化妆品业务坚决不能出质量和售后服务问题,加强渠道的控制力,砍掉了全部第三方奢侈品业务,并把第三方平台美妆业务全部转为入库自营。同时,2014 年 9 月,聚美海外购上线,主要以日韩化妆品为主,欧美品牌为辅。这种海外购能够控制品质的模式,替代原有第三方平台销售的模式,做到化妆品的全部自营转换,并加强防伪码体系建设(已经达到70%的比例)。聚美优品当前的这种模式,虽然是牺牲短期业绩的方式,但能够有效加强对供应链质量的管控,着眼在于未来健康发展。

(资料来源:中国电子商务研究中心 http://www.100ec.cn/)

■ 说说你对电子交易市场的理解。

■ 聚美优品和其他电子交易市场有什么不同之处?

在电子商务环境下,生产者可以越过中介实现产品直销。但是,这种无中介的交易是否能实现消费者要求的那种交易平等呢？消费者需要购买的日常生活用品种类繁多，是否有能力在 Internet 上逐一搜索呢？消费者个体单独登录到生产者的网站，能主动提出对自己有利的交易方式吗？能实现对产品信息的平等占有吗？这些答案都是否定的，因此，消费者将在网上寻求新的交易中介来协助自己实现平等的交易，这个交易中介就是生产企业与消费者间的电子交易市场(Electronic Market，EM)。电子交易市场指在 Internet 通信技术和其他电子化通信技术的基础上，通过一组动态的 Web 应用程序和其他应用程序把交易的买卖双方联系在一起的虚拟交易环境。

EM 中的众多交易主体则可以通过 EM 提供的电子化交易信息和交易工具或自己的电话、电子邮件、通用或专用的管理信息系统等程度不同的电子化工具建立起点到点和一对多的交易通道。负责 EM 的建立、维护、运行等工作的中介服务机构则称为 EM 运营商。

2.3.1 企业与消费者间的 EM 类型及其运营模式

传统的企业与消费者间的交易模式，由于企业规模的不同，实现交易的方式也非常不同。大企业的后勤和管理十分复杂和完备，企业进行内部生产的中间环节多，产量相对大，在交易过程中体现出交易制度严谨、交易壁垒多、交易种类多、自有的交易要素多、拥有自己的代理分销渠道、对外开放性差、对外界交易中介依赖性小等特点；小企业的情况恰恰相反，后勤管理简单，交易种类少，自有的交易要素也少，对外界交易中介依赖性大，通常是依附于一定的大企业供应链或直接面向局部的消费者。因此，在实际经济生活中，是由零售商出面作为一定数量消费者的代理，聚集众多消费者形成一定规模的交易量，凭借着聚集的规模，实现用较低的成本获取其他交易要素，但是传统零售商强调的是自己的商业利益而非对消费者的代理。

到了电子商务时代，交易主体能够利用多种电子化的手段，建成自己的 Intranet 和 Extranet，把自己产品的采购、生产和销售相互协调起来，从而有能力直接处理分散、大量的外部交易，使原来进入市场的交易壁垒不复存在，交易主体相互之间随时可以建立越过中间商的直接交易渠道。像 Cisco，Dell，Intel 等就是实现网上直销的成功典范，他们利用自己的 Web 网站，接受订单，向客户提供方便的技术支持，从而减少中间环节，降低交易费用和售前售后服务费用，实现赢利。

例如，Cisco 的网上直销，向其发出订单的购买者中，大多是专业化的网络设备分销商，而不是最终的设备购买者和使用者。Cisco 设备的最终用户并没有因为 Cisco 能网上直销就直接向 Cisco 订货，尤其是小用户，大多数最终用户仍然通过网络设备分销商购买 Cisco 的产品。其主要原因是最终用户能够从分销商那里获得充分的技术支持，包括售前的产品分析和比较、售中的设备安装和调试、售后的设备维护和咨询服务。同时，网络设备的采购通常是同用户的计算机系统集成项目联系在一起的，系统集成的工作 Cisco 是做不到的，最终用户只能通过分销商做到相关产品的统一采购。

企业与消费者间的 EM 根据交易主体的不同交易资源、能力、规模和需求，分为不同层次的市场交易组织，如表 2－3 所示。

表 2－3　不同交易类型对应的 EM

交易类型（根据商品划分）	交易特点和交易主体对交易方式的特殊要求	对应的 EM 交易中介	EM 交易中介提供的服务
普通生活用品（如食品、衣物、CD 等）	企业：产品单一，无法形成规模	网上电子商场运营商	一方面聚集商品，一方面聚集购买力，使交易的选择更方便，交易实现的成本更低
	消费者：需要多产品、多品牌的组合		
相互依赖性强的服务或商品（如提供旅游、会议的组织）	企业：只拥有部分资源，无法为最终用户提供整套服务	网上销售联盟运营商	把相互依赖的各个单一企业的产品组合起来，为消费者提供一次性的优化服务，同时扩大企业的交易机会
	消费者：需要整体的完整服务		
进行交易后的联系或服务（如寄账单、发票）	企业：交易后的事务处理量大	网上外包资源运营商（如账务代理）	降低企业的销售成本，为消费者提供简单的交易活动管理方法
	消费者：交易活动不易管理		

2.3.2 EM 运营特征

通过电子化的手段，EM 运营商能提供一个方便进入的虚拟环境，在最大限度上聚集生产企业的商品购买力和消费者的购买力，建成网上电子商场。消费者在电子商场内利用搜索工具方便地查找需要的商品，具有更广泛的选择权，不能快速响应消费者需求的生产企业将被淘汰出商场；网上商场为消费者提供论坛等交流工具，聚集同类型的消费者，他们形成合力，相互沟通和共享某一商品的信息，实现与生产企业平等享有商品信息的地位；消费者在电子商场内形成规模优势，能够动用金融、运输等其他交易环节的力量，及时为自己设计有利的交易方式。总之，在 EM 运营商的协助下，交易的主导权正在逐渐从生产企业转向消费者。

2.3.3 基于 B2C 的 EM 运营商

基于 B2C 的 EM 运营商主要有网上电子商场、网上销售联盟和网上外包资源等不同类型。

2.3.3.1 网上电子商场运营商

网上电子商场运营商的业务重点放在聚集产品、聚集消费者这两个方面，主要是在交易的广度上取得优势，通过降低商品售价，扩大市场交易容量以获得赢利，降低交易费用的基础是充分利用电子化手段。电子商场运营商通常为消费者提供电子化的聚集场所和消费者论坛，使消费者感到电子商场确实为消费者着想，商场代表消费者同供货企业进行交易。这方面的代表企业是天猫（http://www.tmall.com/）。

2.3.3.2 网上销售联盟运营商

在B2C电子商务交易中，有些交易并不是以单个企业对消费者的方式进行的，而需要同类型的多家企业同时为一个消费者服务，这时，这些交易企业通常依靠一些交易中介的力量集中起来，为达成与消费者的一笔完整交易组合他们的资源，这类中介即为销售联盟中介。例如，旅游市场就是提供这种组合服务的典型，消费者通常借助于旅行网站预定整个旅行路线上的所有食、住、行的交易，旅行网站再把这个交易拆分给线路上的各个旅店、航空公司等，旅行网站就是这些旅店、航空公司的销售联盟。如，携程旅行网（http://www.ctrip.com）。

随着电子商务时代的来临，这种组合服务会逐渐增多，因为消费者的许多购买行为是具有很强的间接性和关联性的，同时，许多存在间接性和关联性的购买是跨越多个行业的。网上销售联盟运营商一般维持一个业务网，入网的企业成为会员，交纳会员费，承接销售联盟的业务。网上销售联盟运营商通过Internet等综合的电子化连接途径，向消费者集中展示各类经过优化的一次性组合服务，消费者也可以随时提出自己要求的组合服务内容和方式。

2.3.3.3 网上外包资源运营商

在传统的商务交易中，也有许多企业直接面对消费者，如电信公司、移动运营商、电力公司等。这些公司由于直接同消费者交易，在日常情况下，为这些交易而处理的零散性的业务量非常大。如，电信公司给所有消费者计账、开发票、提供及时的服务咨询、查询消费者通话量和话费等业务，这些业务占用了企业大量的人力、物力资源，电信公司的专业在通信线路维护、通信产品集成等业务上而不在这些同消费者密切接触的业务上，企业为这些业务支付了大量的成本。

在电子商务时代，一类新兴的交易服务中介脱颖而出，他们同消费者密切接触，利用自己便利的电子化业务工具，以低成本为公司处理那些交易的大量附属业务。这类中介的基础性电子化工具就是Internet，他们通过Internet广泛地接触消费者，因此称其为网上外包资源运营商。

电信公司把原来属于自己处理的大量交易附属业务，如为消费者计账、为消费者提供售前售后咨询等业务，转交给网上外包资源运营商处理，通过业务外包的方式实现销售成本的降低。而网上外包资源运营商的特长在于拥有处理各种类型辅助交易业务的能力，例如网上账务代理商，他们熟悉各种计账方式，能随时调整为恰当的计账方式，通过自己的网站向消费者提供统一的综合记账服务，为电信公司节省大量的人力和物力。在提供网上账务代理服务方面，美国的checkfree（http://www.checkfree.com）是世界上最好的公司之一。

本节内容图表化

网上电子商场运营商	主要通过降低商品售价、扩大市场交易容量营利
网上销售联盟运营商	集中同类型的多家企业同时为一个消费者服务,为达成与消费者的一笔完整交易组合他们的资源
网上外包资源运营商	密切接触消费者,利用便利的电子化业务工具,以低成本为公司处理那些交易的大量附属业务

开阔视野——还有你所不知道的

聚划算:肩负阿里向C2B转型的重任

聚划算是从淘宝团购平台脱胎而来的,在阿里巴巴新一轮的组织架构调整中,成为新的七大事业群之一,肩负着阿里巴巴向C2B转型的重任。未来的聚划算将阿里巴巴的资源串联起来,将消费者的意愿和需求聚合起来,反向要求企业和供应商按需定制,数以百万计的厂商响应规模个性化的团购需求,这意味着大规模定制的个性化时代即将来临。客户发布自己要些什么东西,要求的价格是什么,然后由商家来决定是否接受客户的要约。假如商家接受客户的要约,那么交易成功,如果不接受,则交易失败。

对厂家来讲,可以实现资源优化,甚至可能实现零库存;对消费者而言,可以反向定价,价格透明,而且从设计到生产的全流程都可以监控,既满足高性价比个性化需求,又可以杜绝假货。

创新价值:颠覆了厂商生产什么卖什么的方式,从用户需求出发,按照用户认可的设计、材质、数量和价位来生产和销售,消除了库存。

赢利模式:初期可以向厂商收取平台使用费及交易佣金,规模扩大后可采用竞价排名、广告展示方式等。

面临挑战:需要与社交网络实现有机整合,因为C2B的核心是社会化生产,其基础是在社交网络上产生营销图谱,依此进行细分精准的营销,促成订单的达成。此外,从订单到交货的过程相对较长,C2B的整个交易过程对产品质量、物流等的控制也是个挑战。

(资料来源:中国电子商务研究中心 http://www.100ec.cn/)

案例学习——看看你的分析能力

携程行天下

中国领先的在线票务服务公司携程旅行网,创立于1999年,总部设在中国上海,员工30 000余人。目前已在北京、广州、深圳、成都、杭州、南京、厦门、重庆、青岛、沈阳、武汉、三亚、丽江、香港、南通17个城市设立分支机构,在南通设立服务联络中心。2010年,携程旅行网战略投资台湾易游网和香港永安旅游,完成了中国两岸三地的布局。2014 年,投资途风旅行网,将触角延伸及北美洲。

作为中国领先的综合性旅行服务公司,携程成功整合了高科技产业与传统旅行业,向超过2.5亿会员提供集无线应用、酒店预订、机票预订、旅游度假、商旅管理及旅游资讯在内的全方位旅行服务,被誉为互联网和传统旅游无缝结合的典范。凭借稳定的业务发展和优异的赢利能力,携程旅行网于2003 年12 月在美国纳斯达克成功上市,上市当天创纳市3 年来开盘当日涨幅最高纪录。

2013 年,携程重金入股一嗨租车、易到用车等企业。2014 年1 月,携程战略收购途风;后又相继投资同程、途牛、途家等企业,占据股份;2014 年5 月,携程于北京银河SOHO开设第一家线下体验店。携程正在旅游行业的产业链中积极布局,力图在这个旅游蓝海领域争取到更多的份额,真正形成除BAT(百度,阿里巴巴,腾讯,简称"BAT")以外的另一巨头。据中国电子商务研究中心(100EC.CN)监测数据显示,2014 年携程总营收约77.5 亿元,占整体市场的份额为54.3%,比2013 年提升4.3 个百分点。艺龙占比8.4%,位列第二;同程营收占比5.3%,排名第三。

(资料来源:根据携程网 http://www.ctrip.com/资料改写)

- 讨论携程与其他票务公司相比所存在的优势。
- 访问携程旅行网,体验携程的服务,写出你的体会。

班级讨论——加深你的知识理解

(1)试分析电子交易市场产生的动力。

(2)你接触过哪些类型的EM?

自己动手——锻炼你的实践能力

(1)讨论e龙(elong)网属于哪种类型的电子交易市场。

(2)通过在网上查找资料,看一看电子交易市场是如何运营的。

小节复习——牢记本节主要内容

一、解释概念

(1)EM;(2)网上销售联盟运营商;(3)网上外包资源运营商

二、简短回答

(1)网上电子商场运营商对企业和消费有哪些要求?

(2)根据商品划分,EM有哪几种交易类型?

2.4 网上商店

引导案例——

打开知识的大门

美特斯邦威:对电商困难估计不足

美特斯邦威公司是国内服装行业中的著名企业,于1995年创建于中国浙江省温州市,主要研发、生产、销售美特斯·邦威品牌休闲系列服饰。2010年,美特斯邦威旗下的邦购网上线,集合了网络购物、时尚资讯和互动社区等多个板块。美特斯邦威希望正式从传统渠道,走向传统渠道与电子商务渠道结合并行的双渠道模式,为此美特斯邦威还同时推出全新的线上品牌——AMPM。2011年1月3日,邦购网的日销售突破了30万,日交易量超过1 000单,每单平均价值超过300元。但是,在之后短短一年不到的时间,美特斯邦威发布公告称,因赢利难以保障,公司决定停止运营电子商务业务,网购平台交由控股股东打理。无论是资源配置、物流配送,还是营销运营都无法适应邦购网的发展需求,特别是面对专业B2C的打压,只有招架之功,根本没有还手之力。于是,邦购网只能在6 000多万白白打了漂之后于2011年10月黯然收场。

美特斯邦威电子商务失败的最大原因,是对电商困难估计不足,以及电子商务人才的缺乏。美特斯邦威在其传统门店的发展过程中,建立了强大的物流配套设施,但是线下物流与电子商务所要求的并非完全匹配,而且美特斯邦威自始至终都没有有效地解决资源配置等方面的问题。此外,在电子商务筹备以及运营中,美特斯邦威三度更换域名,网站的技术也没有很好地支撑大规模用户的涌入,极大地影响了用户体验,才导致了最后的惨败。

(资料来源:中国电子商务研究中心 http://www.100ec.cn/)

- 比较下美特斯邦威实体商店与网上商店的异同点。
- 你认为邦购网失败的最主要原因是什么?

2.4.1 认识网上商店

2.4.1.1 网上商店及其特点

网上商店是建立在网络世界中的虚拟商店。与传统超市及百货公司不同的是,它不需要店面、装潢、摆放的货品、服务人员等等,并且到网上商店消费的顾客不必出门,只要在家中通过电脑就能进行选购。简单地讲,网上商店是全球性、全天候的商店。网上商店有以下一些特点。

(1)无国界、区域界限的经营。国际网络无远近之分,只要拥有电脑,即可随时到电子空间的网上商店里遨游,对于网上商店的店主而言,商品一上网络即有可能成为国际品牌，而无须花费昂贵的国际营销费用，能以最少的成本将自己的货品、服务推销到全世界。

(2)成本低廉。网上商店主要的成本涉及设计网站的成本、软硬件费用、网络使用费、维护费用。这些比起普通店铺经常性的支出如昂贵的店面租金、装潢费用、水电费、营业税及人事费用等要低廉得多。

(3)无存货商店。网上商店可以在接到顾客订单后向制造厂家订货，无需将商品陈列出来。网上商店不会因为存货而增加其经营成本，其在价格上更能取胜于一般的商店。

(4)营销成本很低。网上商店兼备了促销的功能，其货架上的商品同时又是广告宣传的样品，经营者不需要再担负促销广告的费用。

(5)无时间限制的经营。网上商店无须雇用经营者和服务人员，可一天 24 小时、一年 365 天无休止地提供营销服务，消费者无须走出家门和排队，便可以自由自在地在商店“选购”，可指定送货地点，还能保证自己的隐私权不受侵犯。

(6)便于收集顾客信息。服务器在收到客户订单后，可自动将客户信息汇集到用户信息数据库中，以便及时将产品的营销活动等传递给客户。

(7)经营规模不受场地的限制。网上商店摆放商品多少几乎不受任何限制，经营方式也很灵活，经营者既可以将自己当成零售商，也可以把自己当成批发商。

2.4.1.2 网上商店的功能

(1)前台功能。网上商店的前台功能主要包括以下内容。

①会员登录。会员登录前显示登录框，登录后可修改会员资料和密码。

②推荐商品：指在首页出现的推荐商品，包括商品缩图、名称、价格等。

③特价商品：指定特价商品。

④热卖商品：公布热卖商品。

⑤多级商品分类检索：按类别检索商品。

⑥商品搜索：可按类别和关键词搜索商品。

⑦购物车：同超市实际的购物车一样，可将欲购买的商品放置其中，还可以更改数量或撤销某些商品。

⑧收银台和订单生成：购物后，可进入收银台，确认支付和配送方法后生成订单。在生成订单的同时，系统发邮件通知商店管理员。会员还可以查询自己的订单处理情况和历史订单。

⑨网站公告：发布公告。

⑩顾客点评：在每个商品的详细介绍中，带有顾客点评，会员可以针对商品发布自己的评论。

⑪留言板：顾客通过在留言板留言与网络经营者沟通。

⑫友情链接：和其他网站交换友情链接。

⑬广告位：安排动画或其他形式的广告。

⑭客户支持:客户可在线提交反馈信息,管理员在后台查看。

(2)后台功能。后台管理系统主要包括以下功能。

①口令管理:系统管理员可管理其他管理员的账户,设定工作人员的不同操作权限,修改管理密码等。

②商品管理:商品类别管理、分类商品管理。

③订单管理:待处理订单、处理中订单、历史订单、订单统计。

④会员管理:修改、删除会员资料,确认或取消 VIP 会员资格等。

⑤网站管理:评论管理、公告管理、弹出窗口管理、广告位管理、友情链接、访问统计、其他管理。

⑥配送支付管理:在生成订单时,客户需要指定配送和支付方式。该功能专门负责增加或删除配送和支付方式。

2.4.2 网上商店的经营管理

网上商店的经营管理,除了对电子商务经营管理人员进行管理外,更重要的是对以订单处理为核心的业务处理和电子商店自身的推广与维护。

2.4.2.1 电子订货

网上订货采用电子订货系统。电子订货系统(Electronic Ordering System,EOS)是指将批发、零售商场所发生的订货数据输入计算机,即刻通过计算机通信网络连接的方式将资料传送至总公司、批发商、商品供货商或制造商处。因此,EOS 能处理从新商品资料的说明直到会计结算等所有商品交易过程中的作业,可以说 EOS 涵盖了整个商流。EOS 因包含了许多先进的管理手段,而在国际上使用非常广泛,并且越来越受到商业界的青睐。

EOS 系统并非由单个的零售店与单个的批发商组成的系统,而是由许多零售店和许多批发商组成的大系统的整体运作方式。EOS 系统基本上是在零售店的终端利用条码阅读器获取准备采购的商品条码,并在终端机上输入订货材料;通过网络传到批发商的计算机,中介批发商开出提货传票,并根据传票,同时开出拣货单,实施拣货,然后依据送货传票进行商品发货;送货传票上的资料便成为零售商的应付账款资料及批发商的应收账款资料,并接到应收账款的系统中去;零售商对送到的货物进行检验后,便可以陈列与销售了。

下面介绍一下基于 EDI 的电子订货系统。主要步骤如图 2 -2 所示。

2.4.2.2 订单处理

(1)订单处理的内容。订单处理主要包括两方面的内容,即订单信息处理和客户信息管理。

商店管理员对电子商店后台管理系统的订单系统进行操作,包括每日定时接收订单,对订单进行分类处理,然后将订单分发给有关人员或部门,再进行商品配送。在电子

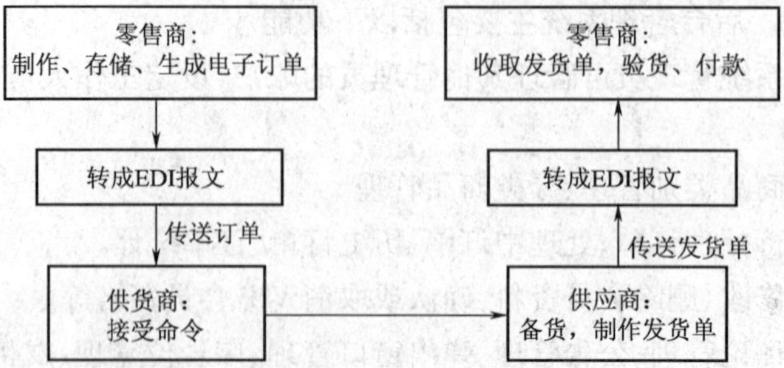

图 2-2 EDI 的电子订货系统

商店技术比较成熟的情况下,这些工作都将由计算机自动完成。目前,因电子商店支付、身份认证的方式不同,订单处理将分成以下两种情况。

①已完全实现网上支付的订单处理。这类订单信息已能够由计算机自动处理,包括顾客身份的判断、支付能力的确认和扣款等。

②非网上支付订单的处理。这类订单要求电子商店工作人员必须以人工和计算机网络结合的方式对订单的有效性进行判断,对已经过身份认证的订单,可不必再以人工的方式进行联系和确认顾客信息,只需对订单进行常规处理。否则,需先通过电话、传真或 Email 等方式对订单顾客的身份、购买商品信息、送货方式、结算方式等进行确认,然后才能进入商品配送环节。

(2)订单处理的流程。订单处理的一般流程如图 2-3 所示。

2.4.2.3 产品与服务信息更新

科技的进步使产品的市场寿命周期大大地缩短了,随着生活水平和质量的提高,消费者求新求变的心理需求也在不断提升,网络用户这方面的需求特征则显得更为突出。网络上开店必须有新货才能吸引顾客,加之商品的市场价格波动、库存的自动调整,所以电子商店的商品信息是处于经常变动状态的。

根据系统功能和要求,商品信息更新有两种途径:可逐条、逐项更新,亦可对要更新商品的内容进行表单式一次刷新。后者对传统的审批和校验过程将是一种较好的补充。

2.4.2.4 送货与结算服务

送货是电子商店商品流通环节中比较重要且有一定难度的工作,它还涉及消费者对商品的最终接受程度和商品服务满意度。从仓库提货、送货到顾客(消费者)接货,应有一套严格的管理制度,方能保证商品完好无损地到达顾客(消费者)手中。同时,由于网上商店的特殊性,送货和费用结算又成为一对相互关联的环节。

电子商店的送货结算服务一般有以下三种类型。

(1)先扣款(费用已入商家账户内)后送货。商家在收到货款后,安排送货。顾客

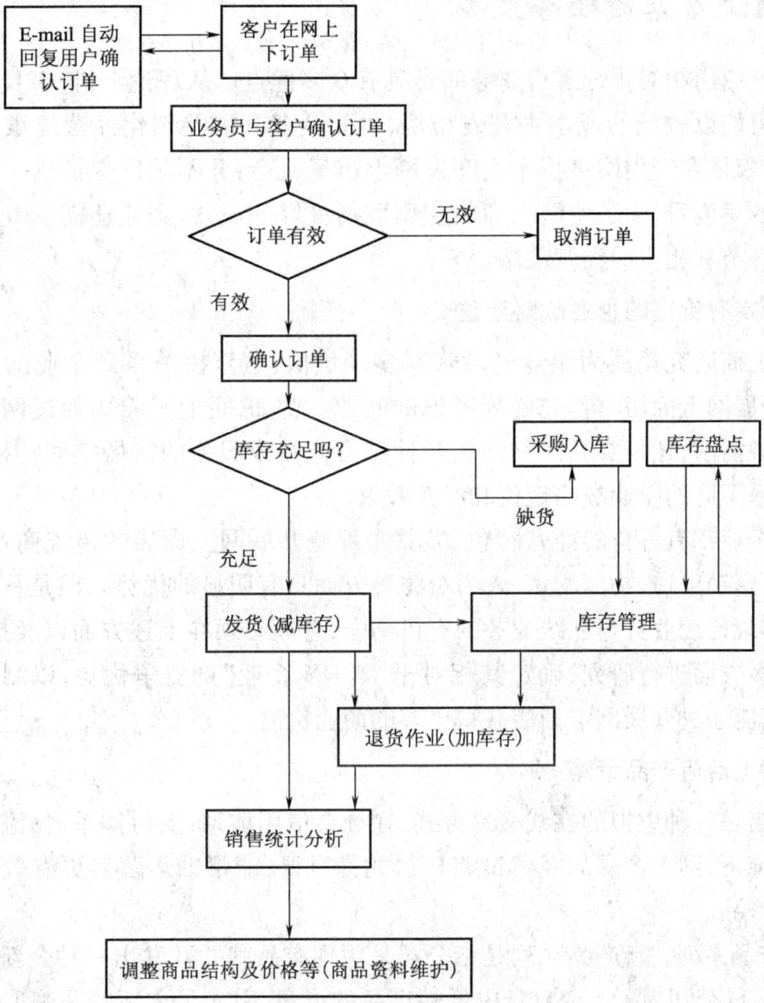

图 2－3　订单处理的一般流程

(消费者)在签收处签名,送货员凭签收单证明其送货工作完成,并将签收单信息录入电子商店后台管理系统。

(2)先扣款(费用尚未划入商家账户内)后送货。顾客的货款暂时存放在银行的中间账户中,待顾客(消费者)在签收处签名,送货员凭签收单证明其送货任务完成后,信息处理员将签收单信息录入电子商店后台管理系统,自动或人工通知支付系统将该笔费用划入商户账内。

(3)先送货后付款。顾客(消费者)于货物送到后在签收处签名的同时,应当场交付现金,一般不受理支票和个人转账。送货员凭签收单及货款证明其工作完成,并将签收单信息录入电子商店后台管理系统。

2.4.3 网上商店的经营策略

由于网上商店相对传统零售商务而言具有众多优点。从理论上讲,B2C电子商务模式使企业有可能以较低的成本去开发市场,也为企业开展差别化经营提供了更多的机会。然而,仅仅依靠运用网络技术去开发网上市场机会,并不足以保证这一模式运作成功。从营销的角度看,为了使网上商店应用取得良好的成效,企业还需认真考虑一系列具体的业务环节和相应的经营策略。

2.4.3.1 确定有价值的企业战略定位

开展网上商店究竟能为企业经营带来多少价值,这直接关系到企业的经营战略定位,是企业开展网上商店时首先必须考虑的问题。譬如,企业是希望通过网络去界定新的产品或服务需求,还是要利用网络去延伸现有产品或服务的市场空间?显然,不同的出发点将导致不同的企业战略定位和经营效果。

不同的企业都有各自的经营特色,尤其是那些开展网上商店的传统商业零售企业,在经营管理、营销渠道、物流配送、人力资源等方面具有明显的优势。但是从战略管理的角度看,要实现传统业务与在线业务的有机结合,企业必须在上述方面以及技术开发、经营创新等许多方面进行研究,确定其相对于“.COM企业”的竞争优势,以制定有效的经营策略,使其能通过开展网上商店获得更多的商业价值。

2.4.3.2 网上商店产品策略

网上商店是一种虚拟的在线交易方式,在社会信用体系、支付体系、物流配送体系相对完善的环境下,网上产品的经营策略显得尤为重要,能帮助运营者更有效地整合在线以及非在线产品。

(1)新产品系列。新产品系列是指公司采用现有品牌并开发出一种全新类型的新产品。比如Toyota公司为了改变自身中低端产品的形象,引入了全新的品牌Lexus(雷克萨斯),很好地占领了汽车行业的高端市场。一向以精美华贵而闻名世界的瑞士机械表,在日本卡西欧等品牌石英表的强劲发展下推出SWATCH全塑电子手表,从而保住霸主地位。

(2)特色产品系列。特色产品是指网上商店经营的网上产品在功能、包装、制作工艺等方面与众不同,具有鲜明特点。比如,中国网库临沧运营中心单品平台抓住电子信息服务业高速发展的机遇,分别启动了中国绿茶、中国红茶、中国石斛、中国龙胆草、中国低聚糖果等交易网,努力推动临沧向“特色优势产品电子商务中心”迈进。

(3)更低成本产品。更低成本产品是凭借价格优势与现有品牌竞争的策略。当下电商竞争日益激烈,京东与苏宁易购为了夺取更大市场,同时瞄准了对消费者行为具备决定性影响的因素,开展了价格之战,以期赢得市场、赢得客户。

(4)增设现有产品。现有产品系列增设是指公司在现有产品系列中增设一种新的口味、颜色、尺寸或者其他变动。例如,纽约时报指南与其拷贝版本少有差异,后者适用于网上发行,但是它其实就是纽约时报指南的另一种新产品;又如,搜狐公司旗下的搜狗输入法不仅提供方便快捷的输入工具,还为用户提供不断更新的搜狗拼音皮肤,从而不断增设已有系列。

(5)改进和修正现有产品。对现有产品的改进和修正是指一些基于现有产品的新的改进,因此是可以用来替代旧产品的产品。苹果公司在 2007 年 1 月 9 日发布了第一代 iPhone 后,一直致力于研发智能时尚手机,如提高分辨率、处理器、增加功能等方式不断改进现有产品,于 2014 年 9 月 10 日发布第八代的 iPhone 6 和 iPhone6 Plus。

2.4.3.3 制定合理有效的交易价格和管理模式

制定合理有效的交易价格和管理模式是开展网上商店业务所面临的另一个重要的经营策略问题。

在买方市场条件下,与传统市场一样,网上销售产品的价格也是由供求关系即市场决定的。但是与前者相比,网上市场的定价机制发生了变化。传统定价机制是建立在利润最大化基础上并以信息不完全为前提的。在网络环境下,顾客在市场供求关系中,由过去的被动选择地位提升到主动选择地位,消费者的需求引导着企业的生产,顾客主导定价也成为网上销售的基本定价机制。这是企业在制定网上销售产品的价格时需充分考虑的因素。

在具体的实施过程中,许多传统营销的价格策略在网络环境中被广泛应用,如声誉定价、品牌定价、竞争定价、差异化定价以及特价策略等,另外也有一些传统的价格策略在网络市场中得到了创新。如,低价策略、竞价策略、定制定价、免费价格策略等。

虽然这些定价策略在国内外网上商店实践中都有成功的先例,但并不是所有的企业和产品都可以采用。企业应根据其产品的特性和网上市场的状况,确定适宜的价格策略和管理模式。例如,目前在网上市场中被广泛采用的免费价格策略与传统营销中常通过免费试用方式来促销或推广产品的做法不同,它不只是一种促销策略,而确实是一种有效的产品和服务的定价方式。

企业在决定产品的价格时必须考虑与现有的产品价格结构相一致。最简单的情况是,企业可以在网上市场采用与传统市场一致的标准化的定价策略,但这可能导致与一些企业实施的差异化价格策略的冲突。解决的办法之一是在采用差异化定价时标明不同的配送成本,以避免产生不利于企业的市场反应。

总之,在制定合理的交易价格和管理模式时,应注意与企业的其他营销策略相配合,确保企业总体营销战略的实施。

2.4.3.4 强化信息化的促销与沟通手段

网上商店可通过互联网吸引消费者的注意力,营造独特的购物、娱乐空间,树立和提升企业的声誉与知名度。随着大批 B2C 网站上具有社会功能和文化意义的网络社区的建立,相同的兴趣、目的,将企业、合作伙伴与消费者聚集在一起,网上商店可通过对他们之间信息交流的分析,发现改进企业经营方式的具体途径,同时也发现消费者的价值取向,捕捉到采用传统方式难以发现的市场需求。

2.4.4 网上开店的具体步骤

当做好开店前的规划与评估后,你的网上商店就可以准备动工了。开店的具体步骤有以下七个。

2.4.4.1 办理相关登记与申请

在网络上开店应办理下列登记与申请:办理公司登记,在银行登记为特约商店,向ISP申请连线,申请网站域名。

2.4.4.2 决定店面的设立方法

经过开店前的规划评估后,接下来就该决定店面的设立方法。你要首先决定公司是否要自行架设主机,然后认真考虑找哪一家电脑公司及ISP来协助架设。调查电脑公司的技术能力及服务态度如何,ISP线路的频宽、技术能力及服务态度如何,公司经费是否充足,日后维护如何等方面的问题。如果不自行架设主机,则要考虑或者加入网络商场租个专柜,或者是租用ISP的硬盘空间自行开店。

2.4.4.3 采购电脑设备

决定店面的设立方法之后,接下来就该采购电脑设备了。如果是自行架设主机,就得考虑主机等级、路由器、终端机等硬件设备,还有防火墙的设置,其他相关软件的购买,向ISP申请专线等。若是加入网络商场租专柜或是租用ISP的硬盘空间就比较简单,你只要买台个人电脑,再跟网络商场或ISP申请专线就可以了,也不需担心日后主机维护的问题。

2.4.4.4 网页的制作

一个好的网页设计,应掌握下列要诀:避免太长的网页下载时间与过大的图片;人机界面须具备亲和力,且可在不同的浏览软件下观看;必须将产品作适当的分类,提供充分的产品信息;应提供简便的搜寻功能;内容时常更新。公司是否要自行制作网页,若是委托专业公司设计制作,对于收费标准、技术能力、资料的更新频率及回应效率、资料更新是否另外收费等方面的问题都要考虑周全。

2.4.4.5 后台作业处理的设计

一个完善的后台作业处理应包括商品资料库管理系统、商品自动上柜系统、线上订购及单元管理系统、线上安全支付系统、会员管理系统等。若是自行架设网站或是租用ISP硬盘空间,这些后台作业系统可能都要自行设计或委托电脑公司设计,或是购买国外公司的套装软件,如Merchant System或IBM的Net commerce等;如果是加入网络商场租个专柜,这些后台处理系统网络商场都已帮你准备好了,根本不需要你来操心。

2.4.4.6 准备一流的客户服务

适用于现实世界的法则依然适用于网络世界。要让客户再次光顾,那你就必须提供良好的服务。你需要在你的网站上清楚地列出你的联系地址、产品质量保证书等信息。要让你的客户知道,若有什么问题的话可以方便地通过电子邮件、传真或电话和你联系。

2.4.4.7 把你的商店推向市场

欲拓展市场,则必须引人注目。你应该把你的网站注册到搜索引擎上去(也许你的电子服务商会主动帮你做到这一点),然后发起宣传攻势,有目的地广发电子邮件以宣传自己,也可以考虑和别的在线商店进行互联,这样对大家都有利。

本节内容图表化

网上商店的概念	网上商店是建立在网络世界中的虚拟商店。
网上商店的特点	(1)无国界、区域界限的经营 (2)成本低廉 (3)无存货 (4)营销成本很低 (5)无时间限制的经营 (6)便于收集顾客信息 (7)经营规模不受场地的限制
网上商店的经营策略	(1)确定有价值的企业战略定位 (2)网上商店产品策略 (3)制定合理有效的交易价格和管理模式 (4)协调网络和传统营销渠道的关系 (5)强化信息化的促销与沟通手段

开阔视野——还有你所不知道的

奥运电子商务

2008年北京奥运会的口号之一是"科技奥运"。在本届奥运会上,电子商务将得到广泛的应用,为奥运会的筹备、组织、运营和管理提供先进的技术支持。

2007年7月30日,北京奥组委市场开发部袁斌部长和北京市商务局卢彦局长在北京奥运新闻中心共同按下了北京奥运网站的启动按钮,这标志着备受瞩目的"奥运特许商品网上商店"正式开通营业了。

"北京奥运网站"是奥运特许商品销售的一个重要渠道,它将有效地弥补现有特许零售店的地域局限。在奥运会开幕倒计时一周年之际,由北京奥组委独家授权的销售奥运特许商品的网站,将会切实地满足这部分消费者的需求,为消费者和收藏者带来更多的方便和实惠。

奥运网站的开通,使特许商品的销售渠道从有限的地面店扩大到2.1亿网民市场,并延伸到地面店不能覆盖的500个中小城市中去;奥运网站可以做到每周7天、每天12小时的电话咨询服务,并能保证重点城市当日或次日到达的物流配送。

案例学习——看看你的分析能力

宜佳网上商城

宜佳购物网上商城大力推进以“先做人，后做生意”为核心的企业文化，大力倡导“商而有德乃至高之德”的企业道德观，正确处理好企业、职工和顾客三者之间关系的企业价值，“服务第一，销售第二”“以超出顾客愿望为服务标准”的优质服务观，教育和鼓励全体员工“要自强、勿自怠，要自勉、勿自满，要自律、勿自私”。宜佳购物提供最简便的购物流程，具体如下：

(1)挑选商品

(2)放入购物车

当您选定了一件商品后，在商品详情页点击“购物车”，商品会添加到您的购物车中。此时，您还可以继续挑选商品，把想要购买的商品都放入购物车中，最后一起结算。

①在购物车中，每件商品的订购数量默认为一件，如果您想购买多件商品，可修改购买数量，然后鼠标在空白处点击一下，即修改成功。

②如果您想在购物车中删除某件商品，直接在左边“□”打上对钩，然后点击“删除所选商品”；该商品就从购物车中删除。

(3)在本站继续购物/进入结算中心

结算方式一：直接电话订购．当您在网上选定好商品后，此时您可以选择直接通过电话下单完成商品订购；

结算方式二：选择进入网上商城选择在线订购商品。

(4)用户登录、注册

如果您是老用户，请直接输入用户名和密码登录；如果您是新顾客，您可以在线注册成为宜佳会员，请填写您常用的用户名，并设定密码，点击“完成”。

(5)填写收货人信息

在网上商城结算中心填写您的网上订单，为了确保包裹的正常签收，请您务必填写收货人的真实姓名、地址和电话。

(6)网上订单确认

宜家会员填写完以上信息之后，请仔细核对；确认无误后，请点击“提交您的订单”按钮提交订单。生成订单号后，表明您已经成功提交了订单。请记好您的订单号，以方便日后查询、验货。

(7)挂牌上门服务，免费送货到府

我们承诺辽宁省内三天内免费送货上门。所有宜佳商品，全部由有多年服务经验的送货专员免费配送上门。有任何问题，您当场可以给我们电话进行咨询。

(8)先验货、后付款

现场验收货品并现金支付货款，资金安全有保障。宜佳购物相信：这是您值得尊重的消费权益，也是对我们工作最诚挚的支持！

（资料来源：百度百科．宜家购物网上商城）

■ 找一个与宜家类似的网站,比较两者的异同。
■ 你最喜欢哪种结算方式?为什么?

班级讨论——加深你的知识理解

(1)试讨论什么样的商品适合在网上销售。
(2)谈谈你对网上购物的建议。

自己动手——锻炼你的实践能力

(1)在当当网上参与一次网上购物,记录下购物的每一个过程,将购买到手的商品向同学们展示,并与同学们进行交流。
(2)可以与几个同学一起在淘宝网上开个小店,试着经营。

小节复习——牢记本节主要内容

一、解释概念
网上商店
二、简短回答
(1)说说 B2C 电子商务网站上可提供的支付方式。
(2)简述网上开店的步骤。
(3)简述网上开店的经营策略。

3

B2B电子商务

【本章要点】

- ♦B2B 电子商务的概念
- ♦供应链与 B2B 电子商务
- ♦B2B 电子商务模式
- ♦B2B 电子交易市场
- ♦B2B 电子商务管理

【学习要求】

学习本章内容,首先要理解 B2B 电子商务的基本理论知识,比如 B2B 电子商务的概念、优点、流程、模式、作用、电子商务应用中的 ERP、SCM、CRM 的基本概念等,对这些知识要有一定程度的理解和把握,然后结合 B2B 电子商务的实际情况,通过自己动手和案例学习,加强实践能力,并在实践中形成对理论知识更加深入的认识。

B2B 是电子商务的主流,也是企业在激烈的市场竞争环境下,改善竞争条件、建立竞争优势的主要方法之一。无论是从电子商务的现状来看,还是从电子商务的发展趋势来看,B2B 电子商务市场都远远大于 B2C 电子商务市场。目前基于互联网的 B2B 电子商务的发展速度十分迅猛,其应用将会得到不断发展和完善。

3.1 B2B 电子商务概述

引导案例——
打开知识的大门

淘汽猫品牌商城

淘汽猫品牌商城,是慧聪网汽车领域的电商平台,在 2015 年上线运营,入驻慧聪网的品牌商 3 年内免商城入驻费、推广费及代运营费。慧聪网致力于将淘汽猫打造成汽车后市场的专业电商平台,行业 B2B 在线交易的孵化器。

慧聪网淘汽猫品牌商城采用的是品牌商家直营或授权经营的合作模式,对入驻的品牌商的资质有严格的限制和要求，以期在产品质量和售后服务上给予买家最大的保障。品牌商城以品牌专卖店和品牌旗舰店模式作为企业品牌的呈现载体和宣传阵地。淘汽猫平台还会为入驻的品牌商提供专业的运营指导。

（资料来源：中国电子商务研究中心 http://www.100ec.cn）

■ 目前国内知名的 B2B 网站有哪些？

■ 你认为慧聪网"淘汽猫品牌商城"和"天猫"有区别吗？如果有，区别体现在哪里？

B2B 电子商务是企业与企业之间通过互联网进行产品、服务及信息交换的一种商务活动。B2B 电子商务使企业之间的交易减少了许多事务性的工作流程和管理费用，降低了企业的经营成本。网络的便利性及延伸性使企业扩大了活动范围，使企业跨地区、跨国界的发展更为方便，成本更加低廉。

现代企业要在市场竞争中处于优势地位，不仅要协调企业内部各个环节，还要与包括供应商、分销商等在内的上下游企业密切配合，这样，对融合了企业内部和企业之间的物流、资金流和信息流的供应链的优化管理就显得尤为重要。B2B 电子商务为企业供应链的优化与变革提供了良好的契机。

3.1.1 供应链与 B2B 电子商务

企业（指制造企业）一般根据客户订单和市场需求，开发产品，购进原材料并加工制造出成品，以商品形式销售给客户，并提供售后服务。物料从供方开始，沿着生产制造的各个环节向需方移动。每个环节都存在"需方"和"供方"的对应关系，形成一条首尾相连的长链，称为供应链，如图 3－1 所示。

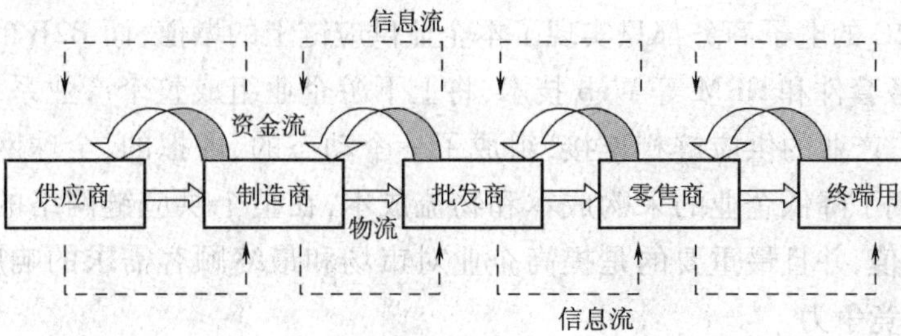

图 3－1 供应链示意图

B2B 模式的电子商务面向企业的整体供应链管理，并带来了供应链的变革，使企业能够降低交易成本、缩短订货周期、改善信息管理和提高决策水平，从质量、成本和响应速度三方面改进企业经营，增强企业竞争能力。

3.1.1.1 B2B 电子商务模式引起企业供应链的变革

企业内部存在着物流、信息流、资金流的流动，企业与企业之间也存在着这样的流动关系。在分工日趋细化、开放合作的时代,企业仅仅依靠自己的资源参与市场竞争往往会陷于被动,因此,必须把同经营过程有关的多方面纳入一个整体的供应链中,这样每个企业内部的价值链就通过供应关系联系了起来,成为更高层次、更大范围的供应链。供应链管理就是把这个供需的网络组织好。但传统的供应链管理仅仅是一个横向的集成,通过通信介质将预先指定的供应商、制造商、分销商、零售商和客户依次联系起来,这种供应链只注重内部联系,灵活性差,仅限于点到点的集成,成本高、效率低,而且供应链的一个环节中断了,则整个供应链都不能运行。

B2B 的电子商务模式带来了供应链管理的变革。它运用供应链管理思想,整合企业上下游的产业,以中心制造厂商为核心,将产业上游供应商、产业下游经销商(客户)、物流运输商及服务商、零售商以及往来银行进行垂直一体化的整合,构成一个电子商务供应链网络,消除了整个供应链网络上不必要的运作和消耗,促进了供应链向动态的、虚拟的、全球网络化的方向发展。它运用供应链管理的核心技术——客户关系管理(CRM),使需求方自动作业来预计需求,以便更好地了解客户,给他们提供个性化的产品和服务;同时,使资源在供应链网络上合理流动来缩短交货周期、降低库存,并且通过提供自助交易等自助式服务以降低成本,提高服务速度和精确性,提高企业竞争力。

3.1.1.2 B2B 电子商务模式实现了在整个产业乃至全球的供应链网络上的增值

在供应链上除资金流、物流、信息流外,根本的是要有增值流。各种资源在供应链上流动,应是一个不断增值的过程,因此供应链的本质是增值链。从形式上看,客户是在购买企业提供的商品或服务,但实质上是在购买商品或服务所带来的价值。供应链上每一环节增值与否、增值的大小都会成为影响企业竞争力的关键。所以,要增加企业竞争力,就要求消除一切无效劳动,在供应链上的每一环节都要做到价值增值。以往的 ERP(企业资源规划)、B2C 的电子商务都只实现了本企业供应链上的增值,而 B2B 的电子商务利用 ERP、电子商务套件和 CRM 等 Web 技术,将上下游企业组成整个产业系统的供应链,并且与其他企业、产业的供应链相连接,组成了一个动态的、虚拟的、全球网络化的供应链网络,真正做到了降低企业的采购成本和物流成本,在整个供应链网络的每一个环节实现最合理的增值,并且最重要的是提高企业对市场和最终顾客需求的响应速度,从而提高企业的市场竞争力。

3.1.2 B2B 电子商务的优点

3.1.2.1 降低企业的经营成本

B2B 电子商务在三个方面降低了公司的成本:首先,减少了采购成本,企业通过互联网能够比较容易地找到价格最低的原材料供应商,从而降低交易成本;其次,有利于较好地实现供应链管理;最后,有利于实现精确的存货控制,企业从而可以减少库存或消灭库存。这样,通过提高效率,B2B 电子商务可以降低企业的生产成本。

3.1.2.2 **缩短企业的生产销售周期**

在目前的专业化分工时代，一个产品从设计到生产再到销售，是许多企业相互协作的结果，因此产品的设计开发和生产销售涉及许多关联的企业——从原材料供应商、科研单位，一直到生产厂商、批发商和零售商。通过电子商务可以减少过去由于信息交流手段落后而产生的信息滞后和差错等现象，从而加快企业现金和物资的流动，大大缩短企业的整个生产销售周期。

3.1.2.3 **促进买卖双方信息交流**

信息交流是买卖双方实现交易的基础。传统商务活动的信息交流是通过电话、电报或传真等工具来完成的，有些方式还需要具体的信息载体，时效性差、形式单一；而B2B可通过Web超文本格式进行信息传送，可采用图像、音频、视频、动画等众多信息形式，或者以EDI电子数据格式传送，更具时效性。同时，采用全电子网络方式处理和传输信息，与传统的文件往来方式比较，极大地减少了处理时间和出现差错的可能。

3.1.2.4 **增加商业机会和开拓新的市场**

越来越多的企业开始接受网络化的业务，B2B电子商务将是未来企业商业活动的主流模式。Internet无国界和无时限的特点为企业提供了理想的、低成本的信息发布渠道，一周7天、一天24小时地无间断运作，为企业增加了无限的商机。同时，网上业务还可拓展到传统营销人员和广告促销所达不到的市场范围，为企业带来更大的效益。

3.1.2.5 **改善信息管理和决策水平**

准确的信息和交易审计跟踪造成更好的决策支持环境，协助发现潜在的市场，发现不断降低成本的规律。

来自Goldman Sachs的统计资料表明，与传统的书面、电话、传真和EDI方式相比，互联网上B2B电子商务使企业的成本平均降低12%～15%。如果考虑到资金周转加快和市场机会增加等因素，那么企业从B2B电子商务中所获得的利益将是相当可观的。

3.1.3 B2B电子商务交易流程

B2B电子商务平台是一个有效的媒介，通过它可以管理供应链，开展远程营销、采购、交货、商业伙伴的组网、总部与子公司间的组网和在线服务等。B2B电子商务涉及的应用范围很广，使企业能够与他们的客户、分销商、零售商、供应商及合作伙伴建立良好的关系。

一般而言，B2B电子商务交易过程可分为以下四个阶段。

3.1.3.1 **交易前的准备阶段**

(1)买方根据自己要买的商品，准备购货款，进行货源市场调查和市场分析，了解各个卖方国家的贸易政策，确定购货计划。再按计划确定所要购买商品的种类、数量、规格、价格、购货地点和交易方式等，尤其要利用 Internet 寻找自己满意的商品和商家。

(2)卖方根据自己所销售的商品，全面进行市场调查和市场分析，制定各种销售策略和销售方式，了解各个买方国家的贸易政策，利用 Internet 发布商品广告，寻找贸易伙伴和交易机会，扩大贸易范围和商品所占市场的份额。

(3)其他参加交易各方有中介方、银行金融机构、信用卡公司、海关系统、商检系统、保险公司、运输公司等，它们也都为进行电子商务交易做好了准备。

3.1.3.2　交易谈判和合同签订阶段

交易谈判和合同签订阶段主要是买卖双方对所有交易的细节进行谈判，将双方磋商的结果以文件的形式确定下来，即以电子文件的形式签订合同，规定双方在交易中的权利和义务，规定所购买商品的种类、数量、价格、交货地点、交货时限、交易方式、运送方式、违约和索赔等，磋商可在 B2B 网站上完成，也可借助其他电子手段实现。合同双方可以利用电子数据交换进行签约，也可以通过数字签名、数字信封、第三方认证等保证合同的有效性与安全性。

3.1.3.3　交易处理阶段

交易处理阶段主要指买卖双方从签订合同后到合同开始履行之前办理各种手续的过程，也是双方贸易前的交易准备阶段。这一阶段可能要涉及中介方(如某些交易平台网站完成一笔交易，就要向交易双方收取一定的服务费用)、银行金融机构、海关、商检、税务、保险公司、运输公司等。买卖双方可通过 EDI 或互联网与有关各方进行各种电子票据和电子单证的交换，直到办理完可以将所购商品从卖方按合同规定开始向买方发货的一切手续为止。

3.1.3.4　交易合同的履行和售后服务阶段

交易合同的履行和售后服务阶段是从买卖双方办完所有各种手续之后开始，卖方要备货、组货(涉外交易要进行报关、保险等)，将货品交付给物流运输公司包装、发货；买方要根据合同的规定付款提货。买卖双方可借助电子商务服务器跟踪发出货物的运送情况，可以通过互联网或金融专用网进行电子收付款、单据打印等。售后服务主要指卖方向买方销售完商品后借助网络提供的相关服务，如在线帮助；一旦在合同的履行中发生了纠纷和违约，也可提供在线解决方案或在线索赔等。

B2B 电子商务的交易流程可以用图 3－2 表示。从该图可以看出，B2B 电子商务可以实现企业间信息流和资金流的动态实时交互，并通过最终客户的有效拉动，保证物流的有效、畅通。为了实现这一目标，所有供应链的参加者必须采用统一的数据标准，从而实现信息的流畅和无缝传输。

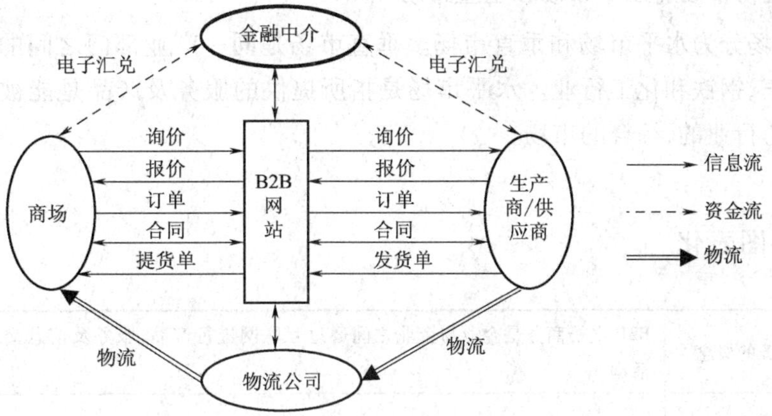

图 3-2　B2B 电子商务交易流程

3.1.4 B2B 电子商务的特征

3.1.4.1　交易的主体可以只有买卖双方,也可以有中介商的参与

B2B 交易可以在买卖双方之间直接进行也可以通过在线中介商进行。中介商是一个在线的第三方,协助达成买卖双方的交易。它可能是虚拟的公司,也可能是虚实结合的公司。

3.1.4.2　采购方式可以为实时采购,也可以是战略式采购

B2B 交易有实时采购和战略式采购两种类型。实时采购指以当时的市场价格购买所需的商品和服务,其特点是价格是动态的,受供求关系的影响。买卖双方彼此不认识。日用商品交易市场(如石油、糖、谷物之类)和证券交易市场就是实时采购的例子。相反,战略式采购涉及的采购是以长期合同为基础的。

实时采购通常在公共交易市场进行最为经济。战略式采购,通过买卖双方的在线直接协商则更为高效和经济,这种协商可以在企业内交易市场或者是公共交易市场的私有交易室进行。

3.1.4.3　交易的物料有直接物料和间接物料

B2B 中交易的物料有两种类型:直接的和间接的。直接物料是指用于生产商品所需的原材料,例如生产汽车用的钢铁或出版图书用的纸张。直接物料的特点是物料的使用是有计划的、定期的。这些物料通常不是现用现买,而是在广泛协商和签订合同后大宗订购。

间接物料是指诸如办公用品和灯泡之类的项目,这些项目支撑着生产。它们通常用于维护、修理和运营。总之,它们是非生产用物料。

3.1.4.4 交易市场有水平市场和垂直市场

B2B市场分为水平市场和垂直市场。垂直市场是同一产业部门之间的交易。它包括电子、汽车、钢铁和化工行业。水平市场是指所提供的服务及产品是能被多个行业所应用的，是跨行业的、综合的市场。

本节内容图表化

B2B电子商务的概念	B2B电子商务是企业与企业之间通过互联网进行产品、服务及信息交换的一种商务活动
B2B电子商务的优点	(1)降低企业的经营成本 (2)缩短企业的生产销售周期 (3)促进买卖双方信息交流 (4)增加商业机会和开拓新的市场 (5)改善信息管理和决策水平
B2B电子商务的流程	(1)交易前的准备阶段 (2)交易谈判和合同签订阶段 (3)交易处理阶段 (4)交易合同的履行和售后服务阶段
B2B电子商务的特征	(1)交易的主体可以只有买卖双方，也可以有中介商的参与 (2)采购方式可以为实时采购，也可以是战略式采购 (3)交易的物料有直接物料和间接物料 (4)交易市场有水平市场和垂直市场

开阔视野——还有你所不知道的

企业开展电子商务的七点措施

随着电子商务的日趋成熟，越来越多的企业也深刻地认识到：要在竞争日益激烈的国际市场中持续发展并立于不败之地，开展电子商务是企业的最好选择和必由之路。那么，企业如何在电子商务的实战中获得成功呢？下面是来自电子商务最前线的实战经验。

一是物美价廉的产品。在网上发布的产品的质量一定要过硬，同时在价格上有一定优势。因为，市场上的同类产品一定存在。在商品经济发展到目前这个程度，独一无二的产品几乎没有。因此要在同类产品的比拼中获胜，一定要物美价廉。

二是信息真实详尽，满足客户需求。发布的信息（产品信息、业务信息等）一定要真实可靠，同时尽可能详尽，并从客户的需求角度出发，设身处地为客户着想；若能同时配合一些图片介绍，效果更好，毕竟图文并茂也会给人一种真实、真诚的感觉。只有让对方感觉到彼此是在诚心诚意做生意,那么成功的概率就会大大增加。

三是控制好信息发布频率。仅仅发布一次的信息是不能为大多数的浏览者看到的。如果想让浏览者第一眼就能看到你,不妨增加发布信息的次数。但过度重复的信息也会使浏览者产生厌恶情绪,从而失去与你进行商务联络的机会。因此,根据多年的网络营销实战,每天发布两次,较能获得成效。当然,不同的电子商务平台也会有一定差异。

四是注重信息发布技巧。要有简明扼要的信息主题,让人一目了然。如能在关键字的选取上吸引浏览者的眼球,那成功的机会就大大增加。

五是及时处理客户的反馈意见和信息。在电子商务中,客户发一份询价或对产品感兴趣的E-mail,总希望马上就能获得回复。若能在最短时间内与客户取得联系,那么客户对你的产品的认同感和信任度会大大增强;如果没有及时处理,就有可能使买家的注意力转向回复及时的商家。

六是人才的要求。要有比较专业的电子商务人才协助管理互联网贸易。不论是做内销市场还是国际贸易,都要有既懂电脑技术又懂网络商务的人员,专职从事产品信息发布、更新和及时处理最新的询盘等工作。对于外销市场,还需要专门懂贸易、懂英语的外销人才。

七是注重网站平台的选择。选择专业的且商誉较好的电子商务网站发布信息。如,中国国际电子商务网、环球资源网、美商网、阿里巴巴、中国出口商品网、易成商务、实华开、华商合纵网、阳光之路国际商务网等,在这些网站发布信息,成功率较高,而且诚信度也较好。

案例学习——看看你的分析能力

生意宝

过去10年里生意宝(cn. toocle. com)成功打造出中国化工网、中国纺织网、医药网等多个国内知名的行业网站,其依托网盛生意宝对用户与行业精准理解的优势,加上网盛生意宝在行业网站的号召力与资源整合能力,成为“全球领先的生意人门户及搜索平台”。

生意宝创立于1997年,创业启动资金仅有2万元。到2006年底,经过9年时间努力,公司在没有融资的情况下,完全靠自身的增长完成了上市。2010年6月1日,网盛生意宝对外宣布,即日起推出为中小企业提供融资服务的产品——“贷款通”,该平台通过为中小企业提供融资服务,为企业与银行之间搭建了一座信息与沟通“桥梁”。2013年5月23日,由生意宝投资1亿元研发、建设的B2B支付平台“生意通”,其公司和平台研发与筹建相关工作已接近尾声,生意宝旗下B2B支付平台“生意通”正式启用www. SinoPay. com这一象征着“中国支付”的全球支付行业顶级域名。“生意通”支付牌照的申请也意味着我国首个第三方B2B大额在线支付平台即将起航。

生意宝的全新定位是“企业经营综合服务商”,同时公布将实施电商战略、数据战略和金融战略。这标志着生意宝已由单一的“化工综合服务商”,及上市后的“中小企业

B2B 电商服务商",升级为面向大、中、小企业,提供全方位服务的综合性第三方服务集团,其企业第三方业务除传统 B2B 外,还涉及移动电商、农村信息化、数据开发、B2B 大额支付、供应链金融等新兴业务。

(资料来源:中国电子商务研究中心 http://www.100ec.cn)

■ 有人说生意宝将会成为下一个阿里巴巴,你对这种说法有什么看法?

班级讨论——加深你的知识理解

(1)谈谈你所知道的某个 B2B 电子商务企业的经营状况?
(2)讨论 B2B 电子商务具有哪些优点。

自己动手——锻炼你的实践能力

(1)通过在网上查找资料,对比某个企业开展 B2B 电子商务前后的变化。
(2)请了解一下某家企业电子商务的业务流程。

小节复习——牢记本节主要内容

一、解释概念

(1)B2B 电子商务;(2)供应链

二、简短回答

(1)B2B 电子商务给企业供应链带来了怎样的变革?
(2)B2B 电子商务具有哪些优点?
(3)B2B 电子商务的过程可分为哪几个阶段?
(4)B2B 电子商务具有哪些特征?

3.2 B2B 电子商务模式

引导案例——打开知识的大门

Dell 公司的 B2B 网上直销

Dell 公司是如何开展 B2B 网上直销的呢?为方便企业在网上购买,Dell 公司将客户分成大型企业(1 500 人以上)、中型企业(500～1 499人)和小型企业(499人以下)。Dell专门针对小型企业提供客户服务主页,客户可以根据自己的需要选择Dell公司提供的各种台式机、笔记本电脑、工作站和服务器,Dell公司提供这些产品是专门针对小企业进行设计和定做的。企业购买时,可以查看网站中对各种型号电脑的详细介绍和提供的有关技术资料,企业用户不出门就可以对电脑的性能进行深入了解,从而选择自己需要的产品。

■ Dell公司的网上直销,不仅包括B2C模式,还包括B2B模式,是这样吗?
■ Dell公司的网上直销为它带来了哪些好处?

从电子商务的发展过程看,B2B电子商务实际上已经存在很多年了,先后经历了基于专用增值网的EDI方式、基于Internet的EDI方式以及近年来得到飞速发展的基于Internet的电子商务方式。在B2B电子商务发展过程中,由于企业间商务活动的复杂性,B2B电子商务模式多种多样,有集中销售、集中采购、竞价拍卖、招标、网上交易市场等模式。本节介绍两种基于企业的B2B电子商务模式。而基于中介的B2B电子商务、B2B电子交易市场将在下一节中介绍。

3.2.1 以卖方为主导的B2B电子商务——网上直销型

以卖方为主导的B2B电子商务是B2B商务模式中最普通的一种,也叫B2B网上直销,如图3－3所示。卖方发布欲销售的产品信息(产品名称、规格、数量、交货期、价格),吸引买方前来认购。卖方可以是制造商或分销商,向批发商、零售商和大企业直接销售,即一个卖家对多个潜在买家。这种模式可以加快企业产品销售的过程,实现新产品推广,降低销售成本,扩展卖方渠道(包括数量、区域)等。这种模式的一个显著特征是比较偏向于为卖方服务,而不会更多兼顾买家的利益。

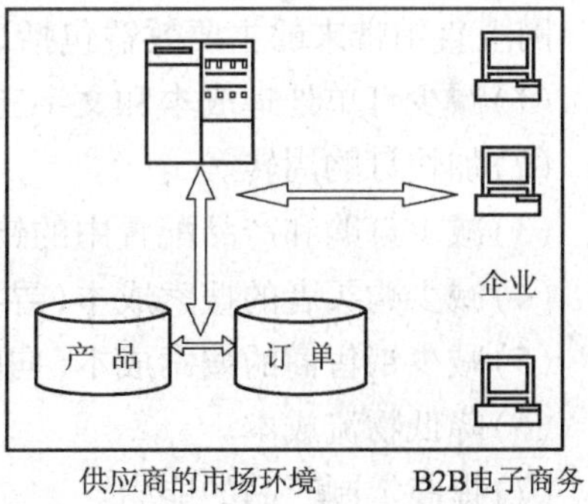

图3－3 卖方B2B电子商务模式

3.2.1.1 B2B网上直销概述

网上直销型企业间电子商务的主要特点是利用Internet代替传统的中间商,如零售商和批发商。这一方面可以提高企业对市场的反应速度,同时也可以减少企业的营销费用,特别是营销渠道费用,从而以更低廉的价格为客户提供更满意的服务。因此,企业建立网上直销渠道模式可以大大提高企业的竞争能力。

利用网上直销渠道,企业可以直接与客户建立企业间电子商务交易方式,突破经由传统中间商分销所受到的时间和空间的限制,企业服务的客户可以跨越时空,从而扩大企业的市场份额。

实现网上直销型企业间电子商务,要求企业的实力比较雄厚,而且企业必须能进行柔性化生产。企业实现网上直销型的企业间电子商务，主要目的是减低成本，并扩大服务市场范围。

3.2.1.2 B2B 网上直销模式

(1)虚拟卖方。前面说过，卖方可以是制造商或者是中介(通常是批发商或分销商)。制造商必须是实体的，而中介可以是虚拟的。9.9 包邮网是一个专为网上淘宝消费者提供的一个购物导航中介平台。9.9 包邮网每天由体验师精心在各大网购平台(淘宝网，天猫商城，京东等)上挑选折扣商品并在每天的固定时间上新，以此为网友提供更方便的选货服务。

(2)目录直销。企业可以通过在线目录进行直销，可以为所有客户提供一个目录，或者为每位客户定制目录。我们知道电子目录要远远优于纸张目录，由于买家的订单信息只是存储在供应商的服务器上，没有和买方企业的信息系统结合起来，为了便于 B2B 的直销，销售商为购买者提供定制的购物车，它能存储订单信息并与购买者的信息系统整合。当客户在多个网站进行购买时这是非常重要的。许多销售商为主要客户提供独立的页面和目录。例如，Staples.com(一家办公用品销售商)使用多家供应商(如 Ariba，Oracle)的电子采购系统为企业客户提供定制的目录和价格。

3.2.1.3 带来的收益

网上直销模式的成功案例包括英特尔、IBM 等，有数千家企业在使用这种模式。如果企业在市场有良好的声誉和足够多的忠诚客户，那么直销模式就有可能取得成功。

网上直销带来的主要效益包括以下几方面。

(1)减少订单处理成本和文字工作。

(2)加快订购周转。

(3)减少订购和产品配置中的错误。

(4)减少购买者的搜索成本(寻找销售商和价格比较)。

(5)减少销售商的搜索成本(向购买者做广告)。

(6)降低物流成本。

(7)提高定制产品的能力。

(8)提高向不同客户提供不同的价格(个性化、定制化)的能力。

目前实现直销型的企业间电子商务主要是生产型企业，他们将分销渠道移到了网络上。值得注意的是，企业在采用网上直销模式时，必须考虑企业客户的习惯和已经建立的营销渠道中的中间商的反应。如果贸然采用网上直销型模式，而摈弃已经建立完善的传统营销渠道，可能给企业带来巨大的市场风险。实现网上直销型企业间电子商务，不仅仅是在网上销售产品服务，还需要注意将传统营销渠道中提供的各种服务特别是售后服务整合到网上去，否则难以完全满足客户的全部需求。

3.2.2 以买方为主导的 B2B 电子商务——网上采购型

以买方为主导的 B2B 电子商务也叫网上采购，是一个买家与多个卖家之间的交易模式，其结构如图3－4所示。买方发布需求信息（产品名称、规格、数量、交货期）召集供应商前来报价、洽谈和交易。这种模式为买方提供了更好的服务，汇总了卖方企业及其产品的信息，让买家能够综合比价，绕过分销商和代理商，从而加速买方的业务开展。一般企业自建的服务于本企业的电子采购就是这种模式，一般以大型企业为主，通过这种模式使采购过程公开化、规范化，实现了信息共享，加速了信息流动的速度，扩大了询价比价的范围，节省了交易费用，强化了监督控制体系，提高了整个运营环节的工作效率。

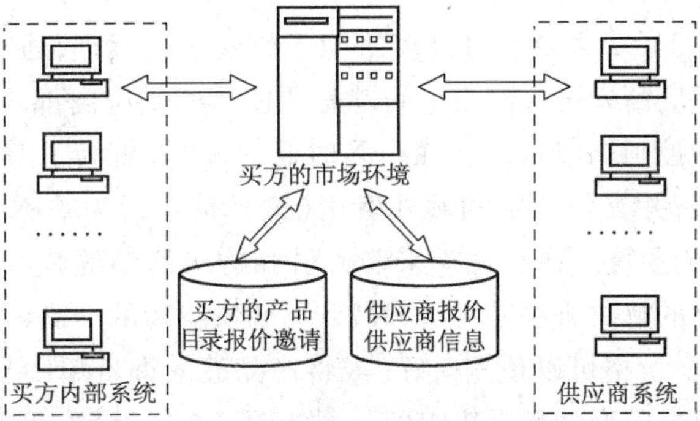

图3－4 买方B2B电子商务模式

3.2.2.1 网上采购概述

采购是企业为了进行正常的生产、服务和运营，而向外界购买产品和服务的行为。它是企业运营过程的一个重要组成部分，连接着生产与销售的各个环节，对生产与销售以及企业最终利益的实现有着很大的影响。网上采购就是通过互联网络，借助计算机管理企业的采购业务。具体说来，开展网上采购的企业在网络上公布所需的产品或服务的内容，供相应的供应商选择，采购企业通过电子目录了解供应商的产品信息，通过比较选择合适的供应商，然后下订单并开展后续的采购管理工作。

企业的网上采购一般是通过应用相关的软件来实现的，不同的软件提供了不同的解决方案。这些解决方案各有其特点，但基本都包括如下过程。

（1）填写订购单。采购部门的员工或采购申请部门通过软件提供的界面提出要求并填写订购单。

（2）审核订购单。一般通过管理软件自动进行审核，当订单要求超过限额时或一些特殊的订单要提交企业主管进行审核。

（3）联系供应商。订单批准后，企业就通过网络联系供应商，供应商根据企业的采购要求，通过网络提供相应的商品或服务的信息。

（4）选择供应商。采购企业根据供应商提供的各种资料信息进行比较选择，择优选定一家或数家供应商。

（5）采购结算。通过相应软件进行采购货款的结算，借助银行的参与实现货款的支付转移。

由上可见,在网上采购的整个流程中,人工参与因素越来越少,信息的传递基本依赖网络进行,从而保证了采购过程的公正、高效,对克服采购过程中的“暗箱操作”十分有效。

3.2.2.2　网上采购模式

网上采购涉及软件系统和硬件设施的投入,同时,采购系统的利用率影响到这些投入的效益,运用采购系统也需要一段时间的熟练过程。因此,在实践中,企业可以根据自身的实际情况,选择不同的采购模式。

(1)集中供应商目录。大企业有许多采购人员或采购代理,通常位于不同地方。这些采购人员从很多供应商处进行购买。问题是即使这些供应商都是被认可的供应商,但要对采购进行计划和控制仍然很难。在很多时候,采购人员为了节省时间,总是从最方便的供应商那里购买,并支付一定的额外费用(这种采购行为被称为“独立购买”)。另外,企业还要控制采购预算。在有大量采购人员和购买活动的政府和跨国企业中,情况尤其如此。这个问题的解决方法是将所有被认可的供应商的产品(所有相关供应商的目录)集中到公司总部。价格可以预先谈好(或将产品放入询价单中),这样采购人员就不必再谈判了。将所有供应商的目录集中到公司的服务器上,就有可能实现所有采购的集中化。

(2)团体购买模式。越来越多的公司正在转向团体购买。在团体购买方式下,来自多个购买者的订单被集中到一起,所以买方可以得到更好的价格。团体购买有两种模式:内部集中和外部集中。

①内部集中。像通用电气这样的大企业每年购买数十亿美元的维护、修理和运营产品(maintenance,repairs,operations,MRO)。全公司范围内的订单都通过网络来集中,并自动添补,除了获得规模经济,即许多商品以低价购得外,通用电气的交易管理费用也大大降低,从每笔 50 ~ 100 美元降为 5 ~ 10 美元。对于每年 400 万次交易而言,这确实可以节省一大笔开支。

②外部集中。许多中小企业也希望得到批量购买折扣,但无法找到其他公司加入以增加购买量。这种匹配可以通过像 caigouzhe. com 这样的中介来完成。这类公司通过在网上集中需求来为中小企业提供更好的价格、选择和服务。考虑到有 90% 的企业只有不到 100 名雇员,而它们占了整个 MRO 市场需求量的 35% 以上,所以没有人可以忽视这个市场。qianlima. com 集中企业的需求,然后与供应商磋商或者进行反向拍卖。其具体过程参见图 3 - 5。

对于提供团体购买服务的公司而言,成功的关键就是拥有买方大众。一个有趣的战略是不在自己的网站上集中需求,而是将其外包。例如,BBarton. com 为 about. com 这样的社区网站合作者提供团体购买服务。团体购买起始于像 MRO 和消费电子产品这样的普通商品,现在已经转移到旅游、薪水管理和主机托管等服务领域。

(3)电子易货交易。易货交易是指在不使用金钱的基础上交换货物和服务的行为。其基本思想是企业以自己剩余的东西交换某些自己需要的东西。企业可以为自

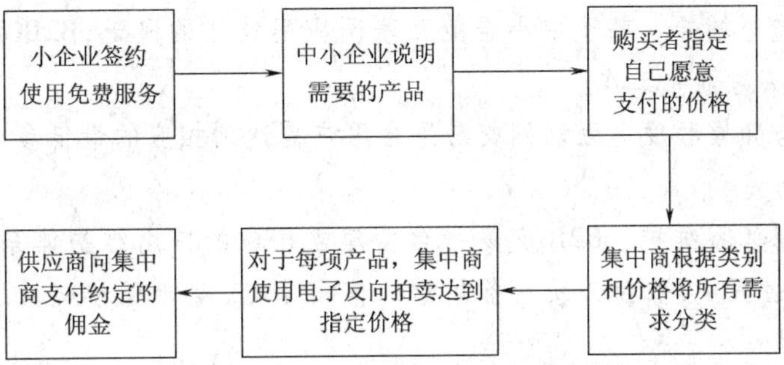

图 3－5　团体购买过程

己的剩余物资做广告，并可能找到交易对手，但成功的机会一般非常小，所以需要中介的帮助。中介可以使用人工搜寻、匹配方式，也可以建立一个电子易货交易所。在易货交易所里，企业将剩余物资提交给交易所，得到积点。然后就可以用这些积点来购买自己需要的产品。流行的易货交易对象有办公场地、闲置设备和劳动力、产品，甚至有横幅广告。

本节内容图表化

以卖方为主导的B2B电子商务模式（网上直销型）	特征	卖方发布欲销售的产品信息吸引买方前来认购。卖方可以是制造商或分销商，向批发商、零售商和大企业直接销售，即一个卖家对多个潜在买家
	类型	(1)虚拟卖方。中介商（通常是批发商或分销商）充当卖方，并进行在线销售 (2)目录直销。企业通过在线目录进行直销
以买方为主导的B2B电子商务模式（网上采购型）	特征	开展网上采购的企业在网络上公布所需的产品或服务的内容，供应商根据需求发布产品信息，采购企业通过电子目录了解供应商的产品信息，并且可以通过比较选择合适的供应商，然后下订单并开展后续的采购工作
	类型	(1)集中供应商目录。将所有被认可的供应商的产品（所有相关供应商的目录）集中到公司总部，并预先谈好价格（或将产品放入询价单中），采购人员不必再谈判价格从而实现采购的集中化 (2)团体购买。在团体购买方式下，来自多个购买者的订单被集中到一起可以得到更优惠的价格。团体购买有两种模式：内部集中和外部集中 (3)电子易货交易。在不使用金钱的基础上，用电子化手段交换货物和服务的行为

开阔视野——还有你所不知道的

B2B 电子商务呼唤全新模式

总结目前 B2B 服务领域的现状，国内电子商务，特别是针对供应链中的中小企业的服务模式，仍然要以网上交易平台为核心，以供应商之间的竞价和网上目录展示等方式为采购方创造利益价值。新一代的模式可能具备以下诸多特征。

(1)点对点服务。即服务人员需与实体企业建立面对面的服务关系。

(2)用户实施与辅导。基于中小企业互联网应用技能的匮乏,B2B服务供应商须对用户进行充分的实施辅导工作。

(3)用户参与频繁程度。互联网交易平台用户需达到相应的最低参与度以保证交易平台的信息效率。

(4)用户信用体系维护。B2B交易平台需建立相应的信用维护体系,以规避用户交易风险。在这个过程中,平台必须具备足够的信用基础,就像证券交易所与上市公司之间的关系。

(5)资讯覆盖率。B2B交易平台目前仍处于信息平台的发展阶段,因此资讯获取能力成为B2B服务商服务水平的重要指标。

(6)综合市场判断分析能力。B2B服务供应商作为中立的第三方机构,有必要保证其会员用户对行业趋势的判断,并提前规避风险。

(7)解决方案提供能力。B2B服务供应商有义务为其用户提供最佳网络营销解决方案,使其成本收益比趋于合理。

(8)商业信息业内覆盖比率。对于典型的B2B行业,供应商需将用户的信息有效覆盖足够比例的目标用户。

(9)服务机构对用户产品研发方面的引导。通过国际化大企业标准采购,影响B2B平台内部的中小企业规范产品生产规格,提高技术水准,并参与国际竞争。

(10)交易信息的有效匹配。B2B服务平台需建立有效的匹配机制,使供求信息达成更完美的匹配效果。

(11)采购成本节约。B2B交易平台面向采购者的目标并非单纯地压低采购成本,但从短期看,该服务提供的主要利益点在于压低采购成本。

(12)供应商级别划分。B2B平台与大买家共同对供应商进行长期的跟踪评定。

(13)商人服务。所有B2B平台均属于为商人服务的平台工具,供应商需按照商人的需求进行应用部分的研发。

可以看到,距离上述13个方面的要求,目前的交易平台仍存在很大差距,运营商在下一阶段还有相当多的工作需要开展,这很难说未来谁会更加出色。当然,这还要看两个方面:其一是平台是否给用户带来了切实的利益;其二是平台本身的长期定位与战略方向。

案例学习——看看你的分析能力

中国石化电子采购工作探析

中国石化是国内最大的石油石化产品生产和供应商,该公司同时在香港、纽约、伦敦和上海上市,在2014年《财富》世界500强企业中排名第3位,中国石化在电子商务物资采购方面起步较早,进展较快,无论在采购理念、采购方式、采购业绩方面,都走在了行业前列并很快成为这个公司的特色业务之一。

一、新技术提升传统产业

2000年是中国石化步入电子采购之路的起步之年。这一年,中国石化与国际电脑信息巨头康柏(Compaq)公司合作,独立自主开发了企业电子商务系统,并于当年8月15日投入运行,这标志着这家企业步入了电子采购的新纪元。之后5年,中国石化电子采购物资品种、上网用户数量不断扩大,交易金额逐年提高,每年以88%的速度大幅上升。

随着中国石化电子采购管理力度的不断加大,以及电子采购系统不断优化提升,电子采购已经成为企业信息共享、决策制定、过程实施、操作监管和供需协同工作的综合性采购业务平台。采购方可以在平台上发布采购需求,可以自主地选择供应商,并采取相应的采购策略和采购方式。采购管理者还可以在平台上实时了解采购需求、采购的历史情况以及采购过程进展情况,随时掌握并分析采购规模、渠道、价格等重要信息,进而适时调整采购策略。

二、新模式缔造现代企业

开展电子商务给中国石化至少带来了四个方面的变化。其中最大、最明显的变化,就是公司的采购理念发生了"革命性转变"。企业下属各分(子)公司之间在采购同一种物资时采购信息封闭、相互竞争造成内耗的被动局面,转变为整体合作、统一对外,并且逐步实现了采购的联盟化、集团化。

第二个变化,就是借助电子采购,中国石化的传统物资采购模式实现了一场深刻的变革。传统的一年一度、面对面的物资采购订货会没有了,取而代之的是无形的、适时的电子采购市场,采购部门与供应商可以在网上进行跨越时空的商务技术交流和洽商。在电子商务面前,过去不可或缺的电话、传真、邮件等沟通方式相形见绌。采购业务不仅真正实现了异地化和远程化处理,采购范围也拓展到全球,采购信息通过互联网,瞬间就可以送到世界各地的供应商面前,选择空间大大拓展。

第三个变化,是降低了采购成本和费用,大幅度提高了采购工作效率。以前是"货比三家",现在是"货比多家",讨价还价的余地显然更大。提高效率也很容易理解,过去,采购要开会、发传真、打电话、出差跑路,现在只需轻点鼠标即可完成,周期大大缩短,极大地提高了采购工作效率。同时,由于使用的是统一的采购平台和相同的处理流程,供需双方在公开、公平、公正的环境中进行信息交流、商务谈判和报价,供应链运行效率明显上升,成本显著下降。

第四个变化,是采购监管手段和环境的根本变化。众所周知,物资采购是"花大钱"的事情,物资采购部门和人员是"手中有钱"的权力部门。因此,在这一领域,往往也容易导致腐败现象,新的采购模式从根本上改变了这一切。健全完善的电子采购系统和流程,有利于规避采购中的腐败风险。采购过程的公开化、采购业务操作的程序化,以及采购过程与结果的监控和追溯功能,都能有效地防止传统风险的发生,实现监管目的。

(资料来源:电子商务大学网站。)

■ 分析中国石化电子采购的类型及其特点。

■ 电子采购为中国石化带来了哪些优势?

班级讨论——加深你的知识理解

(1)哪些企业适合开展B2B电子商务?分别适合哪种模式?举例说明。

(2)比较虚拟卖方与电子目录直销的异同。

自己动手——锻炼你的实践能力

(1)通过在网上查找资料,了解IBM的网上直销经营模式。

(2)找出三家开展网上采购的企业,并对它们的网上采购模式进行比较。

小节复习——牢记本节主要内容

一、解释概念

(1)虚拟卖方;(2)目录直销;(3)网上采购

二、简短回答

(1)B2B电子商务有哪几种模式?

(2)卖方主导的B2B电子商务为企业带来了哪些收益?

(3)简述网上采购的几种模式。

3.3 B2B电子交易市场

引导案例——打开知识的大门

企业最渴望什么样的电子集市

电子集市(E-marketplace,EM)也叫电子市场,它究竟应该具有哪些功能才能满足企业需求?电子集市的定位应该以水平整合还是垂直整合为主?每一个问题都是电子集市厂商想要解决的。毕竟数字会说话,就让数字来解答一切!

中国台湾资策会电子商务应用推广中心在2000年底,针对台湾制造业与服务业所进行的调查显示,平均有50%~60%的企业,希望通过电子集市,寻找到新的顾客或搜集产业信息;平均有40%的企业则是希望寻找供货商并进行线上交易,这项调查,也替电子集市厂商找出了一条明确的发展方向。

根据调查结果，电子集市厂商应该将新顾客与市场信息作为发展重点。例如，企业对新顾客的需求量大，电子集市厂商除了整合供应链厂商外，也应该吸引更多供应链以外的厂商进驻网站内，让厂商可以快速地搜寻到新买主。

对于产业信息的部分，电子集市也应该提供电子报或新产品的发表信息，同时将相同类型的产品进行归纳与整理，或是与ICP厂商合作，提供相关产品的测试报告，如此才能让厂商在电子集市中快速寻找到需要采购商品的信息，并且有一个具公信力的标准可参考。

除了以上两项主要功能外，供应链的规划应该以类似ASP的模式，放在电子集市中提供厂商使用，以降低软件建置成本；同时针对不同产品性质，建立招标及紧急采购系统，以加快企业采购速度。

（资料来源：www.70era.com）

■ 电子集市应该具有哪些功能？

■ 电子集市如何帮助中小企业应用电子商务？

目前，我国中小企业之间的交易基本是通过B2B电子交易市场实现的。所谓B2B电子交易市场，是指由第三方提供的一个电子商务服务平台，交易双方只要交纳一定的佣金费用就可以在平台上进行交易，而平台的提供者只起着一种中介服务的作用，并不直接参与交易。

3.3.1 B2B电子交易市场的组成

3.3.1.1 风车模型

一个完整的B2B电子交易市场大致上由电子市场（E-marketplace）和电子基础设施（E-infrastructure）构成。高盛公司用了一个十分形象的风车模型来表述B2B市场，其中风车的基座部分是B2B的电子基础设施，它包括物流配送、ASP（应用服务提供商）、外包解决方案、拍卖解决方案软件、内容管理软件、应用集成软件、网络商业软件以及传统的ERP软件等。风车的叶片部分是把卖方与买方连接起来的E-markets。正是这些电子基础设施和电子市场共同组成了B2B的交易市场。

风车模型为我们形象地说明了电子交易市场的作用，展现在人们面前的B2B电子商务网站仅仅是电子交易市场1%的部分，99%的后端支持是电子基础设施。

3.3.1.2 B2B电子交易市场的价值链

如果高盛公司的风车模型依然没有使我们明白B2B市场的内在关系，我们可以从价值链的角度分析B2B市场各组成部分的内在联系。我们大致可以将价值链分成以下四部分。

（1）电子商务基础提供商。包括基础设施提供商、托管服务提供商、加密认证服务商、技术平台提供商。

①基础设施提供商。它包括电信、网络的基础设施运营商和接入商、运输企业,基础设施包括 VPN 与 Intranet/Extranet。

②托管服务提供商。这些企业提供的服务包括:分配空间、托管服务器、内容促销、网站管理等。

③加密认证服务商。B2B 市场中企业的资格认证,交易信息的加密是不可缺少的环节,只有在安全的环境中,企业才能从事交易。

④技术平台提供商。包括 HP,IBM,SUN 等公司,它们为中小企业和. com 公司提供技术平台和 ASP 服务。

(2)服务提供商。包括应用软件提供商、内容提供商。

①应用软件提供商。它们提供电子商务中贸易、销售和营销的应用软件。这些公司中比较出名的有 Infobank,Ariba,CommerceOne 等。一些传统的 ERP 软件企业也开始进入这个领域,包括 SAP,Oracle,PeopleSoft 等。

②内容提供商。传统的内容提供商如 EMAP、慧聪商情等正在寻求建立网上贸易社区来扩大它们出版物的销售量,而 DUN&BRADSTREET 也建立了它自己的一个子公司 eccelerate. com,提供包含全球的 5 800 万个公司内容的数据库,为贸易社区或者个人服务。

(3)贸易社区。贸易社区其实就是我们现在最常见的 E-market。它有水平与垂直之分,提供各种市场交易机制(拍卖、交易、社区),来促进买方和卖方的交易。

(4)系统集成商。企业如果要利用 B2B 来增加收入、降低成本,就需要重新构架他们的企业,这就不仅需要将他们的信息系统与其他企业集成,而且需要进行企业再造工程。系统集成商就是通过提供技术支持和服务,将各个分离的设备(如个人电脑)、功能和信息等集成到相互关联、统一和协调的系统之中,使资源达到充分共享,实现集中、高效、便利管理的 IT 服务商。系统集成商正从硬件集成和网络集成的初级集成阶段,逐步向完善网络环境、应用开发和引导用户的较高层次集成服务方向发展。

B2B 电子交易市场的价值链的发展是一个系统工程,有赖于价值链上的一系列企业的发展,在最顶端的 E-market 只是 B2B 电子交易市场的冰山一角。它的健康发展,有赖于整个 E-infrastructure 的支持。

3.3.2 B2B 电子交易市场的功能

3.3.2.1 提供买卖双方的信息服务

这是网上中介型企业间电子商务的最基本功能。买方或者卖方只要注册后就可以在网上发布自己的采购信息,或者发布企业产品出售的信息,并根据发布信息来选取企业自己潜在的供应商或者是客户。网上发布的信息一般是图片或者文字信息,随着带宽增加,发布信息将越来越丰富。

3.3.2.2 增加市场机会

企业通过在 B2B 交易信息平台上发布产品供应信息,降低了发布广告的费用,扩大了利用传统媒体难以覆盖的市场,有助于直接促成新的订单,增加新的客户,拓宽了企业的销售渠道。

3.3.2.3 比较供货渠道

对于价格行情有较大差异的产品、大量购买的产品,或者用户首次购买自己并不了解行情的产品或设备,通过了解 B2B 网站供应方发布的信息,买方可以方便地了解多家供货商的基本状况,通过多方比较,可以从中发现既能满足自己需要、价格又比较适中的产品。而利用传统方法了解同样数量的供应商往往需要更长的时间和更多的费用。

3.3.2.4 提供与交易配套的服务

B2B 电子交易市场最基本的服务是提供网上签订合同、网上支付等实现网上交易的服务。美商网网站还可以根据客户的需要,帮助客户申请报关和联系认证等贸易服务。

3.3.2.5 企业品牌宣传

对于大部分中小企业来说,很少甚至几乎没有专门的品牌推广预算,充分利用 B2B 网站信息发布功能,谁又能否认它所带来的品牌宣传作用呢?

3.3.3 B2B 电子交易市场的类型

B2B 电子交易市场又分为“水平”市场与“垂直”市场,下面,我们具体分析一下它们各自的商业模式。

3.3.3.1 “水平”市场

“水平”的 B2B 电子交易市场可以为多个行业的企业提供在线交易服务,而且其信息和服务的综合程度高,如阿里巴巴等网站。

(1)水平网站的利润流。水平网站可以产生很多的利润流。通常情况下,如果水平网站将眼光放在广告上,那么可以有一个很好的营利机会。另外,水平网站通常会举办网上拍卖会。这时,网站可以向成交的卖方收取一定比例的交易费。水平网站还可以靠出售网上店面来赚钱。除此之外,水平网站还可以自己开展电子商务,从商务活动中直接赚钱。

(2)水平网站成功的关键因素有以下几点。

①业务处理流程的标准化程度。

②业务及作业流程自动化处理专业知识。

③提供内容深层次自动化处理的水平。

④根据行业差异定制业务处理流程的能力。

(3)水平网站的困境。水平网站宣称可以为许多行业的厂家提供服务,因此,网站要不停地更新多种信息,提供许多互不相关的服务。水平网站求“全”,即行业全、服务全,这样才有竞争力,但恰恰是这个“全”,使得水平网站要冒每一个行业都做不好的风险。

又“全”又“好”,当然是最佳的结果,但如果可以轻易做到这一点,我们也没有必要在这儿提出这个问题。目前很多网站没有能力做到这一点。以现有的能力基础,如何在“全”和“好”之间找到一个平衡点,是水平网站目前面临的一个难题。

3.3.3.2 “垂直”市场

“垂直”的B2B电子交易市场将特定产业的上下游厂商聚集在一起形成特定产业的网上交易市场。现在几乎各行业都有自己专门的电子交易市场,如中国化工网、中国纺织网、中国能源网等。

(1)垂直网站的利润流。由于垂直网站的专业性强,因此其面临的客户很多都是本行业的,潜在购买力比较强,其广告的效用也会比较大。也正因为如此,垂直网站的广告费较水平网站要高。

同水平网站一样,垂直网站也可以举办一些拍卖会,并向交易成功的卖方收取一定比例的交易费,此外还可以收取客户的信息费,即数据库使用费。

(2)垂直网站成功的关键因素。垂直网站成功的最重要的因素是专业技能。一个垂直网站面对的是一个特定的行业、特定的专业领域,因此,网站本身应该对这个领域相当熟悉。

垂直网站的创始人往往对专业技能非常熟悉,他们通常是采购经理、技术部门负责人或者顾问。他们能够洞察全行业的内外需求,能一针见血地指出各家“进场入市”企业的需要,并向他们提供灵活有效的各种解决方案。一旦他们的想法被付诸实施,便会吸引很多传统行业里的人加入进来。

运作垂直网站需要较强的专门技能。且专业化程度越高的网站,越需要投入昂贵的人力资本来处理很狭窄的、专门性的业务,只有这样才能发挥该虚拟市场的商业潜能。

垂直网站吸引着更合格、更狭窄且经过预选的参与者,这种市场一旦形成,就具有极大的竞争优势。所以,垂直网站更有聚集性、定向性,他们较喜欢收留团体会员,易于建立起忠实的用户群体,吸引着固定的回头客。结果,垂直网站形成了一个集约化市场,且客户也多是有效客户。因此,这类电子市场是有价值的市场,他们拥有真正有效的购买者。

垂直网站成功的另一个因素是传统行业的低效率。传统行业的中间环节越多,环节链接效率就越低,该行业的垂直网站就越有机会整合其中间环节,因此也就越容易成功。“我的钢铁网”是一个典型的垂直电子商务网站,是上海钢联电子商务股份有限公司旗下的网站,首创了钢材、炉料、特钢、有色、国际等五大资讯频道,提供综合资讯、产经纵横、统计资料、钢厂资讯、下游动态等资讯内容。截至2014年6月,B2B电子商务服务商营收份额中,“我的钢铁网”位列第二,占比8.0%。

垂直网站市场面临的最大挑战是很难转向多元化经营或向其他领域渗透,这是由其具备鲜明行业特征的专门知识和客户关系所决定的。

3.3.4 B2B 电子交易市场的利润来源

一般来说,B2B 电子交易市场的利润来源如表 3－1 所示。

表 3－1 B2B 电子交易市场的利润来源

利润来源	概 述	举例说明
会员费	企业通过第三电子商务平台参与电子商务交易,必须注册为 B2B 网站的会员,每年要交纳一定的会员费,才能享受网站提供的各种服务,目前会员费已成为我国 B2B 网站最主要的收入来源	阿里巴巴网站收取中国供应商、诚信通两种会员费,中国供应商会员费分为每年 4 万和 6 万两种,诚信通的会员费每年 2 300 元;中国化工网每个会员第一年的费用为 12 000 元,以后每年综合服务费用为 6 000 元;五金商中国的金视通会员费 1 580 元/年,百万网的百万通为 600 元/年
广告费	网络广告是门户网站的主要赢利来源,同时也是 B2B 电子商务网站的主要收入来源	阿里巴巴网站的广告根据其在首页位置及广告类型来收费。中国化工网有弹出广告、漂浮广告、BANNER 广告、文字广告等多种表现形式可供用户选择
竞价排名	企业为了促进产品的销售,都希望在 B2B 网站的信息搜索中将自己的排名靠前,而网站在确保信息准确的基础上,根据会员交费的不同对排名顺序作相应的调整	阿里巴巴的竞价排名是诚信通会员专享的搜索排名服务,当买家在阿里巴巴搜索供应信息时,竞价企业的信息将排在搜索结果的前三位,被买家第一时间找到。中国化工网的化工搜索是建立在全球最大的化工网站上的化工专业搜索平台,对全球近 20 万个化工及化工相关网站进行搜索,搜录的网页总数达 5 000 万,同时采用搜索竞价排名方式,确定企业排名顺序
增值服务	B2B 网站通常除了为企业提供贸易供求信息以外,还会提供一些独特的增值服务,包括企业认证、独立域名、提供行业数据分析报告、搜索引擎优化等	现货认证就是针对电子这个行业提供的一个特殊的增值服务,因为通常电子采购商比较重视库存这一块。另外针对电子型号作的谷歌排名推广服务,就是搜索引擎优化的一种
线下服务	主要包括展会、期刊、研讨会等。通过展会,供应商和采购商面对面地交流,一般的中小企业还是比较青睐这个方式。期刊主要是关于行业资讯等信息,期刊里也可以植入广告	深圳伊西威威科技开发有限公司组织的各种展会和采购会也已取得不错的效果

续表

利润来源	概　述	举例说明
商务合作	包括广告联盟、政府、行业协会合作、传统媒体的合作等。广告联盟通常是网络广告联盟，亚马逊通过这个方式已经取得了不错的成效，但在我国，联盟营销还处于萌芽阶段，大部分网站对于联盟营销还比较陌生	国内做得比较成熟的几家广告联盟有：百度联盟、谷歌联盟、淘宝联盟等
询盘付费	区别于传统的会员包年付费模式，按询盘付费模式是指从事国际贸易的企业不是按照时间来付费，而是按照海外推广带来的实际效果，也就是海外买家实际的有效询盘来付费	深圳伊西威威科技开发有限公司提供按询盘付费平台

本节内容图表化

B2B 电子交易市场的组成	B2B 电子交易市场的价值链大致可分为四部分： (1)电子商务基础提供商。包括基础设施提供商、托管服务提供商、加密认证服务商、技术平台提供商 (2)服务提供商。包括应用服务提供商、内容提供商 (3)贸易社区 (4)系统集成商。在每个阶段提供系统集成技术，或者帮助企业重组业务流程，以便更好地为企业提供服务
B2B 电子交易市场的功能	(1)提供买卖双方的信息服务 (2)增加市场机会 (3)比较供货渠道 (4)提供与交易配套的服务 (5)企业品牌宣传
B2B 电子交易市场的类型	(1)“水平”市场。“水平”的 B2B 电子交易市场可以为多个行业的企业提供在线交易服务，其信息和服务的综合程度高 (2)“垂直”市场。“垂直”的 B2B 电子交易市场是将特定产业的上下游厂商聚集在一起，如中国纺织网、中国能源网等
B2B 电子交易市场的利润来源	见表 3－1

开阔视野——
还有你所不知道的

B2B未来发展趋势

金融危机和电子商务深刻地影响和改变了现在的市场环境和消费者习惯。B2B开始出现移动化、交易服务化、社交化和一体化四大趋势。

(1)交易服务化。交易服务化是指B2B有B2C化的趋势。这主要是由于B2C已经成为B2B试验场。企业通过B2C来了解电子商务技术如何支持和规范其B2B。其本质就是传统B2B实现交易的信息化、数据化、标准化,进而提高客户体验和商业效率。

(2)移动化。移动商务大势所趋,移动商务已经成为主流商务。如今移动设备已经对整个交易过程都产生重大影响。据美国市场调查研究机构ABI研究报告显示,至2015年年底全球移动购物交易额预计将达1 190亿美元,约占全球电子商务交易总额的8%。同时,智能手机的销售量印证了移动商务在未来5年将会持续呈现强劲发展势头。

(3)社交化。对于企业来讲,B2B平台社交化已经成为企业社会化商务不可分割的一部分。而对于平台来说,积极引入社会化媒体,加强社会化商务在平台中的权重,才能适应电子商务未来社会化这一基本趋势。

(4)一体化。一体化就是双方供应链和数据实现对接,以加速反应时间和提高效率。这体现在两个方面:从行业纵向发展看,B2B与B2C逐渐融合,贯通电子商务产业链。2014年6月,京东商城、亚马逊中国、当当网、凡客诚品、优雅100等7家国内顶级B2C企业入驻慧聪网,重新唤醒了市场来评估和审视B2B的商业价值。其次,从行业横向发展来看买卖双方在早期各自发展各自独立封闭的供应链,如今,通过一体化整合可以实现不同供应链之间的对接,形成更加紧密的供销关系,比如说香港利丰行。

(资料来源:中国电子商务研究中心 http://www.100ec.cn)

案例学习——
看看你的分析能力

Thule公司

美国Thule公司以生产高端的汽车滑雪板和自行车固定架而著称。近几年产品拓展到马拖车和跑步时使用的婴儿手推车。但是公司的B2B网站几乎很长时间没有更新,只有10%北美客户在网上下单,其他的客户让公司呼叫中心非常忙乱。

2012年公司采用了Insite Software电商平台和Sitecore内容管理系统,以及选择Nish作为网页设计和系统整合(包括后端的操作系统、财务和库存管理等)。2012年,新网站ThuleConnect.com上线。目前有80%客户通过网站下单,查看物流信息,导致同时客服反应时间提高45%。新网站自动更新库存状况,提供更详细的产品资料,以及获得免费运输的最新资料,提供英法两种语言和美元与加元两种货币转化。增加加元是数据显示该地区头两个月客户访问量翻倍的缘故,这样做会更好地服务于客户快速增长的地区。新网站还提供强大的多功能搜索方式,以方便客户查找产品。Thule公司还通过电子邮件对客户需要什么样的网站作调查,并对有好的建议者提供价值1 000美金的奖励来试图把剩下20%客户搬到线上。

(资料来源:中国电子商务研究中心 http://www.100ec.cn)

■ 你认为美国Thule公司是如何提升B2B运营能力的?

班级讨论——加深你的知识理解

(1)B2B水平市场存在哪些优势和风险?
(2)讨论B2B电子交易市场应该具有哪些组成部分。

自己动手——锻炼你的实践能力

(1)通过在网上查找资料,查找四家B2B电子交易市场,并进行比较。
(2)登录阿里巴巴电子商务平台,了解其运作流程和营利模式。

小节复习——牢记本节主要内容

一、解释概念

(1)风车模型;(2)水平市场;(3)垂直市场

二、简短回答

(1)简述B2B电子交易市场的价值链。
(2)B2B电子交易市场的功能有哪些?
(3)B2B电子交易市场的利润来源有哪些?

3.4 B2B电子商务管理

引导案例——打开知识的大门

协同软件

作为一个新兴的朝阳产业,2005年协同软件进入高速发展阶段。随着中国经济和信息产业的发展,信息化应用水平的提高,国内协同软件市场呈现出机遇与挑战并存的格局。

企业需要通用管理平台,只有通用管理平台才能做到随机应变、动态适应、柔性管理等。由于每个企业的管理风格、管理要求都不一样,管理软件很难通用,但是很难不等于不可能。要实现随机应变，不仅要在技术上创新，还要在管理上创新。要构造一个知识协作平台，以人为中心组织各种数据及其应用。

协同软件的产生可以从两个角度来看：一是用户需求的拉动，即企业对敏感性、实时性的需求拉动；二是产业和技术的发展，由于互联网的出现，由于新技术的出现，特别是软件、网络、通信三大技术的融合，使得协同软件水到渠成。协同软件跟过去的群件有本质的区别，群件是互联网以前的技术，协同软件是互联网时代的产物。

协同软件具有一定的特点：协同软件能够支持完全的移动性（无缝的网络连接），能够支持各种网络环境，并可支持跨网络、跨地区的应用；协同软件拥有跨组织、跨系统的互通性；协同软件拥有良好的动态适应能力；协同软件比办公自动化（Office Automation，OA）更强调安全性、可管理性和系统操作性。

（资料来源：根据参考文献[27]改写）

■ 协同软件与传统 OA 的区别何在？
■ B2B 电子商务环境下企业协同管理的技术需求有哪些？

在电子商务时代，企业不仅要重视内部组织的管理，同时，企业与企业之间以及企业与客户之间的协调也变得尤为重要。实现从供应链到客户之间的无缝链接主要依赖企业资源计划、供应链管理、客户关系管理及其集成系统的管理。

3.4.1 企业资源计划

3.4.1.1 企业资源计划的概念

企业资源计划（Enterprise Resource Planning，ERP）起源于 20 世纪 60 年代初，它是一种科学管理思想的计算机实现，强调对产品研究与开发、作业控制、生产计划、原材料采购、市场营销、产品销售、库存（投入品、半成品、成品）计划、财务和人事等方面进行集成系统优化管理。ERP 是企业信息化建设的高级阶段，它能为企业带来巨大的经济效益。据美国生产与控制学会的统计，应用一个 ERP 系统，平均可以为企业带来如下经济效益：制造成本降低 12%，管理人员减少 10%，生产能力提高 10% ~ 15%，库存下降 30% ~ 50%，库存周转率提高 50%，准时交货率平均提高 55%，误期率平均下降 35%，采购提前期缩短 50%，停工待料减少 60%。

目前，ERP 专业开发商很多，国外公司中有代表性的有 SAP，BaaN，PeopleSoft，SSA，Oracle 等，国内公司有开思、利玛、用友、金蝶等。不同公司的 ERP 产品会有不同的特点，但主要功能模块大同小异，并且各种 ERP 软件的原理都是一致的。一般来说，ERP 都包含了财务管理、生产控制管理、物流管理三大部分。

3.4.1.2 ERP 系统的功能

（1）财务管理。ERP 系统的财务管理功能首先是可以进行电子化的会计核算。会计核算主要是记录、核算、反映和分析资金在企业经济活动中的变动过程及其结果。它由总账、应收账、应付账、现金、固定资产等部分构成；然后，基于会计核算的数据，再加以分析，从而进行相应的预测、管理和控制活动，侧重于财务计划、控制、分析和预测。

(2)生产控制管理。生产控制管理是ERP系统的核心功能，它将企业的整个生产过程有机地结合在一起，使得企业能够有效地降低库存、提高效率。同时，各个原本分散的生产流程的自动连接，也使得生产流程能够前后连贯地进行，而不会出现生产脱节、耽误生产交货时间的现象。

生产控制管理是一个以计划为导向的先进的生产管理方法。企业首先确定它的一个总生产计划，再经过系统层层细分后，下达到各部门去执行，即生产部门以此计划生产，采购部门按此采购，等等。一般的ERP软件的生产控制管理模块分为主生产计划、物料需求计划、能力需求计划、车间作业控制、制造标准几个部分。

(3)物流管理。物流管理包括分销管理、库存控制、采购管理三个部分。

①分销管理。销售的管理是从产品的销售计划开始的，对其销售产品、销售地区、销售客户等各种信息进行管理和统计，并可对销售数量、金额、利润、绩效、客户服务作出全面的分析。

②库存控制。库存控制用来控制存储物料的数量，以保证稳定的物流支持正常的生产，但又最小限度地占用资本。它是一种相关的、动态的、真实的库存控制系统，能够结合相关部门的需求，随时间变化动态地调整库存，精确地反映库存现状。

③采购管理。这一模块用来确定合理的订货量、优秀的供应商和保持最佳的安全储备。它能够随时提供订购、验收的信息，跟踪和催促外购或委托外加工的物料，保证货物及时到达；建立供应商的档案，用最新的成本信息来调整库存的成本。

3.4.2 供应链管理

3.4.2.1 供应链的含义

所谓供应链是围绕核心企业，通过对信息流、物流、资金流的控制，从采购原材料开始，到制成中间产品以及最终产品，最后由销售网络把产品送到消费者手中，是将供应商、制造商、分销商、零售商直到最终用户连成一个整体的网链结构模式。

供应链是一个范围更广的企业结构模式，它包含所有加盟的节点企业，从原材料的供应开始，经过链中不同企业的制造加工、组装、分销等过程，直到最终用户。它不仅是一条连接从供应商到用户的物料链、信息链、资金链，而且是一条增值链，物料在供应链上因加工、包装、运输等过程而增加其价值，给相关企业都带来收益。

供应链分为内部供应链和外部供应链。内部供应链指企业内部产品生产和流通过程所涉及的采购部门、生产部门、仓储部门、销售部门等组成的供需网络。而外部供应链则是指企业外部与企业相关的产品生产和流通过程中涉及的原材料供应商、生产商、储运商、零售商以及最终消费者组成的供需网络。

3.4.2.2 **供应链管理的含义**

在企业的活动中,供应链是客观存在的,但是“链”的组成形式不一定合理,而对于合理存在的供应链,我们要使其维持在一个最优的平衡状态上。因此,链上的企业只开展其内部作业的一体化管理是有很大局限性的,企业必须与其业务伙伴(供应商及客户)协同工作,共同优化和管理整个供应链,共同为客户提供优质的产品和服务,共同降低成本和库存,即对整个供应链上所涉及的物流、信息流和资金流实行一体化管理,才能有效地提高企业效率,共享供应链管理为企业带来的效益。由此可见,供应链管理也是事实上存在的。

根据以上对供应链的定义,我们可以知道供应链管理(Supply Chain Management, SCM)就是通过对供应链中的信息流、物流、资金流的设计、规划和控制,使链中各项活动协调畅通,达到提高供应链中各成员效率和效益的目的。简单地说,供应链管理就是优化和改进供应链活动,其对象是供应链的组织和它们之间的“流”;应用的方法是集成和协同;目标是满足用户需求,最终是提高供应链的整体竞争能力。供应链管理的实质是深入供应商和价值链的增值环节,以最短的时间、最低的成本,将最恰当的商品供给需要的客户。

3.4.2.3 **供应链管理的功能**

电子商务环境下的供应链管理具有以下几个功能。

(1)订单处理。基于电子商务的供应链管理通过电子商务系统进行订单设定和订单状况管理。当收到客户订单时,核心企业要及时分析所需产品的性能要求,判断自己是否能达到订单中的技术指标,在能够达到要求的条件下进一步分析订单中产品的成本、数量和利润;如果能够从该订单中获利,便可与客户签订订货合同;之后查询现有库存,若库存中有客户需要的产品,便立即发货,否则及时组织生产。借助电子商务进行订单处理,供应链可以极大地减少订单成本和订单处理的出错率,缩短订单的循环周期,大大提高营运效率。

(2)生产组织。基于电子商务的供应链管理,能够使核心企业通过电子商务系统协调与供应商的准时供应程序,可与多个供应商之间协调制订生产计划。此外,由于在订单处理中可以提供核心企业有关产品销售和服务的实时信息,这样在一定程度上会使销售预测变得精确,反过来又大大改善生产组织管理。

(3)采购管理。基于电子商务的供应链管理通过电子商务系统能有效地实现与供应商的信息共享和信息快速传递。一方面,通过因特网提供给供应商有关需求信息和商品退回情况,同时获得供应商的报价、商品目录、查询回执,从而形成稳定、高效的采购供应体系;另一方面,通过网上采购招标等手段,集成采购招标和因特网优势,扩大采购资源选择范围,使采购工作合理化,可大大减少采购人员数目,从而有效降低采购成本。此外,也使核心企业与供应商之间的协商变得合理化。

(4)配送与运输管理。基于电子商务的供应链管理通过电子商务系统对配送中心的发货进行监视,对货物运输进行跟踪,同时实现对配货、补货、拣货和流通加工等作业的管理,使配送的整个作业过程实现一体化的物流管理。此外,通过对运输资源、运输方式、运输线路的管理和优化,对运输任务进行有效的组织调度,降低运输成本,并实现对运输事项和货物的有效跟踪管理,确保指定的货物能够在指定的时间运送到指定的地点。

(5)库存管理。基于电子商务的供应链管理通过电子商务系统,使核心企业能够及时通知供应商有关订单的交送延迟或库存告急,使库存管理者和供应商能追踪现场库存商品的存量情况,获得及时的信息以便做好准备;实现对存储物资的有效管理,及时反映进销存动态,并且实现跨区域、多库区的管理,提高仓储资源的利用率,进而促使库存水平降低,减少总的库存维持成本。

(6)客户服务。供应链上的核心企业的客户通过因特网可以非常方便地咨询有关服务问题,通知并要求解决所发生的任何服务问题,而核心企业则通过因特网接受客户投诉,向客户提供技术服务,互发紧急通知等。这样一来,可以大大缩短对客户服务的响应时间,改善与客户间的双向沟通,在保留住已有客户的同时,吸引更多的客户加入到供应链中来。

(7)支付管理。供应链管理系统与网上银行紧密相连,用电子支付方式替代原来的支票支付方式,用信用卡方式替代原来的现金支付方式,这样既可以大大降低结算费用,又可以加速货款回笼,提高资金使用效率。同时,系统采用安全电子交易协议进行交易,保证了交易过程的安全性,消除了客户对网上交易的顾虑。

3.4.3 客户关系管理

据统计,赢得新顾客的成本是维持旧有客户费用的五倍,而旧有客户的流失比率若降低5%,获利就可以增加60%以上。因此许多企业已逐步意识到,以客户为导向是制造、后勤、行销、服务等策略的延展,是企业竞争力的基础工程,而对客户关系进行有效的管理就是这个工程的关键所在。由于电子商务的空前发展,市场、客户和交易过程的手段和信息含量空前丰富,企业、分销商、雇员、客户之间的关系变得更加多样和复杂,传统的客户服务方式已经无法适应企业的发展。在这种情况下,一种新的管理思想应运而生,它就是我们所说的客户关系管理(Customer Relationship Management,CRM)。

3.4.3.1 CRM的含义

有关客户关系管理的定义有很多,不同的人从不同的角度都会有不同的理解。这里所讲的“客户”比传统意义上的“客户”含义更为广泛,它指的是所有与企业有互动行为的共同利益体,包括直接客户、合作伙伴、分销商、供应商等所有需要得到与所提供的产品有关的信息和服务的企业或个人。从管理科学的角度来考察,客户关系管理源于“以客户为中心”的市场营销理论,是一种“以客户为中心”的管理理念,同时也是一种旨在改善企业与客户之间关系的管理机制。从解决方案的角度考察,它是将市场营销的科学管理理念通过信息技术集成在软件上。网络时代的客户关系管理应该是利用现代信息技术手段,在企业与顾客之间建立一种数字的、实时的、互动的交流管理系统。因此,客户关系管理可以说是管理变革的一种思路、提高效率的一项技术、具体实施的一套软件。

3.4.3.2 CRM系统的功能

不同的企业对客户关系管理系统有不同的要求,不同的开发商所提供的客户关系管理系统的功能也有所不同。从大的方面划分,客户关系管理系统的功能主要包括销售、营销、客户服务与支持、呼叫中心、电子商务以及辅助决策等。

(1)销售功能。强大的销售能力是企业获得收益的关键。对此,CRM系统专门提供了销售自动化系统,用以增强企业的销售能力。销售自动化(Sales Automation,SA),也称销售团队自动化(Sales Force Automation,SFA),主要用来提高专业销售人员业务活动效率的自动化程度。

(2)营销功能。客户关系管理系统的营销功能主要是通过营销自动化系统(Marketing Automation,MA)来实现的。

营销自动化模块与SFA模块的不同在于,它们提供的功能不同,这些功能的目标也不同。销售自动化系统的目标是要提高销售人员活动的自动化程度,而营销自动化系统的目标是为营销及其相关活动的设计、执行和评估提供详细的支持框架。在很多情况下,营销自动化和SFA模块是互为补充的。例如,成功的营销活动可能会获得很多有需求的客户,而为了使得营销活动真正有效,还应该及时地将销售机会提供给专业销售人员。

(3)客户服务与支持功能。客户服务与支持系统主要是用来帮助企业以更快的速度和更高的效率为客户提供个性化的服务以满足其独特需求,并进一步保持客户关系的。其主要功能包括客户合同管理、客户服务管理、客户关怀管理、现场服务管理和移动现场服务管理等。

(4)呼叫中心功能。从某种意义上讲,呼叫中心是对销售自动化系统、营销自动化系统和客户服务与支持系统的进一步完善。它通过将销售、营销与服务集成为一个单独的应用,使业务代表或计算机系统能够向客户提供实时的销售和服务支持。当然,呼叫中心功能的重心仍然是提供企业与客户沟通的平台。

一个完整的呼叫中心解决方案通常由以下几个功能组件组成:智能网络(IN)、自动呼叫分配系统(ACD)、交互式语音应答系统(IVR)、计算机电信集成系统(CTI)、来话呼叫管理系统(ICM)、去话呼叫管理系统(OCM)、数据库管理系统(DBMS)以及呼叫管理系统(CMS)等等。

(5)电子商务功能。CRM系统体现电子商务的主要功能包括:电子商店,此功能使得企业能建立和维护网上商店,从而在网络上销售产品和提供服务;电子营销,此功能使得企业能建立和维护营销网站,实施基于Internet的营销方案;电子支付,此功能支持企业和客户实现在线支付环节;电子支持,允许客户通过网络提出服务请求、查询常见问题、检查订单状态、实现网上的自助服务。

(6)辅助决策功能。CRM 系统的辅助决策功能包括一般统计分析功能和决策支持系统(Decision Support System,DSS)。CRM 系统的一般统计分析功能只需要利用前面五个功能模块即可实现,主要包括销售管理统计、营销管理统计、客户服务与支持管理统计三个方面。CRM 中的决策支持系统是建立在数据仓库技术、数据挖掘技术以及联机分析处理技术基础之上的。CRM 系统中的决策支持系统具有高度的灵活性和良好的交互性,适用于非结构化决策的 CRM 系统,将决策者与决策支持系统密切联系在一起,并通过三大分析技术为其决策提供特定的支持功能。客户关系管理中的决策支持系统并不能够替代决策者本身,它的主要功能是提高决策者的决策效率。

3.4.4 B2B 电子商务集成管理

企业的 B2B 电子商务不能被简单地认为是 SCM,ERP 或 CRM 等系统软件的实施,而应该用一种集成管理的思想考虑这一问题。企业开展电子商务,实施 SCM,ERP 和 CRM 等系统软件,其目的是整合企业内部资源与外部资源,实现同相关企业的有效沟通与合作,以及对企业客户进行有效管理,最终实现企业的经营战略与竞争优势。

如图 3 -6 所示,B2B 电子商务集成管理是将 SCM,ERP,CRM 等管理软件、管理思想、管理方法、管理经验以及企业的内部和外部资源,有机集成于企业电子商务运营中的一种管理活动。它包括以下几个方面的内容。

第一,通过 ERP 对企业内部各设备、流程、组织部门、人员、业务等资源进行数据统计和综合分析处理,并有效存储和传输交流,实现企业内部资源的最优化利用,为企业决策和战略管理提供精确服务和坚实基础。

第二,通过 SCM 与各类供应商的信息系统实现对接,从而实现各种原材料和零部件的即时供应和保质供应,实现与供应商的 B2B 电子商务经营。

第三,通过 CRM 与各类渠道商(包括批发商和零售商、经销商和代理商等)的信息系统对接,从而实现企业产成品的定制化生产,实现与渠道商的 B2B 电子商务经营。

第四,通过互联网实现与公众、社会团体、社会和环境的互动,实现企业内外部信息资源的有效集成。

第五,通过与合作伙伴的信息系统实现对接,建立动态的企业联盟,发展基于竞争合作机制的虚拟企业,重塑企业的战略模式,提高企业的竞争实力。

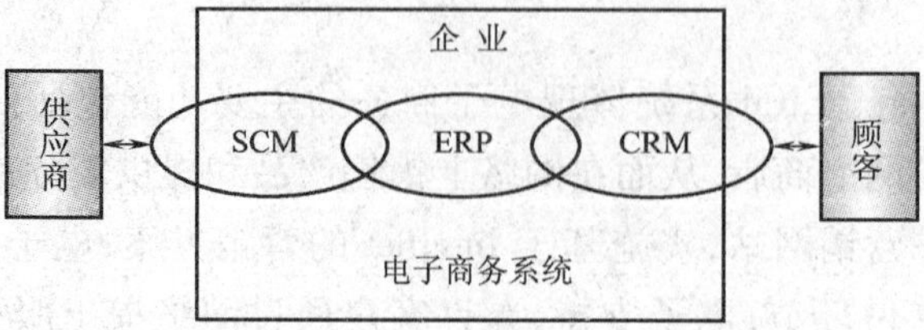

图 3 -6　B2B 电子商务集成管理模型

本节内容图表化

企业资源计划的概念	企业资源计划起源于20世纪60年代初,它是一种科学管理思想的计算机实现,强调对产品研究与开发、作业控制、生产计划、原材料采购、市场营销、产品销售、库存(投入品、半成品、成品)计划、财务和人事等方面进行集成系统优化管理
企业资源计划的功能	(1)财务管理 (2)生产控制管理 (3)物流管理
供应链管理的概念	供应链管理是指以"链"的形式将制造商、零售商、客户和供应商连接在一起,形成一条不可分割的、能共享技术和资源的业务流程,以此提升企业的竞争能力
供应链管理的功能	(1)订单处理 (2)生产组织 (3)采购管理 (4)配送与运输管理 (5)库存管理 (6)客户服务 (7)支付管理
客户关系管理的概念	客户关系管理源于"以客户为中心"的市场营销理论,是一种"以客户为中心"的管理理念,同时也是一种旨在改善企业与客户之间关系的管理机制
客户关系管理的功能	(1)销售功能 (2)营销功能 (3)客户服务与支持功能 (4)呼叫中心功能 (5)电子商务功能 (6)辅助决策功能
B2B电子商务集成管理	B2B电子商务集成管理是将SCM,ERP,CRM等管理软件、管理思想、管理方法、管理经验以及企业的内部和外部资源,有机集成于企业的电子商务中的一种管理活动

开阔视野——还有你所不知道的

CRM的发展趋势

随着CRM在大客户群和大服务量的企业中应用,与客户互动的人工渠道由于传统交流方式的局限而出现了瓶颈。而随着电子商务和网络经济的进一步发展,CRM的发展趋势将必然与电子商务战略挂钩。在这样的背景下,有人把基于Internet平台和电子商务战略下的客户关系管理系统称做"电子客户关系管理"或"eCRM"。"eCRM"将是CRM发展的大势所趋。

电子商务的主渠道是网络,因此每个电子邮件、Web网站上的每次点击、自助设备上的每次交易或查询,对于企业来说都是十分珍贵的信息资源,都可以用来服务客户或发现客户。但要想达到这一目的,企业必须对所有接触点上产生的大量信息进行数据化,必须把所有的数据转变成有助于建立客户关系的知识。

Internet和电子商务的发展,将客户关系管理的功能和价值都提高到了一个新的水平。

"eCRM"既能够由内到外地为企业提供自助服务系统,又可以自动地处理客户的服务要求,实现"任务替代"。这样,原本由人工渠道提供的服务可以通过自助功能模块来处理,不仅节省了人力、降低了运营成本,更使企业可将人力资源集中于更具有挑战性和更高价值的业务中。同时,由外到内带来的低成本优势,满足了客户的实质性需求,自助服务提高了响应速度和服务的有效性,从而会增进客户的满意程度,进而帮助企业扩大市场份额,提高获利能力。

案例学习——看看你的分析能力

Cisco 公司 B2B 电子商务解决方案

Cisco 公司成立于 1984 年,它不仅是全球领先的互联网解决方案供应商,也是成功应用电子商务的典范,公司使用网络来处理其与客户、潜在客户、合作伙伴、供应商及员工的业务关系,并由此每年为企业带来巨大的经济效益。

Cisco 中国地区的总部设在北京,同时还在上海、广州等地设立了分公司和办事处,由经销商、分销商和系统集成商组成了一个一体化的销售网络。Cisco 公司针对不同公司提供多种网络解决方案,已成为许多客户和企业应用电子商务的首选供应商。Cisco 公司用于电子商务的典型网络模型如图 3-7 所示。

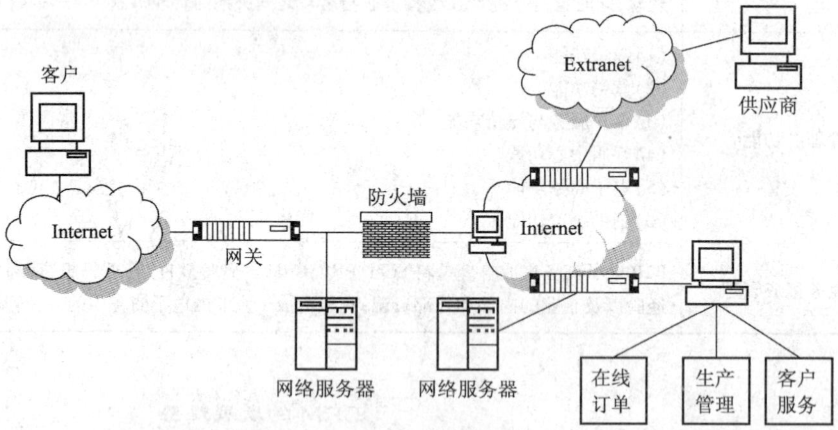

图 3-7 Cisco 公司用于电子商务的典型网络模型

作为全球领先的网络设备供应商,Cisco 公司在电子商务方面取得了令人羡慕的成绩:在其全年的营业收入中,有 80% 的业务是在网上开展的,与代理商及供应商之间的交易几乎都是通过互联网来完成的,尤其是 Cisco 公司的 B2B 模式的电子商务更是全球的典范。对于它的成功经验,可以从以下几个方面进行总结。

(1) Cisco 公司的网络社群。Cisco 公司应用电子商务的最成功之处就是建立了坚实的网络社群,社群成员经由公司的网站彼此帮助解决技术问题。客户支援社群是 Cisco 公司迈向电子商务应用成功之路的第一步,也是最重要的一步。Cisco 随后扩展了与客户及交易伙伴密切相关的商业流程,同时简化相关机制。

(2)Cisco 公司的网站建设。Cisco 公司之所以能成为全球最具规模的 B2B 网站,主要原因就是 Cisco 公司能从客户的观点出发,持续对客户的需求进行调查、访问,Cisco 公司重视每一个客户的问题,仔细地分析并加以处理。

Cisco 公司尽量使自己的网站界面做得简洁、快速、功能齐全。Cisco 公司将客户的订单进度直接公布到网上,供客户随时查询,此做法替公司和客户双方都节省了大量的等待时间。其次,Cisco 公司将标准表格公布在网站上,随时更新,并以不同的货币单位标示表格。当然,Cisco 公司的大客户在正式下订单后,仍有议价空间,但是网上提供的标准价格,也替客户节省了很多寻找时间。

(3)Cisco 基于互联网的客户支持。Cisco 公司的 B2B 电子商务网站通过 Web 服务器上的客户支持服务增加销售额、降低成本、提高利润并获得客户更高的满意度,这些方法主要包括以下几点:利用所有的通信渠道提供客户支持;快速反应;人性化的交互过程;客户的虚拟协作;跟踪订单。

- Cisco 公司的 B2B 电子商务属于哪种运作模式?
- Cisco 公司 B2B 电子商务是如何改进服务与管理的?

班级讨论——加深你的知识理解

(1)讨论 SCM 在企业电子商务中的作用。

(2)分析企业 ERP,SCM,CRM 各系统之间的关系。

自己动手——锻炼你的实践能力

通过在网上查找资料,了解某家企业 ERP 的实施过程。

小节复习——牢记本节主要内容

一、解释概念

(1)ERP;(2)SCM;(3)CRM

二、简短回答

(1)ERP 具有哪些功能?

(2)SCM 具有哪些功能?

(3)呼叫中心在 CRM 中有何作用?

(4)B2B 电子商务集成管理的内容。

4

网络营销与网络广告

【本章要点】

- 网络营销与市场营销的区别
- 网络广告的定价方法与效果评价
- 网络广告投放策略与网站推广方法
- 网络营销策略
- 网上市场调研

【学习要求】

通过本章学习，能够理解网络营销的含义及特点，掌握网络广告的定价与评估方法，能够制定合适的网络广告投放策略，使用各种营销策略组合以及相关的网络营销技术来进行网站推广活动。同时学生还应该通过大量的上机实践，从网络营销的成功案例中领会并掌握网络营销的理论知识。

网络强大的信息交流能力和电子商务系统提供的便利的商品交易条件，不仅能对企业的经营方式和运作过程产生巨大影响，也会对消费者的思维、工作和生活方式带来巨大影响，同时还改变了原有市场营销理论的内涵。在网络环境下，时间和空间的概念、市场的性质都在发生着深刻的变化。这是市场环境、营销策略，甚至是整个商品流通领域的变化，企业需要根据电子商务环境下的营销理论和技术特点来制定自己的网络营销策略，建立起与之相适应的新的营销理念和管理模式，从而在激烈的市场竞争中取得先机。本章将介绍网络营销的基本特点和内容。

4.1 市场营销与网络营销

引导案例——打开知识的大门

TCL 的网络营销

"你能帮我做一张和张靓颖的合影吗？"20 岁的上海女孩 Kelly 有点怯生生地对着网络那边代号为 076 的 TCL 远程服务

工作人员说，听到那边爽朗地回答“好”，她简直难以置信，这大大超越了她常识中所认识的“服务”概念。

几分钟前，“076”刚刚帮她的笔记本电脑完成了杀毒、安装一些应用程序的工作，甚至指导了她一些电脑应用的知识。没想到，“076”在她的指挥下，通过远程操作系统，几分钟之内就在她的电脑上用 Photoshop 帮她做出了一张她想要的照片。

这是一个 TCL 电脑远程服务的典型小故事，TCL 安排了近百名座席工程师每天这样通过网络为用户提供“远程服务”，TCL 是中国目前唯一在“远程服务”上大做文章的 PC 厂商，网络服务模式已经成为 TCL 电脑最强的竞争手段之一。

IT 企业的网络营销从开始至今，走过了四个阶段：从最初的纯粹企业信息发布，到企业与客户的互动，再到相对简单的交易行为，最终进入客户价值驱动的智能化营销阶段。由于企业环境及拥有的资源不同，不同的企业对于网络营销的应用阶段和内容各有不同。但是，对于网络营销席卷一切的力量却是所有企业都要面对的。

（资料来源：根据中国成功网《通过网络营销的三种模式》改写。）

■ 本案例中的“远程服务”属于网络营销吗？为什么？

■ 从这个案例中可以看出网络营销环境下，消费者的地位有了什么样的改变吗？

4.1.1 市场营销的基本知识

4.1.1.1 市场营销的含义及市场营销观念的转变

“个人和组织通过创造产品和价值并同他人进行交换以获得所需所欲的一种社会及管理过程。”这是营销大师菲利普·科特勒对市场营销的定义，这个定义随着生产方式和经济的发展也在不断变化和发展。

作为指导企业从事营销活动的营销观念，从 20 世纪初市场营销观念正式诞生以来，已经经历了以生产为中心、以产品为中心、以推销为中心、以消费者为中心的发展变革过程。

在早期生产水平不高、产品不丰富的社会环境中，企业生产什么，消费者就会买什么。在以生产为中心观念的指导下，企业的经营策略是尽可能多地降低成本，增加生产，并不考虑销售问题，企业的一切经营活动也是以企业自身为中心。

当产品的供求关系出现平衡后，消费者开始追求产品的质量，因而企业也由生产观念转变为产品观念。产品观念仍以企业为中心，但追求的是上乘的产品质量，企业将注意力放到产品上，认为产品质量好，就会受到消费者的欢迎。然而，并不是所有高质量的产品都能赢得消费者的青睐。消费者有自己的消费需求，企业如果不了解消费者的需求，就会失去市场和市场竞争能力。

随着科学技术的进步，产品的品种与数量在不断地增加，市场上的产品出现了供大于求的情况，商品市场由卖方市场转变为买方市场。消费者的需求也随着产品品种的增多而出现多样化并不断发生变化。因而，企业面临的是如何推销自己的产品，而不是扩大生产的问题。这样，推销观念逐渐在企业中形成并逐渐占据了主导地位。推销观念认为,消费者不会自己主动地购买产品,只有企业努力推销或促销某种产品,消费者在这种强大的推销活动的影响下才会来购买产品。在推销观念的支配下,许多推销人员只是大力劝说顾客购买产品而不考虑顾客的利益。这种过分看重推销员的作用,以牺牲顾客长期满意为代价来获得短期利润的做法,往往使企业失去大量潜在的顾客。

随着市场竞争的日益加剧,消费者的知识和获取信息的能力日益丰富和增长。为了生存和发展,企业开始对经营观念进行反思,从中认识到消费者才是企业的"上帝",只有提供消费者所需要的产品,使消费的需要得到满足,企业才能获得生存和发展的空间。越来越多的企业已经认识到,市场营销必须以消费者为中心,从消费者的满意中获利。市场营销也因此增加了新的内涵,即"为创造价值与满足需要和欲望来管理市场,从而实现交换和关系的建立"。

4.1.1.2 市场营销过程

市场营销需要作出两项重要的决策:一是确定目标消费者(市场选择);二是制定市场营销组合策略。

(1)市场选择。当企业面对某个市场时,会面对不同需求的消费者。任何组织的能力和资源都是有限的,即使企业的实力再雄厚,也很难去满足所有消费者的需要。因此,企业必须对一个总体市场进行分割,选择最适合自身资源和能力的细分市场,并制定营销战略以便以优于竞争对手的方式服务于选定的细分市场,从而达到企业的营销目标。这一过程包括三个步骤:市场细分、目标市场选择和市场定位。

(2)制定市场营销组合策略。一旦企业在完成了市场选择步骤以后,就应该进行市场营销组合策略的制定。市场营销组合又称"4P"(Product,Price,Place,Promotion),它和市场选择一起构成市场营销的核心部分。市场营销组合主要包括以下四个要素。

①产品,即指消费者购买的产品的各个方面,既包括产品的实体,也包括所有服务的增值。

②价格,即指产品对消费者而言总的财务成本,包括折扣、回扣以及给予零售商、批发商的价格等。

③渠道,指分销产品的渠道,即将产品从生产者传递到消费者过程中的中介机构,包括零售商、批发商、分销商及其他机构。

④促销,是指企业将有关产品或服务的有关信息传递给现有的或预期的顾客及其他有关人员,起到与之沟通并说服目标顾客购买该产品的作用。

有效的市场营销活动,应当将市场营销组合中的这四个元素结合起来,形成一个既能给消费者提供价值,又能够达到企业目标的协调的活动。

4.1.2 网络营销的含义与特点

4.1.2.1 网络营销的含义

网络营销作为一门新兴的学科或课程,目前没有一个公认、完善的定义。一方面,网络营销可以由不同的英文名词翻译而来;另一方面,对不同名词的不同理解,形成了各种各样不同的定义。网络营销在国外使用的词有 Cyber Marketing,Internet Marketing,e-Marketing 等。其中,Cyber Marketing 主要是指在计算机构成的虚拟空间进行营销;Internet Marketing 是指在因特网上开展营销活动;e-Marketing 中的 e 表示电子化、信息化、网络化,所以 e-Marketing 是指在电子化、信息化、网络化环境下开展的营销活动。综合起来,可以得到一个对网络营销比较全面的描述:网络营销是企业整体营销战略的一个组成部分,它是借助联机网络、计算机通信和数字交互式媒体来满足客户需要,实现一定市场营销目标的一系列市场行为。

4.1.2.2 网络营销的特点

网络营销的本质是排除或减少交易过程中的障碍,通过网络引导商品或服务从生产者转移到消费者的过程。从这个方面来看,网络营销的特点体现在以下几个方面。

(1)虚拟化的市场突破了时空限制。自人类出现商品交换以来,商人们经历了从露天叫卖到进入各种现代化商品交易场所交易的漫长过程。传统商务的地理分散性造成了低效市场及生产和消费的彼此隔绝。消费者需要了解哪些供应商的产品更好、货源更充足;生产方希望自己的产品有更广泛的销路。当今世界,市场在商品交换过程中所起的作用仍然是最重要的,然而,网络的出现和发展将改变数百年来人们对市场的理解和认识。网络营销跨越了时间和空间的限制,创造了一个虚拟的市场。以因特网为基础的营销网络的出现缔造了全新的电子时空观,大大淡化了物理意义上的市场作为商品交换场所的原始概念和功能,网络营销方式降低了有形交易市场在商品交换中的作用和地位,取而代之的是更加广泛、频繁、多样化和及时性的商品网络交换,市场变得更加广阔,更加充满诱惑力。比如,在因特网市场上实行的是“7 天 24 小时制”,这大大增加了交易的机会,使流通更发达,消费者购物更方便。

(2)加强了沟通的互动性和实时性。供求交流是一个复杂的劳动与信息密集型过程。传统的营销沟通方式有人员沟通和非人员沟通。人员沟通的效果较好,但沟通费用高,覆盖面小;而非人员沟通虽然能够获得大量的观众,但信息的传递是单向的,由于企业对这样的过程实行的是人工处理,效率十分低下。在合适的时间把合适的信息送达合适的人,想在单一大型组织中做到这一点都十分困难,更不必说在多个企业中协调了。网络营销的成功之处在于,它提供了一种双向的、互动的和实时的多媒体全新信息传播模式,构造了一条企业和消费者交互式沟通的通道。在网络环境下,任何在线客户都能通过 Web 页面获取所需的信息,企业也可以通过网络与客户进行面对面的交流。与交互式沟通相对应,网络上信息的传递是实时进行的,企业传递信息的过程同时就是客户接受信息的过程。网络营销带来了一种新型的消费观念,消费者从大众中分离出来,直接参与到生产和商品流通循环中,逐步成为能大范围选择的理性的购买者。

(3)节省了大量的成本。在传统的经济活动中,生产者和消费者所处的时间和空间都是不对称的。商品在这样的自然空间中要经过多次流通,借助于各种中介组织,才能完成交易过程。由于流通过程的无序以及中介层次多,所以交易费用很高。如果交易活动在因特网上进行,就可以在很大程度上避免流通的无序和减少中介层次,降低企业和消费者获取信息的成本,而经济活动中空间和时间隔离造成的成本也将大幅度降低。对于资金、实力有限的小企业而言,要实现销售的大规模扩张是极其困难的。网络带来的信息传递和资源共享方式突破了原有的时空界限,在这种情况下,企业无论大小,只需较低的成本就可以通过因特网在更大的范围内构建自己的销售网络。网络营销使市场更加多样化、个性化、实时化,并使市场细分彻底化,使商品流通和交易方式发生很大变化。当企业能够对产品的配置和数量加以精确规划并且供应商清楚地知道客户何时需要他们的产品的时候,就可以减少大量的库存成本。

(4)真正实现了以客户为导向。网络营销能够真正实现以客户为导向的企业营销目标。在传统营销方式中,由于企业和消费者之间缺少有效的沟通渠道,生产者难以准确地了解消费者的真正需求,只能采取大规模、标准化的生产模式。因特网的出现将逐渐消除这些障碍,有利于厂商向消费者提供个性化的服务。在产品设计、生产、销售、服务等价值链的各个环节,都可以引入客户的参与,真正实现需求导向。营销工作可以从研究开发阶段就开始,并贯穿营销的始终。

由此可见,网络营销和传统营销方式相比,交易的市场范围大大扩展,交易机会明显增加,交易双方获取信息的成本显著降低。同时,在网络营销中,与客户的沟通方式由单向传递转化为双向、互动式传递,简化了交易双方的信息沟通过程,使企业以客户需求为导向的营销目标更具有可操作性。

本节内容图表化

市场营销概念	个人和组织通过创造产品和价值并同他人进行交换以获得所需所欲的一种社会及管理过程
市场营销组合要素	①产品;②价格;③渠道;④促销
网络营销的概念	网络营销是企业整体营销战略的一个组成部分,它是借助联机网络、计算机通信和数字交互式媒体来满足客户需要,实现一定市场营销目标的一系列市场行为
网络营销的特点	(1)虚拟化的市场突破了时空限制 (2)加强了沟通的互动性和实时性 (3)节省了大量的成本 (4)真正实现了以客户为导向

开阔视野——还有你所不知道的

移动营销

移动营销(Mobile Marketing),指面向移动终端(手机或平板电脑)用户,在移动终端上直接向分众目标受众定向和精确地传递个性化即时信息,通过与消费者的信息互动达到市场营销目标的行为。移动营销早期被称作手机互动营销或无线营销,如今在强大的云服务支持下,商家利用移动终端获取云端营销内容,实现把个性化即时信息精确有效地传递给消费者个人，达到“一对一”的互动营销目的。

微信红包于2014年1月27日推出，截至2014年1月31日，参与微信红包的用户就超过了500万，因此也顺利地让无数人绑定银行卡。在支付宝大放异彩的情况下，该功能作为腾讯拓展其移动支付业务的一步奇招，可谓功不可没。现如今微信红包也早已成为了企业与用户之间的重要桥梁之一。2014年，以滴滴打车、快的打车为首的打车软件也是异常火爆。从他们诞生之日起“烧钱圈地”就从未停歇。从早期的补贴大战，再到后期传播力较好的打车红包，这类厂商从几款软件的竞争，蔓延至几个阵营的博弈，激烈程度不言而喻。在几场激战后，两家打车软件已分别宣布获得新一轮融资，数目巨大。

根据中国移动的规划，2014年年底超过340个城市的消费者可以使用中国移动的4G服务。4G将会迎来整个移动互联网的变革，为移动电子商务带来更多的机遇。同时智能移动端的不断普及以及无线网络的不断成熟，势必将移动营销带入企业的视线中，成为企业营销的新宠。

（资料来源：TechWebhttp://www.techweb.com.cn/）

案例学习——看看你的分析能力

Dell公司的网上直销

在1999年第二季度结束后，Dell公司已经将位居全球第一的Compaq公司从美国第一的宝座赶了下来，一举成为美国销量第一的PC供应商，而且正在逼近全球PC销量第一的宝座。那是什么原因使得曾经举步维艰的Dell公司摆脱困境呢？原来Dell公司看到了Internet的优势并在业界同行意识到这一点以前就开始研究如何利用Internet。早在1996年7月，Dell公司的客户就能够通过公司的网站直接配置和订购计算机。Dell公司凭借这种根据订单进行生产并直销的创新营销模式，使得传统渠道中常见的代理商和零售商的高额价格差消失，同时Dell公司的库存成本也大大降低，与其依靠传统方式进行销售的主要竞争对手相比，Dell的计算机拥有10%～15%的价格优势。

Dell公司提供定制服务，客户只需要点击其中图表就可以购买想要的产品，同时还可以直接在网站获得技术支付与服务。Dell公司作为一个国际性公司，为更好地满足不同市场的需要，在推行网上直销时专门针对不同区域市场推行特定的网上直销方式，如专门针对中国内地市场客户提供直销服务时，网站设计使用的是中文而且考虑到中国人的习惯，允许通过电话联系订货。可见Internet作为新的信息沟通渠道和媒体，改变了传统营销的手段和方式，而且在Internet上开展网络营销所具有的价格竞争优势，将推动网络营销开创划时代的革命性营销新纪元。

（资料来源：黄敏学.网络营销.武汉：武汉大学出版社，2000年.）

- 从本案例中，我们可以得出直销在销售理念上有什么不同？
- Dell的网络直销在哪些方面产生了革命性的效果？

班级讨论——加深你的知识理解

(1)讨论一下你所知道的使用网络营销来实现个性化服务的公司案例。

(2)分析 Dell 公司是如何在网络时代赢得商业先机的,开展网络营销为 Dell 公司带来了什么样的收益?

自己动手——锻炼你的实践能力

(1)上网浏览知名的网络营销网站,了解网络营销发展新趋势,学习利用搜索引擎来收集市场信息。

(2)通过上网实践,结合自己的体会,你认为哪些搜索引擎比较适合于商业信息的搜寻?

小节复习——牢记本节主要内容

一、解释概念

(1)市场营销;(2)网络营销;(3)4P 营销组合

二、简短回答

(1)什么是网络营销?

(2)简述市场营销学的产生与发展过程。

(3)试论网络营销产生的基础。

(4)网络营销有哪些特点适应了新时代的要求?

4.2 网络广告

引导案例——打开知识的大门

可口可乐 PK 百事可乐

(1)可口可乐和百事可乐在新浪网上的广告大战。

2005 年 5 月份开始可口可乐和百事可乐在新浪网上的广告大战引起了大量业内外人士的关注。

(2)品牌口号。

可口可乐:要爽由自己 。

百事可乐:突破渴望。

(3)线上广告推广。见图 4－1

图4-1

(4)线上广告推广阶段。见图4-2。

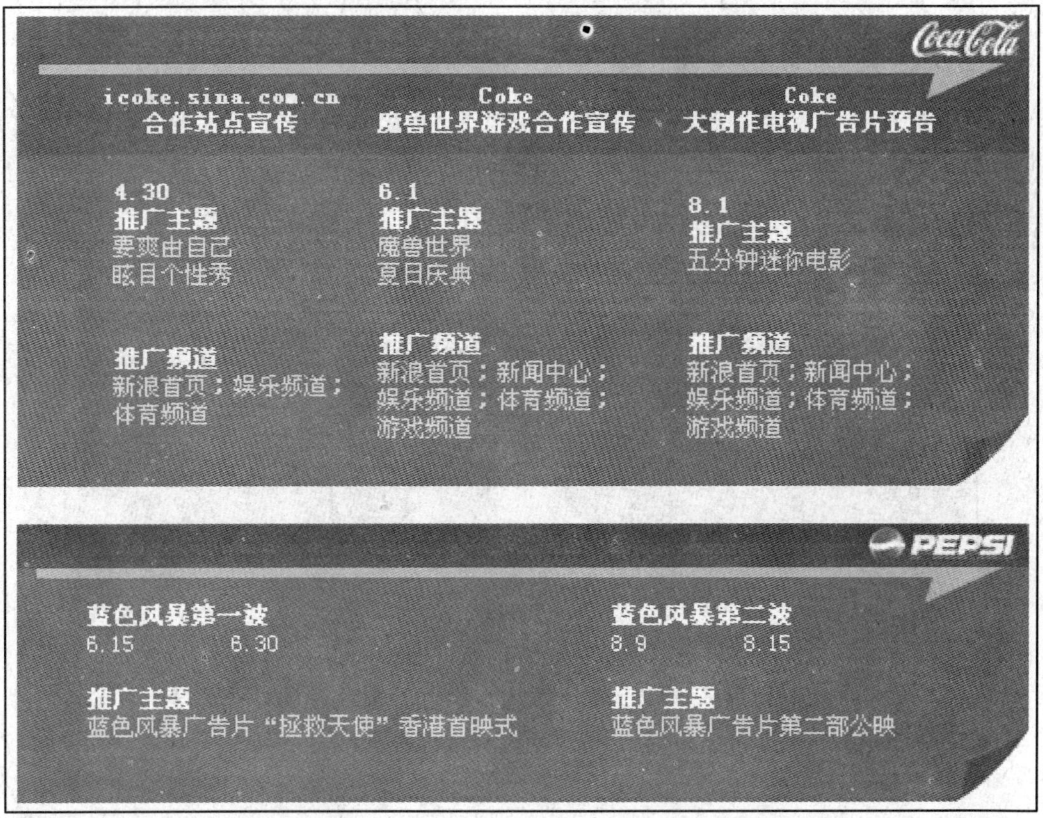

图4-2

(5)推广策略。见图4－3。

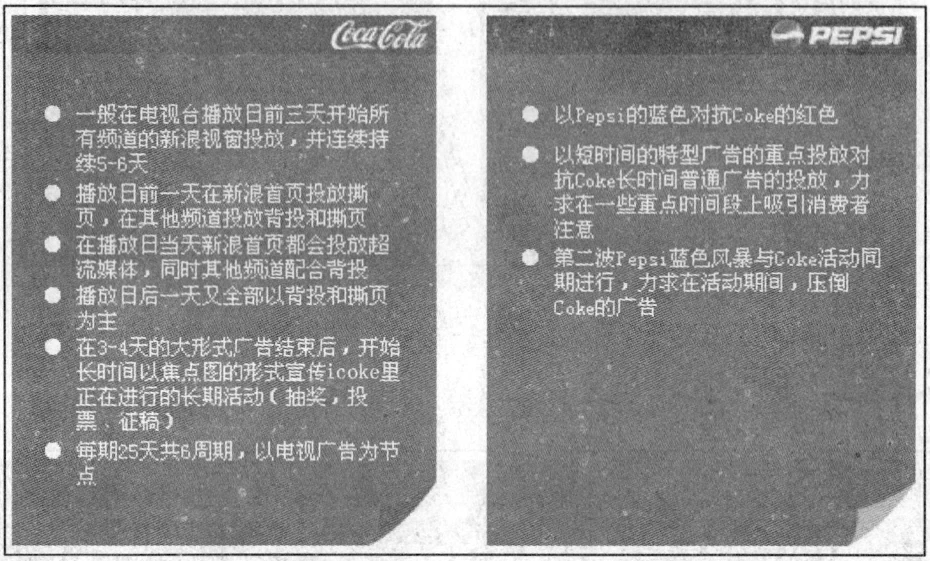

图4－3

(6)推广效果对比。见图4－4。

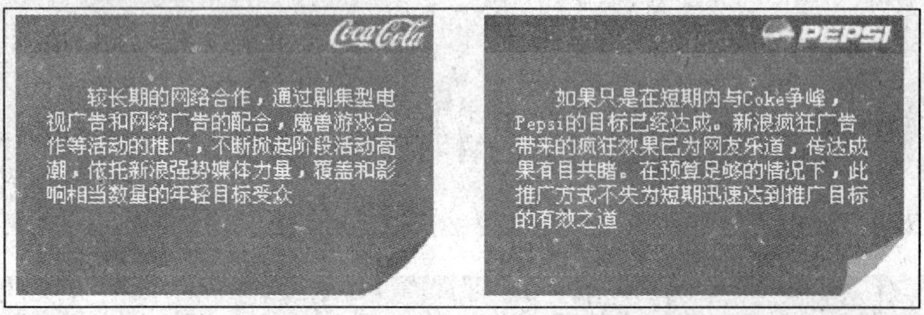

图4－4

■ 从本案例中我们得知可口可乐与百事可乐以哪种形式开展广告竞争？

■ 请分析可口可乐公司与百事可乐公司的网络广告策略与效果。

（资料来源：摘录自新浪网的广告服务板块。）

4.2.1 网络广告的概念与特点

4.2.1.1 网络广告的概念

网络广告是确定的广告主以付费方式运用互联网媒体对公众进行劝说的一种信息传播活动，它建立在计算机、通信等多种网络技术和多媒体技术之上，就像电视广告是以电视为受众媒体、报纸广告以报纸为媒体一样，是一种新兴的广告形式。自从1994年10月网络广告首次发布以来,互联网作为市场营销的媒体就以其不可替代的独特性,成为继传统广告媒体之后的一种新型传播媒体形式。1994 年第 46 届国际广告节将网络广告列为继平面广告和影视广告之后的第三类广告形式。网络广告的出现也使整个广告业的发展进入了一个崭新的历史时期。网络广告作为有效的可控制的促销手段,被许多企业用于网上促销。

4.2.1.2 网络广告的特点

(1)传播范围广、覆盖面大、信息发布及时。互联网是一个全球化的媒体,任何一个网络广告的覆盖范围都是全球市场,面向全球客户。此外,网络的实时性和信息传播的及时性使得网络广告信息发布的时差大为缩短。

(2)针对性强。网络广告目标群确定,由于订阅信息者就是有兴趣者,所以可以直接命中所有潜在用户,并可以为不同的受众推出不同的广告内容。

(3)灵活、成本低。在传统媒体上做广告,发布后很难更改,即使可改动,往往也必须付出很大的经济成本。而在 Internet 上企业能按照需要及时变更广告内容。作为新兴的媒体,网络媒体的收费也远低于传统媒体。

(4)利用多媒体技术能带来视听震撼效果,还可锁定目标用户进行广告投放。可以采用多媒体技术将广告的图像、声音、文字结合起来,给广告受众以视觉和听觉冲击,激发广告受众的购买欲望。

(5)强大的可交互性,使消费者能亲身"体验"产品、服务与品牌。网络作为第四媒体最大的优势就体现在其强大的交互功能上。在网络上,受众是广告的主人,当其对某一产品发生兴趣时,可以通过点击进入该产品的主页,了解产品的详细信息,而厂商也可以随时得到宝贵的用户反馈信息。因此,受众具有查看信息的主动性,同时受众也可以把自己的信息反馈给广告主。

(6)统计准确。利用传统媒体做广告,很难准确地知道有多少人接收到广告信息,而在 Internet 上可通过权威公正的访客流量统计系统精确统计出每个广告被多少个用户看到,以及这些用户查阅的时间分布和地域分布。

4.2.2 网络广告的类型

网络广告采用先进的多媒体技术,拥有灵活多样的广告投放形式。无论从信息的传播形式,还是产生的效果来看,网络广告与传统广告相比,都有了极大的改变。网络广告也成为继报纸杂志、电视、广播、户外等形式后的第五种媒介广告走入人们的视野。当前网络广告主要有以下几种类型。

4.2.2.1 横幅式广告

横幅式广告(Banner)又名"旗帜广告",是最常用的广告方式。最常用的是以横向全幅的方式出现在网页的顶部和底部,所以也被形象地称为横幅广告。通常以 Flash、GIF、JPG 等格式定位在网页中,同时还可使用 Java 等语言使其产生交互性,用 Shockwave 等插件工具增强表现力。与其他网上广告相比,横幅式广告是最为有效的直销工具。

4.2.2.2 电子邮件式广告

电子邮件式广告(E - Direct Marketing,EDM)以电子邮件的方式免费发送给指定用户,一般在拥有免费电子邮件服务的网站上常用。广告形式有旗帜、按钮、文字等。其特点是传输速度快,各种邮件都能接收;缺点是表现形式较为单调。

4.2.2.3 文本链接式广告

文本链接广告(Text ads)是一种对浏览者干扰最少,但却最有效果的网络广告形式。整个网络广告界都在寻找新的宽带广告形式,而有时候,需要最小带宽、最简单的广告形式,效果却最好。

4.2.2.4 赞助式广告

赞助式广告(Sponsorship)指一些企业在网站赞助与其相关的页面或栏目,赞助的方式有内容赞助、节目赞助等许多种。赞助商可以利用这种方式展示品牌,进行市场调查,获得广告收益;还能够用各种谈得来的方式与访问者进行交流。这种广告放置时间较长,且无须与其他广告轮流滚动。

4.2.2.5 插页式广告

插页式广告(Interstitial ads)又名"弹跳广告""蹦出广告",广告主选择自己喜欢的网站或栏目,在该网站或栏目出现之前插入一个新窗口显示广告。此种广告是众多网络广告中最讨人嫌的广告形式。在你打开一个网站的首页同时,会自动跳出另一个幅面较小的页面,只要你点击就可以出现相应的链接页面。倘若你不理睬它,它就一直待在那儿直至你将它关闭。

4.2.2.6 其他类型的广告

广告的类型多种多样,在技术与产品的不断革新下,除了以上最主流的几种网络广告类型外,新兴的网络广告类型陆续涌现。

(1)富媒体广告。一般是指综合运用了 Flash、视频和 Javascript 等脚本语言技术制作的,具有复杂视觉效果和交互功能的网络广告。它结合了以往多种广告形式,提高广告的互动性,提供更广泛的创意空间。据 Double Click 的调查数据显示,富媒体广告的平均点击率是其他广告的 5 倍,更多的企业开始利用富媒体制作优秀的广告来娱乐、吸引在线受众,促进产品销售。

(2)IM 广告。又叫即时通讯广告(Instant Messaging),是企业通过即时通信工具推广产品和品牌,以实现目标客户挖掘和转化的网络营销方式。企业不仅可以通过网络与用户在线交流,同时企业可以通过即时通信工具,发布一些产品信息、促销信息。最为典型的例子就是淘宝的旺信和微信公众平台。

(3)SNS 广告。借助 SNS 平台向用户提供广告信息。如 BBS 网上讨论组织,参与者可通过 BBS 进行网上聊天、发表文章、阅读信息、讨论问题等。企业可以选择适合自己的 BBS 发表自己的公告。还有微博广告,企业可以借助访问量大以及知名度高的微博网站,结合企业特色及热门话题对企业进行宣传。2015 年初微信团队也正式在朋友圈投放广告。

互动游戏式广告。互动游戏式广告在一段页面游戏开始、中间、结束的时候，广告都可随时出现。并且可以根据企业的产品要求为之量身定做一个属于自己产品的互动游戏广告。

4.2.3 网络广告的定价与效果评价

4.2.3.1 网络广告定价标准

一般来说，网络广告效果可以从广告计费形式上评价，目前国际上采用比较多的是以下几种形式。

(1) CPM(Cost Per Mille，每千人成本)，是按照网络媒体访问人次计费的标准，指在广告投放过程中，按每 1 000 人看到某广告作为单价标准，依次向上类推的计费方式。

(2) CPA(Cost Per Action，每次行动成本/广告效果计费)，是指广告投放的实际效果，即按回应的有效问卷或订单等定义效果来计费，而不限广告投放量。

(3) CPP(Cost Per Purchase，每购买成本)，即广告主为规避广告费用风险，只有在网络用户点击旗帜广告并进行在线交易后，才按销售笔数付给广告网站费用。

前两种形式使用份额最大，比例也较接近，是目前使用最为频繁的互联网广告计费形式，同时也是可以用来衡量网络广告效果的重要指标。CPM 的原理与传统媒体的广告效果评价体系有相似之处，注重广告的显示效果。而 CPA 则完全区别于传统媒体，是一种基于互联网互动性特征的广告计费形式，在确定了广告主所需要获得的广告效果的基础上，以效果的实现来衡量广告价值。

4.2.3.2 网络广告评价标准

现今，在国内除了 CPM，CPA 和 CPP 等，还有两个指标是国内广告主衡量互联网广告效果的重要参考——CPC(点击成本)和 CPT(每广告位时间成本，譬如包天、包时等)。

通过 CPC 的广告点击数及点击率，广告主可以很清楚地了解自己投放的网络广告到底带来了多少宣传效果，大大满足了广告主对广告效果评估的需求。而 CPT 则是目前国内互联网广告计费形式的主导，CPT 是传统媒体广告购买模式的延续，它使得网络广告的计费模式更趋近于传统媒体的购买模式。广告主可以根据自身需求在特定时间段选取特定广告位进行有针对性的宣传。换言之，CPT 在技术上可以看做是 CPM 的变形，以适应国内广告主在广告购买上的方便。

简单地说，用户点击网络广告后行为分析的指标是 CPA，其中的“行为”可以由广告主进行自定义，譬如化妆品公司可以定义为试用装申请，银行广告主可以定义为信用卡申领，销售公司可以定义为购买，网络媒体公司可以定义为注册，电子商务公司可以定义为页面浏览数等。并且当评估广告效果时，“行为”的定义可以是多方面的，譬如可以定义页面到达、注册、浏览页面数、购买四种行为，分别根据转化成顾客的概率来综合分析广告效果，以了解广告对哪些人产生了影响、这些人是不是真得对产品感兴趣、他们对什么产品感兴趣、他们一般购买什么产品等,对这一系列的指标加以分析,便可以优化广告主的广告计划和实施方向。

4.2.3.3 网络广告的效果评估方法

目前网络广告效果评估主要通过以下两种方式来获得数据。

(1)ISP 或 ICP 通过使用访问统计软件获得评估数据。ISP 或 ICP 使用一些专门的软件可随时监测网民对网络广告的反映情况,并能进行分析,生成相应报表,使广告主可以随时了解相关的信息。这种方式是目前普遍采用的,但是存在很大的作弊危险。

(2)委托第三方机构进行监测来获得评估数据。广告效果评估特别强调公正性,所以最好由第三方机构独立进行。传统媒体广告在这方面已经形成一套行之有效的审计认证制度,并且也有专门的机构来从事这项工作。第三方机构独立于 ISP 或 ICP,因此在客观程度上有所提高,减少了作弊的可能,使统计数据的可信度增强。

目前网络广告效果评估的标准和体系还很不完善,相信随着各界人士对这个问题关注程度的提高,将确立网络广告的效果评估体系,而且评估技术和评估方法会有很大的进步,那时网络广告的效果评估将会更加客观、准确。

4.2.4 网络广告投放策略

要正确地投放网络广告,首先要确定网络广告的定位,然后制定网络广告的计划,正确选择发布的途径,最后完成实施广告活动。

4.2.4.1 网络广告目标定位

确定广告的目标定位,只有在明确了谁是目标受众、想要达到的目标、自己的预算等相关问题以后,下一步的策划和实施才能有依据。

4.2.4.2 制定网络广告计划

广告计划中应该包括这样一些内容:广告活动的预算、受众范围、广告目标、广告位置、广告尺寸等内容。

4.2.4.3 选择发布途径

广告主通过互联网发布企业广告的途径一般有以下几种方式。企业可以根据自身的需求,从中选择一种或几种方式。

(1)主页形式。在互联网上做广告,一般要设立自己的主页。其他形式的网络广告,都提供了一种直接链接至公司主页的链接。所以说,在互联网上做广告,建立公司的主页是最根本的。主页同时也是公司发布广告最主要的形式,在自己的主页上发布广告,不受发布时间、发布空间的影响,能较好地保证广告效果。按照今后的发展趋势,一个公司的主页地址也会像公司的地址、名称、标志、电话、传真一样,是独有的,是公司的标志,将成为公司的无形资产。

(2)ICP 形式。互联网内容提供商(ICP)由于提供了大量互联网用户需要的和感兴趣的免费信息服务,因此网站的访问量非常大,是网上最引人关注的网站。国内有许多这样的互联网内容提供商,如新浪、搜狐、网易等都提供大量的新闻、资料等信息。在这样的网站发布广告,尽管费用高,但是发布的范围广。目前这些网站是网络广告发布的主要阵地。

(3)专业销售网。这是一种直接在互联网上销售专门产品的方式。这样的网站现在越来越多,形成了一个个网络社区,从而无须付出太大的代价就可以将公司的产品及时地呈现在世界各地的用户面前。在这样的网站发布广告,目标受众集中、针对性强。目前这些网站同样也是网络广告发布的主要阵地。

(4)黄页形式。在互联网上有一些专门的用以查询检索服务的网络服务商的网站,这些网站就如同电话黄页一样,按类别划分便于用户进行网站的查询。在其页面上,都会留出一定的位置给企业做广告。在这些页面上做广告的好处是:一是针对性好,在查询的过程中一切都是以关键字区分的,所以广告的针对性较好;二是醒目,处于页面的明显处,较易为正在查询相关问题的用户所注意,容易成为用户浏览的首选。

(5)网上报纸或杂志。可以预计,随着计算机的普及与网络的发展,网上报纸与杂志将如同今天的报纸与杂志一样,成为人们必不可少的生活伴侣。对于注重广告宣传的公司,在这些网上杂志或报纸上做广告也是一个较好的传播渠道。

(6)虚拟社区、公告牌服务、新闻组。虚拟社区、公告牌服务和新闻组是网上比较流行的沟通渠道,任何合法注册成员都可以在上面发表自己的观点和看法,因此发表与公司产品相关的评论和建议,可以起到非常好的免费宣传作用。

在以上几种通过互联网做广告的方式中,以公司主页方式为主,离开企业网站,许多网络营销策略效果将大打折扣。如果将其他几种方式有效地进行组合,将是对公司主页的一个必要补充,并将获得比单独采用公司主页形式更好的效果。因此,公司在决定通过互联网做广告之前,必须认真分析自己的整体经营策略、企业文化以及广告需求,将其与公司从整体上进行融合,真正发挥互联网的优势。

4.2.4.4 实施网络广告计划

在网络广告计划的实施中,要注意以下几点。

(1)网络广告的容量。不仅网络广告的大小要受到广告发布网站的限制,文件的字节数同样也会受到限制。大的图片往往会使页面下载时间延长,为广大用户带来不便。目前多数网站都将广告的尺寸限制在 15kb 以内。

(2)定向传播。所谓“定向”,实际上是对受众的选择,也就广告的显示根据访问者来决定。先进的广告管理系统能够提供多种多样的定向方式。比如,按访问者的地理区域选择不同的广告出现,根据一天或一周中不同的时间出现不同性质厂商的广告等。

(3)广告页面选择。广告页面选择是指广告是出现在网站的首页还是分类页面。在首页出现能够在单位时间内提供比较高的显示次数,适合无须定向的广告;而分类页面的访问者一般已经有了明显的内容偏好倾向,因此 CPM 价格会高一些,经过合理选择的分类页面上的广告能提供更高的点击率。

(4)适当地采用广告交换。由于专门花钱做广告往往超出一些网站的预算,所以广告交换组织(公司)就应运而生了。这样的公司大都会在网页中设置一段代码,可以随机地生成广告,如果某网站加入了这样的代码,那么该网站的旗帜广告也会出现在加入广告交换组织的其他公司的网站上。广告交换这种方式的最大缺陷是无法将广告传达特定的人群。

本节内容图表化

网络广告的概念	网络广告是确定的广告主以付费方式运用互联网媒体对公众进行劝说的一种信息传播活动,它建立在计算机、通信等多种网络技术和多媒体技术之上,是一种新兴的广告形式
网络广告的特点	传播范围广、覆盖面大、信息发布及时;针对性强;灵活,成本低;利用多媒体技术带来视听震撼效果,还可锁定目标用户进行广告投放;强大的可交互性,从而使消费者能亲身"体验"产品、服务与品牌;统计准确
网络广告的类型	网络广告采用先进的多媒体技术,拥有灵活多样的广告投放形式。无论从信息的传播形式,还是产生的效果来看,网络广告与传统广告相比,都有了极大的改变。其投放形式主要有横幅式广告、电子邮件式广告、文本链接式广告等
网络广告的定价效果评价	网络广告定价标准主要有 CPM,CPA,CPP 三种;国内广告主衡量网络广告效果还有 CPC 和 CPT 两种;但是单独来看都不能很准确地体现网络广告投放的真正价值,而体现网络广告投放价值的最佳衡量方法是通过 CPM,CPT,CPP,CPC,CPA 进行综合衡量。网络广告的效果评估方法有 ISP 或 ICP 通过使用访问统计软件获得评估数据和委托第三方机构进行监测来获得评估数据两种
网络广告投放策略	要正确地投放网络广告,首先要确定网络广告的定位、然后制订网络广告的计划、正确地选择发布的途径、最终来完成实施广告活动

开阔视野——还有你所不知道的

评价网络广告效果的点击率与转化率方法

网络广告的效果评价关系到网络媒体和广告主的直接利益,也影响到整个行业的正常发展,广告主总希望了解自己投放网络广告后能取得什么回报,于是就产生了这样的问题,究竟怎样来全面衡量网络广告的效果呢?下面介绍评价网络广告效果的一种基本方法:点击率与转化率。

点击率是网络广告最基本的评价指标,也是反映网络广告最直接、最有说服力的量化指标。不过,随着人们对网络广告了解的深入,点击它的人反而越来越少,除非特别有创意或者有吸引力的广告,造成这种状况的原因可能是多方面的,如网页上广告的数量太多而无暇顾及、浏览者浏览广告之后已经形成一定的印象无须点击广告,或者仅仅记下链接的网址,在其他时候才访问该网站等等,因此,平均不到1%的点击率已经不能充分反映网络广告的真正效果。

于是，对点击以外的效果评价问题显得重要起来，与点击率相关的另一个指标——转化率，被用来反映那些观看而没有点击广告所产生的效果。

“转化率”最早由美国的网络广告调查公司AdKnowledge在“2000年第三季度网络广告调查报告”中提出，AdKnowledge将“转化”定义为受网络广告影响而形成的购买、注册或者信息需求。

AdKnowledge的调查表明，尽管没有点击广告，但是，全部转化率中的32%是在观看广告之后形成的。该调查还发现了一个有趣的现象：随着时间的推移，由点击广告形成的转化率在降低，而观看网络广告形成的转化率却在上升。点击广告的转化率从30分钟内的61%下降到30天内的8%，而由观看广告的转化率则由11%上升到38%。

这一组数字对增强网络广告的信心具有很大意义，但问题是，转化率怎么来监测，在操作中还有一定的难度，大概仍然要应用其他评价方法。

案例学习——看看你的分析能力

房地产网络广告应用方式

随着计算机网络技术的兴起，网络营销逐渐被各个行业所重视。而网络广告作为网络营销的主要手法之一，其对房地产广告思维的转变和广告方式的多样化发展是有极大作用的。房地产开发企业通过自身建立的网站，或者通过其他网站发布广告等手段，对产品进行广告宣传。这是继报纸、广播、电视后，进行房地产广告投放的第四个媒体。房地产网络广告有其自身的特点和优势，因此，网络广告也是房地产行业广告策略的重要一点。

房地产网络广告除了一般的网络广告形式以外，还有其自身特定的广告形式，这和房地产广告的特点是分不开的。具体有以下几种方式。

(1)电子楼书方式。这种方式可以说是房地产网络广告最有特色的广告方式了，其内容相当丰富，声、画、字俱全。

(2)信息发布式广告。目前所有的房地产门户网站或一般网站都具有免费或收费的楼盘信息发布系统，开发商可以在上面发布楼盘的信息，其最大的优点是便于浏览者迅速、有条理性地了解最多的楼盘信息。主要表现形式为文字。

(3)专题网络广告网站。这是一种最为昂贵的网络广告，其信息容纳量几乎可以包含整个房地产项目的内容，让消费者可以全面了解楼盘信息。一般来说，楼盘开发商广告主委托一个著名的房地产门户网站，建立几个自己楼盘的Web页面，并且在门户网站的显眼处做好图片或文字链接，让浏览者点击进入查看楼盘页面。当然广告主也可以建立自己的Web服务器和独立的域名，制作自己独立的网络广告网站，但这种费用很大。

(4)通栏广告。为了适应房地产广告信息发布量大的特点，现在比较流行的房地产网络广告是大的横幅广告，这种横幅广告比一般的480×60像素的广告要大得多，一般是横贯整个网页页面，高度一般达到120像素。

(5)擎天柱广告。这种广告与通栏广告有异曲同工之妙，同样是为了满足房地产广告信息量比较大的特点。只是这种广告是竖着位于网页的某一边。

当然，房地产网络广告还有其他很多形式，比如LOGO广告、Banner广告。而这些广告形式都与其他行业的网络广告没什么大的差异，这里就不再讨论了。

(资料来源：谭建辉.网络营销经典案例与实训教程.北京：中国电力出版社，2006.)

■ 房地产企业是如何开展网络广告业务的？
■ 房地产企业应用网络广告时，要重点注意哪些方面？

班级讨论——加深你的知识理解

(1)广告主一般倾向于哪种网络广告收费模式？原因是什么？
(2)谈谈你见到的有特色的网络广告类型。

自己动手——锻炼你的实践能力

(1)某出版社出版了一部新书——《网络营销》，请你根据本章内容，广泛应用网络广告的策略和方法，设计合适的网络广告来投放广告推广该书。

(2)请在网上找出几个可以发布商业广告的商务网站、邮件组或者新闻组，了解它们有关的使用方法和条件。如果有可能，请帮助某个企业在这些地方发布几条免费的广告。

小节复习——牢记本节主要内容

一、解释概念

(1)网络广告；(2)CPM；(3)CPA；(4)CPP

二、简短回答

(1)简述网络广告的概念以及优势。
(2)简述网络广告有哪些类型。
(3)网络广告是如何进行定价和效果评价的？
(4)试述网络广告有哪些投放策略。

4.3 网站推广的方法

引导案例——
打开知识的大门

百度的竞价排名

“百度竞价排名的效果不错。从2005年5月到现在，我们投入还不到5 000元钱，目前通过百度竞价排名带来的信息我就已经签了十几万的合同，另外还有几个单子正在谈。”北京中交工程仪器研究所的杨宗文聊起百度的竞价排名就兴奋不已。

作为交通工程仪器这样非常专业的产品的提供者，北京中交的客户群体分散，主要是路桥、学校、研究机构等需要交通工程仪器的部门，分布在全国各地。研究所主动上门销售的可能性很低，一是客户分散，二是营销成本高。对于一家年营业额在500万元左右的中小企业来说，寻找一个成本相对较低，能让客户主动找上门来的推广方式迫在眉睫。

“我们采用过很多推广方式，例如手机短信、网络实名等，虽然有效果，但都不如百度的竞价排名好。”据杨宗文介绍，百度是他和周围朋友最常用的搜索引擎，他们经常上去搜有关“仪器、交通工程”等的信息，发现同行业有很多企业都在进行“仪器”等关键词的竞价排名，一打听，还很有效果，于是，杨宗文和研究所管理层就萌发了作百度竞价排名的念头。事实证明，百度的竞价排名确实给他们带来了不少的利润。

（资料来源：来自于百度网站上的搜索引擎营销案例。）

- 通过本案例，思考网站推广与什么结合能够在短时间内产生令人意想不到的效果。
- 除了百度提供竞价排名服务，你还知道哪些搜索引擎提供该类服务？

4.3.1 网站推广及其意义

随着计算机技术和网络技术的迅速发展，越来越多的企业建立起了自己的电子商务网站。网站逐渐成为企业重要的商务平台，但是大多数企业正面临网站推广的困难。

网站推广，是指网站塑造自身及产品形象，获得广大客户广泛认同的系列活动和过程。网站推广的目的在于让尽可能多的潜在客户了解并访问网站，通过企业网站获得有关产品和服务等的信息，为最终形成购买决策提供支持。

网络营销可以分类为不同的类型，并具有相应的运作内容。从企业有无网站的角度看，可以把网络营销分为无网站网络营销和基于企业网站的网络营销。

无网站网络营销是企业没有设立自己的网站，而是利用因特网上的资源来开展基本的网络营销活动。具体的活动有免费发布供求信息、直接向客户发送信息、网上拍卖、加入专业经贸信息网和行业信息网等。

企业建立自己的网站才真正意义上过渡到网络营销阶段。网络营销主要包括两个方面:一是网站营销,主要指对企业网站的规划、建设、推广和维护。主要涉及域名申请、网站规划、网页设计、网站发布、网站推广以及网站的管理和维护等内容。二是基于企业网站的网络营销。包括企业网上信息沟通、网上市场调研、网上直接销售、网上顾客服务等。其核心内容是以因特网为工具进行网上信息收集和传播,协助产品或服务与消费者接触的过程。

但是,建立网站仅仅是网络营销的第一步,网站建成后,如何增加网站访问量才是至关重要的问题。提高网站访问量的主要方法是将网站通过自动注册技术在搜索引擎或目录服务网站上注册,以及在有影响的网站上做网络广告来实现。很多时候高访问率并不意味着高购买率,还应该结合本行业的用户群在网上造成影响。一方面要通过技术手段在本行业的网站上进行网络营销;另一方面还要利用专业信息检索手段主动搜寻潜在客户,并与传统的宣传方式相结合,力争达到比较满意的宣传效果。因此,网站的营销推广关系到网站的兴衰和企业营销的成败。

4.3.2 搜索引擎注册

搜索引擎注册是最经典也是最常用的网站推广方法。搜索引擎是查找 Web 信息的工具,它可以通过对某个主题、某个关键词或其他参数搜索来加快搜索的速度。搜索引擎具有阅读、分析与储存网上信息的功能。

对于企业来说,出于扩大宣传的目的,可将自己网站的信息提交到搜索引擎数据库,以增加与潜在客户通过因特网建立联系的机会。搜索引擎是专门提供信息查询的网站。它们大都是通过对因特网上的网站进行检索,从中提取相关的信息,从而建立起庞大的数据库。用户可以很方便地通过输入一定的文字,查找任何所需要的资料,其中当然也包括各种商业信息。由于认识到了搜索引擎的商业价值,越来越多的企业都把搜索引擎注册作为主要的网络营销手段,并且已经取得了很好的宣传效果。

4.3.2.1 搜索引擎的类型

搜索引擎分为两类,即以 Yahoo 为代表的人工分类的目录服务网站和以 Alta Vista 为代表的由程序自动索引网页的搜索引擎网站。前者具有分类清晰、准确的优点,但也存在人工成本高而收集内容有限、难以更新的不足。后者通过计算机程序自动搜索,可方便地收集更多的网站并及时更新、发现及删除已不存在的网站,从而大大提高用户查询结果的有效性。

4.3.2.2 如何进行搜索引擎注册

因特网上 90% 的用户是通过搜索引擎访问网站的,如果将本企业的网站加入到尽可能多的搜索引擎中去,就可以使更多的用户或潜在的用户能更准确地访问到企业网站,从而达到网站推广的目的。

搜索引擎注册通常有人工注册和软件自动注册两种方式。

大部分小型搜索引擎对网站增加访问量几乎没有限制,而一些知名的搜索引擎开始对网站登录资格进行审查并收费。因此,对于主要的搜索引擎,建议通过人工注册的方式,针对每个搜索引擎的特点进行登记,并将登录时间、联系人信箱、所使用的关键词、网站的描述,以及最终登录成功的时间和所在目录路径等资料进行记录,以便将来作为重新登记时参考。对于其他不太重要的搜索引擎,可根据自己网站的实际情况决定是否注册。

4.3.2.3 搜索引擎注册步骤

在搜索引擎上进行网站的注册,大致可以按以下步骤进行。

(1)确定要注册的页面。原则上,只需要注册网站首页即可。搜索引擎派出机器人访问用户的网站,并沿着 Web 网页中的链接访问其他网页。

(2)准备材料。由于每一种搜索引擎在信息、网站描述的字数、关键字多少等方面存在细微的不同,注册网站是比较费时的,因此应提前准备好一份关于本企业网站基本信息的文档。

(3)进行注册。可用手工注册和自动注册两种方式。

(4)重新注册。向搜索引擎注册网站后,每个搜索引擎根据自己的时间表索引用户的网站。如果超过这一时间表用户的网站还未被列表,或者用户对已经注册的效果非常不满意,在分析原因并采取措施后,最好重新注册。

4.3.2.4 搜索引擎注册技巧

不同的搜索引擎对注册的要求也不同。在注册之前,应该根据不同的搜索引擎的要求做好充分的准备,比如哪个目录最适合自己的网站,对关键词和网站描述的要求如何,资料提交后大约多长时间可以更新等。有的放矢地针对各个不同的网站编撰最理想的资料,如关键词、网站描述、网站名称、URL(统一资源定位符)、联系人信息等。关键词和网站描述,要能充分表达网站的信息,又必须文字通顺,而且符合搜索引擎的要求。

4.3.2.5 跟踪管理

在向搜索引擎提交注册表单之后,首先要确认你的网站有没有被收录。如果超过了搜索引擎正常的更新周期,你的网站仍然没有被收录,应再一次注册。其次,需要不定期到你所登录的搜索引擎查看一下网站排名的变化情况。如果你的位置不断地靠后,就需要分析一下原因。如果是自己的原因,那么就需要重新优化网页并再次向搜索引擎提交你的网站。当你的网站有较大的改变时也应该重新注册。

4.3.3 在线推广

网站推广与传统意义上的产品推广既存在差异,又具有共同之处。其差异在于推广工具的不同,网站推广的工具是在线推广的各种方式;其共同之处是网络推广仍然要综合利用线下传统的推广手段,传统推广工具对网站品牌的建立仍有着不可替代的作用。

4.3.3.1　利用交换链接推广

网站之间的资源合作也是互相推广的一种重要方法，在自己拥有一定营销资源的情况下通过合作达到共同发展的目的。合作方式有内容共享、资源互换、互为推荐等，其中最简单的合作方式为交换链接。

交换链接是指相互合作的网站，分别在自己的网站上放置对方网站的LOGO（标志）或网站名称并设置对方网站的超级链接，使得用户可以从合作网站中发现自己的网站，达到互相推广的目的。

交换链接的作用主要表现在几个方面：获得访问量，增加用户浏览时的印象，在搜索引擎排名中增加优势，通过合作网站的推荐增加访问者的可信度等。更重要的是交换链接可以获得业内的认知和认可。因为一般来说，互相链接的网站在规模上比较接近，内容上有一定的相关性或互补性，只有经过对方的认可才可能将你的网站列为合作对象。

建立交换链接的时候要注意合作网站的访问量与相关度，这是评价互换链接质量的重要参数。应该将那些你认为有价值的合作网站链接在自己的网站上，而不是一味追求链接数量。无关的链接对自己的网站会造成负面影响，并降低一些高质量网站对你的信任，同时，访问者也会将你的网站视为素质低下或者不够专业，严重影响网站的声誉。交换链接一旦完成，需要不定期地检查，也就是回访友情链接伙伴的网站。检查内容首先看对方的网站是否正常运行，其次看自己的网站是否被取消或出现错误链接。如果某些网站因为关闭等原因无法打开，而且在短时间内不能恢复，则应考虑暂时取消那些失效的链接；如果发现对方遗漏链接或其他情况，应该及时与对方联系，要求恢复友情链接。同样的道理，为了合作伙伴的利益着想，当自己的网站有什么重大改变，或者认为不再适合作为交换链接时，也应该及时通知对方。

4.3.3.2　利用新闻组推广

网络新闻组是一些有着共同爱好的因特网用户为了相互交换信息而组成的用户交流网。这些信息实际上就是网络用户针对某一个主题向新闻组服务器张贴的邮件。将这些邮件按不同的专题分类，每一类为一个专题组，通常称为新闻组。网站推广可以选择与本公司的网站信息相关的新闻组，在上面开展与本网站有关的问题讨论。

4.3.3.3　利用邮件列表推广

邮件列表是在线用户自愿组成的一个社团，实际表现为一组成员的E-mail地址列表。这些使用者或者用它来接受信息，或者完全通过电子邮件来参加特定话题的讨论。这两种类型的邮件列表被分别称为广播列表和论坛列表。

对于一个企业网站来说，邮件列表有时对其经营成败起到决定性的作用，除了发布产品信息、增强顾客关系等基本的营销功能之外，还可以通过出售广告空间来直接创造收入。对于许多.com公司来说，注册用户数几乎成了网站最重要的资产，因此几乎各大网站都提供免费邮件列表(订阅)服务。

利用邮件列表的独特功能推广网站,有两种具体方法:一是建立自己的邮件列表,在自己的网站上增添邮件列表功能;二是利用合作伙伴或第三方提供的邮件列表服务。

4.3.4 离线广告推广

所谓离线广告推广,就是运用传统大众传媒来作网站推广,也包括将网站地址印在名片、小册子、信签、宣传资料等一切用户能够看到的载体上,对制造商的产品,还可以在所有产品信息中添加网址。

网站提供推广服务时,理所当然会把推广重点放到在线推广方面。但是,从建立品牌的角度看,传统媒体的作用是不可忽视的。雅虎之所以能够从众多的搜索引擎网站对手中脱颖而出,在一定程度上要归功于它强有力的电视广告。亚马孙书店则在《人物》及《娱乐周刊》上刊登广告。统计数据也表明,网站在大众媒体市场的广告投入大大高于在网站上的广告投入。

户外媒体(如路牌、灯箱、公共汽车、出租车车身等)都是企业网站推广的有效工具,其信息传递的强迫性和广泛性可以大大提高网站的知名度。

例如,戴尔电脑公司曾在营销一款新 PC 机时,除了在网上做旗帜广告和赞助广告、在生活时尚杂志刊登平面广告以外,还首次尝试推出户外广告。它除了在纽约时代广场购买了一处平面广告牌,还为其产品在 11 个大城市的黄金地段购买了户外广告用地。另外,这次全面出击的广告运作还包括招贴画、明信片、音乐会赞助等形式。这场广告运动表明,戴尔电脑从过去在广告中强调速度和供货,仅列出产品性能清单,转变为与消费者直接对话的品牌形象,即戴尔将以优质的服务和技术支持来取信于消费者。

本节内容图表化

网站推广及其意义	从企业有无网站的角度看,可以把网络营销分为无网站网络营销和基于企业网站的网络营销。提高网站访问率的主要方法是将网站通过自动注册技术在搜索引擎或目录服务网站上注册,以及在有影响的网站上做网络广告来实现。网站的营销推广关系到网站的兴衰和企业营销的成败
搜索引擎注册	搜索引擎注册是最经典也是最常用的网站推广方法。搜索引擎是查找 Web 信息的工具,它可以通过对某个主题、某个关键词或其他参数搜索来加快搜索的速度。搜索引擎具有阅读、分析与储存网上信息的功能
在线推广	网站推广与传统意义上的产品推广既存在差异,又具有共同之处。其差异在于推广工具的不同,网站推广的工具是在线推广的各种方式;其共同之处是网络推广仍然要综合利用线下传统的推广手段,传统推广工具对网站品牌的建立仍有着不可替代的作用
离线广告推广	运用传统大众传媒来作网站推广,包括将网站地址印在名片、小册子、信签、宣传资料等一切用户能够看到的载体上,对制造商的产品推广,还可以在所有产品信息中添加网址

开阔视野——
还有你所不知道的

Alexa 网站排名系统

关于 Alexa 网站的背景，alexa.com 自己的介绍非常简单：创建于 1996 年 4 月，网站的愿景在于通过用户的参与，实现智能化和不断改善网络导航服务，其中 Alexa 的相关链接和网站流量排名就是这种愿景的具体体现，随着加入 Alexa 网络社区用户数量的增加，Alexa 的价值也更加充分地体现出来。综合网上其他一些相关资料的介绍，Alexa 目前归属于网上零售网站 Amazon，其本身也是一个不错的搜索引擎，不过更为吸引人的是 Alexa 的全球网站排名统计。因而在人们的印象中，Alexa 就是一个庞大的网站排名系统，虽然除了网站排名之外，Alexa 还提供更多有价值的信息，不过人们还是习惯性地将 Alexa 描述为 Alexa 网站排名系统。

在全球网站访问量排名系统中，只要网站被该系统收录，输入网址即可看到该网站访问量在全球网站中的排名情况，对于在 10 万名以内的网站，还有更为详细的统计资料和访问量排名统计。Alexa 的网站排名包括全球网站总排名和按照主题分类排名。全球网站总排名列出了 500 个访问量最大的网站（其他网站需要通过输入网址来查询）。按主题分类包括按照网站类别以及网站语言两种模式：按网站类别排名包括艺术、商务、电脑、游戏等 16 个大类；按照网站语言排名则包括英语、阿拉伯语、中文简体、中文繁体等 21 种语言，每种语言均列出了 100 个访问量最大的网站。

根据 Alexa 上的介绍，Alexa 网站排名系统的数据来源于使用 Alexa 工具条的用户统计信息，每个加入 Alexa 工具条社区的用户，在自己获得了一个有用工具的同时，也为 Alexa 网站获取统计数据作出了贡献。Alexa 在国内的应用状况也充分说明了这一点。1992 年底之前，国内使用 Alexa 工具条的用户数量比较少，使得通过 Alexa 获取国内网站的统计信息非常有限，并且没有太大的参考价值；直到 1993 年中期之后，Alexa 才得到广泛应用，虽然对于这个排名系统的准确性一直受到一些质疑，但毕竟为互联网研究带来了极大的方便，并且到目前为止还没有任何一家其他机构可以提供类似的服务。Alexa 之所以成为常用的研究工具之一，还有一个重要的原因，即 Alexa 提供的所有信息目前仍然是免费的。

案例学习——
看看你的分析能力

时代营销网站的病毒性营销方案

时代营销网发布于 2003 年 6 月，是由国内知名网络顾问公司——时代财富经营的网络营销专业门户网站，提供网络营销与电子商务等领域的理论研究、实用方法、行业信息、网络营销服务、企业供求信息发布及研究学习互动等服务。时代营销目前已经成为网络营销领域具有较大影响力的专业网站。

由于时代营销并非一个营利性的商业网站，因此在网站推广方面也基本没有投入专门资金，主要考虑利用现有的网络营销资源进行推广，在网站发布初期就采用了一项病毒性营销的推广方法。由时代营销网编译、注释、制作的电子书——《网站推广 29 种常用方法》就是作为病毒性营销工具而出现的。这部电子书对时代营销网站的推广发挥了相当大的作用,至今仍然是免费下载的热门电子书籍之一。

该电子书的原作者是美国电子商务顾问 Wilson 博士。1997 年 12 月 1 日,Wilson 博士发表了“23 Ways to Promote Your Site”,该文章被广泛传播,成为网络营销方法的经典文章之一。随着网络营销环境的不断发展变化,虽然文中所提到的一些方法至今仍然有效,但有些内容还是发生了重大变化,因此 Wilson 博士对该文进行了修订和补充,于 2003 年 6 月 4 日推出了最新版本的“29 Ways to Promote Your Website”。考虑到 Wilson 这篇文章具有较大的影响力,很容易得到快速传播,也就是说,具有病毒性营销工具的特征,在看到最新文章发表后,时代营销当即与 Wilson 博士取得联系,征得原作者许可后,时代营销网工作人员将该文翻译为中文,并根据国内网络营销的现实情况和有关研究以“时代营销注”的形式,对原作中的每种方法都给出了注释和建议,为读者提供更为丰富的内容。

电子书《网站推广 29 种常用方法》制作完成之后,分别在时代营销网站、网上营销新观察、专门提供电子书下载的网站“E 书时空”三个网站给出链接,尽管这三个网站都属于专业网站,访问量并不是很大,时代营销更是刚刚发布才几天没有任何知名度的网站,但该举措仍取得了出人意料的效果:在电子书发布后的 10 天内已经有超过 2 万人下载!也就是说,至少有 2 万人通过这部电子书中的信息知道了时代营销,其中很多人成为时代营销早期的用户,时代营销网站也取得了比预期好得多的推广效果。

时代营销网站的推广案例是将电子书作为病毒性营销的工具,这项推广过程中最主要的工作是电子书内容的翻译、注释和电子书制作,当这些基本任务完成之后,几乎无须再投入任何资源。时代营销是一个以传播网络营销知识为主要目的的内容网站,以受关注的专业电子书为病毒性营销载体是比较理想的选择。通过这个案例可以看出,在病毒性营销工具的选择上,需要考虑与计划推广网站之间的关系,并不是任何网站都可以用电子书作为推广工具的。

(资料来源:冯英健.时代营销网的病毒性营销网站推广案例.网上营销新观察.)

■ 通过对本案例的阅读,你是否知道病毒式营销的传播模式是怎样的?

■ 除了时代营销网在作推广时采用的是病毒式营销,你还知道其他哪些企业进行宣传的时候采用的也是此种营销模式呢?

班级讨论——加深你的知识理解

(1)讨论一下在网络中查询到的实际发生的病毒性营销、会员制营销的案例。

(2)登录谷歌、百度、新浪和搜狐的网站,考察他们都是通过什么方法来帮助客户提高知名度的?

自己动手——锻炼你的实践能力

(1)假设你所在的家电企业赞助了北京2008奥运会并设计了相关网站,请规划出可行的网站推广方案。

(2)运用你学习的关于搜索引擎排名的知识,帮助身边同学的个人网站或博客提升搜索引擎排名,以吸引更多人的关注。

小节复习——牢记本节主要内容

一、解释概念

(1)网站推广;(2)交换链接;(3)无网站网络营销

二、简短回答

(1)网站推广有何意义?

(2)试述网站推广常用的几种方法。

(3)简述网站在搜索引擎上注册时有哪些方法。

(4)比较一下无网站网络营销和基于企业网站网络营销的优缺点。

4.4 网络营销方法与策略

引导案例——打开知识的大门

亚马孙网上书店的营销策略

亚马孙书店是世界上销售量最大的书店。它可以提供310万种图书的目录,比全球任何一家书店的存书要多15倍以上,而实现这一切既不需要庞大的建筑,又不需要众多的工作人员。亚马孙书店的1 600名员工年人均销售额达37.5万美元,比全球最大的拥有2.7万名员工的Bames & Noble图书公司要高3倍以上。这一切的实现,电子商务在其中所起的作用十分关键。

亚马孙书店的商业活动主要表现为营销活动和服务活动。亚马孙书店的营销活动在其网页中体现得最为充分,它工作的中心就是要吸引顾客购买它的商品,同时树立企业良好的形象。亚马孙书店的营销策略主要有以下三种。

(1)产品策略。亚马孙书店根据所售商品的种类不同,分为三大类:书籍、音乐和影视产品。每一类都设置了专门的页面,同时,在各个页面中也很容易看到其他几个页面的内容和消息,它将书店中不同的商品进行分类,并对不同的电子商品实行不同的营销对策和促销手段。

(2)定价策略。亚马孙书店采用了价格折扣策略。所谓折扣策略,是指企业为了刺激消费者的购买意愿,在商品原价格上给予一定的折扣。它通过扩大销量来弥补折扣费用和增加利润。亚马孙书店对大多数商品都给予了相当幅度的折扣。

(3)促销策略。常见的促销方式(也即企业与顾客以及公众沟通的工具)主要有四种,它们分别是广告、人员推销、公共关系和营业推广。在亚马孙书店的网页中,除了人员推销外,其余方式都有体现。

(资料来源:由亚马孙网上书店的公司介绍改写而成。)

■ 亚马孙网上书店已经很知名了,还需要考虑营销策略吗?为什么?

■ 亚马孙网上书店在进行网上营销时采用的手段与传统书店的营销手段相比有哪些优势?

4.4.1 网络营销方法

4.4.1.1 信息发布

在网上发布信息可以说是网络营销最简单的方式。一般情况是将有价值的信息以网页的形式及时发布在自己的网站上,以充分发挥网站的功能,如新产品信息、优惠促销信息等。还可将信息发布在他人的网站上,效果通常也不错。网上有许多网站提供企业供求信息发布,其中有很多可以免费发布信息。另外,企业也可以利用电子邮件、论坛、新闻组等网络工具发布商务信息。

4.4.1.2 电子邮件营销

电子邮件是最常用的网络服务,对人们的生活和工作产生了巨大的影响,并且,这种影响正在逐步扩大。一些国际著名咨询公司的研究报告表明,电子邮件同时也是廉价高效的网络营销工具,电子邮件营销将成为网络营销的主流形式。

笼统地说,凡是通过电子邮件的方式向用户发送产品或服务信息以及其他促销信息都属于电子邮件营销的范畴。但从发送电子邮件是否首先得到用户许可来区分,可以将电子邮件营销分为许可营销和未经许可的垃圾邮件。真正意义上的电子邮件营销是指基于用户许可的营销,它可以减少广告对用户的干扰、增加潜在客户定位的准确度、增强与客户的关系、提高品牌忠诚度等。垃圾邮件不仅不符合网上商业伦理,给用户带来不便,同时也违反有关的法律法规,对整个互联网都造成很大危害。开展电子邮件营销的前提是拥有潜在用户的电子邮件地址,这些地址可以是企业从用户、潜在用户资料中自行收集整理的,也可以是利用了第三方的潜在用户资源。

邮件列表可以实现邮件批量发送,即同时向许多拥有电子邮件地址的人发送预备好的邮件。邮件内可以携带你需要发布的各种信息。显然,邮件列表在网络上是一种很好的信息发布工具。

通过邮件列表,可以发行电子刊物,可以更新网站通知。对于企业来说,可以运用邮件列表进行新产品发布宣传,向客户提供更好的技术支持,并及时得到客户的意见反馈。

4.4.1.3 数据库营销

数据库营销是指利用企业经营过程中收集、形成的各种客户资料，经分析整理后作为制定营销策略的依据，并作为保持现有客户资源的重要手段。从理论上说，数据库营销并不是网络营销中特有的手段，在传统营销中，如直邮广告、电话营销等，数据库营销也是一种常用的手段。不过，在网络环境中，数据库营销有着更加独特的优越性，因而成为网络营销的重要策略之一。

(1)数据库营销的基本作用。数据库营销的作用主要体现在如下三方面。

①更加充分地了解客户的需要，为客户提供更好的服务。客户数据库中的资料是个性化营销和客户关系管理的重要基础。

②了解客户的价值，对客户的价值进行评估。利用数据库的资料，可以区分高价值客户和一般客户，从而对各类客户采取相应的营销策略。

③分析客户需求行为，进行市场调查和预测。数据库为市场调查和预测提供了丰富的资料，根据客户的资料可以预测需求趋势，可以评估需求倾向的改变，还可以分析潜在的目标市场。

(2)网络数据库营销的独特功效。与传统的数据库营销相比，网络数据库营销的独特价值主要表现在三个方面：动态更新、客户主动加入、改善客户关系。

①动态更新。网络数据库数据量大，易于修改，能实现动态数据更新，便于远程维护。提供远程维护的界面和权限，就可以实现客户资料的自我更新。网络数据库的动态更新功能不仅节约了大量的时间和资金，提高了工作效率，同时也更加精确地实现了营销定位，从而有助于改善营销效果，提高营销效率。

②客户主动加入。在没有借助互联网的情况下，寻找潜在客户的信息一般比较难，要花很大代价，不仅需要投入大量资金和人力，而且又受地理区域的限制，覆盖的范围非常有限。在网络环境中，客户数据在线增加要方便得多，而且往往是客户自愿加入网站的数据库。通常的做法是在网站设置一些表格，在要求客户注册为会员时填写。填写内容应该从客户的实际利益出发，既提供有价值的服务，又保护客户的个人利益，合理地利用客户的主动性来丰富和扩大客户数据库。数据库营销同样要遵循自愿加入、自由退出的原则。

③改善客户关系。在互联网上，客户希望得到更多个性化的服务。比如，客户定制的信息接收方式和接收时间、客户的兴趣爱好、购物习惯等都是网络数据库的重要内容。根据客户个人需求提供针对性的服务是网络数据库营销的基本职能。因此，网络数据库营销是改善客户关系最有效的工具。

4.4.1.4 会员制营销

(1)会员制营销的起源。一般认为，会员制营销由亚马逊公司首创。亚马逊公司于1996年7月发起了一个“联合”行动，其基本形式是：一个网站注册为亚马逊公司的会员，然后在自己的网站放置亚马逊各类产品或标志广告的亚马逊公司链接，以及亚马逊公司提供的商品搜索功能。当该网站的访问者点击这些链接进入亚马逊公司网站并购买某些商品之后,根据销售额的多少,亚马逊公司会付给这些网站一定比例的佣金。从此,这种网络营销方式开始广为流行并吸引了大量网站参与——这个行动现在称之为“会员制营销”。

会员制营销的基本原理是,通过利益关系和计算机程序将无数个网站连接起来,将商家的分销渠道扩展到地球的各个角落,同时为会员网站也提供了一个简易的赚钱途径。

(2)会员制营销的操作方法。如果你的网站因为营销活动而带来较多的访问量,那么可以考虑采用会员制营销来争取更多的访问量。

一个会员制营销程序应该包含一个提供这种程序的商业网站和若干个会员网站,商业网站通过各种协议和计算机程序与各会员网站联系起来。因此,在采取会员制营销中存在一个双向选择的问题,即选择什么样的网站作为会员,以及会员如何选择商业网站的问题。一个成功的会员制计划涉及网站的技术支持、会员招募和资格审查、会员培训、佣金支付等多个环节。

①商业网站的选择。选择商业网站时,首先要考虑商业网站与自己网站的内容是否有关,应选择与自己网站的核心业务内容有关的商业网站,利用这些目标用户的特点和兴趣向他们推荐与自己网站内容相关的产品、信息和服务。否则,不管有多高比例的佣金,也不会有什么好的效果。而且同时参与太多的商业网站可能并不是好事,太多的链接会把你的网站淹没,使得访问者感到厌烦。因此,应认真挑选那些具有高点击率和转化率的商业网站,争取总的收益最好。

②提高网站访问量。会员制营销的实现是通过一些横幅式的广告或其他链接实现的。作为会员,不要试图在自己的网站上销售产品,那是提供这种计划的网站要做的事情,你应该做的是想办法让访问者点击链接。但由于横幅式广告的点击率非常低,因此还要采取多方面的推广,以提高网站访问量。推广有很多常规方法,如搜索引擎注册、与其他网站建立广泛的链接、发布网络广告等。也有一些特殊的做法,比如在电子邮件的签名档上列出会员计划,在公告栏中发布会员计划,单独为会员计划在搜索引擎中注册等。如果发送新闻邮件,也不要忘记宣传的机会,甚至可以在发票上留下相关信息。

注意不要出现链接错误,因为一旦链接错误,你所做的推广就没有效果了。为所有的链接进行测试是必不可少的工作。一些网页设计人员为了将链接效果与网页整体协调起来考虑,有时会改变部分代码,这样有时也许会出现一些小差错,从而使得 URL(统一资源定位)失效。另外,经常检查有关会员程序的链接也很有必要。

③恰当的佣金比例。对于商业网站来说,如何给付恰当的佣金是一个很重要的问题。佣金太低,没人愿意成为你的会员;佣金比例过高,又会影响你的利润。这个问题很难有确切的答案。佣金比例既取决于所从事的行业,同时也取决于支付佣金的方式。对于低利润、高价值的行业,理应付给较低比例的佣金,但对很多行业来说,佣金低于总销

售额5%是无法接受的。平均酬金和每次点击付费模式完全取决于产品和成本状况。为确定最合适的佣金水平,可以研究一下竞争对手付给会员佣金的情况,并提供适当高过竞争者的佣金。重要的一点是,要把所有细节问题以契约或协议形式罗列出来,因为这样做不仅会增加可信性,而且可以避免潜在的法律纠纷,是绝对必要的。

④提供会员统计报告。会员网站最关心的就是他的销售收入是多少以及他应该得到多少佣金。如果你没有提供这种会员希望的统计手段而你的竞争者可以提供,你会因此而失去会员。会员统计报告有助于增加会员网站对你的信任度。会员统计报告应该提供关于支付周期、销售额、报酬、应付余额等分类项目。

⑤提供在线申请。不要给你的潜在会员犹豫的时间,应该为他们提供在线申请会员的方便。为了确保吸引预期的潜在会员,必须有安全传送个人信息的保证措施。

4.4.1.5 博客营销

在Web2.0时代的冲击下,作为商家的企业或个人开始通过博客打造品牌文化,与用户通过一种个性化的平台交流并获得宝贵的反馈信息,让客户在体验产品时自发地通过文字、图片等信息进行“病毒营销”,以达到维持客户忠诚、发展潜在客户、明确市场需求、推广产品、树立品牌形象的营销目的。这种营销就称为博客营销。

对于不同的领域以及不同的企业而言,博客营销并没有统一的模式,根据网上营销新观察(www.marketingman.net)对博客营销现状的研究认为,博客营销主要表现为三种基本形式:

(1)利用第三方博客平台的博客文章发布功能开展网络营销活动。

(2)企业网站自建博客频道,鼓励公司内部有写作能力的人员发布博客文章以吸引更多的潜在用户。

(3)有能力独自运营维护独立博客网站的个人,可以通过个人博客网站及其推广,达到博客营销的目的。

4.4.1.6 播客营销

播客是以视频或音频为主要内容的博客。播客与博客的区别只是主要内容的表现形式不同,播客不是以文字、图片为主,而是以视频、声音为主。播客具备网络特点,强调个性与分享。从某种意义上来说,播客就是一个以互联网为载体的个人电台和电视台。

播客营销目前主要有两种基本形式:

(1)利用第三方播客平台,发布播客节目,开展网络营销活动。

(2)企业网站自建播客内容,自己录制音频、视频节目,并提供播客客户端浏览器下载。客户在登录企业网站时,可以下载、浏览播客节目,从而达到向潜在用户营销的目的。目前,有能力建立个人播客网站的个人不多见,个人主要是通过播客网站发布播客节目。

4.4.1.7 SNS 营销

SNS(Social Network Service,社会网络服务)是旨在帮助人们建立社会性网络的互联网应用服务。SNS 营销就是利用 SNS 网站的分享和共享功能,在六度分割理论的基础上实现的一种营销。通过"病毒"式传播的手段,让产品被更多的人知道。

(1)SNS 营销特点。SNS 营销有以下几方面的特点。

①口碑传播效果明显。口碑传播是一个被消费者经常使用且深得消费者信任的信息渠道。在 SNS 中,一个消费者在接触了某种产品或服务之后,对其效果相当满意或者感受十分愉悦,那么他就可能在博客或微博里记录下来,并通过即时的通讯与好友分享。因为共同的认知感受,这种分享很容易获得其他浏览者的认同,从而影响到他们对该产品或服务的认知和态度。反之,如果消费者最初表达的是不满的情绪,写下了个人对其缺点的意见,不管这种意见客观与否、有没有证据加以支持,企业就免不了面对恶评如潮的局面。SNS 里的口碑传播甚至可以"创造需求",而不仅是"引导需求",比如看到豆瓣网里朋友精彩的电影评论后,很多人就会把之前可能并不太感兴趣的电影下载下来或者去电影院一睹为快。

②互动参与的客户关系。SNS 为客户关系发展提供了新的途径。SNS 是一个有效的双向交流互动平台,能够形成高效的信息发布、反馈通道。通过 SNS,企业可以迅速、廉价地公布消息,及时地与消费者沟通。此外,企业还能通过 SNS 的讨论平台,让消费者参与到产品服务最初的研发当中。从产品和服务本身来说,质量的提高和控制将得到有效的保证和监督;从消费者角度来说,也获得了一种满足感和成就感,两方面共同作用提高了新产品、新服务在市场上成功的可能性,加强了企业和消费者的联系。

③精准营销。SNS 网站运作的基础就是实名制,注重网民的真实性。在此基础上,营销人员就可以结合用户所属地域、年龄和性别综合分析,进行精准营销。使品牌有效到达目标用户,大大降低推广成本。

(2)SNS 营销流程。SNS 的营销流程如下。

第一步,接触消费者。SNS 在满足用户情感交流、互动、娱乐、垂直社区、同类人群等需求方面提供了多种服务和产品,这些产品为广告主接触用户创造了大量的机会。通过精准定向广告直接定位目标消费者,使消费者产生兴趣。

第二步,消费者与品牌互动。消费者通过参与活动得到互动的愉悦与满足感。也可以通过应用植入与消费者进行互动,应用植入广告在不影响用户操作体验的情况下可传递品牌信息。

第三步,促成行动。通过消费者与品牌的互动,在娱乐过程中消费者潜移默化地受到品牌信息的暗示和影响,提升了消费者对品牌的认知度、偏好度及忠诚度,从而对用户的线上及线下的购买行为和选择产生影响。

第四步,分享与口碑传播。用户与品牌的互动及用户的购买行为,可以通过自己的博客、微博进行分享,而这些基于好友间信任关系链的传播又会带来更高的关注度,从而使品牌在用户口碑传播中产生更大的影响。

4.4.1.8 微博营销

微博,是一个基于用户关系的信息分析、传播以及获取平台。用户通过不同客户端组件进入社区,以不超过140字的文字更新信息,并实现即时分享。所谓微博营销,就是通过微博平台为商家、个人等创造价值而执行的一种营销方式。

微博这种传播方式满足了大众即时进行互动交流的需求,影响范围广泛,信息传送及时。其次,企业只需要在微博平台完成认证,就可以进行营销活动,发布门槛低、基本不需要成本。同时,微博营销的针对性很强,企业信息主要传播到已关注自己的人那里,企业可以对准用户群实施营销。除此之外,企业还可以策划事件营销,微博平台可以结合具有新闻价值的社会事件来吸引更多的消费者关注,打造企业或产品的知名度、建立良好品牌形象,最终以促进销售。

4.4.1.9 微信营销

微信营销是网络经济时代企业营销模式的一种,它是伴随着微信的火热而兴起的一种网络营销方式。微信不存在距离的限制,用户注册微信后,可与周围同样注册的"朋友"形成一种联系,订阅自己所需的信息,商家通过提供用户需要的信息,推广自己的产品,从而实现点对点的营销。微信营销作为一种新型的网络营销方式,使得不少的企业和个人都从中尝到了甜头,发展前景也非常值得期待。

微信之所以有如此强劲的势头,是因为它拥有独特的优势:

(1)语音优势。微信除了支持文字、图片、表情符号的传达外,最重要也是被应用最为广泛的是其语音功能。企业可以通过语音的形式跟用户进行实时"点对点"的沟通。

(2)公众平台。在微信公众平台上,每个人都可以打造自己的微信公众账号,并在微信平台上实现和特定群体的文字、图片、语音的全方位沟通和互动。还可以借助平台完成优惠信息推送、微信支付及配送等一系列服务。

(3)位置签名。商家可以直接利用"签名档"这个免费的广告位为自己做宣传。同时商家利用定位功能可以查看附近的微信用户的基本信息,用户也能在消费的时候借助定位找到商家,关注商家的优惠信息。

(4)精准的目标用户。微信基于朋友圈的营销,能够大大提高营销的转化率。互联网广为人知的一个说法:微信1万听众相当于微博100万个粉丝。微博中存在大量的僵尸粉丝,而微信则是拥有一定价值的、真实的、私密的用户。

4.4.2 网络营销策略

虽然网络营销和传统营销在产品的销售方面有很大的不同,但二者在制定策略的时候都重点考虑了以下策略。这些策略包括产品策略、定价策略、渠道策略、促销策略、品牌策略等。

为了能够在实际的网络营销活动中正确地应用各种营销策略组合,我们先简要介绍一下网络营销活动中各种策略的特点。

4.4.2.1 产品营销策略

由于网络营销是一种虚拟的营销网络,具有不同于传统营销网络的若干特点,因此企业的产品和服务要有针对性,应分析企业产品的性质、形态,根据产品特点进行网络定位,同时,产品的开发要体现互联网的特点,来满足顾客的需求和期望。从目前国内外的情况看,在网络上销售的商品,可以分为两大类,即实体商品和虚体商品,其品种可分为普通商品、数字化商品和联机服务三种。表 4 - 1 是网络销售商品的分类情况以及相应的营销方式。

表 4 - 1 网络营销商品分类及营销方式

商品形态	商品品种	营销方式	商品实例
实体商品	普通商品	网上产品目录浏览与订货,厂方送货上门	• 消费品(服装、食品) • 工业品等实体商品 • 计算机及周边设备
虚体商品	数字化商品	提供信息	• 金融信息查询、数据库检索 • 网上新闻、报纸杂志 • 研究报告、论文
		销售数字化服务产品	• 电脑软件、电子游戏下载 • 视听产品、电子书籍下载
	联机服务	网上订购服务	• 航空、火车、影剧院入场券订票 • 饭店、旅游服务、医院挂号预约 • 电子彩票
		交互式服务	• 在线电脑游戏 • 金融证券交易 • 金融、法律、医疗咨询

互联网的发展,使顾客与厂商的直接对话成为可能,个性化消费受到厂商的重视,这使得网络营销中的产品呈现出新的特色,因此,企业在制定产品策略时,应从网络营销环境出发,尽可能地满足网上顾客的需求。企业可以通过分析研究网上的消费者总体特征来确定在网上销售的产品。例如,据有关方面统计与分析,在目前网络上销售较多的是书籍、电脑软件及零配件、CD 与 DVD 等音像制品以及机票预订等服务。

虽然从理论上讲适合网络销售的商品应集中在以上几种,但网络销售并不直接等同于网络营销。因为企业进行网络营销的目的,不一定就是进行终端销售,还可以进行企业产品宣传、树立企业形象等,而产品的销售和推广则可以通过其他方式进行。

在网络营销中,除了将产品和服务的性能、特点、品质以及为消费者服务的内容充分显示外,更重要的是以人性化的方式,针对消费者个别的需求提供一对一的营销服务。例如,美国 PC 机销售公司 Dell,1995 年尚处于亏损,但在 1996 年,他们通过互联网销售电脑,允许顾客在公司设计的主页上进行选择和组合电脑,公司的生产部门则马上根据要求组织生产,并通过邮购公司寄送,实现了零库存生产,业绩得到 100% 增长。

4.4.2.2 价格营销策略

价格是网络营销中最为复杂和困难的问题之一,因为价格对于企业、消费者乃至中间商来说都是最为敏感的话题。企业在制定价格时既要让顾客能接受,又要符合企业产品的成本要求。与传统营销的价格决定不同,网上销售使得单个消费者可以同时得到某种产品的多个甚至全部厂家的价格,通过比较作出购买决策,这就决定了网上销售的产品价格弹性较大,如图 4 -5 所示。因此企业在制定网上销售价格时,应充分考虑检查各个环节的价格构成,以便作出最合理的价格设置。

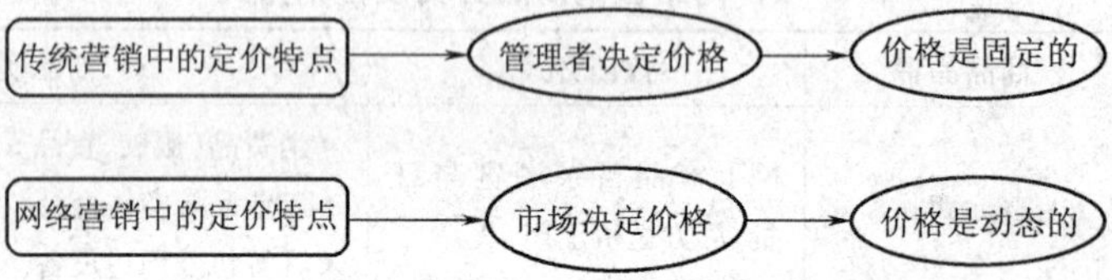

图 4 -5　传统营销与网络营销的价格特性

网络营销的价格确定有以下几个特点。

(1)国际化。由于互联网营造的全球市场环境,企业在制定产品和服务的价格时,必须考虑国际化因素,针对国际市场的需求状况和产品价格情况,确定本企业的价格对策。

(2)超低化。由于网络营销使企业的产品开发和促销等成本降低,企业可以进一步降低产品价格。同时,由于互联网的开放性和互动性,市场是开放和透明的,消费者可以就产品的价格进行充分的比较和选择,因此要求企业以尽可能低的价格向消费者提供产品和服务,如图 4 -6 所示。

(3)弹性化。由于网络营销的互动性,顾客可以和企业就产品价格进行协商,也就是可以议价,所以企业可以开发一个自动调价系统,根据季节变动、市场供需情况、竞争产品价格变动、促销活动等因素,在最大赢利基础上对实际价格进行调整,同时还可以开展市场调查,以及时获得有关信息来对价格进行调整。另外,企业也可以根据每个顾客对产品和服务提出不同要求,来制定相应的价格。因此消费者在定价中的地位有所增强,如图 4 -7 所示。

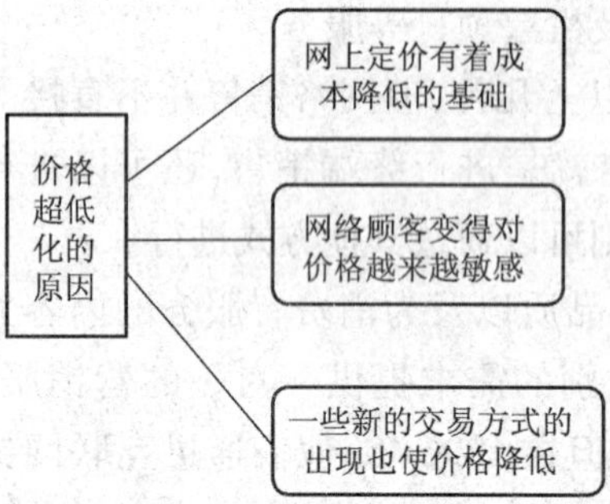

图 4 -6　价格超低化

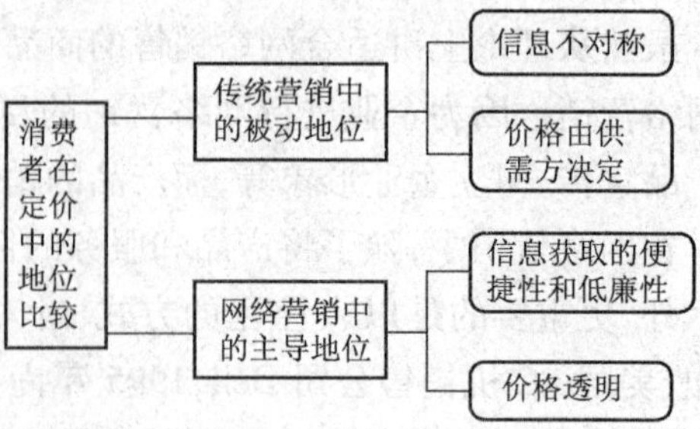

图 4 -7　消费者在定价中地位的比较

随着互联网的普及,上网销售的企业越来越多,顾客可以选择的范围也扩大到全球。企业面对的竞争者越来越多,企业的定价过程要受更多因素的影响。网络信息的快速传递使企业没有机会修正定价策略的失误,而且价格等信息在网络上的公开传播,使企业营销活动几乎无秘密可言,所以企业制定的价格要尽可能科学合理,避免定价的失误。

4.4.2.3 渠道营销策略

网络营销渠道的作用有很多:第一是信息发布;第二是销售产品、提供服务;第三是洽谈业务、开展商务活动,也是对客户进行技术培训和售后服务的理想园地。由此可以建立如下的网络渠道。

(1)建立会员网络。网络营销中一个最重要的渠道就是会员网络。会员网络是在企业建立虚拟组织的基础上形成的网络团体,通过会员制,能促进顾客相互间的联系和交流,以及顾客与企业的联系和交流,培养顾客对企业的忠诚度,并把顾客融入企业的整个营销过程中,使会员网络的每一个成员都能互惠互利,共同发展。

(2)建立分销网络。根据企业提供的产品和服务的不同,分销渠道也不一样。如果企业提供的是信息产品,企业就可以直接在网上进行销售,需要较少的分销商,甚至不需要分销商;如果企业提供的是有形产品,企业就需要分销商,而且企业为了达到较大规模的销售,就要有较大规模的分销渠道,建立大范围的分销网络。

(3)建立物流网络。对于提供有形产品的企业,要把产品及时送到顾客手中,就需要借助物流公司的送货网络。规模大、效率高的物流公司建立的全国甚至全球范围的快递网络,是企业开展网络营销的重要条件。

(4)建立服务网络。如果企业提供的是无形产品,企业可以直接通过互联网来实现其服务功能。如果企业提供的是有形服务,需要对顾客进行现场服务,企业就要建立服务网络,为不同区域的顾客提供及时的服务。企业可以建立服务网络,也可以通过专业性第三方服务公司的网络实现顾客服务。

4.4.2.4 促销策略

针对消费者的网上促销策略主要有以下几种。

(1)折价促销。折价亦称打折、折扣,是目前网上最常用的一种促销方式。由于网上销售商品不能给人全面、直观的体验,再加上配送成本和付款方式的复杂性,造成网上购物和订货的积极性下降。商家通过折扣、降价或返现等方式对产品进行促销,可以促使消费者尝试网上购物并做出购买决定。

(2)网上抽奖促销。抽奖促销是网上应用较广泛的促销形式之一,是大部分网站乐意采用的促销方式。网上抽奖活动主要适用于调查、产品销售、扩大用户群、庆典、推广某项活动等。消费者或访问者可通过填写问卷、注册、购买产品或参加网上活动等方式获得抽奖机会。

(3)积分促销。积分促销在网络上的应用比起传统营销方式来要容易操作。网上积分活动很容易通过编程和数据库等实现,并且结果可信度很高,操作起来相对较为简便。积分促销一般设置价值较高的奖品,消费者通过多次购买或多次参加某项活动来增加积分以获得奖品。

(4)网上联合促销。由不同商家联合进行的促销活动称为联合促销,联合促销的产品或服务可以起到一定的优势互补、互相提升自身价值等效应。如果应用得当,联合促销可起到相当好的促销效果,如网络公司可以和传统商家联合,以提供在网络上无法实现的服务,如网上销售汽车的公司和传统的润滑油公司联合等。

(5)赠品或试用促销。为了弥补在网络上购物的缺陷,大型电子商务网站可以利用完善的信任机制,搭建产品试用平台,通过用户和卖家双方提交申请的方式进行产品试用或赠送。特别是在商品更新、对抗竞争品牌、开辟新市场等情况下,利用赠品或试用促销可以达到比较好的促销效果。

4.4.2.5 品牌策略

所谓品牌,是指"一种名称、术语、标记、符号或设计,或是它们的组合运用,其目的是借以辨认某个销售者或某群销售者的产品或服务,并使之同竞争对手的产品和服务区别开来"。所谓网络品牌即企业品牌在因特网上的存在形式。网络品牌有两个方面的含义:一是通过因特网手段建立起来的品牌;二是因特网对网下既有品牌的影响。两者对品牌建设和推广的方式和侧重点有所不同,但目标是一致的,都是为了企业整体形象的创建和提升。

因特网所具有的交互、快捷、全球性、媒体等特性,对于提高企业的知名度、树立企业品牌形象、更好地为客户服务等方面提供了有利的条件。因此,企业应该根据自身的产品与服务特点,利用网络创建自己的网络品牌。具体来说可采取如下策略。

(1)要利用好能增强宣传效果的传统平面媒体与电子媒体。虽然企业是要创建网络品牌,但并不表示网络品牌只在网络上出现,在人们活动的现实世界中,各种可以吸引他们的媒体特别是传统媒体,仍然具有良好的效果。例如,国内许多网站将广告投放在公共汽车站牌、地铁站台上,因为有调查资料认为,上网的年轻人大多选择公共交通工具,但他们很少看报纸、杂志和电视。但目前,已经有越来越多的企业开始使用电视、杂志、报纸、户外等广告形式树立品牌形象,以使那些还没有接入因特网的用户在上网前就接受他们宣传的品牌,同时也增强那些上网的用户在离线状态下对品牌的认知程度。

(2)借助专业的品牌策划服务。创建网络品牌的基础是建设公司的网络网站,但是它的开发与运作却不应该完全由技术人员来操作,因为品牌的创建、维护、管理需要专业的商业知识。

(3)突出服务树立网络品牌。特别的服务与顾客的使用经验,也是建立品牌的绝佳方式,这一点对网站品牌格外重要。事实上,广告在顾客内心激发出的感觉,固然有建立品牌的功效,但却比不上网友在网站体会到的整体浏览或购买的经验。

(4)借助原有企业的品牌优势。传统的著名企业在创建网络品牌时,可以借助原来的品牌优势,将传统品牌进一步拓展。

本节内容图表化

网络营销方法	网络营销方法主要包括信息发布、电子邮件营销、数据库营销、会员制营销、博客营销、播客营销等。信息发布、电子邮件营销、数据库营销、会员制营销是电子商务发展初期所采用的网络营销方法，为电子商务的发展打下坚实的基础；博客营销、播客营销、SNS 营销以及微博营销、微信营销是新的网络营销方法，它们的产生是互联网新应用的体现，能更好地满足互联网用户的需要
网络营销策略	虽然网络营销和传统营销在产品的销售方面有很大的不同，但二者在制定策略的时候都重点考虑了以下策略。这些策略包括产品策略、定价策略、渠道策略、促销策略、品牌策略等。"一切为消费者着想"使目前的网络营销形成基于 4C's 的营销模式，而 4C's 的营销模式需要通过以上阐述的五种基本网络营销策略灵活地进行整合才能实现

开阔视野——还有你所不知道的

粉丝营销

粉丝营销(Fans Marketing)指企业利用优秀的产品或企业知名度拉拢庞大的消费者群体作为粉丝，利用粉丝相互传导的方式，达到营销目的的商业理念。这就是被人熟知的粉丝经济，被关注者多为明星、偶像和行业名人等。而在互联网时代的粉丝营销，人们最终是将目光聚焦在产品和服务上。

要说到把粉丝经济运用到极致的还当属小米。雷军花费了不到 4 年时间将小米打造成为手机行业中的佼佼者。小米手机粉丝营销的成功，一方面是因为小米手机的低价高配，另一方面是因为有一个核心人物——教父雷军。雷军就像小米手机的灵魂一样主导着小米手机的发展和方向。粉丝经济的最大魅力就在于从恋人到恋物，米粉从一开始对雷军的膜拜转为后来对小米手机的疯狂迷恋，而这种迷恋就像着魔一样近乎疯狂。这也就是小米为什么定位为"为发烧而生"。在小米之后，粉丝经济在国内成为很多企业模仿的典范，如联想有"乐粉"、魅族有"魅友"、大神有"神族"、华为有"花粉"等。

粉丝经济的最大风险就在于：水能载舟亦能覆舟。粉丝基数大了之后，其中部分狂热的粉丝的极端行为最终很可能会给品牌带来更大的伤害。粉丝营销虽然被业界炒得很热，但许多企业还是对粉丝营销持保留的态度。

（资料来源：驱动中国 http://www. qudong. com/）

案例学习——看看你的分析能力

创酷联手百度大数据开启数字营销新模式

2014 年上半年，意在打造年轻人享有的第一部新生代城市 SUV 的雪佛兰创酷 TRAX 在中国正式上市，启动主题就是"创酷，我的第一步"。旨在将真正有价值的信息带给都市新青年，引领并帮助他们迈出人生"第一步"。创酷 TRAX 与百度合作，通过大数据洞察目标人群，并与他们深入沟通人生中每个关键的“第一步”，进行原生营销，获得了相当大的影响。

众所周知，百度是全球最大的中文搜索引擎，拥有广泛的用户群。但是如何才能利用好百度这个大金矿确实是件不容易的事，华扬联众在思考，能否利用百度搜索引擎做内容营销，那么，首先要解决什么样的内容才是吸引用户的内容。华扬联众找到百度后，百度研究院根据百度的海量数据结合创酷的传播诉求点进行分析，发现很多年轻人在百度进行有关第一次的搜索和提问，如“第一次面试”“第一次买车”等，日均有数百万次的量级，这些都是目标用户会在生活中碰到的实际问题。于是，华扬联众联手百度，深度挖掘百度大数据，将零散以及海量的数据进行精准归类与分析整理，将用户最关心的问题和数据进行整合，整理出了15个类别的数据集锦，为用户提供“第一步”数据参考。这些对用户来说有价值的答案被集结到一起，放在百度的平台上，化身成为《新青年生活形态的白皮书》。只要在百度上搜索类似“第一次约会”“第一次买车”就会触发一个百度轻应用，给出一组信息组合。以搜索“第一次约会”为例，在百度轻应用上会创酷变身为“第一步指导专家”，告诉你“约会第一步”的地点、安排、打破冷场的话题、攻略，而分别单击进去，会有百度用大数据得出的约会的科技范儿答案，将约会全过程的烦恼一并解决。

借助百度大数据，洞察目标人群与整合用户信息的能力，进行大胆尝试。创酷打破传统营销中品牌宣导、媒体传播和用户接受的模式，开启了“原生营销”新模式。

（资料来源：《互联网周刊》2014年19期）

- 在本案例中，创酷是如何利用百度的大数据分析服务进行产品的宣传和推广的？
- 与传统的网站推广方式进行比较，创酷的营销方式拥有怎样的创新和优势？

班级讨论——加深你的知识理解

（1）谈谈你所知道的知名电子商务网站用过的网络营销策略。

（2）一些诸如MP3歌曲的数字化产品因为知识产权的保护问题并不适合网络营销，对这种产品你能提出一种网络营销的可行性策略吗？

自己动手——锻炼你的实践能力

（1）假设你所在的公司研制了新型的MP3播放器，请规划合适的营销策略，选择有效的营销技术来进行品牌的营销活动，并尝试设计出完整的营销方案。

（2）请查看招商银行网站，分析一下银行是如何对金融产品进行网络营销的渠道分销的。

小节复习——牢记本节主要内容

一、解释概念

(1)网络营销;(2)网络营销定价;(3)数据库营销;(4)电子邮件营销

二、简短回答

(1)请简述网络营销策略组合。

(2)简述网络营销产品策略的划分。

(3)企业在网络营销活动中是依照何种策略来定价的?

(4)企业如何根据自身的产品与服务特点,利用网络来创建自己的网络品牌?

(5)博客营销的方式有几种?

(6)SNS 营销的特点有哪些?

5

电子商务服务

【本章要点】

- 电子商务服务体系
- 电子商务服务提供商
- 电子商务服务创新

【学习要求】

学习本章内容，首先要对电子商务服务体系有一个宏观上的认识，了解电子商务服务的概念和电子商务服务体系的架构，以及电子商务公共服务平台及其应用情况；其次，要着重掌握各电子商务服务提供商的业务职能与特点；最后，结合互联网应用现状，学习和了解电子商务服务的几种创新模式。

电子商务服务是随着电子商务的发展而兴起的，是电子商务应用规模不断扩大、影响不断深化的结果，目前电子商务服务业正作为我国一个新兴产业快速发展。电子商务服务既是电子商务开展的基础，又是电子商务发展和创新的重要领域。本章首先从宏观上介绍了电子商务服务体系架构，并在此基础上着重介绍电子商务服务商以及电子商务服务的五种创新模式。

5.1 电子商务服务体系架构

引导案例——
打开知识的大门

山东省电子商务综合服务平台助力电子商务

2004年4月22日，山东省重要的基础性电子商务综合服务平台——山东省电子商务综合服务平台(http://www.sdecp.com.cn)，在济南举行了隆重的开通仪式。

山东省电子商务综合服务平台将在“统一规划、资源共享”的思想指导下，建成由安全认证、网上支付、交易平台和物流配送等组成的电子商务服务支撑体系。“平台”将通过与全省17市和重点行业领域的网站分级互联、资源共享，形成全省范围内统一互动的树型体系结构，最终实现全省网上信息流、资金流、物流的有机集成和共享，达到整合省内电子商务资源，提高商务流通领域运行质量和效率的目的。

山东省电子商务综合服务平台将由山东省电子商务协会管理，由三联电子信息有限公司负责运营，为省内各行业用户提供信息发布、产品推介、网上交易、网上招商、网上招标、网上采购等电子商务规范化服务，建立一批跨区域的专业化电子商务网站、网上商城、网上步行街和网上专业市场。通过重点建设电子商务基础平台与门户网站，完善CA认证中心、网上支付系统等，促进全省电子商务资源的整合和发展。

（资料来源：山东省电子商务综合服务平台）

- 山东省电子商务综合服务平台为客户提供哪些服务？
- 山东省电子商务综合服务平台有哪些特色？

5.1.1 电子商务服务及其体系

5.1.1.1 电子商务服务的概念

对“电子商务服务”的概念有两种不同的理解：一是将电子商务服务理解为一切为电子商务应用所提供的服务，即面向电子商务应用的服务，如提供互联网接入、域名注册、虚拟主机、电子商务应用咨询、认证和支付等服务；二是指一切通过网络或采用电子商务方式所提供的服务，即基于电子商务应用的服务，也称服务业电子商务，如网上医疗、网上金融、网络教育等服务。前者以电子商务为服务目的，后者以电子商务为服务工具，也可以将后者称为“网基服务”，即基于网络或以电子商务应用为服务方式的服务。本章内容侧重于对前一种理解的讨论。

5.1.1.2 电子商务服务的分类

电子商务服务按不同的分类标准划分，有以下几种不同的类型。

(1)按行业不同，可分为综合性电子商务服务和行业性电子商务服务。前者不区分行业和产品，为不同行业厂商或不同行业产品与服务提供电子商务服务，如阿里巴巴、环球资源、慧聪网等；后者专注于某一行业或产品与服务，如中国化工网、中国能源网等。

(2)按业务环节不同，可分为全程交易服务和专项产交易服务。前者为交易全程提供服务，如金算盘全程电子商务服务平台；后者专注于某一交易环节，如市场调查、采购、分销或售后等，如联众采购网、中国团购网等。

(3)按服务对象不同，可分为面向生产者（企业）的电子商务服务和面向消费者（个人）的电子商务服务。前者主要服务企业间的电子商务交易（B2B）；后者主要服务企业与个人（B2C）或者个人与个人（C2C）之间的电子商务交易。这部分内容将在5.3电子商务服务创新部分展开。

5.1.1.3 电子商务服务的体系架构

电子商务服务体系分为四个层次。电子商务服务体系结构如图5－1所示。

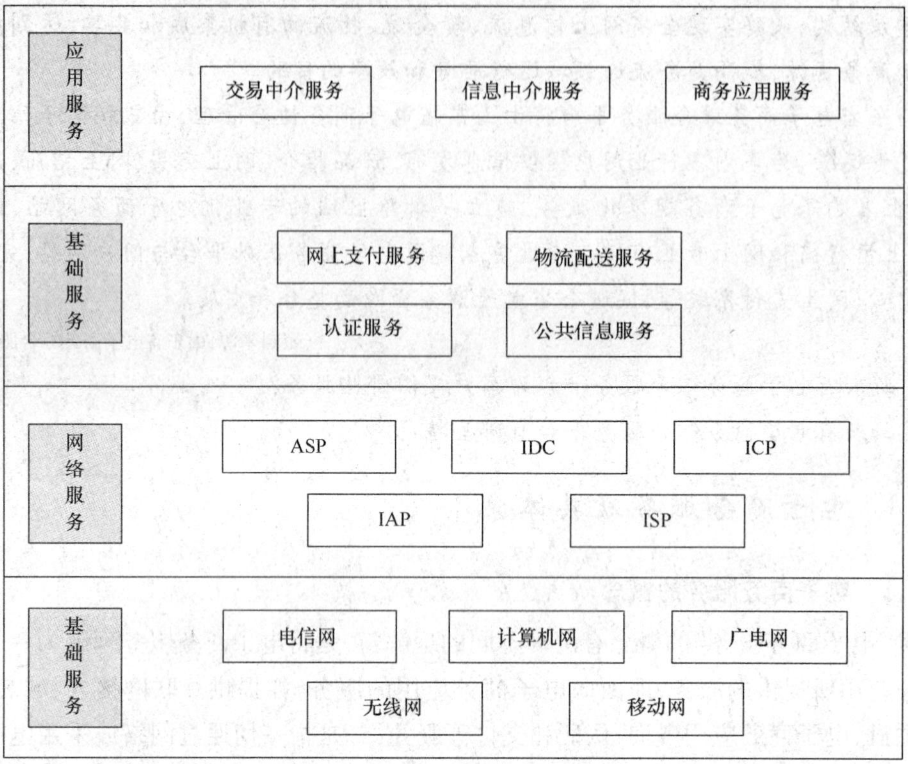

图5-1　电子商务服务体系

(1)电子商务基础设施,是指电子商务活动所必需的网络基础设施和计算机设备的提供服务,一般由电信、移动等网络公司提供。本部分内容已在前文1.3.2中讲述。

(2)电子商务网络服务,指为电子商务提供网络接入、网络应用等方面的系统支持服务,其服务提供商主要包括网络接入服务商、网络服务提供商、网络内容提供商、应用服务提供商等。本部分内容较多,放在5.2中讲解。

(3)电子商务基础服务,是指为电子商务活动所提供的通用的基础业务服务,包括网上支付服务、物流配送服务、认证服务、公共商务信息服务等。这是本节主要讲解的内容。

(4)电子商务应用服务,是指为消费者、企业和政府提供电子商务具体应用的服务,如电子交易中介服务、信息中介服务和商务应用服务(BSP)。这部分集中体现出电子商务服务模式的创新和电子商务服务业的快速发展。

5.1.2　电子商务基础服务

电子商务基础服务主要是指电子商务公共服务平台,其基本功能是为电子商务系统提供通用的服务,这些服务具有一般性,基本上任何企业的电子商务活动都需要这些服务来为企业的商务活动提供支撑。电子商务公共服务平台通常包括以下几个方面的服务。

5.1.2.1 网上支付服务

网上支付一般是在银行、客户、企业之间进行的,“银行”从本质上看是这种商务链中的一个虚拟商务中介。要完成网上支付,银行一般需要建立相应的支付网关。企业则需要在支付网关之间建立安全的交易通道和接口,通过支付网关接口和安全交易通道,企业的电子商务系统和银行的支付网关可以进行数据通信,完成电子资金的转移。对于任何一个试图通过 Internet 完成在线销售的企业来讲,网上支付这一服务都是不可或缺的。

支付网关接口是电子商务系统和银行之间的接口,它负责通过 Internet 和 Extranet 在客户和银行之间进行交互,完成与商品交换相关的电子支付。

5.1.2.2 物流配送服务

电子商务服务体系中提供物流配送服务的是基于网络化、电子化的发达的物流配送企业,具有信息化、自动化、网络化 、智能化、柔性化等特点。物流配送中心按照电子商务中用户的要求,在特定的时间将特定的货物送至特定的地点,具有拣选、加工、包装、分割、组配等作业功能。

物流配送中心采取零星集货、批量进货等方式,并对货物进行分整、配备,因此具有集货中心、分货中心的职能。为了提供更有效、更高水平的货物配送服务,物流配送中心往往还具有较强的流通加工能力。此外,物流配送中心还必须执行货物配备后的送达到户的任务。可以说,物流配送中心是集货中心、分货中心、加工中心之综合。物流配送作为商务过程中的重要环节,担负着原材料提供商与产品生产商之间,以及商家与顾客之间的实物配送任务,高质量、高水平的物流配送服务是使电子商务优势得以充分发挥的有力保证。

5.1.2.3 认证服务

电子商务中的认证服务能够保证在线交易的真实性(即确保交易是在真实的买方和卖方之间进行)和不可抵赖性,一般由特定的中介机构担保并确认交易双方的身份。这种特定的中介机构即所谓的认证中心(Certification Authority,CA)。认证中心一般可以发放标志交易参与方身份的电子证书,并负责对交易过程中买卖双方身份的审核验证,对交易的真实性进行担保。为了保证公正和权威,认证中心一般由独立于交易双方的第三方来担任,并且要保持绝对的中立,对交易双方的身份进行确认。

5.1.2.4 公共商务信息服务

公共商务信息服务是为企业经济活动提供所需要的公共信息。公共商务信息服务的主体包括政府、行业性组织、企业等,其内容主要有专业数据库服务、商务目录服务、业务指南、信息检索服务以及其他公共信息服务。电子商务的发展提出了对公共商务信息服务的强烈需求,而公共商务信息服务作为电子商务的具体应用,反过来又促进了电子商务的发展。

本节内容图表化

<table>
<tr><td rowspan="2">电子商务服务概念</td><td>一种概念是将电子商务服务理解为一切为电子商务应用所提供的服务，如提供互联网接入、域名注册、虚拟主机、电子商务应用咨询、认证和支付等服务</td></tr>
<tr><td>另一种概念是指一切通过网络或采用电子商务方式所提供的服务，如网上医疗、网上金融、网络教育等服务。前者以电子商务为服务目的，后者以电子商务为服务工具，也可以将后者称为"网基服务"，即基于网络或电子商务方式的服务</td></tr>
<tr><td>电子商务服务体系</td><td>(1)基础设施服务，指电子商务活动所必需的网络基础设施和计算机设备的提供服务
(2)电子商务网络服务，指为电子商务提供网络接入、网络应用等方面的系统支持服务
(3)电子商务公共服务，指为方便电子商务活动所提供的通用的基础业务服务
(4)电子商务应用服务，指为消费者、企业和政府提供电子商务具体应用的服务</td></tr>
<tr><td>电子商务基础服务</td><td>(1)网上支付服务
(2)物流配送服务
(3)认证服务
(4)公共商务信息服务</td></tr>
</table>

开阔视野——还有你所不知道的

电子菜篮子——光明菜管家

上海菜管家电子商务有限公司成立于2009年，注册资金3 500万元，旗下光明菜管家优质农产品订购平台(www.962360.com)，是国内农产品电子商务的先行者，致力于安全优质农产品的开发及农业电子商务B2C平台的建设与运营。

菜管家拥有自建及合作的有机、绿色认证种植养殖基地100多家，国家级畜禽资源保护基地10家，遍布海内外的优质农产品合作供应商300多家。光明菜管家依据基地和品牌商合作，共同为会员提供果蔬、禽肉、水产、粮油、干货、乳制品等近2 000种全方位高品质食材。

商城的商品销售形式有：商城自由选购形式，满足消费者在商城中单件、单次购买的需求；包月套餐形式，商城设立不同人员数量和不同食材组合的个性化套餐，满足多数家庭的人员结构需求和健康需求；礼品卡/福利卡形式，凭卡号和密码认证后在商城选购物品，主要面对公司客户，适用于员工福利、商务礼品等；果蔬礼盒形式，针对季节性果蔬和特色产品，搭配组合成礼盒套餐，并设计成不同的节日内涵等；农家乐形式，迎合都市消费者体验田园风光的需求，开发采摘农家乐、会务农家乐等多种形式的农业旅游产品。

目前，光明菜管家已在业内率先建成集网上商城、CRM系统、ERP系统、WMS系统、TMS系统一体化的供应链平台，集农产品基地建设、市场开发、冷链配送及终端销售于一体。

(资料来源：菜管家官网 http://www.962360.com/)

案例学习——看看你的分析能力

用价值链重塑电子商务

深圳之窗(www. sz. net. cn)网站是深圳市最大的门户网站之一,深受深圳网民的喜爱,在国内也拥有较高的知名度。深圳之窗网上商城计划建成深圳市最大的电子商务基地,为深圳市本地企业提供经济、快捷的电子商务解决方案。

2000 年下半年开始,由于电子商务在世界范围内陷入了困境,因此,深圳之窗为如何办好网上商城栏目伤透了脑筋。此时,启易公司提出的电子商务价值链体系引起了深圳之窗的关注。2001 年初,经过几次沟通,深圳之窗决定购买启易公司的 WebMall2000 电子商务系统,以该系统为基础,构建深圳之窗的网上商城。是什么原因使深圳之窗选择了启易公司?启易公司又有什么魔法做好电子商务呢?

(1)价值链体系。启易公司赢得深圳之窗网上商城项目的法宝就是分散风险的电子商务价值链体系。启易公司根据国内网络环境发展的现状,在认真分析电子商务产业价值链发展特点的基础上,提出了新一代电子商务模型——电子商务价值链体系,并通过 WebMall2000 网上商城电子商务系统产品将这一模式从技术层面上予以实现。

所谓电子商务价值链体系,就是把复杂的电子商务细分成几段电子商务环节,每个环节分别由拥有不同优势的公司和单一个体分担,同时明确各个环节的责任和内容,吸引更多社会力量的加盟,最大限度地分散电子商务各阶段的风险。这样就有效地明确了电子商务各个环节的责任,而且明确了利益的划分,有利于电子商务进一步发展。

电子商务价值链体系采用开放式的结构设计,降低了各个环节加入的门槛,每一种类型的商家都可以在产业链上找到自己的位置,最大限度地发动整个社会参与电子商务的建设。这种模式将少数人参与的电子商务游戏变成了全社会参与的游戏,是电子商务下一步发展的成功保证。

(2)网上商城运营模式。深圳之窗网上商城构建在深圳市电信局得天独厚的硬件平台和网络接口之上,采用电子商务价值链体系,联合深圳市有实力的商会、大型商场和商业公司,通过建设多个网上商厦,在每个网上商厦单独运营出租网上商店,为中小型企业、商家提供经济的、易操作的电子商务解决方案。

基于电子商务价值链体系的网上商城系统由 4 个基本环节构成。

①平台运营者处于第一环节。它通过硬件平台、网络接口及智能化的电子商务应用平台的优势,为传统商业和行业商会提供一个包含全套硬件/软件的电子商务应用平台。通过提供电子商务运行环境及配套服务(采用出售、出租和合作共建网上商厦)的方式获得回报。他们并不从事商品的直接经营,因此在人力、配送及仓储上的投入几乎为零。

②网上商厦处于第二环节,由传统商业和行业商会负责招商和运营。他们自行建设网上商厦成本高,而租用电子商务基础平台较为经济。利用所建立的商厦,通过出租网上商店的形式为中小型企业提供经济的电子商务解决方案,以收取租金获得回报。网上商厦不同于网上商店,两者之间的差异在于前者并不经营商品交易,而只出租"网上商店",无须承担商品配送和仓储任务,从根本上降低了投入资金和总成本,还可以稳定地

收取租金,降低风险。

③网上商店处于第三环节,由中小型商家负责运营。他们只需要从上一环节中租赁网上商店便可快速、便捷地实现电子商务,不必像上一环节那样投入资金,只需要缴纳租金,就可以轻松跨过电子商务门槛。网上商店均拥有各自完善的商品发布、购物车、商品检索、订单处理和网上结算等全套电子商务功能。

④顾客处于第四环节,他们拥有了更多的选择机会,就像逛商场一样,可以选择自己喜爱的专卖店购物。

深圳之窗网上商城自2001年5月份试运营以来,在深圳及周边地区引起了强烈反响,商家踊跃咨询并办理网上商店业务。在不到3个月的时间里,在未作任何推广的情况下,已经开立商店26家。这些商店在深圳之窗网上商城平台上的群体突破,为电子商务的发展注入了新的活力。

■ 电子商务价值链的优势有哪些?
■ 深圳之窗网上商城系统由哪几个环节组成?它们各自的作用是什么?

班级讨论——加深你的知识理解

(1)谈谈电子商务服务体系以及各种服务在电子商务中的作用。
(2)电子商务中的物流与传统商务中的物流相比角色有何转变?

自己动手——锻炼你的实践能力

通过上网查找实例,了解电子商务整个过程中认证、物流、支付等各参与方是如何开展服务与合作的。

小节复习——牢记本节主要内容

一、解释概念

(1)电子商务服务;(2)电子商务基础服务;(3)电子商务网络服务

二、简短回答

(1)简述电子商务服务体系架构。
(2)如何理解公共商务信息服务?
(3)谈谈物流配送服务在电子商务活动中的重要性。
(4)认证中心如何提供认证服务?

5.2 电子商务服务提供商

引导案例——打开知识的大门

截至2014年，全国有2 557家跨地区增值电信业务经营企业，其中2 305家跨地区移动网信息服务业务经营企业，占比90%；截至2014年6月，我国手机网民规模达5.27亿，较2013年底增加2 699万人，网民中使用手机上网的人群占比进一步提升，由2013年的81.0%提升至83.4%，手机网民规模首次超越传统PC网民规模。

2005年7月，广东移动在全国率先推出了“手机报”业务。同年8月1日，泉州晚报创办了福建省第一家手机报——《泉州手机报》，可以WAP方式访问，内容分为新闻、资讯和娱乐三大类，资费方式为免费。2006年北京移动与北京青年报集团合作推出了《北青彩信报》，该业务以《北京青年报》、北青报系列报刊、其他新闻媒体为主要信息来源，将信息整合、浓缩、编辑成适合在移动电话终端上阅读的新闻资讯，每天以彩信的形式发送到客户手机上，客户通过手机即可了解到最新的新闻及生活资讯。

- 移动信息服务优势体现在哪里？
- 你认为移动信息服务的发展前景如何？

电子商务服务提供商为电子商务提供系统支持服务，根据技术与应用层次不同，提供系统支持服务的电子商务服务提供商可以分为以下几类：网络接入服务商、网络服务提供商、网络内容提供商和应用服务提供商。

5.2.1 网络接入服务商（Internet Access Provider，IAP）

网络接入服务商，为用户提供Internet接入服务。网络接入服务商通过租用或自建通信网接入Internet主干网。用户可以利用宽带、光纤、无线网络等方式接入服务商，进而接入Internet。IAP为用户建立账号，为用户设定访问Internet的通信权限，并为用户提供电子化交易市场。IAP中最为成功的要算美国在线（American Online，AOL）。该网站建于1985年，总部在弗吉尼亚州。它提供互联网的接入服务，通过用户的网络流量、使用时间等向用户收取费用。

网络接入服务商的类型分为两个层次：低层是物理网络的提供商，高层是网络接入提供商。

5.2.1.1 物理网络的提供商

物理网络的提供商通过租用电信系统的通信线路，或自己铺设通信线路组成一个区域级或是国家级的广域网，这个广域网一般是基于TCP/IP的逻辑网，这个逻辑网提供了众多的接口给下一级的网络接口服务商。物理网络提供商的主要业务是维护路由、检测通信质量、保持通信信道畅通,并在此基础上计算流量,进行计费工作。其收入主要是向网络接入提供商收取的网基费和流量费。中国的物理网络由中国电信独家专营。

5.2.1.2 网络接入提供商

网络接入提供商把这些接口范围内的众多用户通过电话拨号或专线形式接入 Internet。网络接入提供商的业务是基于物理网络提供商的,就如同提供接入服务的零售商,是物理网络提供商的产品代理。他们通过租用中继线,设置拨号路由器,一端向下连接物理网络提供商的 Internet 接口,一端向上连接通过电话拨号、专线等众多方式进入的终端用户。他们的日常业务主要是保证接入部分的畅通和保证通信质量,对用户账户进行维护,进行流量统计和计费。收入主要来自接入用户的月租费和超出部分的流量费用。例如,中国电信、中国联通、中国移动的相关下属分公司就属于网络接入提供商。

随着我国上网人数的增多,人们对网络接入的要求也在不断提高。近几年,接入方面新的发展是宽带接入,它解决了"最后一公里"的问题,提高了从服务器到终端用户的带宽,同时降低了通信成本。

宽带的互联互通所带来的好处是显而易见的:首先,网际接入速度有了极大提高;其次,互联互通后,各骨干网的用户将获得扩展,各网间的信息流通将进一步增强;最后,互联互通的实现将拉开电信运营商实质性的竞争序幕,在为消费者带来较大实惠的同时,将大大推动国民经济和社会服务的信息化。

5.2.2 网络服务提供商(Internet Service Provider,ISP)

网络服务提供商主要为企业建立电子商务系统提供全面支持。一般企业、组织与消费者上网时通过 ISP 接入 Internet,由 ISP 向 IAP 租借线路。互联网发展到今天,有很多企业开始建立自己的网络服务平台,但只有很少的企业可以专业地维护好这些平台。而一般情况下,一个企业如果要在 Internet 上建立自己的服务器,一般要租用昂贵的专用数据线路,购置专用的网络设施,并专门配置网络操作维护人员,还要及时进行软硬件升级更新,这就使企业进行电子商务应用的成本很高,所以众多的中小型企业没有实力建设自己的网络服务平台。ISP 可以为企业提供 Web 服务器的维护工作,或是在自己的服务器上建立并维护委托企业的主页。如,东方网景(www. east. net)提供的服务范围包括:拨号接入服务、国内外域名注册、虚拟主机服务、专线接入服务等电子商务业务和互联网产品销售、全方位技术培训、专业咨询以及建设内容丰富的中文网站等。

5.2.2.1 ISP 的业务发展

(1)用户群从个人用户向企业用户转变。自从政府上网、企业上网、智能小区建设全面展开后,政府、企业、学校、金融证券、智能小区这五大类客户群已成为各运营商关注的焦点所在。这五类用户将有更广泛的应用需求以及更雄厚的资金实力。

(2)针对企业的服务全面铺开。首先,除中国电信、联通、移动外,将有更多的有实力的大运营商为刚起步的小型电信运营商提供虚拟的 ISP 业务,这降低了进入 ISP 市场的门槛。其次,将有更多的经营者有能力向政府和企业提供虚拟专用网(Virtual Private Network,VPN)业务,以使用户能对各地的分支机构进行更加专业和有效的管理。再有,互联网数据中心(Internet Data Center,IDC)的业务将会蓬勃发展,企业用户使用较少的资金便能享有高品质的网络环境,有利于企业专注于核心业务的开展。

下一代ISP应被理解为应用服务提供商(ASP)。越来越多的企业将会作为ASP的用户,共享服务商提供的数据库及ERP等资源,使本企业的管理更加专业化、规范化。

(3)围绕接入的增值服务多样化。如何为政府、企业、个人用户提供周到的服务？各电信运营商广开思路,制定出全面的服务项目以及完整的用户解决方案,各种会员制、套餐制应运而生。因为单一服务已不能满足用户的需求,对中小型电信运营商而言,在未来的服务中,增值服务的比重将会越来越大。

(4)提倡个性化服务和专业化服务。在这个崇尚个性的时代,如何创造出ISP的个性化服务和专业化服务以吸引更多的用户,应该是各运营商思考的焦点之一。目前,国内的ISP公司在服务的专业化方面做得还远远不够。众所周知,不同的用户群有不同的需求,如政府用户注重安全性,企业用户注重实用性,个人用户注重经济性,同样是个人用户,炒股的和玩游戏的也不尽相同。因此,应对用户市场进行细分,根据用户的特点提供有针对性的、个性化的服务,并且采取不同的网费策略。这样,即便整个公司的平均价格水平并不便宜,但对用户进行个性化分类服务的结果就会使不同的客户群都觉得经济实惠。263网络集团、国联在线等公司都采取了这种价格策略。

5.2.2.2 ISP与电子商务的集成

现在国内诸多中小型的ISP所开展的主要业务仍然是围绕着普通消费者和低端需求(向用户提供拨号接入、电子信箱、虚拟主机、简单的网站建设等)服务,这是中国ISP业务的基本模式,而且各ISP的服务区别不大。在服务雷同、缺乏针对性的条件下,各ISP只能采用消极的价格竞争策略。价格战的结果是利润空间越来越小,消费者越来越失去对品牌的忠诚度。同时一些ISP元气大伤,更难以提供高质量的服务。

摒弃传统ISP的做法,今后ISP提供的服务应能把各项业务有机地结合起来。各电信运营企业应提出适合自身的发展计划,尽早转入专业领域,将接入服务与特定用户群的专业性需求结合起来,创造出一种局部的优势,并在此优势下获得发展。如,ISP与证券领域相结合,就能提供实时证券信息及交易的平台,并为券商和股民提供接入服务。

5.2.3 网络内容提供商(Internet Content Provider,ICP)

网络内容提供商是指拥有自己的主页,通过互联网定期或不定期地向上网用户提供信息服务并以此为业的网站。ICP通常通过选择和编辑加工自己或他人创作的作品,将其登载在互联网上或者通过互联网发送到用户端,供公众浏览、阅读、使用或者下载。ICP主要通过其他方式如发布网络广告、提供增值服务等获取收入。

5.2.3.1 网络内容提供商的特点

(1)网络内容提供商是网络从业商之一,因此其在网络社会中的地位异于网络用户。

网络用户不是网络从业商,而是指那些通过注册、在 BBS 上发布信息、在聊天室聊天或在论坛发表意见、畅所欲言的人。

(2)网络内容提供商以创造、采集和传播信息为业,以网络内容建设为本,因此与其他的网络从业商有别。

(3)网络内容提供商的成立必须经过法定程序,非经法律程序设立,不得从事信息服务。根据从事的业务不同,网络内容提供商分为经营性 ICP 和非经营性 ICP。经营性 ICP 主要从事通过互联网向上网用户有偿提供信息或者提供网页制作、硬盘空间出租等服务活动的业务;非经营性 ICP 主要通过互联网向用户无偿提供具有公开性、共享性信息的服务活动,前者一般实行许可制度,后者实行备案制度。

(4)网络内容提供商兼具信息原创者和准出版者的双重身份。从利益最大化的角度讲,ICP 应以原创者身份为主,以准出版社身份为辅。因为网络内容提供商的从业特征决定了应当根据眼球效应来衡量效益的多寡,谁能吸引更多的眼球,谁就将可能获得更大的利益。一般而言,网站的原创内容更能吸引人的眼球。

5.2.3.2 网络内容提供商的分类

根据推广服务的对象和提供的信息内容,ICP 可分为四类:网络媒体运营商、数据库运营商、信息咨询商和信息发布代理商。

(1)网络媒体运营商。网络媒体运营商主要为普通的上网用户服务,通过为用户提供免费的信息服务来聚集消费者,包括分类新闻、Internet 上的信息目录分类、搜索服务、个性化信息定制服务、聊天室和分类广告等。网络媒体运营商主要靠广告获得收入,如新浪、搜狐都属于网络媒体运营商。

(2)数据库运营商。数据库运营商提供专业信息搜索的专业服务,主要提供按专业领域分类的各种统计数据、文献、书目和论文期刊等。用户在网上凭用户名和密码进入数据库运营商的网站,提交自己要检索的信息后,数据库运营商会按照用户指定的方式把检索结果返回给用户。数据库运营商主要靠发展会员收取年费以及出售定期光盘和专题跟踪信息获得收入。例如,万方数据(http://www.wanfangdata.com.cn)有 12 大类、100 多个数据库。其商务信息子系统面向企业推出企业产品信息、商务动态、政策法规、中外标准、成果专利等信息,其主要产品《中国企业、公司及产品数据库》已收录了 96 个行业、16 万家企业的详细信息,是中国最具权威的企业综合信息库。

(3)信息咨询商。信息咨询商主要是为企业提供战略规划和决策咨询服务。他们依靠庞大的信息量、较强的数据挖掘能力,可针对不同客户的不同业务范围提供信息支持,还可以进行个案的深入研究。目前,信息咨询商在 Internet 上只能为企业提供一般的个案信息、市场预测和一般的人员培训,还不能参与企业重大的战略规划和决策支持。除了为企业提供经营管理咨询的信息咨询商之外,还有为企业和消费者提供法律咨询、金融咨询、投资咨询等服务的信息咨询商。例如,艾瑞市场咨询(http://www.iresearch.cn)是一家专注于网络媒体、电子商务、网络游戏、无线增值等新经济领域,深入研究和了解消费者行为,并为网络行业及传统行业客户提供市场调查研究和战略咨询服务的专业市场调研机构。

(4)信息发布代理商。信息发布代理商的作用相当于传统的信息代理中介,他们在网上为交易主体提供方便的双向信息发布环境,扩大交易主体的选择范围,加快交易双方交流的速度。信息发布代理商主要靠向企业级用户收取年费和交易撮合费获得收入,针对个体用户则采取免费的方式建立用户基础。例如,阿里巴巴是典型的信息发布代理商,企业在阿里巴巴的网站注册后,就可以在上面发布自己的需求信息或是销售信息。

5.2.4 应用服务提供商(Application Service Provider,ASP)

应用服务提供商,是指通过互联网为商业、个人提供配置、租赁和管理应用解决方案的专业化服务公司。ASP 根据客户的需求,构建应用系统运行平台,并租入各种不同行业的应用软件系统,为各类经济组织提供应用服务。ASP 是 ISP 应用服务的进一步深化,也是 ISP 向各个专业领域的细化。

5.2.4.1 应用服务提供商提供的服务

(1)系统解决方案。应用服务提供商主要是为企业组织建设电子商务系统时提供系统解决方案。这些服务一般都由属于信息技术(IT)行业的公司提供,如 IBM 公司为企业、政府和银行提供电子化企业、电子化政府和电子化银行等电子商务系统解决方案。

(2)应用程序的租赁服务。有的 IT 企业不但提供电子商务系统解决方案,还为企业提供电子商务系统租借服务,用户只需要租赁使用,无须维护电子商务系统的运转。1999 年下半年,IBM 面向中小企业实施"应用托管",在其数据中心的服务器上配置了业界广泛应用的财务应用、销售应用和人事管理应用等软件,把 ASP 应用进一步推广开来。对于消费者,主要通过 ISP 上网连接到 Internet,参与网上交易。对于企业与组织,根据自身的资金和条件,如果需要大规模发展的,企业或组织可以通过 ISP 直接连接到 Internet;对于小规模的应用,则可以通过租赁 ASP 的电子商务服务系统来连接到 Internet。国内的 ASP 以中国万网(http://www. net. cn)为代表,它是我国最大的域名注册和网站托管服务提供商,也是最早在国内提供域名注册服务、并率先在中国引入"虚拟主机"概念和应用的公司,目前为企业提供企业邮箱、虚拟主机、网站制作、网站推广和独立主机等服务。

5.2.4.2 应用服务提供商的优势

ASP 和传统资源外包商之间存在本质的区别,ASP 是在一中心地点而不是在客户所在地管理应用程序及其部件。应用程序可根据需要进行扩缩,可集中进行升级和维护,同时必要的人力资源则可得到有效的利用。网络应用服务提供商可以为用户带来以下的利益。

(1)ASP 可以节约企业信息化建设所需要的时间。在因特网经济时代,迫于竞争的压力,所有企业都希望能以最快的速度领先于竞争对手。ASP 可帮助客户尽快实现 IT 解决方案,其速度明显快于必须经内部研究、购买和定制应用程序的做法。

(2)ASP 可缓解部分企业人才短缺的问题。应用 ASP 的企业不需要自己建立复杂的 IT 应用系统,也不需要进行软件的维护和升级,由此可以缓解熟练 IT 人员缺乏的问题。

(3)ASP 可以节约企业成本。客户可利用 ASP 提供的技术、服务、专长,大大降低企业的总成本。这些成本的节省幅度可高达20%~45%。

(4)ASP可提供最佳技术解决方案,而大多数客户通常很难迅速得到全面的解决方案。

5.2.4.3 企业如何选择ASP

企业要充分利用ASP的优势,首先必须做好必要的准备工作,处理好诸如企业数据的安全性与保密性、通信网络的可靠性、与ASP之间责权关系的明确性等问题。一般来说,企业选择ASP前应该主要做好以下工作。

(1)判断ASP是否能提供本企业所需要的应用系统。一般来说,一些通用应用程序软件对于各个企业都是适用的,但也普遍存在着不能满足企业在某些方面的个性化需求的情况。对于这个问题,企业尤其需要确定那些靠购买软件提供商的产品来提供服务的ASP能否完成这项工作。

(2)判断ASP的网络通信能力。ASP可以通过多种方式传输数据,既可用Internet,VPN,也可以使用拨号上网的方式,但无论ASP采取何种通信方式,最重要的是保证应用系统的实时反应能力。

(3)ASP在保证数据安全方面的能力。这主要包括以下三个方面。

①在硬件方面,有实力的ASP拥有自己的数据处理中心,而不是再将数据中心外包给另外的服务商。通常前者比后者具有更高的安全性。

②在对数据的存放方面,ASP是否提供必要的数据冗余和灾难保护措施,是否经常备份数据等,是企业必须考察的问题。

③在保证数据的安全方面,ASP应具有完善的安全保护措施,以保证客户企业数据不被窃取和泄露。

(4)判断ASP所提供的服务的完善性。这包括:是否愿意为客户企业提供必要的技术支持;是否愿意根据企业的需要随时完善应用程序系统;是否能保证对应用系统进行高效的维护;是否能及时对应用系统进行升级;在系统升级时是否能保证不影响客户企业对系统的使用等。

(5)判断ASP的市场覆盖范围。企业最好选择一些能在很大范围内提供应用服务的ASP,比如一些几乎能在全球范围内提供ASP外包服务的跨国公司。这不仅是因为一般大公司信誉良好、技术力量雄厚、管理先进,还因为当企业发展壮大而广设分支机构时,无论在哪里仍可以选择合作过的ASP。

5.2.4.4 ASP的新发展——商业服务提供商(Business Service Provider,BSP)

许多ASP开始意识到:单纯为企业的应用提供托管服务是远远不够的,要想获得竞争优势,不仅要能够向企业提交它们所需的各种应用,而且还应该提交可帮助企业解决某一具体商业问题的商务处理过程服务。由此产生了BSP。BSP为企业非核心商务业务提供更多的外包选择,这种模式对于内部资源配置很薄弱的中小企业具有特殊的魅力。

美国加利福尼亚的eConvergent公司就是一家BSP。该公司不仅出租CRM(客户关系管理)软件,而且还提供咨询服务,包括针对客户个性化需求的定制工作、特殊软件产品培训以及有关 CRM 软件的一般培训。.com 公司之所以选择 eConvergent 的服务模式,是因为这种模式比购买 CRM 软件能节省 40% 的费用,而且只需 35 天就可以得到相应的服务。而如果采用软件开发集成的方式,则可能需要 18 个月的时间。

因此,许多 ASP 开始向 BSP 转化。然而,目前 BSP 的经营模式仍很不成熟,而且能在托管应用中附加的服务种类依然十分有限,主要局限于旅游、PC 后援以及工资发放等功能。为此,某些 ASP 纷纷开始把更多的应用与生意处理过程服务集成在一起,并直接向他们的客户销售。与此同时,许多 ASP 也开始通过与从事咨询和系统集成的外包服务部门合作,把商务应用服务添加到他们的经营模式中。然而,由于这些合作关系普遍刚刚建立起来,难免会出现来自某一提供商所托管的应用与来自另一提供商的服务不能很好地集成,从而导致企业难以选择到合适的 BSP 的情况。

本节内容图表化

网络接入服务商(IAP)	为用户提供 Internet 接入服务。它分为两个层次:低层是物理网络提供商,高层是网络接入提供商
网络服务提供商(ISP)	主要为企业建立电子商务系统提供全面支持。目前,ISP 走与电子商务相结合的特色之路,使业务从低层次接入向高层次应用转变
网络内容提供商(ICP)	是指拥有自己的主页,通过互联网定期或不定期地向上网用户提供信息服务并以此为业的网站。ICP 分为:网络媒体运营商、数据库运营商、信息咨询商和信息发布代理商
应用服务提供商(ASP)	是指通过互联网为商业、个人提供配置、租赁和管理应用解决方案服务的专业化服务公司。目前,ASP 正在向商业服务提供商发展

开阔视野——还有你所不知道的

服务水平管理在电子商务中的应用

21 世纪,以网络和电子商务为主要特征的新经济席卷了全球每一个行业,电子商务的长远发展将得益于服务水平管理的应用与完善。服务水平管理(Service Level Management, SLM)为现有行业与企业合理利用现有资源,为行业用户提供最佳的服务,提供了一个有效的管理机制。服务水平管理是一种严格的处理程序,用来保证在有效的资金利用率下能够向所有 IT 用户提供足够好的服务。

随着电子商务渗入日常生活的每个角落,我国电子商务服务水平管理也取得了长足的发展,但也存在一些不足。就拿短信服务商来说,不少人都会接到陌生短信问候,而许多人以为是朋友发来的短信,便回了一句“你是谁”之类的话,结果不明不白的定制了某个特定服务,手机费用每月被划掉一部分。这就是服务的欺诈行为,如果有这方面的服务水平协议,这种情况将很难发生。再拿网上购物来说,你可能有在某大型网上商场购物的经验,所有流程下来用了两个小时的时间,为了省一元钱选择在网上购物,反而上网费用花费了几元钱。

服务水平管理要在电子商务中得到充分实施,需要完善以下几方面工作。

(1)健全和完善电子商务的法律法规和社会信用机制。

(2)完善网上安全和保密措施。

(3)完善网上支付和配送服务体系。

(4)完善培训和学习服务水平管理知识的措施。

案例学习——看看你的分析能力

云计算技术下的乐视网与ISP运营商互联互通之路

近几年,云计算的迅猛发展成为电信、互联网和IT业瞩目的焦点,尽管还存在着一些争议和需要跨越的障碍,但未来将是一个"云"的时代已经成为业界的共识。适应云计算带来的业务模式的变革,运营商调整自身的转型战略,升级成为云计算综合服务提供商,是一个顺应产业发展趋势的转型之路。

2011年8月,在中国第一影视剧视频网站乐视网主办的"云视频全加速——实现运营商向运营服务商的角色升级"研讨会上,乐视网与包括中国互联网服务商联盟、铁通公司、金桥网络公司在内的50多家ISP运营商机构代表签订战略合作协议,开创互联互通的联营模式。实现互联互通后,乐视网将会在ISP运营商上万兆端口购买基础流量,超出部分将按百兆阶梯付费;而运营商为乐视网提供本地本网免费服务,并对流量付费给予一定的优惠。另外,乐视网还将为运营商提供一系列增值服务,包括为运营商定制网络终端产品,为运营商自有产品提供播放平台、内容分发以及用户管理系统,协助运营商进行智能社区建设等乐视网全系列产品服务合作。

在当前互联网网速迅猛发展的背景下,1M以下的带宽产品已面临全面淘汰,2M、4M等产品开始普及,20M宽带也开始实施入户。高速带宽的最佳应用是视频,乐视网凭借在业内领先的云视频技术和产品以及海量高清的视频内容,通过与ISP运营商的合作,帮助运营商推广高速带宽,为ISP运营商实现向运营服务商角色的升级转型提供全方位的强大支持。

互联网运营商的竞争已经不是单纯的速度比赛,而是要看谁能给用户提供切实的服务。用户对服务的需求驱动着商业价值,而运营商想要获得这个巨大的潜在利益,实现互联互通的联营模式是必由之路。

(资料来源:中国电子商务研究中心 http://www.100ec.cn/)

■ 试分析ISP运营商转型升级的背景及意义。

■ 讨论乐视网与ISP运营商合作的方式。

班级讨论——加深你的知识理解

(1)讨论比较 IAP,ISP,ICP 各自的作用。
(2)企业在选择其 ASP 时主要考虑哪些因素?

自己动手——锻炼你的实践能力

选择一家 ICP,分析它为电子商务提供哪些服务。

小节复习——牢记本节主要内容

一、解释概念

(1)IAP;(2)ISP;(3)ICP

二、简短回答

(1)电子商务服务商有哪些?举例说明。
(2)分析 IAP 的两个层次。
(3)ASP 能为用户带来哪些利益?
(4)ICP 具有哪些特点?
(5)ISP 有怎样的发展趋势?

5.3 电子商务服务创新

引导案例——打开知识的大门

饿了么

随着互联网上本地化电子商务的发展,信息和实物之间、线上和线下之间的联系变得愈加紧密,O2O(Online To Offline)被看好会成为电子商务网站新的掘金点。O2O 将线下商务的机会与互联网结合在一起,让互联网成为线下交易的前台,同时起到推广和成交的作用。

"饿了么"作为中国最大的餐饮 O2O 平台,整合了线下餐饮品牌和线上网络资源,用户可以方便地通过手机、电脑搜索周边餐厅,在线订餐,享受美食。它为用户带来方便快捷订餐体验的同时,也为餐厅提供一体化的运营解决方案。"饿了么"秉承"极致、创新、务实"的信仰,致力于推进整个餐饮行业的数字化发展进程。2014 年 5 月,"饿了么"获得大众点评 8 000 万美元入股,并与大众点评达成深度合作。2015 年 1 月,饿了么完成 E

轮融资，获中信产业基金、腾讯、京东、大众点评、红杉资本联合投资3.5亿美元。

（资料来源：根据中国电子商务研究中心 http://www.100ec.cn/和百度百科“饿了么”资料改写）

■“饿了么”的O2O模式对餐饮行业电子商务有何影响？

■“饿了么”发展过程中的障碍是什么？

5.3.1 搜索引擎服务创新

搜索引擎服务商是指通过技术手段帮助用户在互联网上庞大的信息资源库中以最快的速度寻找到自己所需内容的网络运营商。在电子商务中，搜索引擎服务商除提供一般的公共商务信息检索服务之外，还利用其强大的搜索功能提供固定排名、竞价排名和地址栏搜索等一些创新的商务服务，获得了巨大的成功。

在全球搜索引擎市场中，Google、Baidu、Bing 是排名前三位的，而其中 Google 当仁不让，排在第一位。根据市场研究公司 Net Applications 最新数据显示，在2014年11月全球搜索引擎市场份额大战中，Google 在占据了搜索引擎市场的大半份额，市场占有率为53.74%，排名第一。紧随其后的则是居全球第二的百度，由于 Google 退出中国大陆市场后，Baidu 在全球范围内的占有率稳步上升，达到31.32%。接下来是全球市场占有率为10.81%的 Bing、3.52%的 Yahoo-Global 等。

在中国，和全球市场一样，搜索引擎市场的行业集中度也很高。根据国内知名第三方数据统计分析服务提供商 CNZZ 数据中心统计的2014年1月1日至同年9月1日的网民使用搜索引擎的数据显示，本土搜索引擎公司百度成为中国市场最大赢家，从1月1日56.03%的市场占有率至9月1日51.54%的占有率（最高值为57.51%，出现在1月2日），紧随其后的是360搜索从1月1日的23.24%的市场占有率至9月1日28.09%的市场占有率（最高值30.47% 出现在8月22日），第三为新版的搜狗搜索从13.67%至13.29%（最高值为15.98% 出现在6月22日）。这三家搜索引擎占据了中国搜索引擎市场的98%，而 Google 中文，bing 等在中国的搜索市场上占有率则无法与本土搜索引擎相比。

5.3.1.1 搜索引擎服务的商业模式

作为商业服务的搜索引擎营销服务，有以下几种商业模式。

（1）帮助企业网站进行搜索引擎优化设计。这种服务是帮助企业网站通过搜索引擎进行推广或网站排名设计，使企业网站在主要搜索引擎中获得较好的排名。这种服务的基本方式是通过为企业提供专业的设计而收取一定的服务费，这种收取服务费的方式并没有固定的收费标准，完全取决于服务商和客户之间的协商。

（2）代理搜索引擎的网站登记和排名业务。代理服务商从搜索引擎服务商那里获得一定的折扣，如新浪、搜狐搜索引擎注册，基本费用都是统一的，企业用户登记网站无论是直接通过搜索引擎进行，还是委托代理商来进行，价格都一样，这样便于管理，也为代理商提供了一定的利润空间，有利于提供本地化服务和开拓市场。这种方式目前已成为国内网络营销服务商提供搜索引擎登记服务的主流。至于百度的竞价排名等其他搜索引擎营销服务,其业务推广模式也类似于这些搜索引擎。

(3)搜索引擎运营商提供的广告服务。该服务模式的具体形式有关键词广告、竞价排名广告以及地址栏搜索广告。

①关键词广告。关键词广告利用用户在检索时对搜索结果页面内容的关注而实施营销信息的传递。它是搜索引擎营销的新形式,属于网络广告的一种形式,一般出现在搜索结果页面的一侧,与自然搜索结果分开,如 Google、百度等搜索引擎都采用这种模式。

②竞价排名广告。搜索引擎竞价排名是近几年风靡世界的网络推广服务。它不是按照排名的时间长短收费,而是按照客户网站带来的实际访问量进行收费,即记录下有效点击次数,并以此为收费依据。因此,这是一种真正按照效果收费的网络推广服务,其未来的发展前景也是最为乐观的。

③地址栏搜索广告(网络实名)。这种方式属于第三代的中文上网方式,用户无须记忆复杂的域名,直接在浏览器地址栏中输入中文名字,就能直达企业网站或者找到企业、产品信息,为企业带来更多的商业机会。目前国内主要有中国互联网信息中心提供的"通用网址"服务。地址栏搜索基本上覆盖了 80 % 以上的中国互联网用户,每日使用量超过 3 000 万人次,是用户常用的网络搜索服务之一。

5.3.1.2 国内主要搜索引擎服务商比较

(1)三大主流搜索引擎简介。

①百度。百度作为全球最大的中文搜索引擎,2000 年 1 月由李彦宏、徐勇两人创立于北京中关村,致力于向人们提供"简单,可依赖"的信息获取方式。凭借对中国市场的了解、本土化的洞察能力和运营方式,在中国搜索市场上独占鳌头。

②360 搜索。360 搜索诞生于 2012 年 8 月,是中国第一大安全品牌 360 公司旗下的一个业务板块。利用 360 旗下数量庞大的浏览器和网址导航用户,360 搜索全面铺开,迅速改变原有的搜索引擎市场格局。360 公司搜索业务经过两年多的发展之后,于 2015 年 1 月 6 日,宣布正式推出独立品牌"好搜"。

③搜狗搜索。搜狗搜索是搜狐公司于 2004 年 8 月推出的全球首个第三代互动式中文搜索引擎。其网页收录量已达到 100 亿,并且每天以 5 亿的速度更新,凭借独有的 SogouRank 技术及人工智能算法,帮助中国上亿网民加快信息获取速度。

(2)三大主流搜索引擎的品牌建设情况。

①知名度是企业品牌建设的初级指标,首先要让搜索网民认识自己,才可能让搜索网民使用自己,进而形成忠诚度。百度进入搜索行业较早,经过多年的市场传播,知名度较高。中国互联网络信息中心(CNNIC)发布的《2013 年中国搜索引擎市场研究报告》(以下简称《报告》)显示,百度以 99.1% 的知名度位居第一。搜狗搜索、360 搜索虽然进入相对较晚,但依靠其母品牌旗下优势产品的带动,短期内知名度达到了 60% 以上,搜狗搜索(77.3%)、360 搜索(74.5%)。

②渗透率反映了过去半年网民使用过某品牌的比例,是品牌覆盖率的重要指标。对于一个品牌来说,取得市场认知后,应该提高由认知到使用的转化,才有可能实现忠诚度。搜索引擎在搜索网民中的渗透率方面,百度以 97.6% 的比例位居第一,360 搜索(43.1%)、搜狗搜索(34.6%)紧随其后。

③首选率代表各品牌在搜索网民中的忠诚度,是品牌建设的最终环节。搜索网民中,有 86.7% 的人把百度当成首选搜索引擎,8.8% 的人把 360 搜索当成首选搜索引擎,搜狗搜索则为 2.0%,其他品牌被当成首选搜索引擎的比例均在 2% 以下。

百度首选率较高,得益于起步早、品牌建设较为成功,品牌认知度、渗透率和忠诚度都较高;360 搜索进入市场较晚,凭借安全软件、浏览器和导航网站等工具的导流,短期内获得了较高的知名度和渗透率,但由于使用黏性还有待加强,网民的首选率还远不及其知名度。搜狗搜索和谷歌搜索在知名度和渗透率上都达到了较高水平,但在首选率上还有较大的提升空间。虽然不少品牌通过工具导流等方式,获得了一定的流量市场份额,但仍需通过品牌建设,才能提升网民的首选率。

(3)三大主流搜索引擎的搜索体验情况。综合网民在新闻、知识、人物、音乐、视频、问答等方面的中文网页搜索体验,CNNIC 通过调研网民对三大主流搜索引擎的搜索速度、搜索结果准确度、搜索结果界面美观度等因素的满意度(采取 5 分制,5 分代表非常好),对搜索引擎进行综合评价。《报告》显示,整体体验评价上,百度搜索第一,360 搜索和搜狗搜索差异不大。具体来说,百度搜索无论是搜索速度、搜索结果准确度,还是搜索结果界面美观度,得分均在 4 分以上;360 搜索和搜狗搜索均是搜索速度、搜索结果优于其界面美观度:在搜索速度、结果准确度方面,二者满意度得分均稍高于 4 分,但 360 搜索稍优于搜狗搜索;而在搜索结果界面美观度方面,二者满意度得分基本一致,稍低于 4 分。

5.3.2 电子商务购买决策辅助服务

有许多网站和工具可以帮助在线消费者进行购物决策,包括决定购买哪种产品或服务、到哪家网站购买(可以是制造商网站、综合性电子零售商,或细分市场电子中介等),以及使用哪些其他服务。一些网站将价格比较作为主要工具,而另一些网站提供服务、信用、质量和其他因素的评估。

5.3.2.1 购物门户网站

许多消费者购物门户网站提供关于产品或电子零售商的选择建议和评级。一些网站提供交互式工具,可以根据浏览者的选择标准进行定制化的比较;另一些网站只提供标准化的静态表格和链接供浏览者选择参考。

购物门户网站可以是综合性的,也可以是面向细分市场的。综合性的门户网站拥有指向许多不同销售商的链接,并对大量商品进行评估。此类站点包括 activebuyers-guide. com,chinaEC. com 等。许多搜索引擎和门户网站也提供通用购物比较功能,如

shopping. yahoo. com，aol. nextag. com，etao. com，51bi. com，huihui. cn 等。它们在搜索引擎的主页上有醒目的链接，通过将消费者引导到会员网站而赚取收入。其中一些门户网站甚至提供比较工具，帮助找到热门商品的最低价格。

购物门户网站也可能提供专门的细分市场购物辅助，包括汽车、玩具、计算机、旅游或其他消费领域的信息和链接，例如专门针对计算机设备的 Zdnet. com 网站。细分市场购物门户网站的优势在于能专注于某条特定的产品线，并在某个细分市场内认真调查消费者的口味。其中一些门户网站只是为了向其推荐的网站收取介绍费，而有些门户网站与销售商没有正式的关系——它们向广告主出售横幅广告空间（广告主希望接触经常访问这些网站的人群）。在某些情况下，购物门户网站充当中介，不直接向消费者出售商品。

5.3.2.2 购物机器人和代理

精明的网上购物者可能早已有了自己喜爱的购物网站，但是他们如何才能找到提供同样好的服务但是价格更低的其他商店呢？购物机器人（或称购物代理）就可以根据消费者设定的标准替他们搜索网络。不同的购物机器人使用不同的搜索方式。例如，Mysimon. com 就能搜索各网站，寻找数千种热门产品的最低价格。这项任务并不简单，购物机器人可能要面对同一种商品的数十种不同的存货单位，因为不同的电子零售商可能使用不同的存货单位，而不是使用标准化的数据表示代码。Mysimon 和类似的比较工具都属于综合性的购物支持网站。其他的门户网站则专注于特定种类的产品或细分市场。例如，AutoBytel. com，Autovantage. com 和 Carpoint. com 帮助消费者购买汽车；Zdnet. com/computershopper 搜索关于计算机、软件和电脑外围设备的信息，office. com 的购物代理能帮助消费者寻找办公用品的最低价格。另外，像 pricegrabber. com 这样的代理能够识别消费者的偏好。RUSure. com 提供了一个“购物吧”，允许消费者比较 1 000 个以上的商业网站，并不断替你寻找更低的价格。甚至还有谈判代理和根据竞标人意愿将拍卖过程自动化的竞标代理。

5.3.2.3 商业评级网站

有许多网站根据多种标准对电子零售商和在线销售的产品进行评级，Bizrate. com 就是其中一家。Bizrate. com 拥有一个购物者网络，这些购物者向网站报告各商家的情况，网站则使用经过编辑的结果进行评估。国内的大众点评网（www. dianping. com）是中国领先的城市生活消费平台，也是全球最早建立的独立第三方消费点评网站。大众点评网主要以购物者对于商户的点评评价来指导消费，普通点评和默认点评共同组成全部点评。

5.3.2.4 信用认证网站

有许多公司可以评价和认证各电子零售商的可信赖程度。例如，TRUSTe 的信任标志被放在电子零售商的网站底部，零售商向 TRUSTe 支付标志使用费。TRUSTe 的 1 300多名成员希望消费者将该标志视为其隐私条款、信用和安全、支付过程的信心标志。

BBBOnLine 也提供了类似的信用认证服务,它们根据公司的年收入收取认证费。另外,全球知名的会计师事务所安永公司提供了自己的电子零售商审计服务,为这些企业经营活动的诚实性提供了一定的保证。

百度公司最新推出的一套企业网络信用体系,称为百度信誉 V 认证或者百度信誉档案。信誉 V 认证分为实名认证、实地认证和官网认证三个板块,通过对互联网商户的资质审核,并且凭借百度的搜索优势为商家提供一套综合的诚信认证产品。同时,企业也可通过展示信誉认证,提升信任度,增加企业品牌的影响力和公信力。同时,中国互联网信用评价中心网络诚信联盟(itrust. org. cn)也开展了网信认证、信用评级等工作,致力于营造和维护互联网行业诚信。

5.3.2.5 其他购物辅助工具

还有其他一些数字中介,它们充当了帮助买、卖双方进行搜索和购物的角色。第三方委托保管就是一个例子。因为买卖双方互不相识,所以经常需要有受信任的第三方来保证金钱和货物的正常交换。与门户网站类似,这些网站可能提供研究信息或其他服务。另外,这些网站还可能提供支付处理支持。在传统零售方式下,大多数顾客用现金、信用卡(或借记卡)或个人支票购物。现金不能用于在线购物,而许多顾客对于在网上传送自己的信用卡号或借记卡号不放心。由此人们开发出许多技术帮助进行在线支付,其中包括各种形式的电子现金、改进的信用卡授权方式、数字钱包技术,以及各种第三方支付系统。

其他购物决策辅助工具还包括消费者社区,它能提供关于产品和电子零售商的建议和意见。Epinions. com 就是一个例子,在这里可以搜索到关于数千种产品的建议。

5.3.3 面向 B2B 电子商务的服务创新——慧聪"买卖通"

比照全球的电子商务发展历程,中国的 B2B 电子商务虽然一方面显露着稚嫩,但另一方面却以惊人的速度迅速增长,随着实力出众的服务商陆续投身到这个市场,电子商务在空前繁荣的同时,竞争也日益激烈。

目前,B2B 服务商主要有两大阵营:一类以阿里巴巴为代表,作为中小企业电子商务交易的平台,阿里巴巴提供技术支持,为中小企业开展网上贸易提供服务;另一类则以慧聪网为代表,强调 B2B 电子商务要落地生根,应将线上与线下结合起来,整合网下的资源,为网上服务。

买卖通作为慧聪 B2B 业务的核心产品,从 2004 年推出就为中小企业建立起以垂直行业为特色的全方位网上诚信贸易平台。买卖通不仅为客户提供了产品展示、精准搜索、买卖速配、人工专业服务、商务直通等功能,企业还可以使用行业资讯定位、网上洽谈、网络智能经营等综合电子商务服务,快速获得商机。其特点主要体现在以下几个方面。

第一,买卖通服务涵盖了慧聪网12年传统行业线下服务的精华。“慧聪网”成立至今,从未停止过整合其网下的资源优势,包括市场调研、慧聪商情、资讯大全等产品。慧聪网做到了网上网下信息的通畅传递,而这是其他纯B2B网站难以匹敌的。

第二,相比传统的服务模式,这种新的服务模式显得更为务实。它延续了“旧”模式的精华与合理部分,并针对大多企业担心的问题,引入健全的服务体系。作为“旧”模式的补充与拓展,买卖通除了为买家提供平台使用、资讯获取支持等基本服务外,同时引入了传统行业的服务作风,开展深入、全面的客户回访。2 500人的服务团队,为“买卖通”客户及潜在客户在全国范围内提供上门服务,让对电子商务疑惑重重的企业打消了顾虑。

第三,慧聪网买卖通正在将其强大的线下服务带进国内B2B市场,每月50场的“供需见面会”,极大延展了买卖通会员和其他客户的商机。

2010年,慧聪网不断升级了买卖通产品功能,先后推出了炫铺2.0、行业买卖通3.0等多个领先行业的特色化版本,成为中小企业网上经营的重要智能应用产品。

内地企业的B2B应用也在迈入成熟,网络店铺虽然是虚拟的,但在经营上却与传统店面高度相似,很容易上手,而通过即时通信工具,很多公司也都实现了每天在线与客户进行交流。

慧聪网买卖通打破了B2B市场缺乏线下服务的传统,同时传递给B2B市场一个强烈的信号,即B2B全面服务时代已经伴随慧聪网买卖通到来。放眼B2B市场,之前尚无将线下服务带入B2B模式的企业。几年的实践证明,这种新模式的推出,已给中国电子商务的发展带来深远的影响。

5.3.4 面向B2C电子商务的服务创新——网络团购服务

5.3.4.1 网络团购服务

网络团购是指借助互联网,将具有相同购买意向的零散消费者集合起来,向商家大批量购买,求得最优惠的价格。网站向消费者提供同城商家的优惠商品和服务,并从中抽取佣金,消费者得到优惠的价格,而商家也从中赚取费用。

网络团购这种电子商务模式的始创者是美国的Groupon,其营运模式是每日推出一件商品(deal of the day),如果通过网上认购这件商品的用户达到指定数量,全部人就可以用特定的折扣价格购买这件商品,否则交易就告吹。若交易成功,Groupon就向出售商品的商户收取佣金。

5.3.4.2 中国网络团购现状

自2010年1月,中国第一家团购网站“满座网”上线之后,美团网、拉手网、糯米网等团购网站相继上线,随后,中国最大的购物网站淘宝网推出聚划算,各大门户网站新浪、搜狐、腾讯等均已开通团购服务,使中国网络团购行业整体呈现“非理性”介入与扩张局面。2011年下半年,团购市场通过整合、自我淘汰等方式逐步实现理性回归,大众点评、美团、聚划算、百度糯米等企业在历经了重重挑战后,已然屹立在团购的市场之中。目前看来,团购从掠夺式扩张,到大范围洗牌,再到低调渗透,逐渐调整着自己的商业模式,并向产品优化和体验改善回归。

根据中国互联网络信息中心(CNNIC)发布的第34次《中国互联网络发展状况统计报告》显示,截至2014年6月,我国团购用户规模达到1.48亿人,较2013年底增加760万人,半年度增长率5.4%。与2013年12月相比,我国网民使用团购的比例从22.8%提升至23.5%。相比整体团购市场,由于团购服务在手机端与地图、旅行、生活信息服务等领域的进一步融合,手机团购发展更为迅速。手机团购用户规模达到1.02亿,半年度增长率为25.5%,手机团购的使用比例由16.3%提升至19.4%。目前,团购迎合了大众"物超所值"的消费心态,已经成为本地生活类服务企业常规的促销方式之一,越来越多的用户正逐渐形成优先查找团购活动的消费习惯。

在经历了爆发式增长后的整体行业洗牌,团购已经回归理性发展状态。一方面,专业的团购网站通过产品定位和人员优化提高运营效率,包括高收益产品的选择、服务质量的提升、信任度的改善等措施,极大地提升了用户的使用意愿。另一方面,网络购物、旅行预订等电商平台对团购服务的引入和重视进一步促进了团购行业的发展,这得益于平台企业在用户规模和信任度上的优势。最后,互联网巨头注资专业团购网站以及电商平台与专业团购网站的竞争会促使团购行业的整体服务水平进一步提升,从而吸引更多的网民使用团购服务。

5.3.4.3 网络团购服务的流程

(1)顾客从各个卖场或其他渠道了解自己想要购买的商品品牌、型号及对应的市场最低价格。

(2)顾客提交团购意向订单,或者电话咨询团购在线客服人员,了解对应商品的团购价格,确定是否参与团购。

(3)确定团购后,交纳订金(订金可自行到团购在线网站交纳或通知团购在线客服人员上门收取,现场团购则会将订金直接交给供货商家),顾客获得注明团购优惠政策的团购订单。

(4)顾客凭团购订单到指定销售点办理提货手续,或者直接电话通知商家送货。

(5)顾客验货付款,索要相关票据、质保书等,完成团购。

5.3.5 面向C2C电子商务的服务创新——威客服务

威客的英文Witkey由wit(智慧)、key(钥匙)两个单词组成,也是The key of wisdom(智慧之钥)的缩写,是指那些通过互联网把自己的智慧、知识、能力、经验转换成实际收益的人,他们在互联网上通过解决科学、技术、工作、生活、学习中的问题从而让知识、智慧、经验、技能体现经济价值。

从广义上来说,威客是指以互联网为基础,实现自身知识价值化的经济模式,包括威客、寻客和威客网。这里所谓的寻客(seeker),是指通过威客网寻求知识服务的人。从狭义上来说,威客是指以自己的知识、经验、智慧为寻客提供知识产品和服务来换取经济收益的个人。威客网是威客与寻客知识传递的桥梁和服务平台,吸引各个领域的知识能士通过威客平台为寻客提供知识服务,现有知识服务的满足又不断推动寻客新的知识服务需求。

5.3.5.1 威客平台的运营流程

威客模式网站上的用户按照其行为可以分为两类:提问者和回答者。其中提问者提出问题和发布任务,在获得合适的解决方案后支付报酬给回答者。回答者接受任务和回答问题,当回答者的解决方案得到提问者认可后,回答者获得约定的报酬。

威客模式网站的主要运营流程是:提问者提出问题→回答者收到问题→回答者给出正确答案→提问者收到正确答案→提问者支付报酬给回答者。如图 5 - 3 所示顺序为:1— >2— >3— >4— >5。另一种更简洁的威客模式网站运营流程路径为:威客模式网站聚合回答者专业特长信息,提问者可以通过威客模式网站直接找到合适的回答者,提问者获得正确答案后支付报酬给回答者。按照图 5 - 3 所示顺序为:3— >4— >5。

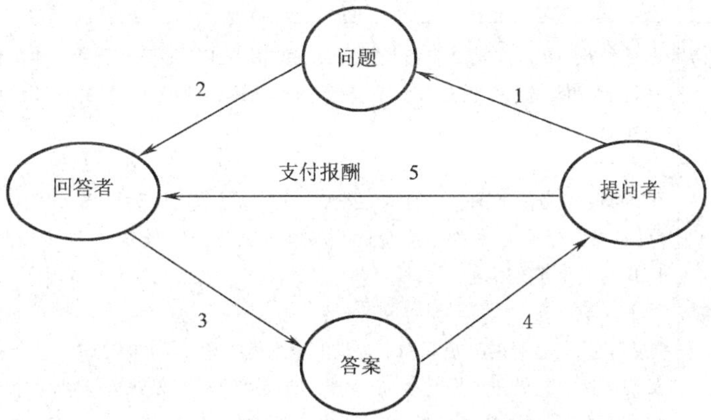

图 5 - 2 威客网站主要运营流程

5.3.5.2 威客代表——猪八戒网

猪八戒网(http://www.zhubajie.com)是国内最大的威客网站,主要提供包括视觉设计、应用开发、网络营销、文案策划等多项创意众包服务,致力于打造一站式创意服务交易平台,荣膺"中国百强商业网站"、"中国最具发展潜力的网站",并跻身"中国最佳商业模式"100 强,央视等媒体多次予以报道。猪八戒网目前除中文网页版(www.zhubajie.com)外,还推出了英文网页版(www.witmart.com)、手机 APP 客户端。

作为全国最大的文化创意和在线服务交易平台,猪八戒网的交易对象为非标准、个性化的文化创意产品(方案),包含创意设计、网站建设、营销推广、文案策划、建筑装修、生活和商务服务等 400 余种现代服务领域。猪八戒网通过悬赏、招标、直接交易等方式,配套完善的诚信安全流程，既满足雇主从更多竞标品中选择最优的方案，又实现威客通过知识与技能轻松赢利的目的。

截至2013年8月，猪八戒网站交易额突破25亿元人民币，用户总数突破900万，已为包括微软、MSN、惠普、阿里巴巴、金山软件等在内的大型企业提供众包服务，业务遍及中国、美国、英国和日本在内的25个国家和地区，并于2010年12月成立美国分公司，主管欧美地区威客事务。

猪八戒网践行企业市场行为的同时，积极倡导"非实物交易与实物交易同样重要"的理念，以身示范，充分发挥威客的集体力量，在创意与技艺的领域里，变中国制造为中国创造，让中国智慧服务全球企业。其在线工作模式打破了传统的时空界限，实现了雇主与威客足不出户完成工作，从而改变人们的工作方式，更改变了企业解决问题的传统观念。

本节内容图表化

搜索引擎服务	搜索引擎服务商是指通过技术手段帮助用户在互联网上的庞大信息资源库中以最快的速度寻找到自己所需内容的网络运营商
电子商务购买决策辅助服务	电子商务购买决策辅助服务是指通过网站服务或软件工具帮助在线消费者进行购物决策。它包括：①购物门户网站；②购物机器人和代理；③商业评级网站；④信用认证网站；⑤其他购物辅助工具
面向B2B电子商务的服务创新——慧聪"买卖通"	B2B电子商务服务商主要有两大阵营：一类以阿里巴巴为代表，作为中小企业商务交易的平台，提供技术支持，为中小企业开展网上交易提供服务；另一类以慧聪网为代表，强调B2B电子商务要落地生根，线下与线上相结合，整合网上和网下资源，服务于企业线上和线下。 "买卖通"是慧聪网为企业用户提供的网上做生意、结商友的诚信平台，企业不仅可以通过买卖通建立起集合产品展示、企业推广、在线洽谈、身份认证等多种功能的网络商铺，更可以获得多重商机，领先对手，获得生意上的成功
面向B2C电子商务的服务创新——网络团购服务	网络团购是指借助互联网，将具有相同购买意向的零散消费者集合起来，向商家大批量购买，求得最优惠的价格。网站向消费者提供同城商家的优惠商品和服务，并从中抽取佣金，消费者得到优惠的价格，而商家也从中赚取费用
面向C2C电子商务的服务创新——威客服务	从广义上来说，威客是指以互联网为基础，实现自身知识价值化的经济模式，包括威客、寻客和威客网。这里所谓的寻客，是指通过威客网寻求知识服务的人。从狭义上来说，威客是指以自己的知识、经验、智慧为寻客提供知识产品和服务来换取经济收益的个人。威客网是威客与寻客知识传递的桥梁和服务平台，为各个领域的威客向相应的寻客提供知识服务搭建服务平台

开阔视野——
还有你所不知道的

众筹,人人都是天使投资人

众筹,2009 年起源于美国网站 kickstarter,用“团购 + 预购”的形式,向公众募集项目资金。众筹模式的兴起打破了传统的融资模式,每一位普通人都可以通过该种模式获得从事某项创作或活动的资金,使得融资的来源者不再局限于风投等机构,从此普通人也可以成为“天使投资人”。

国内的众筹从 2011 年开始起步,主流的众筹模式包括有回报众筹和股权众筹。回报众筹一般是指预售类的众筹项目,投资者对项目或公司进行投资,获得产品或服务。阿里娱乐宝是阿里数娱事业部推出的互联网金融产品,属于回报众筹的模式。目前通过娱乐宝众筹的影视项目包括《小时代 3》《小时代 4》《狼图腾》等,投资人通过投资娱乐宝可以身临其境地作为制片方来参与到影视作品的创作过程。

股权众筹是筹资公司出让一定比例的股份,投资者通过出资入股公司,获得未来收益。天使汇是国内最大的股权众筹平台,就是属于股权众筹的模式。它主要聚焦在互联网、移动互联网领域的融资项目,目前融资的成功案例包括滴滴打车、大姨妈、小猪短租等。

除了以上提到的几种模式外,众筹还包括债券众筹、公益众筹等模式。国内的众筹发展至今,正在颠覆原始的融资形态,并在文化、互联网、科技、公益、娱乐、农业、制造业等方方面面中渗透,人人天使的投资形态已经被越来越多的人所接受。

(资料来源:众筹及其模式 http://www.jfcaifu.com/classroom/article-623.html;
盘点国内的众筹模式 http://news.pedaily.cn/201408/20140822370238.shtml)

案例学习——
看看你的分析能力

“近联网”电子商务模式

“近联网”是最先出现于美国的一种“窄众传播”的商业模式,不看重受众数量,广告价格低,所有经营范围与方圆 5 公里有关的商家和个人都有条件在网上发布广告。与传统的门户网站相比,这种互联网应用新模式针对特定用户传播特定信息,有效地提升了信息利用率。而且,近联网由于距离近,在交易时买卖双方能见面,规避了身份认证、支付、物流等诸多难题,交易的成功率非常高。

杨浩涌最早把“近联网”概念引进国内并创办了国内首家基于“近联网”模式的网站——“赶集网”。赶集网现已发展成为中国目前最大的分类信息门户网站,为用户提供房屋租售、二手物品买卖、车辆买卖、宠物票务、教育培训、同城活动及交友、团购等众多本地生活及商务服务类信息。它是一个介于电子商务网站、搜索类网站、门户网站、传统商务企业之间的新型信息中介与交流平台。“赶集网”的“近联网”模式就是按照信息需求者所在的不同区域位置进行细分,用定制化的生活信息满足他们的个性化需求。对于不同类型的用户,网站的优势体现也不尽相同。就个人而言,通过线上二手货,线下就近交易的方式,用户可以利用赶集网这个信息中介平台,在自己所处位置的 5 公里内,选择心仪的商品,然后在线下与卖方进行交易,这样做既符合人们喜欢就近交易和进行交友等社交活动的生活与行为习惯，同时，也将电子商务长久以来无法解决的支付和诚信问题迎刃而解。

“近联网”模式能够得到迅速发展的重要原因有二：一方面是由于它依托“同城”这个概念，为近距离的互联网用户提供服务，使网络能落地，产生价值。由于同城，用户之间有了彼此的信任度，以及产品服务真实性的体验；另一方面，中介机构信誉度的降低，收费的不合理，也促使人们更多地选用了这种低成本、高性价比的窄众传播的方式。

- 你认为“近联网”的发展前景如何？
- 赶集网目前的发展障碍是什么？

班级讨论——加深你的知识理解

（1）对比分析商业评级网站与信用认证网站在功能上的异同。

（2）当前国内网络团购服务的发展现状及原因。

自己动手——锻炼你的实践能力

（1）通过上网体验和查找资料，了解百度、360 搜索、搜狗搜索当前提供了哪些创新服务。

（2）自己尝试在网上与别人进行 C2C 交易，并将交易过程中的故事与同学们分享。

（3）通过上网查找资料，深入了解慧聪网买卖通的服务体系。

（4）登录美团网，亲自体验团购服务，并对团购服务提出优化建议。

（5）上猪八戒等威客服务网站，参与提问、回答问题。

小节复习——牢记本节主要内容

一、解释概念

（1）购物门户；（2）购物机器人；（3）网络团购服务；（4）威客服务

二、简短回答

（1）简述商业评级网站的功能。

（2）团购网站（如美团、大众点评等）的优缺点是什么？

（3）网上交易保障运营商主要有哪些业务？

（4）简述慧聪买卖通的服务模式。

（5）威客网站如何进行服务交易？

6

电子商务的其他应用

【本章要点】

- 电子政务的含义、特点、应用模式及其应用
- 网上拍卖的种类与优势
- 视频网站的商业模式
- 移动电子商务应用的主要业务
- 社会化电子商务的类型与模式

【学习要求】

学习本章内容，要重点掌握电子政务的含义、特点与模式，了解网上拍卖的种类和优势，熟悉视频网站及视频网站的商业模式，了解移动电子商务的应用领域，了解社会化电子商务及社会化电子商务的商业模式。可以通过查阅其他书籍和浏览网络相关内容，增强对本章内容的理解，进一步认识电子商务的巨大影响，学会思考电子商务环境下可能出现的新机会和创新性应用。

随着电子信息技术的不断发展与成熟，电子商务的应用领域迅速延伸，服务主体从企业、个人扩展到政府，应用技术从有线互联扩展到无线互联，进而渗透到社会经济活动的方方面面。本章将介绍电子政务、网上拍卖、虚拟社区和移动电子商务等电子商务发展的四个新兴应用领域。

6.1 电子政务

引导案例——
打开知识的大门

青岛市电子政务网

作为我国重要的沿海开放城市，青岛市的经济和社会信息化建设处于全国前列，青岛市的电子政务应用在国内处于领先地位。青岛市从1996年开始，就在全市机关实施“全市宏观决策和办公信息服务网络系统”工程（简称“金宏工程”），建成“金宏电子政务系统”。“青

岛政务信息公众网”作为全国第一个以党委、政府名义主办的政府站点于1998年5月18日正式介入因特网。同年11月18日，青岛政务网的英、日、韩三种外文站点正式开通，在全国政府网站中属于首创。到2011年，“青岛政务网”网上信息资源已达到40多个大类、300多个小类、5 000多万字和5 000多张图片，基本形成了政府为公众提供信息服务的较完整的资源体系，发挥着政府联系市民的桥梁纽带作用。

青岛政务网实现了市委、人大、政府、政协四网统一。该网上联中办、国办、省委、省政府，下联12个区县并通达全部乡镇和街道办事处，横向实现市属单位全部入网，形成了统一、完整的网络基础设施。不仅是全市机关公文、信息传递的主渠道，也越来越多地承担起部门间的业务应用。

（资料来源：根据参考文献[27]改写）

■ 除了以上所介绍的案例，你还知道国内有哪些成功的电子政务案例吗？
■ 你认为电子政务与电子商务有何关系？

在信息时代，政府政务工作的优劣已经无形中置于社会的广泛监督之下。政府对社会管理工作的有效性，对政府本身权威性的影响远远大于信息相对闭塞的年代。因此，应用电子商务核心机制对传统政务进行改革，从而极大优化政府在社会管理工作中的决策行为，尽可能广泛地提升政府对社会的服务功能，为公民创造公平、公正的生存环境，并为大多数人谋利益，树立政府的良好形象，已经成为世界上许多国家的政府建设目标。

6.1.1 电子政务的含义与特点

6.1.1.1 电子政务的含义

通俗地说，电子政务就是利用以网络技术为核心的信息技术进行行政活动，是电子信息技术与政务活动的交集。人们对其确切含义尚未形成统一认识，但是电子政务的内涵至少应该包含以下几个方面。

（1）电子政务的建设和发展依靠的是现代信息和通信技术，必须通过计算机应用技术（包括硬件技术和软件技术）、通信技术、网络技术和数据库等高科技手段才能得以实现。

（2）电子政务并不是要完全取代政府的传统部门和职能，而是要求政府部门运用网络和现代通信技术，对其具体业务程序、工作方法、办公环境、组织与人员管理等进行优化和改造，打破传统行政机关的组织界限，使得政府部门之间及政府与社会各界之间可以通过各种电子化渠道相互沟通，并依据公众的需要，提供形式多样、方便快捷的服务方式，从而使其适应国际电子政务的发展趋势。

（3）电子政务作为电子商务的一种特殊平台，拥有电子商务系统的绝大多数优势和特点，将极大地提升政府部门的工作效率，增强信息收集、挖掘和处理能力，改进臃肿的业务流程，进而为社会各界提供更优质的服务。

（4）电子政务的建设将成为一种全球化管理潮流，世界各国的电子政务平台趋向系统兼容和信息共享,以适应国际化商贸经济的发展。

总而言之,电子政务意味着政务是核心,而电子化只是处理政务的一种方式。

6.1.1.2 电子政务的特点

根据前文对电子政务含义的理解,可总结出电子政务以下三个方面的特点。

(1)电子政务的管理职能已由传统的控制型转化为服务型。这是电子政务最重要的特点,也是电子政务与传统政务本质的区别。管理职能是政府组织在社会经济中所承担的职责,转化管理职能是政府组织适应环境变化的重要方式。伴随着社会的进步和公众需求层次的提升,政府管理职能由控制型转化为服务型是近年来政府管理职能转化的大方向。电子政务所追求的就是依据公众的需求、公众可以获取的形式、公众要求的时间及地点,向公众提供各种不同的服务选择。

(2)体现“以公民为中心”的管理思想。传统政府组织往往是“以我为主”,根本不了解公众需要什么,而是在一味推销自己的“管理方式”。在电子政务服务型管理职能的驱动和企业组织“以客户为中心”的管理思想的带动下,电子政务所遵循的是一种“以公众为中心”的管理思想,具体体现在三个方面:由过去的以政府为中心、政府以公众“主人”身份通过管制活动来实现对公众的控制,转变为“以公众为中心”、政府以公众“仆人”身份提供人性化的服务;由过去的追求政府自身利益最大化转向追求社会利益、公众利益的最大化;由过去的“替民做主”的观念转向“由民做主”观念。从某种意义上讲,企业组织所奉行的客户关系管理在电子政务中有广阔的应用领域。

(3)以信息技术集成为支撑。虽然基于传统政府组织的传统政务也强调了信息技术(如计算机技术、通信技术)的应用,但也只能从加快处理速度、减少差错或节省人力等方面去努力。显然,这种表面的、初步的技术应用与公众的要求是有很大差距的。电子政务不仅仅应用计算机技术和通信技术,更重要的是它应用了网络革命的成果,将计算机技术、通信技术和网络技术结合在一起,具有划时代的意义。由于电子政务广泛应用了信息技术,政府组织结构将会扁平化,其管理效率将得到空前的提高,并且管理成本也会不断递减,但是与之相适应的管理人员的素质要求会有质的提升。

6.1.2 电子政务的模式

电子政务所包含的内容极为广泛,几乎涵盖传统政务活动的各个方面。根据电子政务的内涵,可以概括出四种主要的电子政务模式,即政府内部的电子政务、政府与政府之间的电子政务、政府与企业之间的电子政务和政府与公民之间的电子政务。

6.1.2.1 政府内部的电子政务

政府内部电子政务是电子政务的基础,它是指政府部门内部利用办公自动化系统和Internet/Intranet 技术完成机关工作人员的众多事务性工作,实现政府内部办公自动化和网络化,在实现内部资源充分共享的基础上,提高政府作业效率和业务水平的电子政务模式。

政府内部电子政务又可分为领导决策服务子系统、内部网站子系统、公务员日常管理与绩效评价系统、电子培训系统、内部财务管理子系统、内部电子公文子系统等。通过不同子系统的应用,使得传统的政府内部管理实现向网络化管理转型。

6.1.2.2 政府与政府之间的电子政务

政府与政府之间的电子政务(Government To Government,G2G),是指政府上下级之间、不同地区和不同职能部门之间实现的政务活动。G2G 模式是电子政务的基本模式,具体的实现方式可分为以下几种。

(1)电子公文系统。公文处理是政府部门的基本职能。电子公文系统借助网络技术的应用,使传统的政府间的报告、请示、批复、公告、通知、通报等在保证信息安全的前提下通过数字化的方式在不同的政府部门间实现瞬时传递,大大提高了公文处理的效率,彻底改变了传统的、司空见惯的"公文长途旅行"现象。

(2)电子法规、政策系统。制定、发布、执行各种政策法规历来是政府部门的重要工作。政策法规的牵涉面广、信息量大、时效性强,通过电子化方式传递不同政府部门的各项法律、法规、规章、行政命令和政策规范,具有很强的实效性和管理成本优势,既可做到政务公开,又可实现政府公务人员和普通群众之间的"信息对称"。目前,众多政府机构的网站都开设了不同形式的政策、法规的宣传窗口,起到了良好的示范作用。

(3)电子财政管理系统。分配和使用财政资金、实现政府不同部门之间的资金流转以及对财政资金使用的监控是政府管理的重要内容,也是政府财政、审计等部门的基本工作。建立在网络基础上的电子财政管理系统可以向政府主管部门、审计部门和相关机构提供分级、分部门、分时段的政府财政预算及其执行情况报告,包括从明细到汇总的财政收入、开支、拨付款数据以及相关的文字说明和图表,便于有关领导和部门及时掌握和监控财政状况,这可以使政府财务管理工作的水平跃上一个新台阶。

(4)电子司法档案系统。通过电子化的手段,在政府司法机关之间共享司法信息,建立起全国统一、完整的档案管理系统。如,公安机关的刑事犯罪记录、审判机关的审判案例、检察机关的检察案例等的电子化管理,必将会大大促进司法工作的开展,在提高司法工作效率的同时,对提高司法工作人员的能力和水平也将大有裨益。

(5)垂直网络化管理系统。垂直网络化管理系统主要适合一些垂直管理的政府机构,如国家税务系统、铁路交通等部门通过组建本系统的内部网络,形成垂直型的网络化管理系统,以实现系统信息实时共享,有效提高系统的决策水平和反应速度。

(6)横向网络协调管理系统。横向网络协调管理系统通过网络在政府不同部门及不同地区政府部门之间进行横向协调来实现政府的有效管理。它的目的主要是通过网络的应用,使原来分散在不同部门、不同地区的决策信息实现有机集成,为不同决策者所共享,减少部门间、地区间的相互扯皮现象,提高决策效率和准确性。例如,我国已经实施的"中国电子口岸执法系统",主要是由海关总署牵头,运用 Internet 网络技术,将涉及进出口管理和服务的海关、商检、外贸、外汇、工商、税务、银行等单位联结起来,把这些部门分别管理的进出口业务信息流、资金流、物流等数据的电子底账集中在统一、安全、高效的公共数据中心物理平台上,建立电子底账,实行联网核查,实现数据共享和数据交换。这不仅使企业可在网上进行进出口贸易,而且还加强了政府对口岸的监管,提升了打击走私、骗税、骗汇活动的力度。

从以上六个方面可以看出,实施 G2G 电子政务可以快速高效地实现传统政府间的各类政务活动。

6.1.2.3 政府与企业之间的电子政务

政府与企业之间(Government To Business, G2B)的电子政务覆盖政府组织与企业之间的各项政务。对政府来说,G2B 电子政务的形式主要包括以下几种。

(1)政府电子采购。在世界各国,政府采购的总额通常占到本国 GDP(国内生产总值)的 10% ~15%,我国近年的政府年采购额达到了上万亿元人民币。因此,政府采购项目是本国市场的基本组成部分。政府电子化采购主要是通过网络面向全球范围发布政府采购商品和服务的各种信息,为国内外各企业提供平等的机会,特别是中小型企业借此参与政府采购可赢得比以往更多的发展机会。

(2)电子税务系统。电子税务系统可让企业直接通过网络足不出户地完成税务登记、纳税申报、税款划拨等业务,并可查询税收公报、税收政策法规等事宜。我国已经实施的"金税工程"对打击偷逃税行为起到了重要的作用,并逐步建立起了全国范围内的增值税专用发票稽核系统和电子纳税系统,既方便了企业,又提高了国家税收征管的效率和水平。

(3)电子工商行政管理系统。建立电子工商行政管理系统,通过网络来实现作为工商行政管理工作主要内容的证照管理,大大缩短了办理证照的时间,也减轻了企业人力和经济的负担。电子证照系统可方便快捷地实现企业营业执照的申请、受理、审核、发放、年检、登记项目变更、核销。其他相关证件,如土地和房产证、建筑许可证、环境评估报告等的申请和变更也均可通过网络实现,电子工商行政管理的实施将使传统的工商行政管理工作产生质的飞跃。

(4)电子外经贸管理。我国已成功加入 WTO,进出口业务高速发展。对我国政府来说,一方面要通过各项符合 WTO 要求的政策鼓励国内企业开展进出口业务;另一方面,我国的外经贸管理必须要有一个新的突破,既要符合国际惯例,又要为广大国内外企业创造一个公平、高效、宽松的进出口环境。电子化外经贸管理已成为一种新的趋势,如进出口配额许可证的网上发放、海关报关手续的网上办理以及网上结汇等已在我国外经贸管理中开始应用。

(5)中小企业电子化服务。《中国中小企业景气指数研究报告》显示,截至 2013 年末,我国中小企业注册数量超过 4 200 万家,占全国企业总数九成以上,它们创造中国近

60%的经济总量，占据中国经济的半壁江山。加入WTO以后，广大中小企业在得到更为广阔的市场空间的同时，自身的生存发展也因为技术、人才、市场等资源的局限受到了严峻的挑战。帮助和促进中小企业的发展是各级政府义不容辞的责任，利用电子化手段是政府为中小企业开展服务的重要形式。政府可利用宏观管理优势，借助网络为提高中小企业的国际竞争力和知名度提供各种帮助，如组建专门为中小企业进出口服务的专业网站，为中小企业设立网上求助中心，为中小企业提供软、硬件服务等。

(6)综合信息服务系统。“改变政府职能，增强服务意识，提高政府服务水平”是今后政府改革的重要方向。政府各部门应高度重视利用网络手段为企业提供各种快捷、高效、低成本的信息服务。比如，商标注册管理机构可以提供已注册商标的数据库，以供企业查询；科技成果主管部门可以把有待转让的科技成果在网上公开发布；质量监督检查部门可以把假冒伪劣的产品和企业名录在网上公布，以保护消费者的利益；政策、法规管理部门可向企业开放法律、法规、政策数据库以及政府经济白皮书等各种重要信息。

6.1.2.4 政府与公民之间的电子政务

政府与公民之间(Government To Citizen，G2C)的电子政务，指政府通过电子网络系统为公民提供各种服务。G2C电子政务所包含的内容十分广泛，主要的应用包括以下方面。

(1)电子身份认证。电子身份认证不仅可以记录个人的基本信息，包括姓名、性别、出生时间、出生地、血型、身高、体重及指纹等属于自然状况的信息，也可记录个人的信用、工作经历、收入及纳税状况、养老保险等信息，使公民的身份能得到随时随地认证，既有利于人员的流动，又可以方便公安部门的管理。公民电子身份认证还可允许公民个人通过电子报税系统申报个人所得税、财产税等个人事务，政府不但可以加强对公民个人的税收管理，而且可方便个人纳税申报。此外，电子身份认证系统还可使公民通过网络办理结婚证、离婚证、出生证、学历和财产公证等手续。

(2)电子就业服务。政府利用网络在求职者和用人单位之间架起一座服务的桥梁，提供电子就业服务。使用人单位随时随地都可发布用人信息、调用相关资料；应聘者可以通过网络发送个人资料，接收用人单位的相关信息，并可直接通过网络办妥相关手续；政府网上人才市场还可在就业管理和劳动部门所在地或其他公共场所建立网站入口，为有计算机的公民提供接入互联网寻找工作职位的机会，帮助他们进行就业形势分析、就业方向指导等。

(3)电子社会保障服务。电子社会保障服务主要是通过网络建立覆盖本地区乃至全国的社会保障网络，使公民能通过网络及时、全面地了解自己的养老、失业、工伤、医疗等社会保险账户的明细情况，政府也能通过网络把各种社会福利，比如困难家庭补助、烈军属抚恤和社会捐助等，应用电子资料交换、磁卡、智能卡等技术，直接支付给受益人。电子社会保障体系，一方面可以增加社保工作的透明度，另一方面还可加快社会保障体系普及的进度。

(4)电子民主管理。通过应用电子民主管理,公民可以通过网络发表对政府有关部门和相关工作的看法,参与相关政策、法规的制定,而且还可直接向政府有关部门的领导发送电子邮件,对某一具体问题提出意见和建议。与此同时,电子民主管理可以提高选举工作的透明度和效率,政府可以把候选人的背景资料在网上公布,方便选举人查阅,选举人可以直接在网上投票,既可大大提高选举工作的效率,又可有效保证选举工作的公正和公平。

(5)电子教育、培训服务。社会主义市场经济的发展以及科学技术的迅猛发展使得人民群众对教学、培训的需求不断上升,越来越多的人认识到“终身学习”的重要性。但由于受到各种条件的限制,满足人民学习、培训的需求难度很大,对边远地区的群众来说更是困难巨大。利用网络为广大老百姓提供灵活、方便、低成本的教育培训服务,不仅是增强我国公民素质的有效途径,也是改善政府服务的重要内容。

综上所述,电子政务的各种模式的相互关系可用图 6 - 1 表示。

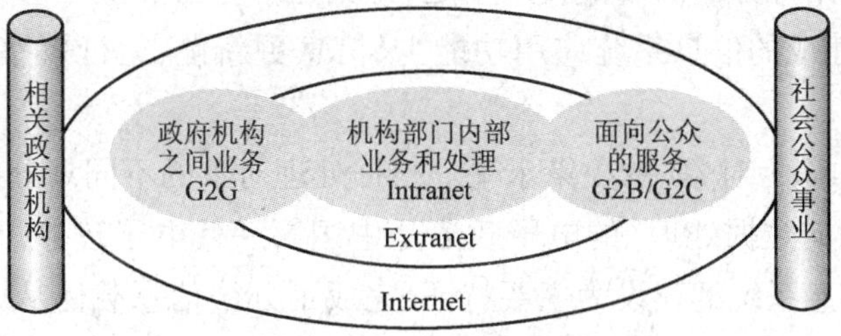

图 6 - 1　电子政务模型

6.1.3　我国电子政务的发展

电子政务建设与发展大致可分为四个阶段:第一阶段是信息发布、形象展示;第二阶段是信息交互、网上办公;第三阶段是一站式服务、协同办公;第四阶段是个性化服务、实时更新。我国政府在 20 世纪 80 年代末期开始了电子政务雏形的建设阶段。1998 年 4 月青岛市在互联网上建立了我国第一个严格意义上的政府网站——“青岛政务信息公众网”,随后,1999 年“政府上网工程”开展起来,这标志着我国政府电子政务雏形建设工程的基本完成,并进入了电子政务工程实质建设阶段。目前,我国电子政务发展正处于第三阶段,其主要目标是:在政府信息支撑环境的基础上利用知识管理技术提高政府的决策能力;建立基于网络的分布式政府结构,并通过分布式的“一站式政府”服务中心提供跨部门的政府业务服务。

自 2002 年 8 月《关于我国电子政务建设的指导意见》出台以来,我国电子政务建设已从宏观规划落实到具体项目实施上,并从局部、地方向全局、整体建设上转变。具体有如下表现。

6.1.3.1 我国电子政务的发展思路

(1)强化“以用户为中心”的服务理念。将公众视为政府的“客户”,“一切以客户为中心”是21世纪中国政府管理创新的基本理念。“客户关系管理”是近年来在企业界非常流行的一种通过改善与客户的信息交流和互动,掌握客户消费习惯和行为方式来留住客户、扩大市场占有率的管理思想。现在,这种管理思想也开始用于电子政务之中,帮助政府优化与公众的关系。

(2)构建“以市场为基础”的运作模式。电子政务是一项面向社会、造福社会的系统工程,是政府“社会”责任的具体体现,理应动员全社会力量来共同完成。在政府投入不足的情况下,可以充分发挥市场机制作用,通过“政府搭台企业唱戏”的运作模式,既实现政府管理水平的跨越式发展,又带动了产业的发展,发挥了市场对资源的高效配置作用。

(3)完善“以应用为导向”的系统功能。应用是促进电子政务建设的核心力量。当今世界,信息资源已成为生产力、竞争力和社会经济发展的决定因素之一。目前,有些部门在推进信息化建设中还存在着重硬件轻软件、重建设轻应用、重网络轻信息的现象,而对信息采集、加工、利用等方面的资金投入不足,尤其是对办公和业务应用系统的开发严重滞后,致使一些已建成的信息系统应用功能少、信息更新慢、运行效率低,影响了政府信息化建设的进程。

(4)提高“以知识为对象”的决策水平。根据处理对象的不同划分中国电子政务的发展阶段,如果说“面向数据处理”的电子政务是中国第一代电子政务,它以政府内部的办公自动化和管理信息系统的建设为主要特征,完成了办公信息载体从原始纸介质向电子介质的飞跃,实现了公务员个体工作的自动化。那么,第二代的电子政务则是“面向信息处理”的系统平台,即以网络技术为基础,连接政府内部已有的和新建的网络系统,通过利用国际互联网络构建“虚拟政府”,实现政府部门之间的协同工作机制和信息资源共享,并面向社会公众提供统一的政务服务。

6.1.3.2 政务微博和政务微信

政务微博,主要指代表政府机构和官员、因公共事务而设的微博。用于收集意见、倾听民意、发布信息、服务大众的官方网络互动平台。其目的主要在于通过与公众的良性互动,搭建一个社会化参政、议政、问政的网络交流模式与平台。政务微博关注的对象分为两类:第一类是关注其他省市自治区的相同部门的微博,及时获取同行的信息,充分借鉴经验、做法为自己所用,来改进本部门的工作;第二类是关注与自己所分管业务和行业相关领域的意见领袖的微博。相应领域的意见领袖的微博一般都拥有大量粉丝,具有深厚的相应领域专业知识和丰富的实践经验,一部分是本领域的专家学者,其言语和行为对其粉丝具有十分巨大的影响。政务微博只有充分关注自己分管领域的意见领袖的微博,才能及时知晓行业动态、存在的问题,甚至从其中找到解决问题的思路、解决问题的方法和改进本职工作的方式方法等。

政务微信是指国家在社会管理过程中,通过微信公众平台对行政性事务的一种发布和对民众关心的事务的回应，它不仅可以通过网络快速发送文字、图片，也可以发送语音和视频，有利于政民间全方位的沟通和互动。政府通过政务微信能将政府的权威信息实实在在传递到群众当中去，又可以帮助民众自主解决各种业务问题，扎实改进工作作风，帮政府树立良好口碑。政务微信能够解民意、办实事的特点，以及党中央对各级政府树立良好公信力的要求，使得今后政务微信将会被更广泛、更深入应用。

本节内容图表化

电子政务的含义	指利用以网络技术为核心的信息技术进行行政活动，是电子信息技术与政务活动的交集
电子政务的特点	(1)电子政务的管理职能已由传统的控制型转化为服务型；(2)体现“以公民为中心”的管理思想；(3)以信息技术集成为支撑
政府内部电子政务	指政府部门内部利用办公自动化系统和 Internet/Intranet 技术完成机关工作人员的众多事务性工作，实现政府内部办公自动化和网络化
G2G 电子政务	即政府与政府之间的电子政务，它是指政府内部、政府上下级之间、不同地区和不同职能部门之间实现的政务活动。具体的实现方式可分为：(1)电子公文系统；(2)电子法规、政策系统；(3)电子财政管理系统；(4)电子司法档案系统；(5)垂直网络化管理系统；(6)横向网络协调管理系统；(7)城市网络管理系统
G2B 电子政务	是指政府与企业之间的电子政务。形式主要包括：(1)政府电子采购；(2)电子税务系统；(3)电子工商行政管理系统；(4)电子外经贸管理；(5)中小企业电子化服务；(6)综合信息服务系统
G2C 电子政务	是指政府与公民之间的电子政务，指政府通过电子网络系统为公民提供各种服务。主要的应用包括：(1)电子身份认证；(2)电子就业服务；(3)电子社会保障服务；(4)电子民主管理；(5)电子教育、培训服务
我国电子政务的发展思路	(1)强化“以用户为中心”的服务理念；(2)构建“以市场为基础”的运作模式；(3)完善“以应用为导向”的系统功能；(4)提高“以知识为对象”的决策水平

开阔视野——还有你所不知道的

G2E（政府与政府雇员之间的电子政务）在美国海军中的应用

美国海军使用 G2E 来改善海军向其职员及其家属传递信息流的质量。因为长期的船上生活会导致职员家庭关系紧张，1995 年，美国海军开始寻求各种方法以保证“生活质量”信息可以传送到分布在全球各地的职员以及他们所爱的人手中。"生活质量"信息包括自我帮助、职业支持、压力管理、家长建议以及重新定位帮助。

Lifelines(lifelines. navy. mil)网站利用因特网、远程会议、有线电视和卫星广播为海外的职员服务。海军已经发现某些特定的媒体渠道更适用于不同的信息。Lifelines 一般用实时广播为即将服役的海员和他们的家人提供欢迎信息。现在,每天大约有 5 500 人次访问 Lifelines 门户网站。2004 年,Lifelines 门户已经覆盖了包括工作和舆论在内的数十项内容。

此外,美国政府还为海军职员提供了其他电子服务,其中著名的有网上银行、个人财务服务和保险,职员们还可以接受在线教育和培训。2001 年,海军开始为海上服役的海员们配备无线处理设备,这种能够手握的设备既可以为海员们提供消遣,也可以在执勤时传递信息。

案例学习——看看你的分析能力

政府采购银行卡:让公车加油只需一张卡

珠海,繁华的柠溪大道车水马龙,一辆"110"警车驶入路旁的柠溪加油站,年轻的警官掏出一张小卡片给油站工作人员,该工作人员核对车号卡号无误后,开始给车加油。加完油后不到一分钟,警官取回卡片并在一张打印单上签名,转身上车继续执行保卫美丽海滨城市的巡逻任务。那是一张什么样的卡片,让年轻的警官如此潇洒走一回?

这不是一张普通的消费卡,这是珠海市政府采购中心于 2000 年初在全国首创的政府采购银行卡。珠海市政府采购中心与中国建设银行珠海市分行合作开发了"政府采购银行卡管理系统"。该系统独创了政府采购分级授权管理的新模式:首先由银行确保采购资金安全和资金不被透支;其次,由采购中心将单位采购资金分配到相应的采购项目,对每项采购确保资金先到位;最后,对每张卡进行限额管理,不允许超限额使用。

系统在实际运作中,通过银行在各定点供应商(如加油站)的 POS 机与中心服务器联网来履行电子在线即时审批手续。在刷卡交易完成后,可以及时掌握交易情况(如交易发生时间、地点、数量、金额、交易商品种类、采购人等),并可随时查询历史交易记录,利用系统功能自动生成不同类型的统计报表,极大地满足了日常管理的需要。

目前,珠海政府采购银行卡系统在启用初期开通加油项目的基础上,已陆续开通了政府采购领域的其他项目,包括车辆定点维修、保险、公路规费、定点印刷、办公用品和药品采购等。该系统在珠海投入使用以来,已产生了巨大的社会效益和经济效益。以定点加油为例,由于严格实行"一车一卡,对车号对卡号加油",堵塞了加油中的漏洞,有效地控制了财政支出,实际用油量比预算减少 36%,2000 年在油价平均上涨 20% 和车辆不断增多的情况下,全市公务车辆加油比上年节约 601 万元。

(资料来源:www. ccidnet. com)

■ 你认为实行政府采购会带来哪些好处？
■ 在实行政府采购中应该注意哪些问题？

班级讨论——加深你的知识理解

（1）你了解国内外哪些知名的电子政务网站？
（2）你认为电子政务的发展对国家的发展有哪些促进作用？

自己动手——锻炼你的实践能力

（1）访问北京、上海、广州等城市的政府门户网站，了解不同城市的政府门户网站的特色和构架。

（2）登录以下政务网站，了解政务网站的内容与服务。

- 中国电子政务网（http://www. e-gov. org. cn/）
- 美国“第一政府”网站（http://www. firstgov. gov）
- 新加坡政府网站（http://www. gov. sg）
- 中国科技部网站（http://www. most. gov. cn）
- 中国教育部网站（http://www. moe. edu. cn）
- 中国公安部网站（http://www. mps. gov. cn）
- 中国民政部网站（http://www. mca. gov. cn）

小节复习——牢记本节主要内容

一、解释概念

（1）G2G 电子政务；（2）G2B 电子政务；（3）G2C 电子政务；（4）政府内部电子政务

二、简短回答

（1）电子政务的特点有哪些？
（2）电子政务有哪几种模式？
（3）我国电子政务的发展体现在哪些方面？

6.2 网上拍卖

引导案例——
打开知识的大门

购物的时尚选择——"网上拍卖"

想逛街买东西却没有时间，怎么办？别急，在聊天、看新闻、收邮件之余，进入拍卖网站你也可以得到惊喜。从动漫大片到可爱的毛绒玩具，从手机挂链到 MP3 播放器，甚至数码相机等高档消费品，你都可以足不出户地通过网拍的方式轻松拥有！

拍卖也叫竞买，是一种商业买卖方式，卖方把商品卖给出价最高的人。它特别适用于未确定或难以估量价格的商品（如影音产品、网游账号、二手货等）。

所谓"网上拍卖"（以下简称网拍）是指利用互联网，在网站上公开发布将要拍卖的物品或者服务的信息，通过竞争购买的方式出售给出价最高者。相对传统拍卖，网拍的特点在于参与拍卖人员的范围极大。

网上拍卖 1995 年起源于美国。当时在美国加州工作的欧米达一直在琢磨如何利用因特网创造一个更为公平的市场。一天，他的妻子向他抱怨说，她很喜欢《星球大战》系列影片中的激光剑，却无法找到更多相同爱好的收藏者互相交流和交换。于是欧米达就利用休息日的时间写了一段程序，推出了一个叫 eBay 的拍卖网站。如今 eBay 已由一家个人网站发展成全球性网站，其影响力之大超出了很多人的预想。随着拍卖网站的日益红火，传统的拍卖方式已发生了巨大的变化，越来越多的人开始通过上网来了解拍卖市场的行情，并试图将自己的藏品在网上进行推销。

- 什么是网上拍卖？
- 网上拍卖与传统拍卖有何区别？

6.2.1 拍卖的基本知识

6.2.1.1 拍卖的含义

拍卖又称"竞买"，一般是由拍卖机构在一定的时间和地点，按照一定的程序和规则，通过公开竞价，将卖家的财物售给出价最高的应买人的一种商品交易方式。拍卖产生的三项社会自然条件是：一是适度规模的人口，形成买卖双方；二是剩余产品的出现，形成拍卖标的；三是货币制度的存在，形成竞价的付现。拍卖的最大好处是可以直接准确地反映市场需求，实现商品的最大价值。从经济学的角度来说，拍卖属于商品流通的范畴，是一种以货币为媒介的商品交换行为。从法律角度来说，拍卖是在主体平等、公正、公开的基础上订立竞买契约的行为。这种契约以竞争缔约的方式进行，体现了最大限度实现出卖物价值的特征。拍卖这种竞争缔约的法律行为，虽不等同于其他契约（如合同之类）

的法律行为，但其法律效力与其他契约相同。也就是说，拍卖中的拍定成交，即表示合同成立，买卖双方须承担相应的民事权利和义务，如有违约，则要承担民事责任。在拍卖的法律关系中不存在一方当事人的法律地位高于另一方当事人的情况，只要买者合法自愿地竞买，就有可能买到自己想要买的东西，一旦其出最高价将拍卖标的拍定成交，就依法获得领受拍卖标的的权利，以及同意按最高价支付价款的义务。

6.2.1.2 拍卖的相关当事人

(1)拍卖人，是泛指从事拍卖业的个人或机构。在我国，拍卖人是指专门从事拍卖业的中介或拍卖企业，即通常所说的"拍卖公司"或"拍卖行"。

(2)委托人，是指委托拍卖人拍卖物品或者财产权利的公民、法人或者其他组织。作为卖方，委托人可以是拍卖标的的财产所有人，也可以是拍卖标的的财产所有人的代理人。在每次拍卖活动中，委托人是将拍卖品交付拍卖人代为拍卖的授权人。

(3)竞买人，是指参加竞购拍卖标的的公民、法人或者其他组织。

(4)买受人，是指以最高应价购得拍卖标的的竞买人。

6.2.1.3 拍卖必须遵循的原则

拍卖必须遵守"三公一高"的基本原则，即"公开、公平、公正、价高者得"的原则。"公开"就是指拍品公开展示，拍卖活动公开进行，使得买卖双方对整个流通过程一目了然。以公开叫价竞购的方式求得买卖的成交是拍卖和普通买卖的最大区别，也是拍卖最显著的特征。"公平"就是指买家竞买资格平等，竞买机会平等，竞买规则平等。"公正"指拍卖机构对买卖双方高度负责，无欺骗，无偏袒，一视同仁。"价高者得"就是出价最高的人获得拍品的所有权，并支付其所报的最高价格。

6.2.1.4 拍卖的功能

(1)商品流通功能。这一功能是将商品从委托人手中通过拍卖人这一中介，转移给出价最高的竞买人，在资金和商品的交换过程中，商品流通得以实现。

(2)中介服务功能。这一功能指拍卖人既不占有拍卖标的，又不会成为拍卖标的的买主，更不会支付款项，它只是帮助供需双方以拍卖这种独特的方式完成商品交易过程。中介服务的主要作用是服务、沟通、联络、监督。

(3)价格发现功能。这 一功能是指通过拍卖形成的价格，不是人为规定和制造出来的，而是在拍卖市场上，由竞买人通过激烈的竞争，商品价格水平不断更新，最终由出价最高者决定商品成交价格的一种价格形成机制。

(4)保值增值功能。实践证明，经拍卖的商品一般增值都在30%以上，这种增值是在拍卖竞争中实现的。

6.2.2 拍卖的种类

拍卖行为根据不同的比较标准可以分为：强制拍卖与任意拍卖；有底价拍卖与无底价拍卖；开放式拍卖与密封式拍卖；一次性拍卖与再拍卖；自行拍卖与委托拍卖；定向拍

卖与不定向拍卖;法定拍卖与意定拍卖;破产拍卖等。在这里,主要介绍当今拍卖活动中用得最普遍的六种方式。

6.2.2.1 英格兰式拍卖(简称英式拍卖)

英式拍卖又叫"增价式拍卖"、"出价逐升式拍卖"或"价格上行拍卖",是最普通的一种拍卖方式。其形式是:在拍卖过程中,拍卖标的物的竞价按照竞价阶梯由低至高依次递增,当到达拍卖截止时间时,出价最高者成为竞买的赢家(即由竞买人变成买受人)。拍卖前,卖家可设定保留价,当最高竞价低于保留价时,卖家有权不出售此拍卖品。当然,卖家亦可设定无保留价,此时,到达拍卖截止时间时,最高竞价者成为买受人。网上英式拍卖一般用于拍卖周期较长(如1天以上)的拍卖。如果每种拍卖品有很多数量,允许竞买人制定购买量的英式拍卖称为美式拍卖。

6.2.2.2 荷兰式拍卖

荷兰式拍卖也叫"减价式拍卖"或"出价逐降式拍卖",它的出价通常从非常高的价格开始,高得甚至有时没有人竞价,这时,价格就以事先确定的数额下降,直到有竞买人愿意接受为止。它是针对一个卖主有许多相同物品这一特殊情况而设计的。卖主需要说明底价(即起拍价),以及有几件物品可以此价出售。竞买方可按底价或以高于底价的价格来竞买他们有兴趣的若干件交易品。拍品有一个起拍价格(即拍卖的最高期望价格),随着拍卖进行,该价格会随时间的变动自动向下浮动,如果在浮动到某个价格时有竞拍者愿意出价,则该次拍卖即成交。因此荷兰式拍卖的竞价是一次性竞价,即在拍卖中第一个出价的人成为中拍者。网上荷兰式拍卖一般用于拍卖周期较短(如几个小时)的拍卖。

荷兰式拍卖适合迅速卖掉大量商品,主要应用于易腐烂变质或难以久存的商品的拍卖,如水果、蔬菜、鱼类、鲜花、烟草等。

6.2.2.3 密封递价拍卖

在密封递价拍卖中,出价人各自递交自己的出价,通常不允许相互协商。这种拍卖方式在具体操作的时候,通常又被分为密封递价最高价拍卖和密封递价次高价拍卖。密封递价最高价拍卖中,出价最高的竞买人获胜。如果拍卖的有很多物品,出价低于前一个的出价者购得剩余的拍卖品。密封递价次高价拍卖通常也称为维氏拍卖,它和密封递价最高价拍卖相似,只不过出价最高的竞买人是按照出价第二高的竞买人所出的价格来购买拍卖品的。这种方式能鼓励所有的出价人都按照其预估价出价,降低了出价人串通的可能,可使卖家获得更高的回报。因为,既然获胜的竞买人受到保护,使他不必按照那个不合理的高价付款,那么所有的出价人都想按照比其在密封递价最高价拍卖中高一些的价格出价。

6.2.2.4 双重拍卖

双重拍卖是指买家和卖家都向拍卖师同时递交价格和数量来出价。拍卖师把卖家的要约(从最低价开始上升)和买家的要约(从最高价开始下降)进行匹配,直到要约提出的所有出售数量都卖给了买家。这类拍卖方式只对那些事先知道质量的物品有效，例如，有价证券或定级的农产品，通常这类物品交易的数量很大。双重拍卖既可以按照密封递价也可以按照开放式出价方式进行，分别成为密封递价双重拍卖和开放出价双重拍卖。纽约股票交易所拍卖股票和公债时采取的就是密封递价双重拍卖的方式；而芝加哥同业公会在期货和期权上采取的是开放出价双重拍卖形式。

以上六种拍卖方式的基本特点可用表 6－1 表示。

表 6－1　六种拍卖方式的特点比较

拍卖类型	基本特点
英式拍卖	从低价开始，出价增加到没有出价人愿意出更高的价格为止
荷兰式拍卖	从高价开始，出价自动降低到出价人愿意出的价格为止
密封递价最高价拍卖	密封递价过程；出价最高的出价人按照最高出价付款
密封递价次高价拍卖	密封递价过程；出价最高的出价人按照出价第二高的出价人所出的价格付款
密封递价双重拍卖	买家和卖家同时递交价格和数量来出价；拍卖师把卖家的要约和买家的要约进行匹配；买家和卖家可以根据从其他出价中获得的消息来修改出价
开放出价双重拍卖	买家和卖家同时递交价格和数量来出价；拍卖师把卖家的要约和买家的要约进行匹配；买家和卖家不可以修改出价

6.2.3　网上拍卖的优势

网上拍卖是在传统拍卖的基础上发展起来的，并未改变拍卖活动进行的目的、原则和基本的竞价方式，但却借助现代化的信息沟通方式和互联网技术，为拍卖活动营造了一个更为广泛、更加快捷、更趋准确的拍卖环境。网上拍卖的优势可归结为以下几个方面。

6.2.3.1　传播与保密性好

网上拍卖改变了传统拍卖活动中现场展示拍卖标的物的方法，而是将拍卖物的图片、价格评估、历史资料等信息搬到互联网上，达到广而告之的目的。这种信息传播方式，既保证了贵重拍卖物的安全，也方便了竞买者在第一时间了解拍卖物的资料，进行更充分的竞买准备。

6.2.3.2　使远程交易成为可能

网上拍卖一改所有拍卖人、竞买人围坐一起举牌竞价、一锤定音的竞价方式，而是利用先进的信息技术提供的网上身份认证和信息加密传送技术，将竞价环节和场所移至互联网上。这种虚拟的竞价场所，使得拍卖活动不受时间和地域（包括天气、交通、距离等因素）的限制，买卖双方足不出户便可参与整个拍卖过程。

6.2.3.3　大大降低了拍卖活动的成本

参加传统拍卖活功，对于所有拍卖人和竞买人而言，都是不小的负担，车马劳顿住宿费高不算，还须承担高额的中介手续费。网上拍卖则不然，拍卖各方在计算机前点击鼠标或按键盘，即可进行拍卖活动，而中介费用也更为低廉。

6.2.3.4 使传统拍卖中委托人的职能弱化

在传统拍卖活动中，委托人不仅具有中间公证人和担保人的职能，同时承担拍卖召集人、拍卖物保管人、拍卖活动组织人等职责。而网上拍卖活动，委托人除须保证活动的公正、公平、公开外，其他职能相对弱化。

6.2.3.5 扩大了适拍品的范围

由于传统拍卖费时、费力、费钱，低价值的商品往往难登拍卖行的“大雅之堂”。而网上拍卖使拍卖活动更加平民化，形式各样、价钱不等的商品都有了被拍卖和被选择的机会。例如，现在网上跳蚤市场拍卖的很多都是手机、CD 机、装饰品等小东西。

6.2.3.6 由网上拍卖衍生出新的拍卖方式

网上拍卖除可以采用传统英式拍卖、荷兰式拍卖等拍卖方式以外，还变化出更多简易、方便的竞价方式。

6.2.3.7 网上拍卖为广告主开辟了新大陆

由于拍卖网站必须吸引足够的买家和卖家形成拍卖市场，因此成功的拍卖网站往往拥有大量的访问者和点击率。那些对特定物品的交易有兴趣的人们成了广告主愿意支付额外费用去接触的细分市场。

6.2.4 网上拍卖亟待解决的问题

6.2.4.1 全球化的障碍

每个国家有自己的文化和风俗，所以很难对网上拍卖进行统一全球化的发展。举例来说，最大的在线拍卖网站 Ebay，想去扩大其他国家的市场，他们就需要与该国当地的在线拍卖网站竞争。然而，由于本地文化的因素，当地的网上拍卖网站可能比 Ebay 更具竞争优势。在中国，Ebay 与淘宝在 2006 年年底的竞争中以失败告终。换言之，如果淘宝要进军国际市场，也将面临此类的挑战，这将使网上拍卖行业的全球化进程受到一定阻碍。

6.2.4.2 违法行为

对任何电子商务网站来说，如何杜绝违法侵权行为，始终是一个恼人的议题。欺诈和非法侵权行为在中国仍然猖獗，如销售假冒商品，收到付款后拒绝交付货物，刷交易量伪造信用等。这些情况让用户失去了信心，使他们几乎永远离开该网站不进行网上拍卖活动。这确实破坏了网上拍卖的市场环境。也会使消费者因为这些原因，不愿意参与网上拍卖。

6.2.4.3 隐性成本

在拍卖网站上购买货物除了货物费用外，还需许多其他费用，比如送货费和信用卡手续费等。当消费者决定通过网络竞标一个商品时,他们会考虑这些间接费用,特别是有时产品的价格比这些附加的费用更低的时候。换言之,如果燃油价格将要上涨,成本会转嫁到买方在交付和邮寄费用上。而对于信用卡公司而言,如万事达卡或 Visa 卡,则是提高了在线交易的手续费。这样一来,一个在线拍卖的项目的总成本对消费者来说就过于昂贵了。

6.2.4.4 安全系统的滞后

在中国,网上拍卖只是在最近 10 年间成长起来的,拍卖网站的系统还不健全和完善。在任何时候系统问题都可能出现,如黑客攻击、系统崩溃和系统错误。对于拍卖网站,每个问题的发生不仅意味着该网站公司需投入巨大的资金去解决,公司失去的也是时间。他们不得不关闭网站一阵子,甚至数天或数周。在此期间,他们不能赚取利润以至于用户可能会永远地离开。而对于用户来说,其他人可能窃取他们的信息和金钱而交易不得不暂时终止或取消。

本节内容图表化

拍卖的概念	拍卖(Auction),又称"竞买",一般是由拍卖机构在一定的时间和地点,按照一定的程序和规则,通过公开竞价而定价的方法,将卖家的财物售给出价最高的应买人的一种商品交易方式
拍卖的功能	(1)商品流通功能 (2)中介服务功能 (3)价格发现功能 (4)保值增值功能
拍卖的类型	(1)英格兰式拍卖 (2)荷兰式拍卖 (3)密封递价拍卖 (4)双重拍卖
网络拍卖的优势	(1)传播性好,保密性好 (2)使远程交易成为可能 (3)大大降低了拍卖活动的成本 (4)使传统拍卖中委托人的职能弱化 (5)最大限度地加快了拍卖活动的节奏 (6)扩大了适拍品的范围 (7)由网上拍卖衍生出新的拍卖方式 (8)网上拍卖为广告主开辟了新大陆
网上拍卖亟待解决的问题	(1)全球化的障碍 (2)违法行为 (3)隐性成本 (4)安全系统的滞后

开阔视野——
还有你所不知道的

网上拍卖的其他类型

网上拍卖在现实中还有以下几种类型。

(1)集体议价(集体式购买)。集体议价是一种不同于传统拍卖的网络拍卖类型,集体议价多采用C2B的形式,并无竞价过程,提供集体议价的网站会将物品的基础价格(初始价)公布出来,由众多买家组成一个庞大的购物集团,然后根据卖方在网站上物品前登记的表格中所标明的不同数量等级对应的物品单价进行购买,买家人数越多,价格越低,但通常会有一个最低价(即集合底价)。集体议价实质上更像网站替一批不认识的人去批发购买他们想要的商品。

(2)逢低买进。逢低买进也是不同于传统拍卖的一种交易形式,买家可以暂不投标加入,而是根据商品的价格曲线,选一个自己认可的价格段,一旦价格降到此价格段上,系统会发送通知,告诉买家目前集合的人数已达到他所期望的价位并将他自动加入购买集体。

(3)反拍卖(标价求购)。反拍卖(标价求购)中由买方出价,卖方成为"买方",其竞争的是向消费者提供服务的机会,反拍卖具体指消费者可以提供自己所需要的产品、服务需求和价格定位等相关信息,由商家之间以竞争方式决定最终产品、服务供应商,从而使消费者以最优的性能价格比购买到产品。

(4)一口价。一口价指在交易前卖家预先确定一个固定的价格,让买家没有讨价还价的余地。交易完成后,买家根据卖家预先设定好的价格(即一口价)进行付款。如果卖家出售数量大于1的多数商品,则交易将持续到买家以一口价购完全部商品或在线时间(竞价截止时间)结束。一般在网络拍卖的实际运用中,一口价的买卖方式可以单独使用,也可以结合其他交易类型(如网络英式拍卖)一起使用。

案例学习——
看看你的分析能力

葡萄酒的在线拍卖

葡萄酒行业拥有数百年的悠久历史,其中,葡萄种植者和酿酒厂保持着长久的合作关系。通常,葡萄酒商与葡萄种植者之间有多年的购买合同,因此,利用互联网来协助葡萄交易的进程非常缓慢,但是在2001年,有2 000吨之多的葡萄首次实现了在线拍卖。

WineryExchange公司(wineryexchange .com)在加利福尼亚地区进行了首次网上葡萄拍卖。Fetzer葡萄园是一个年产葡萄酒400万箱的葡萄酒生产厂,其主管Doug Wilson说:"在过去,大部分的交易都被卡车的后挡板给限制了。"加利福尼亚沿海有36家生产"特惠"葡萄的种植者,有30家葡萄酒生产厂商生产每瓶10~50美元的葡萄酒,并从这些种植者那里采购葡萄,Doug Wilson就是其中的一家采购者。

不幸的是,由于其管理支出变得越来越庞大,WineryExchange不得不停止葡萄的拍卖,而转变成了葡萄种植者团体的一个信息入口和葡萄酒销售商的店面。

对于葡萄酒,特别是陈年老酒,在线销售非常盛行。尽管一般的酒通过目录列表进行销售,然而对于陈年老酒以及昂贵的葡萄酒,大部分情况下还是采取拍卖的形式销售。在 Winebid 上面向葡萄酒收藏者定期举行拍卖活动(读者可以登录 winebid. com),这些拍卖通常为 C2B 形式。如果购买方找到了他所需要的种类,而且价格合理,他可以跟踪这一箱(每箱 12 瓶)或一瓶酒,并在开始新的投标之前查看当前的投标价格。读者可以登录 winebid. com 参考"购买"来查看购买指南。除此之外,在 eBay 上还有很多其他类型的葡萄酒拍卖。

(资料来源:严建援等译. 电子商务管理视角. 北京:机械工业出版社,2007.)

■ 什么原因促使葡萄酒交易采取网上拍卖的方式?
■ 为什么 C2B 模式能够成功?
■ 寻找其他可以进行葡萄酒拍卖的网站并将其与 winebid. com 作比较。

班级讨论——加深你的知识理解

(1)你认为网上拍卖的优势体现在哪些方面?
(2)你知道哪些知名的拍卖网站?
(3)在进行网上拍卖的时候应该注意哪些问题?

自己动手——锻炼你的实践能力

(1)浏览以下列举的拍卖网站,了解它们是如何实现拍卖功能的,并分析该网站所采用的拍卖模式。

- eBay(http://www. ebay. com)
- 浙江拍卖在线(http://www. zjpmw. com)
- 中拍在线(http://www. a123. com. cn)
- 嘉德在线(http://www. artrade. com)
- 淘宝(http://www. taobao. com)

(2)选择以上网站中的一个,试着拍卖自己的物品,与同学分享成功的经验或失败的教训。

小节复习——牢记本节主要内容

一、解释概念

(1)拍卖;(2)英式拍卖;(3)荷兰式拍卖

二、简短回答

(1)拍卖的功能有哪些?

(2)六种拍卖方式各有哪些特点?

(3)网络拍卖的优势有哪些?

(4)网络拍卖存在哪些问题亟须解决?

6.3 网络视频

引导案例——打开知识的大门

优酷网

优酷(YOUKU. com)于2006年12月21日正式推出。优酷以“快者为王”为产品理念,凭借“快速播放,快速发布,快速搜索”的产品特性,充分满足用户日益增长的互动需求及多元化视频体验,现已成为中国互联网领域最具影响力、最受用户喜爱的视频媒体。

优酷坚持打造“阳光、真实、主流、有梦想”的品牌形象,以“合计划”为导向,联手众多合作伙伴展开资源整合和内容拓展,利用视频媒体独特的属性开创“台网联动”传播模式,不断响应行业及网民诉求,推动网络视频行业主流化进程。此外,优酷还是唯一一家获得广电双证的商业网站,成为正版影视节目发行、传播和营销的合法平台。

优酷不断实践“三网合一”的使命,现已覆盖PC、电视、移动三大终端,兼具影视、综艺、资讯三大内容形态,贯通视频内容制作、播出、发行三大环节,成为真正意义的互联网电视媒体,引领视频行业格局及全媒时代的大格局。

(资料来源:优酷网 http://www. youku. com/)

- 除了优酷视频网外,你还了解哪些知名的网络视频网站?
- 你认为网络视频网站可以给你的工作和生活带来哪些便利?

中国互联网络信息中心(CNNIC)认为,网络视频是指内容格式以WMV,RM,RMVB,FLV以及MOV等流媒体类型为主,可以在线播放、观看的文件内容。这里的在线包括两种形式:直接通过浏览器在线播放或者通过终端软件在线播放。根据CNNIC发布的第34次《中国互联网络发展状况统计报告》显示,截至2014年6月,中国网络视频用户规模达4.39亿人,较去年年底增加1 057万人,用户增长率为2.5%,增速明显放缓。网络视频用户使用率为69.4%,与去年年底基本持平。其中,我国手机视频用户规模为2.94亿人,与2013年底相比增长了4 709万人,增长率为19.1%。网民使用率为55.7%,相比2013年底增长6.4个百分点。

6.3.1 视频网站的商业模式

视频网站按类型可以划分为视频分享网站、长视频网站、客户端网站等。概括总结各大视频网站现有的商业模式,主要有以下几种。

6.3.1.1 广告模式

以不同类型、不同层次的广告投放来赢利。细分下来,视频网站的广告投放可分为几种:第一,首页广告,多以图片、弹窗、浮框、横幅、文字等形式出现。第二,贴片广告,也称内置广告,贴片广告可以分为视频开始前、视频暂停时、视频结束后、视频画中画、文字滚动缓冲时等。第三,视频类广告,主要包括商品、游戏、新电影或电视剧的宣传,近年来视频网站也开始细分目标受众市场,开始利用用户数据库来为用户提供精准的分类广告。

6.3.1.2 付费业务或付费服务

包括会员收费制度和付费业务或付费服务。付费会员一般以包月或包年为一周期,支付相应的会员费,从普通的注册用户升级为会员,便能进入专属的VIP区进行观看点播。此外,有些网站还开设了单次付费服务,俗称"影视商城"。总体来说,付费视频在视频网站中所占的比例并不大,为了积累客户,大多数视频还是免费播放的。现在有些视频网站已经开始逐步培养用户的付费意识,例如观看指定的某些广告可以获得收看一定时间的收费业务的奖励行为,或在指定商城消费指定信用卡换取视频点播包月卡等,让用户逐渐对收费内容感到习惯并认可。

6.3.1.3 内容出版及版权分销

内容出版是指视频网站自身投资拍摄或参与相关电影电视剧的投资拍摄,然后通过转让版权赢利,或将电影网络发行后,与发行方分成等。版权分销是指视频网站为了分摊高额的正版影视剧购买费用,按照年限以非独家的方式分销给其他视频网站或公司。

除上述模式外,各大视频网站还存在其他的赢利业务,但是规模都不大,在收入所占比例中也较小。一是手机视频业务;二是依靠用户上传原创内容,再按照其点击率来营收;三是合作运营,即视频网站与网络游戏公司、通信运营商等进行战略合作,双方共享赢利;四是线下赢利,是指通过"线上品牌增值服务+线下衍生周边产品"的方式收入利润,即先以视频内容获得用户关注,打造品牌效应,后将品牌价值应用于线下,进而利用线下衍生的周边产品获得收入。

各大视频网站经过数年的发展,在商业模式方面已经有了相应的探索和尝试,并获得了一定的营收,但是在结合内外部行业环境的分析下,视频网站现有的商业模式还是存在诸多的不足之处。比如说:成本远远大于收入,负担较重;赢利结构单一,商业模式趋同;内容同质化严重,难以形成稳定的用户群等。

6.3.2 网络视频的发展趋势

2014年上半年,网络视频发展呈现出一些新变化,主要表现在以下几个方面:首先,收看渠道方面,网络视频用户继续向移动端转移。网络环境的完善、智能设备的普及以及视频厂商在客户端的推动共同促进了移动端视频用户的快速增长。其次,内容方面,各大视频网站内容自制的力度加大。再次,政策方面,国家新闻出版广电总局对网络视听节目的监管加强,视频网站进军电视端风险加大。

6.3.2.1 网络视频行业仍处于早期阶段

门户是互联网行业第一种发展形态,1996年到2002年诞生三大门户网站(搜狐、新浪、网易)并实现赢利,这一过程仅持续6年。视频行业从2005年4月土豆上线至今,除了乐视、暴风等少数视频网站赢利,大多数视频网站仍处于亏损状态,尤其是4G时代的来临,带宽、版权、技术服务成本的上升,在线视频离大规模赢利还很远。

尽管视频技术和用户习惯已逐渐走向成熟,但整个行业仍处于早期,离市场真正爆发还需要很长一段时间的发展。所以,尽管有BAT(百度,阿里巴巴,腾讯,简称"BAT")支撑的爱奇艺、优酷、腾讯视频处于领先地位,在视频格局未定的大环境下,乐视、迅雷看看、搜狐视频均在不遗余力抢占市场和用户,力求缩小与行业巨头的差距。

6.3.2.2 内容仍是视频竞争的核心

加大内容版权投入已成为网络视频行业的共识,表明内容仍是决定视频网站核心竞争力的主要因素,上游内容的生产和多元化成为在线视频发展的重点,相比高昂的版权采购,成本低、制作简单、赢利模式清晰的自制内容成为视频网站的首选。

随着电视台收紧分销版权,视频网站越来越难获取优质内容版权,版权采购范围从一线湖南卫视向河南卫视、陕西卫视等二三线电视台倾斜。同时,以芒果TV为代表的广电系正试图逆袭在线视频,自去年收拢部分版权之后,芒果TV向视频网站全面封锁,核心播放湖南卫视节目,日覆盖用户已达到400万~500万级别,给视频网站造成不小压力。

由于节目版权的问题,自制成为视频内容生产上探索的新方向。2014年被誉为自制剧元年,《万万没想到》《屌丝男士》等自制剧红遍视频网站和社交平台,其主要抓住用户对视频的快餐式消费需求,并辅以好玩、短、连载等特点,极易在社交平台引起病毒式营销。作为自制剧的后来者,迅雷看看凭借《谢文东》初尝甜头,创造出20亿的惊人点击量。

6.3.2.3 用户体验不可或缺

视频之争主要围绕内容、播放和终端三方面展开,而且呈现两端加强的迹象。当视频网站投入大量的资金布局内容和终端渠道时,播放体验往往成为容易被忽略的环节,而这恰恰是用户选择视频品牌和内容的关键所在。随着智能终端种类的增加和手机作用的凸显,移动视频播放体验成为考量一家视频网站技术实力的重要指标,优酷、迅雷看看、暴风影音成为行业先行者。

以迅雷看看为例，其拥有业内领先的云存储和云加速技术，多终端共享海量视频，实现跨屏无缝连接（多屏互动），让用户看视频更方便。为提升视频画质，迅雷看看进一步发展高清技术，让用户拥有高清体验，并比其他视频网站更省流量。在音效上，迅雷看看引入 DTS（一家国际数码高科技公司）、AMD（超微半导体公司）等合作伙伴，提升高质量音频标准和硬件水平。

总体而言，移动视频仍处于发展初期，各家精力主要放在播放体验由 PC 端移植到移动端，下一步的重点是探索基于移动端独有特性的体验，比如省电、省流量和千人千面等，目前基于场景的优化仍以社交传播为主，未来新闻、搜索或成为优先场景进行部署。

本节内容图表化

网络视频	网络视频是指内容格式以 WMV，RM，RMVB，FLV 以及 MOV 等流媒体类型为主，可以在线播放、观看的文件内容。这里的在线包括两种形式：直接通过浏览器在线播放或者通过终端软件在线播放。
视频网站的商业模式	（1）以不同类型、不同层次的广告投放来赢利 （2）付费业务或付费服务 （3）内容出版及版权分销 （4）其他
网络视频的发展趋势	（1）网络视频行业仍处于早期阶段 （2）内容仍是视频竞争的核心 （3）用户体验不可或缺

开阔视野——还有你所不知道的

付费视频消费情况

付费点播为视频网站带来了新的赢利突破口。在一定程度上，付费点播使网络视频发展向正版化全面迈进，有助于规范视频网站，打击盗版视频。同时，更高的视频画质，更快的剧集更新等，也能为消费者带来诸多好处。在收费内容上，视频网站主要是对高清影视剧收费，优酷、土豆等网站主要通过热映的电影招徕付费用户。但是，目前付费点播模式在国内依旧面临着严峻的挑战。用户付费习惯尚未养成，盗版仍然猖獗，这些都是网站付费点播道路上的强大阻碍。

根据 CNNIC 发布的《2013 年中国网民网络视频应用研究报告》显示，截至 2013 年 12 月底，只有 11.7% 的视频用户有过付费收看视频的经历，比 2012 年增加了 3.6 个百分点，增长缓慢，用户付费习惯尚未养成。当前视频清晰度相对不高、盗版横行、用户习惯等因素影响了用户的付费意愿，使得视频企业的营收仍以广告收入为主，但放眼未来，随着网速加快，网站能提供高清及时的影视资源，用户的付费意愿必然会提升，付费视频行业潜力巨大。

案例学习——看看你的分析能力

乐视网

乐视网成立于2004年11月，2010年8月12日在中国创业板上市。乐视网是唯一一家在境内上市的视频网站，也是全球第一家IPO上市的视频网站。目前，乐视网的市值已经由上市之初的30亿增长为400多亿，曾多次创下创业板公司市值最高纪录。长期以来，乐视致力于打造垂直整合的“平台+内容+终端+应用”的生态模式，涵盖了互联网视频、影视制作与发行、智能终端、大屏应用市场、电子商务、生态农业等，日均用户超过5 000万，月均超过3.5亿。经过十多年发展，乐视网在行业内首创“平台+内容+终端+应用”的生态模式，包含4层架构9大引擎。9大引擎包含平台层的云视频平台和电商平台；内容层的内容制作和内容运营；终端层的硬件及LetvUI系统；应用层包括：Letv Store、视频搜索、浏览器。

乐视从2004年成立至今就一直在收购长视频版权，到目前为止，乐视网已积累了10万集电视剧和5 000多部电影版权，成为我国最大的“影视版权库”。除了它丰富的影视版权，乐视从2011年开始采用的独播剧模式及收购花儿影视，成立乐视影业后为它提供了大量新颖的视频。不仅如此，乐视还渐渐引进体育、娱乐、综艺、动漫、音乐、风尚、汽车、财经等频道以及开设体育等网络栏目，这些构成了乐视的差异化视频内容，实现了内容的创新。

2011年1月开创并实施了“全网贴片”的广告模式，即乐视网在自己已拥有版权的视频中植入广告，然后再分销给其他视频。这样广告主只需要在乐视网投放广告就能达到宣传的效果。乐视网独创了“付费+免费”的混合模式，付费即对购买了版权的影视剧等进行收费发行；免费则是乐视的免费客户端使用户可以上传各种影视视频，并进行视频分享。这样既克服了单一模式各自的劣势又将两者的优势有效地进行了融合，使得乐视网的收入得以保持稳定增长。

（资料来源：乐视网 http://www.letv.com/和《现代商业》2014年第28期改写）

■ 你认为乐视网的商业模式创新之处有哪些？

■ 试分析乐视网的商业模式还可以有哪些创新？

班级讨论——加深你的知识理解

1. 你认为网络视频和电视直播存在哪些区别？
2. 你认为网络视频的发展前景怎么样？

自己动手——锻炼你的实践能力

浏览以下所列举的网站，了解他们的服务功能与栏目特色

- 爱奇艺(http://www.iqiyi.com/)
- 腾讯视频(http://v.qq.com/)
- 芒果 TV(http://www.hunantv.com/)
- 搜狐视频(http://tv.sohu.com/)

小节复习——牢记本节主要内容

一、解释概念

网络视频

二、简短回答

(1)视频网站的商业模式有哪些?

(2)视频网站怎样进行商业模式的创新?

6.4 移动电子商务

引导案例——打开知识的大门

如何用便利店打造移动电商"碎片购物"

"碎片购物"不同于传统购物，它让消费者习惯使用手机购买最高频的日常家庭消费品。高频打败低频，如果消费者每天数次使用手机"碎片购物"，则碎片购物变成切入点，粘住顾客，大型超市购物会转移过来，最终垄断消费者70%购物需求。

1号店规定不满百元收取10元运费，从仓库到顾客手中，运费成本很难压缩。"碎片购物"的基础是极低配送成本，碎片购物业态基本构想是：一个社区便利店服务周围5 000户家庭的社区，社区居民手机订购商品，每天19点前的订单，超市人员在19~21点送货上门。

有些人会说，如此也有配送成本，且可能高于一瓶酱油的毛利，还有这种送货方式不及时，如果顾客就想立即使用商品怎么办？社区便利店商品数量有限，能否满足消费者需求？

对消费者而言，大部分商品都不需要立即配送，当天(或次日)送达就能满足需求。顾客一定需要立即配送的商品，在一键订购完成后加一个立即配的按键，另收3元运费即可(或者顾客到门店购买)。便利店容量有限，一般只能陈列2 000~3 000种商品，对于社区便利店没有的商品，消费者也可订购，第二天从仓库发货到便利店，然后门店统筹配送到消费者家中。从仓库到门店的配送成本很低，因为便利店本身每天要补货，而且

便利店补货是拆箱配送,消费者订购的商品随配货车送到门店,把顾客订单纳入便利店补货体系,则只耗费很少的额外成本。

(资料来源:i天下网商 http://www.iwshang.com/)

■ 你认为"碎片购物"设想能否实现?
■ 移动电子商务的优势体现在哪?

随着移动互联网的快速发展,出现了通过移动终端进行的电子商务形式——移动电子商务。移动设备通常隶属于个人,可以为其所有者随时随地提供信息,商家可以通过移动电子商务将市场目标定位到个人,而传统的基于有线连接的电子商务只能将市场细分到一个小群体,比如一个家庭。从这一点来说,移动电子商务是电子商务发展的最高形式。

6.4.1 移动电子商务概述

6.4.1.1 移动电子商务的含义

所谓移动电子商务,是指利用手机、掌上电脑等移动通信设备与互联网有机结合,进行的电子商务活动。同时,专业人士还提出了"互联网 + 无线技术 + 电子商务 = 移动商务"的概念。移动电子商务包括移动支付、无线 CRM、移动股市、移动银行、移动服务与移动办公等。目前中国移动已推出手机银行、手机炒股、手机彩票、GPS 位置服务、移动办公、统一消息服务(UM)、个人信息管理(PIM)、无线广告(WAD)等移动电子商务服务。

6.4.1.2 移动电子商务的特点

与 Internet 上的在线交易相比,移动电子商务具有许多优点。表现在以下几个方面。

(1)移动交易不受时间和地点的限制。

(2)效率高,大大节省客户交易的时间。

(3)移动终端的身份固定,能够向用户提供个性化移动交易服务。

(4)可以提供与位置相关的交易服务。

(5)移动商务比 Internet 上的在线交易更具安全性。

由于移动电话已经具备了非常强大的内置认证特征,因此比 Internet 更适合电子商务。手机所用的 SIM 卡对于移动商务就像身份证对于社会生活一样,因为 SIM 卡上存贮着用户的全部信息,可以唯一地确定一个用户的身份,对于电子商务来说,这就有了认证安全的基础。

移动电子商务将用户和商家紧密联系起来,而且这种联系将不受个人电脑或连接线的限制,使电子商务走向了个人。

6.4.2 移动电子商务的应用

6.4.2.1 移动电子商务的应用类型

从信息流向的角度看,移动电子商务提供的业务可分为以下三类。

(1)“推(Push)”业务:主要用于公共信息发布。应用领域包括时事新闻、天气预报、股票行情、彩票中奖公布、交通路况信息、招聘信息和广告等。

(2)“拉(Pull)”业务:主要用于信息的个人定制接收。应用领域包括服务账单、电话号码、旅游信息、航班信息、影院节目安排、列车时刻表、行业产品信息等。

(3)“交互式(Interactive)”业务:用户参与的交互性业务包括电子购物、博彩、游戏、证券交易、在线竞拍等。

6.4.2.2 移动电子商务应用的主要业务

(1)银行业务。移动电子商务使用户能随时随地在网上安全地进行个人财务管理,进一步完善因特网银行体系。用户可以使用其移动终端核查其账户、支付账单、进行转账以及接收付款通知等。

(2)交易。移动电子商务具有即时性,因此非常适用于股票等交易应用。移动设备可用于接收实时财务新闻和信息,也可确认订单并安全地在线管理股票交易。

(3)订票。通过因特网预订机票、车票或入场券已经发展成为一项主要业务,其规模还在继续扩大。因特网有助于方便核查票证的有无,并进行购票和确认。移动电子商务使用户能在票价优惠或航班取消时立即得到通知,也可支付票费或在旅行途中临时更改航班或车次。借助移动设备,用户可以浏览电影剪辑、阅读评论,然后订购邻近电影院的电影票。

(4)购物。借助移动电子商务,用户能够通过其移动通信设备进行网上购物。即兴购物会是一大增长点,如订购鲜花、礼物、食品或快餐等。传统购物也可通过移动电子商务得到改进。例如,用户可以使用“无线电子钱包”等具有安全支付功能的移动设备,在商店里或自动售货机上进行购物。

(5)娱乐。移动电子商务将带来一系列娱乐服务。用户不仅可以从他们的移动设备上收听音乐,还可以订购、下载特定的曲目,并且可以在网上与朋友们玩交互式游戏。

(6)无线医疗。医疗产业的显著特点是每一秒钟对病人都非常关键,这一行业十分适合移动电子商务的开展。在紧急情况下,救护车可以作为进行治疗的场所,而借助无线技术,救护车可以在移动的情况下同医疗中心和病人家属建立快速、动态、实时的数据交换,这对每一秒钟都很宝贵的紧急情况来说至关重要。在无线医疗的商业模式中,病人、医生、保险公司都可以获益,也会愿意为这项服务付费。这种服务主要是在时间紧迫的情形下,向专业医疗人员提供关键的医疗信息。由于医疗市场的空间非常巨大,并且提供这种服务的公司为社会创造了价值,同时,这项服务又非常容易扩展到全国乃至世界,我们相信在这整个流程中存在着巨大的商机。

(7)移动应用服务提供商。一些行业需要经常派遣工程师或工人到现场作业。在这些行业中,移动应用服务商将会有巨大的应用空间。移动应用服务商结合定位服务技术、短信息服务、WAP 技术以及呼叫中心技术,为用户提供及时的服务,能提高用户的工作效率。

6.4.3 移动电子商务运作模式

目前,我国的移动电子商务产业链中多种商业模式并存,大致分为以下几类。

6.4.3.1 传统电子商务企业主导模式

这种方式是传统电子商务的接入移动化,例如用户使用手机上网登录淘宝、阿里巴巴等网站并进行订单处理等。这种方式的优势在于传统电子商务企业已经具有电子商务的运营和管理经验以及成熟的品牌形象,手机仅作为一个全新的用户接入渠道,可以迅速将互联网业务向手机移植,用户也更容易接受。

6.4.3.2 平台集成商主导模式

由平台集成商自主发展商业客户,建设与维护业务平台,同时向多个运营商提供业务接入服务,如用友公司的移动商街等。平台集成商开展移动电子商务主要集中于熟悉的某个行业。

6.4.3.3 移动运营商主导模式

移动运营商提供一个范围广、使用方便的业务平台,为移动用户提供快捷方便的接入,并在安全、计费、支付等方面提供支持。移动用户、服务提供商和银行在此平台上交换信息。如,中国移动的移动梦网(http://www.monternet.com),移动梦网是中国移动向客户提供的移动数据业务的统一品牌。英文叫做 Monternet,意思是"Mobile + Internet"。移动梦网就像一个大超市,囊括了短信、彩信、手机上网(WAP)、百宝箱(手机游戏)等各种多元化信息服务。移动运营商的关键成功因素是通过控制移动网络平台,占有主动权,并自主选择内容提供商。作为移动价值链的枢纽,移动运营商确保参与者的交易信息安全,通过与内容提供商合作,也可以吸引移动用户,扩大客户群。

6.4.3.4 手机生产商主导模式

美国苹果公司以创新技术为核心,2006 年 6 月携 iPhone 进军移动通信市场,革命性地改变了移动市场格局。苹果公司为给 iPhone 用户提供更多的应用,推出 App Store 商店。为此,苹果推出了专门的软件开发包 SDK,让第三方来开发 iPhone 应用软件嵌入 App Store 供用户下载。用户在应用商店可以下载到实用程序,并通过信用卡付费;苹果公司设定此为唯一下载渠道,维护发布平台,建立开发者社区,与开发者三七分成;开发者的软件发布在 App Store,每次下载苹果公司自动与之分成。App Store 运营模式使用户、苹果公司和 SDK 开发三方互赢互利。

App Store 模式为苹果公司带来了巨额利润,这种模式已在全球引起剧烈反响,不少的手机厂商都推出自己的应用商店,如诺基亚的 Ovi Store、三星的 SamsungApp 等。

可以预见,移动运营商主导和传统电子商务企业主导的移动电子商务模式将在移动电子商务发展中占主导地位。

6.4.3.5 以银行为核心的模式

由银行开发业务平台支撑自身业务发展为其他各类商业活动提供金融服务,用户通过短信、WAP 等接入手段与银行直接发生联系,该模式主要适用于手机银行业务,如中国建设银行、工商银行的手机银行业务。此类业务模式今后应该多从技术接口的标准化上进行发展,依托自己雄厚的财力、安全保障能力和服务能力,提升各类平台的接入能力,扩展自己的商务空间。

6.4.4 移动电子商务的发展

随着中国智能手机的普及以及移动互联网的发展,手机已经成为人们生活中非常重要的一部分,手机已经不是过去传统意义上的通信产品,而更多承载了人们的娱乐、消费、商务、办公等活动。在此背景下,中国移动电商行业快速成长起来,用户的移动购物习惯也在逐步养成。

6.4.4.1 中国移动电子商务发展现状

(1)移动购物消费渐成气候。目前,在中国已经有接近一半的用户,其购买行为已经从 PC 端向移动端转移。根据 iCTR 在线调研数据显示,7% 的被访网民表示,他们已经有超过 80% 的商品从 PC 端转移到移动端购买,可见这部分用户已经成为移动购物的重度用户;而有 15% 的被访网民表示,其有 50% 左右的商品已经从 PC 端转移到移动端购买;另外,有 35% 的被访网民,他们有 30% 左右的商品购买行为开始向移动端转移。

(2)移动购物入口多样化。目前,移动购物对 PC 端购物产生了一定的影响,而移动购物的入口也在悄然发生着变化。除了传统的站内搜索、通用搜索(如百度等)等方式外,二维码、移动社交产品也成为用户选择移动购物入口的方式。

(3)移动金融快速发展。在移动电商领域,除了移动购物外,移动金融也在快速成长。2013 年 6 月 13 日,在支付宝推出余额宝后,余额宝的用户规模及基金规模,都实现了快速的突破。余额宝推出后,支付宝的页面流量有了一个显著的提升。据中国电子商务研究中心监测数据显示,截至 2014 年 12 月 31 日的天弘增利宝货币市场基金(即余额宝)的份额达到 5 789. 36 亿元。

6.4.4.2 中国移动电子商务发展方向

(1)聚焦用户进行精准化营销。用户的精准营销、定向分析具有极大的操作空间。“千人千面”已提出了多年,可是发展仍不成熟,仍然需要大量探索。对于已拥有电脑端流量入口的移动电商在这点上具有先天的优势。

(2)定位功能,强调本地化体验。以地域、时间轴为切入点的网络销售有更强的作用力和消费者共鸣,如移动端的本地生活类服务电商。

(3)碎片化时间场景研究。对于移动电商来说,碎片化购物将是一个新的商业运营模式。消费者大多是在碎片化的时间中进行移动购物,通过研究怎样更好地满足人们使用时间和场景需求,能进一步提供移动电商的模式和内容创新的可能性。

(4)精简商品数量,优化购物路径。减少商品数量、缩短购物路径或者简化文字描述,以及在不影响视觉的前提下,运用新技术压缩图片空间,都成为移动电商亟须解决的问题。

(5)移动端搜索和推送。电脑端最常见的是搜索引擎的运用。移动端的界面特征,使广大用户更习惯于点击、推送,这对整体页面的设计、导入,提出了完全不同的要求。

(6)强调收藏,优化购买和支付。在移动端,碎片化的时间利用,空间移动时网络信号的不稳定性,更多用户更高比例的使用收藏功能,以便日后再做处理等,都为移动电商如何提升转化提供了重要方向。

(7)移动社交与移动购物的更好结合。利用移动互联时代的社交传播特点,移动购物电商都在做着各种有益的尝试。如:美国亚马逊的用户把自己的 Facebook 和 Amazon 账号链接,可以看到好友对某个商品的评论以及他们想要买的商品。

总之,现在市面上看到的各种移动电商 APP 多数还是电脑端的改革版,缺乏完美适配移动终端购物场景的产品。虽然手机已经成为生活的一部分,但是电商如何更好地驾驭移动互联网还需要我们更多的探索。

本节内容图表化

移动电子商务的含义	是指利用手机、掌上电脑等移动通信设备与互联网有机结合而进行的电子商务活动
移动电子商务的特点	(1)移动交易不受时间和地点的限制 (2)效率高,大大节省客户交易的时间 (3)移动终端的身份固定,能够向用户提供个性化移动交易服务 (4)可以提供与位置相关的交易服务 (5)移动商务比 Internet 上的在线交易更具安全性
移动电子商务的基础技术	(1)无线应用协议(WAP) (2)通用分组无线业务(GPRS) (3)移动 IP 技术 (4)“蓝牙”(Bluetooth)技术 (5)移动定位系统技术 (6)第三代(3G)移动通信系统
移动电子商务应用的主要业务	(1)银行业务 (2)交易 (3)订票 (4)购物 (5)娱乐 (6)无线医疗 (7)移动应用服务提供商
移动电子商务运作模式	(1)传统电子商务企业主导模式 (2)平台集成商主导模式 (3)移动运营商主导模式 (4)手机生产商主导模式

续表

移动电子商务的发展方向	(1)聚焦用户进行精准化营销 (2)定位功能,强调本地化体验 (3)碎片化时间场景研究 (4)精简商品数量,优化购物路径 (5)移动端搜索和推送 (6)强调收藏,优化购买和支付 (7)移动社交与移动购物的更好结合

开阔视野——
还有你所不知道的

2014年中国移动电子商务五大关键词

关键词一:微信朋友圈——生意炙手可热,两极分化明显

2014年对于从事微信朋友圈生意的人来说是冰火两重天。最初开始涉足的一批人借助朋友圈社交红利已经发家致富了,与此同时,随着加入分红的人越来越多,利润越分越薄,市场越做越乱,各种刷钱APP、暴利刷屏现象层出不穷,被很多创业者看好的未来可能取代淘宝的微商滑向了传销的境地。

关键词二:移动支付——迅速普及,火了一把

随着移动电商的快速发展,移动支付作为重要一环也需要不断完善发展。支付宝、微信支付之间的竞争提升了移动支付的实用性,快的打车、滴滴打车之争让移动支付普及开来。2014年"双十二",便利店、餐厅、面包店等2万商家首次参加大促,通过支付宝钱包付款,着实让移动支付火了一把。

关键词三:微店——生态圈起步"正规军"加入其中

中国电子商务研究中心监测数据显示,目前已有1 000余万微店问世。在微信平台,以"微店"进行搜索,同样会出现海量的微店。微店以及营销方式已成为一种新兴的在线经营模式。

关键词四:手机品牌——小米华为等比拼持久力

受益于3G网络的普及,以及3G转4G用户的增多,包括华为、小米、魅族、中兴、酷派等国产智能手机品牌拥抱了2014年的飞速发展期,同时开拓周边产品。2014年是智能设备领域竞争最激烈的一年,尤其在国内智能手机行业增长放缓时,同业角逐到了比拼持久力和整体生态系统能力的大淘汰阶段。

关键词五:打车软件——BAT齐投入,"三国杀"局面将形成

2014年,商界第一战就是阿里和腾讯这两个互联网巨头之间的打车软件烧钱大战,让普通消费者从中获利。快的和滴滴在打车软件"明争暗斗"已一年多时间。同年年底,百度投资Uber,至此BAT三家全部投身打车软件市场,未来将形成"三国杀"局面。

(资料来源:中国电子商务研究中心 http://www.100ec.cn)

案例学习——看看你的分析能力

宝洁公司的移动商务

在宝洁面前纷纷倒下的中国日化产品生产商们不知道，除了一整套工业流程和品牌经理制度等商业运作的"硬功夫"之外，宝洁早在三四年前就开始研究一种"软功夫"，通过应用移动商务将销售数据采集时间从2周缩短到1天——而这1天如果应用在需要一对一营销或季节性较强的产品领域，将在供应链方面抛下竞争对手而遥遥领先。在中国，宝洁绝对算得上是"移动商务"的首批吃螃蟹者之一。早在1998年，在中国尚未有"移动商务"这个概念之时，宝洁就率先试水。据说当时与宝洁首批实验移动商务的还有可口可乐等少数跨国巨头。

众所周知，宝洁公司在北京、上海等大城市的一级市场，已建立了强大的销售网络，而中小城镇及农村等二级市场，则一直是宝洁的软肋。为了攻克向来被国内众多日用消费品牌所把持的二级市场，宝洁启动了它的货车销售（Van-saling）模式。参与设计和实施此项目的穆兆曦说，当时宝洁通过在二级城市与一些特别大的经销商合作，购买一些依维柯、昌河等货车，销售人员开着货车大街小巷地穿行在宝洁没有固定覆盖网络的二级城市和乡村，配备了PDA的销售人员坐在载满宝洁产品的汽车上，每到一家店，就与店主谈，当时就地送货。他说，为了考核销售人员的供货能力和业绩，宝洁要求销售人员把PDA派上用场，把去了哪个城市、哪个商店的具体路线记录下来，把进到每间商店的具体时间、与哪个店主达成了哪些交易，以及产品具体品种、规格，全部记录在PDA中，每天传回宝洁总部的中央处理器。这样，宝洁就把销售信息与网络，通过PDA延伸到了一些更加偏远的二级城市和农村地区。宝洁公司的这种货车销售，与在大街小巷里看到贴着特别醒目的可口可乐红色标志的那种可口可乐公司的销售模式是一样的。

（资料来源：www.51rs.net.cn）

- 你认为宝洁公司移动商务的应用对公司的发展有什么促进作用？
- 在实施移动商务的过程中应该注意哪些问题？

班级讨论——加深你的知识理解

（1）你认为移动电子商务还可以有哪些应用？

（2）你认为移动电子商务的发展应该注意哪些问题？

自己动手——锻炼你的实践能力

（1）尝试书中所介绍的移动电子商务的应用，体验一下移动电子商务带来的便利。

（2）上中国移动的移动梦网，体验移动梦网提供的移动服务。

小节复习——牢记本节主要内容

一、解释概念

移动电子商务

二、简短回答

(1)移动电子商务的特点有哪些?

(2)移动电子商务的主要业务有哪些?

(3)移动电子商务的发展趋势体现在哪些方面?

(4)移动电子商务的模式有哪些?

6.5 社会化电子商务

引导案例——
打开知识的大门

阿里入股新浪微博,探索社会化电商

2013 年 4 月 29 日,新浪宣布其子公司微博公司与阿里巴巴集团子公司阿里巴巴(中国)签署战略合作协议。双方将依托各自领先的社交媒体和电子商务优势,打造更为活跃的微博平台,探索和建立更具想象力的微博开放生态体系及商业模式。双方将在用户账户互通、数据交换、在线支付、网络营销等领域进行深入合作,并探索基于数亿的微博用户与阿里巴巴电子商务平台的数亿消费者有效互动的社会化电子商务模式。新浪微博庞大的用户群,可以补足阿里巴巴一直缺失的社交和移动互联网方面短板。而新浪微博拥有庞大用户量却无法套现,在社交化电商平台趋势到来时,两者的联姻,是对自身短板的审视和弥补。这一战略合作预计在未来 3 年内给新浪微博带来大约 3.8 亿美元的营销和社会化电子商务的收入。

(资料来源:根据腾讯科技 http://tech.qq.com/zt2012/AliWeibo/资料改写)

■ 你知道的社会化电子商务网站有哪些?

■ 你认为社会化电子商务网站的成功得益于哪些方面?

社会化电子商务是电子商务的一种新的模式,简单说就是将 SNS 与电子商务进行了组合,基于用户自主分享的商品内容,来引导用户产生购买或者消费行为,通过人的社会属性以互联网的方式来传播、推荐商品/服务,并且更好地实现基于互联网的消费。

6.5.1 社会化电子商务概述

社会化电子商务是电子商务的一种特殊形式和进一步的发展阶段,是在社会化媒体的环境下和 Web 2.0 技术支持社会交互和用户生成内容，通过互联网来进行沟通交流，并分享、传播和推荐商品、服务，进一步了解和分析消费者的社会属性以期实现更好的基于互联网的消费。社会化电子商务产业的发展与社会化媒体的发展息息相关，社会化媒体的发展为社会化电子商务产业的发展提供了业务承载平台。

我国社会化电子商务主要可以分为以下几类：

(1)以电子商务网站为核心形成社会化媒体。主要是由电子商务企业发起社会化媒体建设。以电子商务作为主营业务，增加社会化功能主要是以促进主营业务发展为目的，提升用户体验及黏性，最终提升用户成单量和产品销量。此类型业务的代表为淘江湖(我的淘宝)、凡客达人。

(2)在社会化媒体中添加电子商务功能。主要是由社会化媒体发起电子商务业务的搭载。社会化媒体的优势在于用户规模和用户活跃度，利用社会化媒体用户的规模及黏性，提供各种增值服务或者搭建与电子商务相关的业务(如导购平台、返利平台)，从而进一步挖掘其潜在价值。此类型业务的代表为 Facebook Commerce、人人爱购。

(3)社会化媒体及电子商务并重。主要是由独立的创业厂商提供产品和相关服务。社会化媒体作为电子商务网站商品的最终呈现平台而存在，而业务的搭载主要目的是服务于用户网购流程优化，挖掘用户潜在网购需求，满足购物检索、推荐需求，即利用社会化方式为用户提供导购服务。将“社会化媒体＋电子商务”作为主营业务，双向并重，相辅相成。此类型业务的代表厂商为蘑菇街、美丽说。

6.5.2 社会化电子商务的特性

6.5.2.1 社会化电子商务的安全性

大多数社会化电子商务网站的用户是实名制注册的，因此用户可以通过自己实际好友或朋友介绍来建立自己的朋友圈子或好友关系，这样能更有效保障用户之间交流分享的信息的真实性和可靠性。

6.5.2.2 社会化电子商务的社交性

传统电子商务是商家单向向用户发布产品或服务的相关信息，而社会化电子商务是同时面向企业和用户，可以有效促进用户和商家、用户和用户之间的交流互动，用户也会积极主动地分享产品或服务的信息。这样一方面可以激励用户反馈信息到商家，商家可以更加贴近了解用户的需求；另一方面用户可以很快找到与自己兴趣爱好相投的人，聚集形成一个社区。在社区中，用户可以对感兴趣的产品或服务进行深入的沟通和讨论，使用户更容易共享产品或服务的信息，有利于进一步推广。

6.5.2.3 社会化电子商务的公开性

社会化电子商务更加鼓励用户参与、评论和分享产品或服务的信息，而这些信息都是免费向大众公开，用户可以随时随地按照自己的爱好兴趣自主产生或引用社会化电子商务平台的内容，也可以向自己好友推荐，不受约束。

6.5.2.4 社会化电子商务的有效性

与传统的电子商务相比,社会化电子商务最大的价值在于两方面:一方面帮助用户过滤了冗余的信息,用户通过其朋友圈子或好友关系过滤信息,使得信息因依附于关系而变得更有价值;另一方面还实现了信息的推荐,基于关系的信息推荐不仅提高了信息的信任程度,而且使得这种关系网络之间的推荐成为一种电子商务营销方式。

6.5.3 社会化电子商务的商业模式

6.5.3.1 我国社会化电子商务产业链研究

中国社会化电子商务产业链主要包括如下几个环节:制造商,供应商,电商代运营,B2B/B2C 网上零售厂商,支付,配送,以优惠/积分/返利平台、购物搜索/比价平台和社会化电商平台为代表的购物中介平台,消费者。

对网上零售业务而言,网上零售业务活动是不同经济主体之间信息流、物流和资金流的交互作用过程,信息是核心,物流是保障,资金流是实现手段,三者贯穿在价值的创造和传递中。

信息流、物流和资金流在 B2C 网上零售业务中的解决方式不同:

(1)信息流的提供主体主要是 B2C/C2C 网上零售厂商和以优惠/积分/返利平台、购物搜索/比价平台和社会化电商平台为代表的购物中介平台提供。在信息提供方面,一方面,用户通过浏览网站获取信息和实现信息交流,另一方面,用户分享、贡献信息到相应网站。

(2)物流分为上游采购环节和下游配送环节。主要由 B2C 网上零售企业以自建物流体系和外包第三方物流公司实现,少数细分市场中,B2C 网上零售商与上游供应商可以实现物流资源共享。

(3)资金流由支付环节解决,主要包括网上银行和第三方支付平台,还有相当一部分资金流以 COD(Cash On Demand 货到付款)方式,与物流一起进行流动。

在中国社会化电子商务产业链中存在众多参与者,其中,优惠/积分/返利平台、购物搜索/比价平台和社会化电商平台成为网上零售厂商销量提升的带动因素。

6.5.3.2 社会化电子商务模式创新

(1)可持续的赢利模式。传统的电子商务通过消费者的点击率和销售额赢利,因此其赢利模式主要以利润为导向,商家与消费者建立一次性交流来追求效率和个人销售量的最大化,侧重于即时性销售。而社会化电子商务则通过整个社交网络的用户数量和活跃程度创造价值,因此社会化电子商务首先追求的不是即时性交易而是社交目的。商家开拓更多方式来识别业务合作伙伴和客户的资料、购物习惯和偏好,并且建立客户关系管理战略来维系客户信任和忠诚以追求可持续的赢利能力。

(2)社会化营销方式。传统的电子商务营销方式单一,如基于消费者过去的购买行为进行建议等。社会化电子商务通过社会化媒体营销方式追求更多的价值,侧重消费者

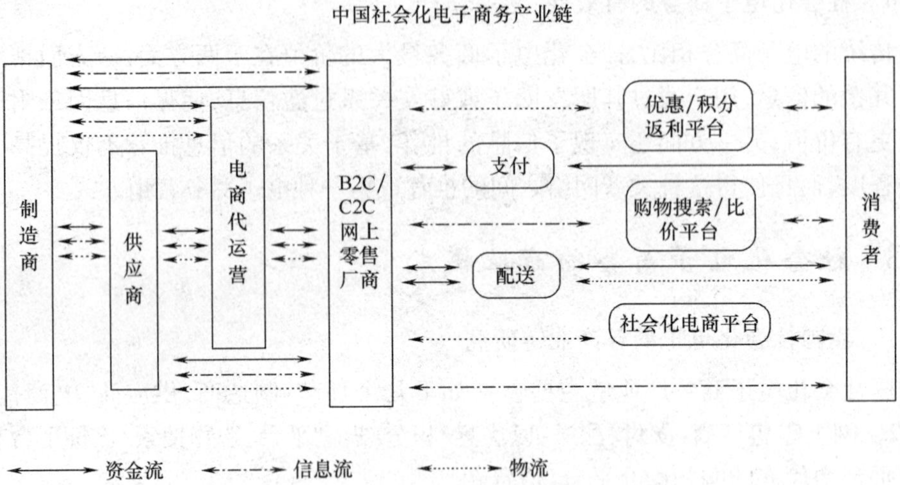

图6-2　中国社会化电子商务产业链

和客户之间的协作和沟通，通过促进互动社区的潜在消费者和现有客户之间的交流以改善交易和销售。例如，团购同时融合了社交娱乐和社交经济节约的需求，使消费者在社交经济节约中激励更多用户参与，提高社交娱乐的目的。

(3)UGC的挖掘及利用。社会化电子商务中基于用户生成内容(User Generated Content, UGC)，生成内容的创建、交流和使用，使消费者和客户之间进行交互以获取产品和服务的信息、商家声誉和其他与交易相关的经验，从而提供用户支持产生信任。企业开发在线公司促进品牌知名度和认可，吸引潜在客户，并充分利用用户生成的内容，以支持业务战略和价值创造分析。因此通过将用户生成的内容整合到店面，可以更好地服务于全球化消费者。

(4)消费者的多重角色扮演。社会化电子商务将电子商务推向了一个更加以社会化为中心和用户驱动的环境，用户不再仅仅只是扮演消费者的角色。与传统的电子商务相比，消费者更加居于社会化电子商务模式的中心。消费者可以通过在线协作、交换产品和服务的信息、从可信的单个消费者获取建议，做出更加明智和准确的购买决策。并且购物者并不是独自浏览网站，而是带动了他们整个消费者圈的社交网络，再加以适当推销，企业就可以传播他们的产品和服务的信息并且传播速度以倍速增长，因此用户在社会化媒体营销方式中也扮演重要角色。用户可以是自己的好友或朋友的朋友，也可以是有相同兴趣爱好但是在实际中并不相识的用户。

(5)多渠道信息获取。消费者在传统的电子商务中只能通过商家或企业获取产品或服务的信息，而在社会化电子商务中消费者则可以多渠道、多层次获取信息。消费者不仅可以从商家或企业直接获取信息，也可以从其他用户获取信息。而这其他用户可以是自己的好友或朋友的朋友，也可以是有相同兴趣爱好但是在实际中并不相识的用户。

(6)多功能社交平台的设计和使用。消费者在传统的电子商务中购买过程一般是：发现产品、进行购买、评价。而在社会化电子商务中，社交平台贯穿在整个购物过程。在购买前消费者可以通过社交平台获取更多产品的信息以商家选择、商品比较；购买过程中通过社交平台与商家或企业进行交流互动，充分了解产品或服务的信息；在购买完成后消费者可以在社交平台进行评论，并且在自己的社交圈中分享购物过程，传播产品的信息。

本节内容图表化

社会化电子商务的概念	是电子商务的一种特殊形式和进一步的发展阶段，是在社会化媒体的环境下和Web2.0技术支持社会交互和用户生成内容，通过互联网来进行沟通交流，分享、传播和推荐商品、服务，进一步了解和分析消费者的社会属性以期实现更好的基于互联网的消费
社会化电子商务的特点	(1)安全性 (2)公开性 (3)社交性 (4)有效性
社会化电子商务模式创新	(1)可持续的赢利模式 (2)社会化营销方式 (3)UGC的挖掘及利用 (4)消费者的多重角色扮演 (5)多渠道信息获取 (6)多功能社交平台的设计和使用

开阔视野——还有你所不知道的

我国社会化电子商务平台流量渠道体系

随着Facebook的成功上市，社会化电子商务会获得越来越多资本的关注。社交网络作为媒介属性的特性显现，已经成为流量主要流转渠道。流量是购物分享平台发展的重点，笔者从登录方式、微博运营以及终端/系统布局三个维度对蘑菇街和美丽说的流量渠道方面进行了相应梳理，具体如表1至表3所示。

表1 登录方式对比

	微信登录	QQ登录	腾讯微博登录	新浪微博登录	人人网登录	淘宝网登录	豆瓣账号登录	网易微博登录	百度登录
蘑菇街	√	√	√	√	√	—	—	—	—
美丽说	√	√	—	√	—	—	√	—	√

表 2　微博运营情况对比

	新浪微博粉丝数	新浪微博微博数	腾讯微博听众数	腾讯微博广播数
蘑菇街	6820105	55635	17862010	50476
美丽说	6514579	83728	17448189	80959

表 3　终端/系统布局情况对比

	iPhone	iPad	Android	Winphone	腾讯应用宝一键安装
蘑菇街	√	√	√	√	—
美丽说	√	√	√	—	—

案例学习——看看你的分析能力

蘑菇街的发展道路

蘑菇街是专注于女性时尚消费的电子商务网站，为女性用户提供衣服、鞋子、箱包、配饰和美妆等领域适合年轻女性的商品。2011 年 2 月，蘑菇街网站上线；2013 年 8 月，蘑菇街海外代购平台上线；2013 年 10 月，蘑菇街在线交易体系完成，优店、优品在 PC 端与 APP 全面上线，蘑菇街整体业务升级；2014 年 6 月，成立了专业的买手团队，可以为用户提供更时尚更专业的购物决策建议。蘑菇街不断提升用户体验，已经拥有了超过 8 000 万的注册用户，每天有超过 700 万用户在蘑菇街活跃，蘑菇街的 APP 的安装量也达到 7 000 万。截至 2014 年年底，蘑菇街优店商家数量超过 6 000 家，全年平台总交易额接近 36 亿元。

蘑菇街的运营重点在导购和达成成交方面。作为 UGC 的网站，蘑菇街中内容的呈现采用了产品逻辑的判断，通过对用户的数据模型分析，来判断用户所分享产品是否符合健康的买家类型，通过算法来向用户展现优质的内容。在身份认证上也具有一定的创新性，通过与淘宝联盟合作，以“授权密匙”的方式，确认买家身份具备“二心”及“二心”以上级别。相比于其他一直致力于切入这一领域，同时号称纯买家社区的社会化电子商务网站而言，蘑菇街认证机制稍显复杂，门槛略高，但是对于营造更加真实有序的购物社区文化却是必不可少的一步。基于买家基础之上构建在线社区，是社会化电子商务形态当中的重要组成，买家在相互信任的基础之上再次对不同商品形成评论，碰撞出火花并达成交易，正是对这种形态商业模式的最佳诠释。

（资料来源：根据蘑菇街网站和易观智库的《中国社会化电子商务专题研究 2012》改写）

■ 你认为蘑菇街开展社会化电子商务的优势是什么？

■ 在开展社会化电子商务的过程中应该注意哪些问题？

班级讨论——加深你的知识理解

(1)你认为社会化电子商务的发展趋势是什么?

(2)你认为社会化电子商务的发展应该注意哪些问题?

自己动手——锻炼你的实践能力

浏览一下所列举的网站,了解他们的服务功能与栏目特色

蘑菇街(http://www.mogujie.com/)

美丽说(http://www.meilishuo.com/)

艾薇社区(http://www.iv.com.cn/)

LC 风格网(http://www.linkchic.com/)

小节复习——牢记本节主要内容

一、解释概念

社会化电子商务

二、简短回答

(1)社会化电子商务的特点有哪些?

(2)社会化电子商务的类型有哪些?

(3)社会化电子商务的模式创新体现在那些方面?

7

电子商务系统

【本章要点】

- ◆电子商务系统的架构
- ◆电子数据交换系统
- ◆电子商务网站建设过程
- ◆电子商务系统实施

【学习要求】

通过学习本章，了解电子商务系统的架构，以及电子商务系统的硬件平台和软件平台，熟悉电子数据交换系统的特点和工作流程，了解和掌握电子商务网站的基本技术与建设过程，以及网站规划的基本方法，同时熟悉电子商务系统的实施策略与步骤，深入理解电子商务系统与电子商务活动的相互作用。

电子商务的产生离不开信息技术、通信技术和互联网技术的发展，而包括网站在内的电子商务系统是企业电子商务应用与发展的基础。只有构建适合企业发展的电子商务系统，才能成功运用电子商务这种商务模式。当前，新技术不断发展，信息系统理论与应用不断创新，这给电子商务系统的发展提供了有力的支撑和保障。

7.1 电子商务系统构建

引导案例——
打开知识的大门

首都电子商务系统平台

首都电子商务工程是启动网上购物和网上交易等模式的电子商务试点工程。它以首都公用信息平台为依托，并在此基础上建立了电子商务平台，实现电子商务处理中心和网控中心的职能，在开展消费品在线购买和信用卡支付的同时，开展企业对企业在线交易的电子商务活动。其总体框架由首都电子商城、计算机互联网络、安全认证体系、安全支付结算体系、协同作业体系和法律政策环境等主要组成部分集合而成。

首都电子商务工程在2000年启动当年,通过首都电子商务平台完成的全面B2B在线大额交易支付金额突破了1亿元,B2C在线交易支付金额约为1 000万元(不计间接支付)。这些业绩的取得的背后是电子商务基础设施、电子商务软件与系统集成环境、电子商务文化、电子商务营销等的支持。

- 首都电子商务系统平台的功能有哪些?
- 首都电子商务系统平台的成功得益于哪些方面?

7.1.1 电子商务系统的总体架构

电子商务系统是基于Internet并支持企业增值的信息系统,网站是该系统的一部分。各个不同企业之间的协同工作和企业及消费者之间的商品交流构成了整个社会的电子商务活动体系。对每个企业来说,电子商务活动的开展需要特定的电子商务系统的支持。

企业电子商务系统的核心是电子商务应用系统,而电子商务应用系统的基础是不同的服务平台,它们构成应用系统的运行环境。基于以上分析,电子商务系统的总体框架可归纳如图7-1所示。

7.1.1.1 网络环境

网络环境是电子商务系统的底层基础。一般而言,电子商务的开展可以利用电信网络资源。就我国而言,电信部门专营的公共数据通信网络体系大体包括:中国公用分组交换网(ChinaPAC)、中国公用数字数据网(ChinaDDN)、中国联通和中国电信等。同时,也可以利用无线网络和原有的行业性数据通信网络,如铁路、石油、有线广播电视网络等。现在,电子商务应用系统大都构造在公共数据通信网络的基础上。

7.1.1.2 硬件环境

计算机主机和外部设备(如打印机、扫描仪等)构成电子商务系统的硬件环境,这是电子商务应用系统的运行平台。

7.1.1.3 软件及开发环境

软件及开发环境包括了操作系统如Windows,UNIX/Linux等,网络通信协议软件如TCP/IP、HTTP、WAP(Wireless Application Protocol,无线应用协议)等。这一环境为电子商务系统的开发、维护提供了平台支持。

7.1.1.4 商务服务环境

商务服务环境为特定商务应用(如网上零售业)的正常运行提供保证,为电子商务系统提供软件平台支持和技术标准。

商务服务和应用的差别主要体现在:商务服务环境提供公共商务功能,如资金转账、订单传输、系统安全管理等,这些公共的服务和具体业务关系并不密切,基本任何企业的商务活动都需要这些服务支持;而应用软件则主要实现某一企业所需的特定功能。

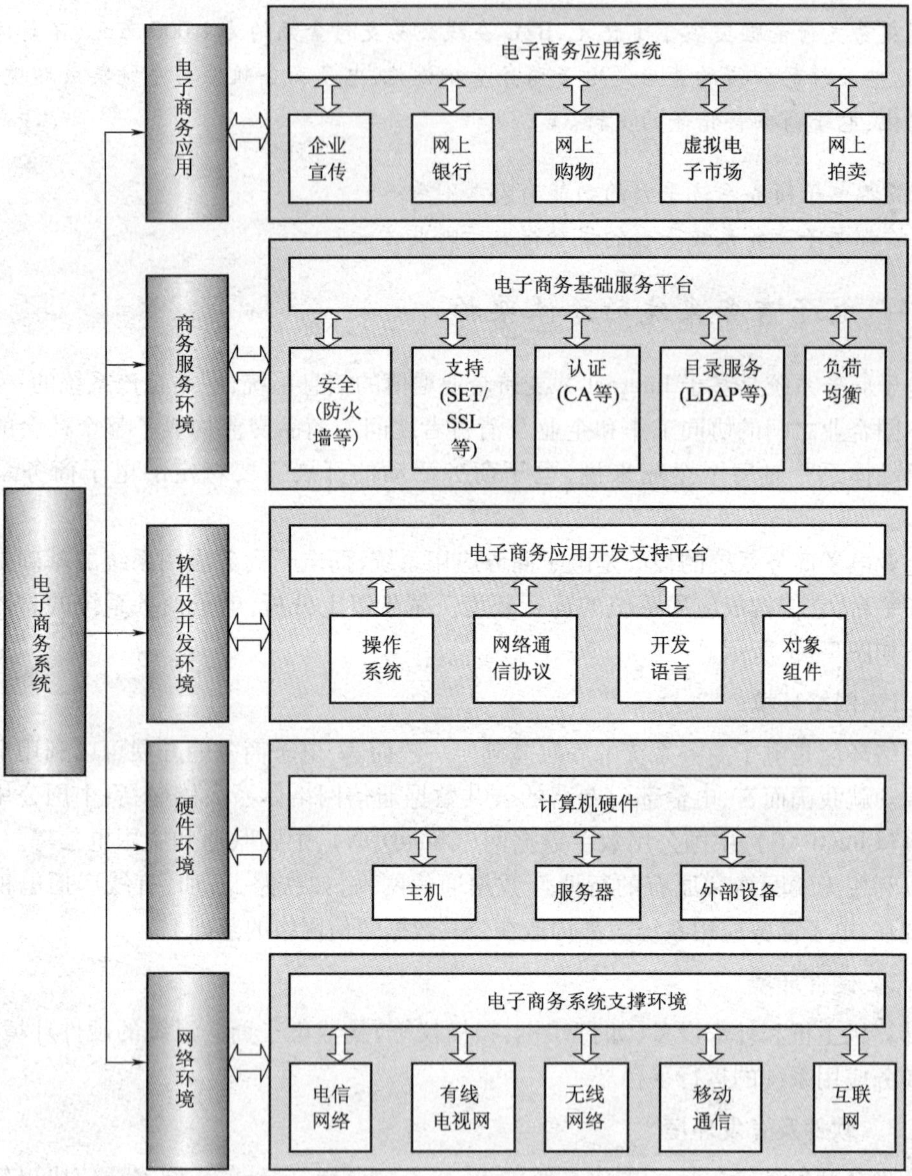

图 7－1　电子商务系统的总体框架

从功能上讲,可以进一步将商务服务环境细化为两个部分:一部分包括安全、支付、认证等侧重于商务活动的部分;另外一部分侧重于系统的优化,如负荷均衡、目录服务、搜索引擎等。

7.1.1.5　**电子商务应用**

电子商务应用是企业利用电子手段开展商务活动的核心,也是电子商务系统的核心组成部分,是通过应用程序实现的。

7.1.2 电子商务系统的硬件平台

电子商务系统的硬件平台主要包括作为系统服务器的计算机以及必要的网络设备两大部分。系统硬件是整个网站正常运行的基础，这个基础是否稳定可靠，将直接关系到网站的声誉及访问率，其重要性是不言而喻的。

7.1.2.1 服务器

服务器是计算机的一种，它是网络上一种为客户端计算机提供各种服务的高性能的计算机。它在网络操作系统的控制下，将与其相连的硬盘、打印机及昂贵的专用通信设备提供给网络上的客户网站共享，也能为网络用户提供集中计算、信息发布及数据管理等服务。要自己创建商务网站，必须要有作为网站服务器的计算机。服务器作为网站的核心在整个网站建设中起着极为重要的作用。

(1)服务器性能指标。选购网站服务器时，应根据具体需求，选择性能价格比高、品牌和服务均相对较好的服务器。同时要求具有较高的稳定性和可靠性，特别是数据库服务器，更不能出现半点差错。对于一台服务器的性能，通常可依据以下几大指标予以评价。

①综合性能。服务器的综合性能主要表现在运行速度、内存空间、磁盘空间、存取速度、总线带宽、容错能力、扩展能力，以及稳定性、安全性、易监控性和电源性能等。此外，还需关注网卡的自适应能力，以及相关部件的冗余设计和纠错能力等。

②可用性。服务器的可用性是指在一段时期内可供用户正常使用的时间百分比。服务器的故障率越低或处理故障的时间越少，其可用性就越高。因面提高可用性的途径包括减少硬件的平均故障率和采用有效的故障处理机制，包括能够自动执行系统和部件的切换、自动恢复等。从而尽量避免意外停机或者尽可能地减少停机修复的时间。

③可管理性。可管理性是指对服务器的各种管理是否方便、快捷、有效，用户界面是否友好，有关的工具软件是否丰富好用等。在这方面，基于 Windows 8 的 PC 服务器有着明显的优势，不但用户界面与其他常用的 Windows 系列操作系统保持一致，更重要的是保持了与 Windows 环境下各种应用软件的兼容。

④安全性。服务器的安全就是网站的安全，加强其安全性的意义十分重大。为了提高服务器的安全性，通常采用服务器重要部件冗余的方法，该方法是保证系统安全运行、消除系统错误和维护系统稳定的有效手段，因而冗余性是衡量服务器安全性能的重要指标。目前许多专门的服务器在电源、硬盘、网卡、SCSI 接口卡和 PCI 通道等方面都实现了设备的冗余，从而大大优化了服务器的安全性能。

⑤可扩展性。可扩展性也是服务器的重要指标之一，由于网站内部工作站的增加或客户机数量的增加，或者因为对网站的访问量日益增多，都需要对服务器作相应的升级。为了确保服务器工作的稳定性和安全性，缩短对客户机请求的响应时间，就必须考虑服务器的可扩展能力。通常应考虑为硬盘和电源的增加留有充分的余地。需要考虑的问

题包括:是否可容纳足够多的可热插拔的硬盘驱动器;是否支持可热插拔的 UPS 电源;在主机板上是否有足够的 PCI 插槽和 ISA 插槽来扩展各种外部设备等。

⑥可维护性。服务器硬件的可维护性与服务器模块化设计的程度关系密切,如果服务器的电源、网卡、硬盘、SCSI 卡等部件都做到了模块化并且支持热插拔,将不仅能给服务器的维护工作带来极大的方便,而且可以实现在线维护,从而大大减少停机维护的概率和时间。

(2)网站服务器的分类。网站中的服务器根据用途可将其分为:Web 服务器、域名系统(DNS)服务器、文件传输(FTP)服务器、E-mail 服务器和数据库服务器等。如果根据用做网站服务器的计算机来分类,则可将其分为两大类:一类是传统的采用 UNIX 操作系统的服务器;另一类是 PC 服务器。其中 UNIX 服务器又分为大型机和小型机。目前情况下,高端应用大多采用 UNIX 系统的小型计算机,而中、低端应用则大多采用 PC 服务器。

如果从性能考虑,UNIX 服务器仍占有绝对优势,是高端用户的首选,在对称多处理(SMP)技术、总线技术、输入/输出性能方面,UNIX 服务器比 PC 服务器更为先进一些。但如果从性能价格比来考虑,目前采用多台 PC 机的集群服务器也应该是高端用户的一种不错选择。

7.1.2.2 网络连接设备

商务网站的建设自然离不开各种网络连接设备,这些设备用于网站自身局域网的建设,以及网站与 Internet 的连接。网络连接的关键设备包括路由器、交换机以及相关的网络安全设备等。

(1)路由器。路由器是一种连接多个网络或网段的网络互联设备,它能有效地将各个网络或网段的广播通信量隔离开来,使得每一个网络都是一个独立的子网。路由器同时具备在网络中传输数据时选择最佳路径的能力,它不仅在一个大型网络内充当各个子网间的互联设备,而且是企业内部网络与 Internet 相连时必不可少的设备。

(2)交换机。交换机是构建网站内部局域网常用的网络连接设备,目前广泛使用的是以太网交换机。采用交换机构建的交换式局域网从根本上改变了传统局域网的"共享介质"工作方式,通过支持交换机端口之间的多个并发连接,实现了多个网络结点之间数据的并发传输,因此可以显著地增加网络带宽,改善局域网的性能与服务质量。

(3)网络安全设备。由于商务网站中存放了大量重要的客户资料和商品信息,因而在接入 Internet 之后,对于整个系统的安全性除了要考虑计算机本身的可靠性和健壮性之外,还要考虑防病毒问题,以及极为重要的防止非法用户入侵和攻击的问题。

保护网站安全的最主要手段是构筑防火墙。防火墙是网站与 Internet 之间的一道屏障,由软件和硬件设备结合而成,可以保护内部网络不受外部非法用户的入侵,同时可检测和控制内部网络与 Internet 之间的数据包和数据流量。防火墙的主要功能有三个:一是检查所有从外部网络进入内部网络或者从内部网络流出到外部网络的数据包,判断其是否会对网络安全构成威胁;二是执行定制的安全策略,限制所有不符合安全策略要求的数据包通过;三是执行防攻击机制,保护自身的安全。

7.1.3 电子商务系统的软件平台

7.1.3.1 网络操作系统

完成网站硬件的安装和配置之后,就需要在作为网站服务器的计算机上安装适当的网络操作系统。目前流行的网络操作系统主要有 UNIX 操作系统、Linux 操作系统,以及微软的 Windows 系列操作系统。

(1) UNIX 操作系统。UNIX 是一个多用户、多任务的操作系统。UNIX 作为工业标准,多年以来已经被多数计算机厂商所接受,并且被广泛应用于各种类型的计算机上,特别是在中型机和小型机上几乎全部采用 UNIX 作为其操作系统。

开放性和可移植性是 UNIX 系统最重要的特征。UNIX 提供了强大的数据库支持能力和友好的数据库应用系统开发环境,所有大型的数据库厂商,包括 Oracle, Informix 和 Sybase 等都把 UNIX 操作系统作为其数据库应用的开发和运行平台。

强大的网络功能是 UNIX 的又一个重要特点,TCP/IP 协议作为 UNIX 操作系统的组成部分,就是和 UNIX 系统一起发展壮大起来的。此外,UNIX 还支持所有网络通信所需要的协议,这使得 UNIX 能够相当方便地与现有的各种主机系统以及各种局域网和广域网相连接。UNIX 甚至允许用户从他的个人计算机通过使用调制解调器直接拨号进入 UNIX 的主机系统。

(2) Linux 操作系统。Linux 是 20 世纪 90 年代在 Internet 环境中发展并壮大起来的操作系统,它是由芬兰赫尔辛基大学的 Linus Torvalds 首先开发和创建的自由软件,其目的是建立不受任何商品化软件版权制约的、全世界都能自由使用的 UNIX 兼容产品。经过许多人多年的不断改进,到目前为止,Linux 以其免费使用和自由流通、开放的源代码和优异的性能,并对所有 Internet 通用协议的支持等特点,已经占领了 20% 左右的网络操作系统软件市场。

Linux 操作系统在不少地方与 UNIX 操作系统类似(但并不是 UNIX 系统的变种),几乎所有的 UNIX 工具软件与外壳程序都可以运行在 Linux 之上,因此,熟悉 UNIX 操作系统的人员可以很容易地掌握 Linux。

Linux 支持 PC、各种工作站和服务器,并支持各种流行的数据库,能提供完整的网络集成。由于 Linux 可在各种环境中建立可靠的服务器和网络,全世界已有越来越多的 ISP、大学实验室和商业公司的网络选择了 Linux。

(3) Windows NT Server 操作系统。微软公司在 20 世纪 90 年代推出的 Windows NT Server 操作系统,通过将网络管理功能嵌入到普通的 Windows 系统,使得网络管理功能与基本的 PC 操作系统功能完美地结合起来,使其更易于使用与管理。Windows NT Server 不仅在网络性能、网络安全性与网络管理方面表现不俗,而且它对各种流行计算机应用软件和 Internet 的广泛支持,已使其成为企业网络中广泛采用的网络操作系统。

Windows NT Server 是一个多用途的网络服务器操作系统,它具有高性能的文件服务功能与打印服务功能，并能够作为许多应用程序的操作平台。Windows NT Server 具有丰富的网络功能，同时又继承了 Windows 操作系统友好易用的图形用户界面，它内置有完善的安全策略并且具有强大的伸缩能力，适用于各种规模的计算机网络。

由于 Windows NT Server 在文件管理、打印服务、系统备份、通信、网络性能监控和网络安全性方面具有的众多优点，同时也由于微软公司的 Windows 操作系统在个人计算机上的统治地位，因而使得 Windows NT 在网络操作系统软件领域内的地位不断攀升。为了适应 Internet 应用的发展，Windows NT Server 4.0 提供了较全面的 Internet 服务与管理功能，如基于 Windows NT Server 的 Web 服务器 IIS（Internet Information Server），Internet Mail，Internet News，Internet Explorer 等软件工具。这就使得 Windows NT 不仅成为理想的网络操作系统，同时也成为 Internet 时代受欢迎的企业内部网络操作系统。

（4）Windows Server 2008 操作系统。Microsoft Windows Server 2008 继承于 Windows Server 2003，代表了下一代 Windows Server，内核版本号为 NT6.0。Windows Server 2008 在进行开发及测试时的代号为"Windows Longhorn Server"（现在最新的版本是 Windows Server 2012R2）。

增强的脚本编写功能、任务自动化功能、增强的系统管理工具等，促使 IT 专业人员通过使用 Windows Server 2008，能够更好地控制服务器和网络基础结构，从而可以精力集中在处理关键业务需求上。同时，Windows Server 2008 提供了一系列诸如减小内核攻击面的安全创新、保护关键服务器服务、网络访问保护（NAP）、只读域控制器（RODC）、公钥基础结构（PKI）增强功能、Windows 服务强化、新的双向 Windows 防火墙和新一代加密支持等新的和改进的安全技术，这些技术增强了对操作系统的保护，为企业的运营和发展奠定了坚实的基础。此外，Windows Server 2008 的设计允许管理员修改其基础结构来适应不断变化的业务需求，同时保持了此操作的灵活性。它允许用户从远程位置（如远程应用程序和终端服务网关）执行程序，这一技术为移动工作人员增强了灵活性。Windows Server 2008 使用 Windows 部署服务（WDS）加速对 IT 系统的部署和维护，使用 Windows Server 虚拟化（WSv）帮助合并服务器。

（5）Windows 7、Windows8 和 Window10 操作系统。Windows 7 是微软于 2009 年发布的，开始支持触控技术的 Windows 桌面操作系统，其内核版本号为 NT6.1。在 Windows 7 中，集成了 DirectX 11 和 Internet Explorer 8。DirectX 11 作为 3D 图形接口，不仅支持未来的 DX11 硬件，还向下兼容当前的 DirectX 10 和 10.1 硬件。DirectX 11 增加了新的计算 shader 技术，可以允许 GPU 从事更多的通用计算工作，而不仅仅是 3D 运算，这可以鼓励开发人员更好地将 GPU 作为并行处理器使用。Windows 7 还具有超级任务栏，提升了界面的美观性和多任务切换的使用体验。通过开机时间的缩短，硬盘传输速度的提高等一系列性能改进，Windows 7 的系统要求并不低于 Windows Vista，不过当时的硬件已经很强大了。到 2012 年 9 月，Windows 7 已经超越 Windows XP，成为世界上占有率最高的操作系统。

微软在 Windows 7 上市后，于 2012 年 10 月 25 号正式推出 Windows 8，该系统也成为第一款带有 Metro 界面的桌面操作系统，并可一键在 Metro 界面和桌面之间进行切换。

Win8 系统不仅可以兼容 Windows7 所有的程序，而且启动更快、对硬件配置要求更低。仅隔一年，微软在 2013 年 10 月 17 日发布 Windows 8.1 正式版，属于 Windows 8 的更新包，在 Win8 许多方面做出了改进，如个性化升级、更好的内置应用、增强的 Windows 应用商店体验以及方便的 SkyDrive 云连接等。2015 年 1 月 22 日凌晨 1 点，微软在雷德蒙德召开发布会详细介绍了下一代微软操作系统：Windows 10。

7.1.3.2 Web 服务器软件

Web 服务器是指在网络中为实现信息发布、资料查询、数据处理等诸多应用搭建基本平台的服务器。Web 服务器软件是指基于 Web 服务器，接受客户端浏览器发来的请求，并将结果以 HTML 的形式返回给浏览器的组件。在电子商务环境中，Web 服务器除了用来存储和管理用户可访问的商务网站信息外，还是一种电子商务应用系统开发及安装的环境，负责管理并控制安装在其上的网站及组件信息。由此可见，相应的 Web 服务器软件是各类网站的核心软件。目前，大多数 Web 服务器软件是针对某一种操作系统进行优化的，有的甚至仅能运行在某一种操作系统上，所以在选择 Web 服务器软件时必须与操作系统平台一起考虑。此外，在选择 Web 服务器软件时不仅要考虑目前的需要，还要考虑将来可能的需要，因为更改和重新安装 Web 服务器软件将牵涉到 Web 应用程序的脚本修改等一系列问题。

(1) Web 服务器软件的主要性能。在选择 Web 服务器软件时，通常应考虑以下几个方面的性能。

①响应能力。响应能力主要是指 Web 服务器对客户端浏览器请求的响应速度。响应速度快意味着能在较短的时间内对用户的点击作出回应，因而单位时间内可支持的用户访问量也就越大。

②与其他服务器的集成能力。Web 服务器除了向客户端浏览器提供 Web 信息之外，通常还担负着与 DNS 服务器、E-mail 服务器、数据库服务器等其他各种网站服务器的协同工作任务。Web 服务器可以说是 Internet 中各种信息的集散地，它能够将各种不同来源、不同格式的信息转换成统一的格式供客户端浏览器以统一的界面进行浏览。这样，客户端就只需通过浏览器这种统一的界面来访问其他所有网站服务器中的信息。

③支持 Web 应用开发的能力。一般说来，各种电子商务应用程序的开发与运行都离不开 Web 服务器的支持，因而 Web 服务器软件支持 Web 应用程序开发的能力和难易程度是必须考虑的重要性能。

④管理能力。Web 服务器软件的管理能力主要表现在对客户端用户的管理能力以及对其自身的管理能力和方便程度上，同时体现在是否能够通过 Web 进行远程网络管理等。

⑤与硬件平台和操作系统的协调能力。在选择 Web 服务器软件时，应考虑其对小型机或 PC 机等不同硬件平台的配合工作的能力，同时也应考虑该种 Web 服务器软件与操作系统平台、Web 应用开发软件和一些中间件协同工作的能力。

⑥稳定性与可靠性。Web 服务器的运行稳定性与工作可靠性除硬件的因素之外，还必须考虑 Web 服务器软件的因素，必须考虑服务器出现软件故障的概率和排除故障的措

施、速度和难易程度。任何不稳定或不可靠因素都将对网站的声誉和效益产生严重的负面影响。

⑦安全性能。Web 服务器的安全性在很大程度上与其 Web 服务器软件有关。主要应从两方面进行考虑:一是 Web 服务器中的机密信息是否会被泄漏和如何防止泄漏;二是是否有防止黑客攻击的相应策略。

(2)常用的 Web 服务器软件。目前应用较广泛的 Web 服务器软件有微软公司的 IIS 以及 Apache 等。

①IIS(Internet Information Server)。微软公司推出的 Web 服务器软件 IIS 是和 Windows NT/2000 操作系统捆绑在一起的,由于具有与 Windows 操作系统的亲和性并继承了微软软件产品一贯的用户界面,同时也因为借助了 Windows 操作系统在 PC 机上被广泛使用的绝对优势,IIS 成为当今使用最广泛的 Web 服务器软件之一。

IIS 的设计目标是提供适应性强的 Internet 和 Intranet 服务器功能。通过围绕 Windows NT 操作系统所作的优化,使 IIS 具有相当高的执行效率、出色的安全保密性能,以及启动迅速和易于管理等特点。

IIS 提供了一套完整的、易于使用的 Web 网站架设方案,除了可用来架设网站的 Web 服务器之外,IIS 还集成了用于文件传输的 FTP 服务器软件和用于邮件发送的 SMTP 服务器软件,因而是一个多功能的 Internet 服务器软件。

IIS 越来越普及的另一个关键因素是提供了动态网页设计技术(Active Server Pages)。使用该技术可以综合 HTML 语言和 VBScript,JavaScript,PerlScript 等多种脚本语言,并且可以使用 COM 组件创建动态交互式网页和功能强大的 Web 应用程序。

IIS 的另一个优势是只为 Windows NT/2000 操作系统平台进行优化,由于不需要考虑可移植性问题,因而其性能的优化就更为有效。此外,借助 Windows NT 的负载平衡服务可以很容易地建立起一个服务器集群,从而实现将负载均衡地分散到集群内的各个服务器上,所以对于大型网站的建立,Windows NT 加 IIS 也是一个理想的解决方案。

②Apache。Apache 的名字取自"Apatchy server",意即充满补丁的服务器。经过多次修改,Apache 已成为当今最流行的 Web 服务器软件之一。如果需要创建一个每天有数百万人访问的 Web 服务器,Apache 可能是最佳的选择。

Apache 属于自由软件,完全免费并且源代码完全开放。这种开放源代码的开发模式具有一个特别的好处,即可以吸引全世界众多的开发人员共同来开发,他们为 Apache 编写了许多模块,这些模块中有许多满足大家需要的功能。此外,如果用户找不到想要的功能模块,完全可以自己开发。

Apache 的特点是简单、速度快、性能稳定,并可用做代理服务器软件。开始时,Apache 只应用于小型或试验性网站的 Web 服务器软件,后来则逐步扩展到各种 UNIX 系统中。目前,Apache +Linux 操作系统已被称为自由软件的黄金组合。

③其他 Web 服务器软件。除了以上两种广为应用的 Web 服务器软件之外,还有一些各有特点的优秀 Web 服务器软件。例如,Netscape 公司的 Enterprise Server,Novell 公司

的 NetWare WebServer，Oracle 公司的 WebServer，以及 IBM 公司的 WebSphere 等。

7.1.3.3 其他服务器及其软件

(1)数据库服务器。电子商务是以网络技术和 Web 数据库技术为支撑的，Web 数据库技术是电子商务的核心技术之一。在商务网站中，数据库服务器是不可缺少的，通常用来保存与管理各种商品信息、订单信息和客户信息等。

目前各种 Web 数据库管理系统软件已经相当成熟，相关的产品也有许多，如 Oracle，Sybase，Informix，DB2，SQL Server 以及 MySQL 等。其中，在 Windows NT 或 Windows 2000 操作系统平台上通常采用 Microsoft SQL Server，而在 Linux 操作系统平台上则多采用 MySQL 或 Sybase。

(2)代理服务器(Proxy)。代理服务器是指运行代理服务程序的计算机，使用代理服务器能够解决 IP 地址资源有限的问题，并可以增强网站的安全性。此外，使用代理服务器可以加快与 Internet 的连接，提高访问效率，并便于网站的管理。

代理服务器通常安装有两块网卡，一块网卡与 Internet 连接，其地址是真实的地址；另一块网卡一般通过交换机等网络设备与内部网络的客户机相连，并给每台客户机分配一个虚拟的 IP 地址，实现客户机与 Internet 的间接连接。

代理服务器使用的管理软件也被称为 Proxy。其中的 Proxy Server 软件起到代理网络协议的作用，实现内部网络与 Internet 的互联；而 Proxy Client 软件则负责对客户机的管理。当客户端用户访问 Internet 时，其虚拟的 IP 地址经过 Proxy Client 后，被转换成代理服务器的真实 IP 地址，从而实现了客户机与 Internet 的连接。

(3)E-mail 服务器。E-mail 是 Internet 上应用最为广泛，并且最为快速、简便、廉价的一种通信服务。E-mail 服务器就像一个邮局。一方面，它负责接收在该服务器注册的用户发送的电子邮件，并根据收件人的地址将此邮件通过 Internet 传送到收件人所在的 E-mail 服务器中；另一方面，它负责接收其他 E-mail 服务器通过 Internet 发送来的电子邮件，并根据收件人的地址将它们分发到在这个服务器注册的各个收件人的信箱中。收件人可以在任何时间和任何地点连接到这个 E-mail 服务器，并从各自的信箱中读取或下载信件。作为有一定规模的商务网站，通常应该创建自己的 E-mail 服务器，为客户提供邮箱空间，以便通过电子邮件的方式向客户通报商品信息，或与客户进行必要的联络。

电子邮件通常采用 SMTP(Simple Mail Transfer Protocol)协议或 POP3(Post Office Protocol Version 3)协议。SMTP 用来发送电子邮件，提供该项服务的服务器被称为 SMTP 服务器；POP3 用来接收电子邮件，提供该项服务的服务器被称为 POP3 服务器。微软的 IIS 中包含了用于创建和管理 SMTP 服务器的软件。

(4)云服务服务器。与 Internet 的 TCP/IP 架构相类比，云计算系统架构的云平台层，位于基础设施层与应用层之间，为应用提供共享的、按需使用的服务和能力。平台层即通过一系列的面向应用需求的基本服务和功能来提供应用运行管理的基础，而它本身也屏蔽了基础设施层的多样性，可运行在多样的基础设施层之上。对于大规模不断演化的系统而言，这样的架构选择具有普遍性，它既提供了一定的稳定性从而成为支持演化的内核,又通过模块和层次化为各个子模块的独立演化提供了支持。

平台即服务(PaaS,Platform as a Service)是云计算平台层的外在表现形式,是云计算平台提供的一类重要的功能集合。它的出现有其深刻的商业和技术背景。从商业的角度讲,随着各类网络应用和服务的发展,其规模和复杂度都有了质的变化。这使得应用的快速开发、部署及管理的简化和自动化成为一件必要的事情。从技术的角度讲,计算基础设施的发展和虚拟化技术的广泛应用使得集中式的、统一的应用运行和管理成为必然。

PaaS 包括一系列的平台软件和基本服务。PaaS 的提供商在平台软件和基础服务的实现上具有多样性,各自针对用户对平台的一类或几类特定需求和使用方式。根据所针对的应用类型,PaaS 在理念、客户定位和实现方式上也会存在差异。比如,GAE(Google AppEngine)就预先定义了所支持应用的基本模型,以应用编程接口(API)的方式与应用进行交互,应用通过调用相应的编程接口来调用平台层的功能,从而实现应用的功能和运行管理。

通常的企业客户维护着大量现存的应用。企业可以考虑把这些应用迁移到云计算平台层上,或者保持维护现有应用,而把新的应用运行在云计算的平台层上。对于前一种选择,企业需要考虑向云计算平台进行迁移转型的成本;而对于后一种选择,企业需要考虑做到两类系统的有效集成。云计算平台的提供商需要考虑如何有效地平衡用户的这两个方面的需求。这两类需求将影响平台层的功能、实现方式和推广模式。PaaS 技术的发展将会更加贴近客户的多样化需求。

本节内容图表化

电子商务系统	是指帮助企业完成电子商务活动的信息系统,包括门户网站、与电子商务相关的企业内部系统等
电子商务系统的总体框架	电子商务系统是基于 Internet 并支持企业增值的信息系统,网站是该系统的一部分。它包括:电子商务应用系统、电子商务基础服务平台、电子商务应用开发支持平台、计算机硬件、电子商务系统支撑环境
电子商务系统的硬件平台	电子商务系统的硬件平台主要包括作为系统服务器的计算机以及必要的网络设备两大部分,系统硬件是整个网站正常运行的基础
电子商务系统的软件平台	电子商务系统的软件平台包括:网络操作系统、Web 服务器软件、其他服务器及其软件

开阔视野——还有你所不知道的

电子商务系统建设的误区

电子商务系统建设中,大致存在三个误区。

(1)以企业领导的个人喜好或网络管理技术人员的个人偏爱来左右策划者,这是很多企业中存在的问题。要知道企业网站不是建给自己看的个人网站,而是用来开展电子商务活动、传播企业文化和品牌的,所以网站的策划应该是围绕顾客的需求来实施。许多企业网站凡是企业领导或企业网络技术人员参与过多的，基本上效果都不是很理想。企业网络技术人员多数虽然了解一定的网络知识，但其市场方面的知识比较欠缺，思维比较容易形成定势，这对企业的网站建设会产生不利影响。

(2)不经调研匆匆上马。有的企业想到建电子商务网站系统就会恨不得几天之内把网站建设好，这种急功近利的心态对企业网站建设很不利。企业网站建设应该有长期的规划和打算，如资金投入预算、人力投入预算等，并给网站策划公司一定的调研时间，策划公司也应该和企业多沟通。

(3)企业领导畏惧互联网，全权交给手下去做。这种敢于放权的做法是好的，但如果企业领导不去关心了解互联网，没有全局观念，网站和企业传统生产营销就会脱节，不利于企业的信息化建设。

案例学习——看看你的分析能力

“数字王府井”的系统结构设计

“数字王府井”系统定位于大中型商业企业，尤其是零售业、泛零售业、生产销售型企业以及渠道业的产品分销体系，为企业级会员用户提供电子商务服务，收取相应的会员费。数字王府井在线商务需要解决传统企业在商业运作当中与供应商、代理商、分销商之间的沟通与数据交换问题，同时作为一个电子商务网站，数字王府井定位成为大中型商业企业和众多消费者之间的沟通桥梁，为客户提供B2C在线销售管理平台。

数字王府井的系统结构如下。

(1)Web服务器、应用服务器、数据库三个层次分开，各自实现必需的功能。

(2)各种终端设备，包括常用的PC机、手机、PDA(掌上电脑)甚至是POS等硬件设备，通过XML/WML标准和Web服务器进行信息交互。

(3)商家可以是大型商场，也可以是小型商店，都在系统中建立账号后销售自己的商品。

(4)预留呼叫中心的接口，并能够完成一些自动化的客户服务。

(5)与银行之间的结算将通过单独的组件完成，采用证书授权方式进行。

(资料来源：邵兵家. 电子商务概论. 北京：高等教育出版社，2006.)

■ 查阅有关资料，分析这个案例中“数字王府井”的系统结构。

■ “数字王府井”系统中的硬件和软件有哪些?

班级讨论——加深你的知识理解

(1)如果你来建设一个电子商务系统，你设想一下它的结构会是什么样的?

(2)企业在构建电子商务系统中，你认为最重要的是什么?

(3)你接触过哪些电子商务系统?

自己动手——锻炼你的实践能力

(1)查找资料,了解目前电子商务企业的应用系统是如何构建的。

(2)策划一个简单的电子商务系统,并形成策划报告。

小节复习——牢记本节主要内容

一、解释概念

(1)电子商务系统;(2)服务器;(3)网络操作系统;(4)代理服务器

二、简短回答

(1)简单描述电子商务系统结构。

(2)电子商务系统的硬件结构是由哪些部分组成的?

(3)电子商务系统的软件结构是由哪些部分组成的?

7.2 电子数据交换系统

引导案例——打开知识的大门

中国海关的电子数据交换

海关电子数据交换(Electronic Data Interchange,EDI)通关系统包括EDI舱单管理系统、EDI许可证管理系统、EDI出口退税管理系统、EDI保税货物管理系统、EDI征税管理系统、EDI转关货物管理系统6个系统的开发和应用。

中国海关EDI通关系统开发有以下四个阶段。

(1)1990~1992年为前期调研阶段。中国海关从1990年开始进行EDI应用的调研工作。主要方式是广泛参加国际性工作会议、研讨会等,对世界范围内的EDI应用现状和发展动态进行跟踪研究,从概貌了解到深入了解,逐步掌握了开展EDI应用的关键要素。

(2)1993~1995年初为系统研制开发阶段。1992年9月,海关总署办公会议作出决定,批准EDI海关系统正式立项并成立了由署领导亲自挂帅的EDI工程领导小组。

(3)1994~1995年为系统试点应用阶段。1994年4月起,首先在北京首都机场海关进行。1994年9月起在上海浦东外高桥保税区海关进行。

(4)1995~1996年为系统局部推广阶段。EDI海关在两个试点海关获得成功后,海关总署本着积极稳妥的原则,开始在部分海关进行局部推广应用。

■ EDI 在对外贸易中有哪些应用？
■ 你认为中国海关 EDI 通关系统会发挥哪些作用？

从 20 世纪 70 年代末开始，企业间的电子贸易就是通过 EDI 来实现的。传统的 EDI 的发展，导致今天基于互联网 EDI 的广泛应用，EDI 在电子商务的发展历程中起着举足轻重的作用。目前许多基于 Internet 的 B2B 电子商务还是基于 EDI 原理，B2B 传递电子形式的商业信息仍然大量使用 EDI。

7.2.1 EDI 系统概述

7.2.1.1 EDI 的基本概念

关于 EDI 的定义，联合国国际贸易法委员会、国际标准化组织和国际电报电话咨询委员会都分别给出了各自的定义，根据国际标准化组织的定义，EDI 是“将商业或行政事务处理，按照一个公认的标准，形成结构化的事务处理或信息数据结构，从计算机到计算机的数据传输方法”。

EDI 被广泛应用于商业贸易伙伴之间，随着 EDI 应用于 Internet，EDI 将得到更广泛的应用，目前人们已经或正在开发适用于政府、教育、娱乐和司法等领域的 EDI 标准。因此，仅仅把 EDI 理解为“无纸贸易”是片面的。

7.2.1.2 EDI 的特点

EDI 的特点可以概括为以下四个方面。

(1) EDI 所传送的资料是一般的业务资料，如发票、订单等，而不是指一般性的通知。

(2) EDI 的应用对象是具有固定格式的业务信息，其应用主体具有经常性业务联系的单位。

(3) 采用共同的标准化格式，这也是 EDI 与电子邮件的本质区别。

(4) 数据由双方的计算机系统自动地传输和处理，而不需要人工介入操作。

7.2.1.3 EDI 的作用

(1) 降低纸张使用成本。使用 EDI 后，直接由计算机与计算机来传送资料，可以大幅度节省文件纸张、印刷、复印、存储及邮寄等费用。据估算，纸张成本可以节省 25%。

(2) 提高工作效率。使用 EDI 后，资料传输及处理时间均能大幅度减少，各项工作能获得更多的时间来妥善安排。例如，订单提前确认，生产计划更易安排，采购及库存成本均可因 EDI 的时效性而获得效益。

(3) 节省库存费用。由于缩短了订货时间，订货量可以提早确定，产品的库存量可以大大降低。根据统计，使用 EDI 后，库存可以降低 23%。

(4) 减少错误数据处理。未使用 EDI 之前，买卖双方及各部门间经常有相同文件的重复输入处理工作，很容易发生人为输入错误，为寻找和修改这些错误，需耗费相当多的人力和时间。据统计，使用 EDI 后，资料错误处理成本可以减少 30%。

(5)节省人员费用。使用 EDI 后,可以减少重复输入文件、装订、邮寄单据、填写单据内容及文件检查等人工费用。另外,应用 EDI 后,公司内部的相关工作流程也可以重建,借此进行业务流程合理化、标准化和规范化等工作。以美国汽车业为例,福特汽车应用 EDI 简化对账付款流程后,完成相应工作的人员由 500 人降为 150 人,成果相当惊人。

(6)其他效益。使用 EDI 后,可改善与客户之间的关系,即买卖双方的关系,提高企业竞争力,迅速获得正确资料等。据统计,在应用 EDI 的前三年,由于系统初期投资,未达使用经济规模,成本高于效益,但差距会逐年减少;约三年后,成本逐渐减少,而效益逐渐增长,效益相对成本逐年增加。

7.2.1.4 EDI 的工作原理及流程

(1)EDI 软件。虽然 EDI 标准具有足够的灵活性,可以适应不同行业的众多需求,但每个公司都有其规定的信息格式,因此,当需要发送 EDI 报文时,必须用某些方法从公司的专有数据库中获取信息,并把它翻译成 EDI 标准格式进行传输,这就需要 EDI 相关软件的帮助。

①转换软件。转换软件可以帮助用户将原有计算机系统的文件转换成翻译软件能够理解的平面文件,或者是将从翻译软件接收来的平面文件转换成原计算机系统中的文件。

②翻译软件。翻译软件将平面文件翻译成 EDI 标准格式,或将接收到的 EDI 标准格式翻译成平面文件。

③通信软件。通信软件将 EDI 标准格式的文件外层加上通信信封,再送到 EDI 系统交换中心的邮箱,或从 EDI 系统交换中心内将接收到的文件取回。

(2)EDI 的工作原理。EDI 的工作方式如图 7-2 所示。用户在现有的计算机应用系统上进行信息的编辑处理,然后通过 EDI 转换软件将原始单据格式转换成中间文件,再通过翻译软件变成 EDI 标准格式文件。最后在文件外层加上通信交换信封,将其通过通信软件发送到增值服务网络或直接传送给对方用户,对方用户则进行相反的处理过程,最后成为用户应用系统能够接受的文件格式,由用户进行收阅处理。

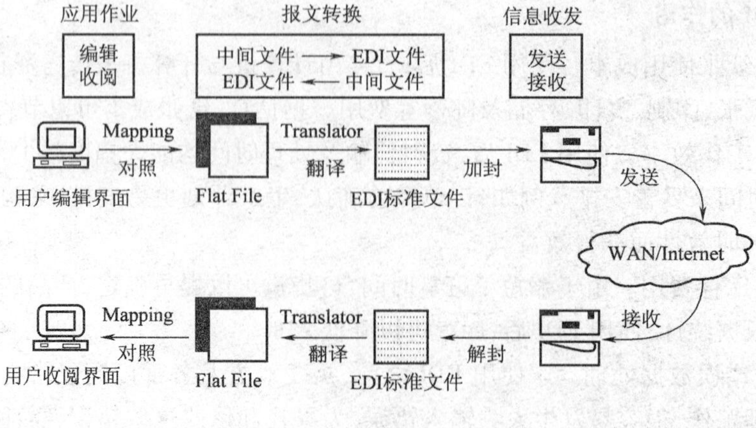

图 7-2 EDI 的工作原理

(3)EDI 的工作流程。以下通过举例来说明。

①原始单据的编辑处理(用户在自己的应用系统上进行信息的编辑处理),如图 7 -3 所示。

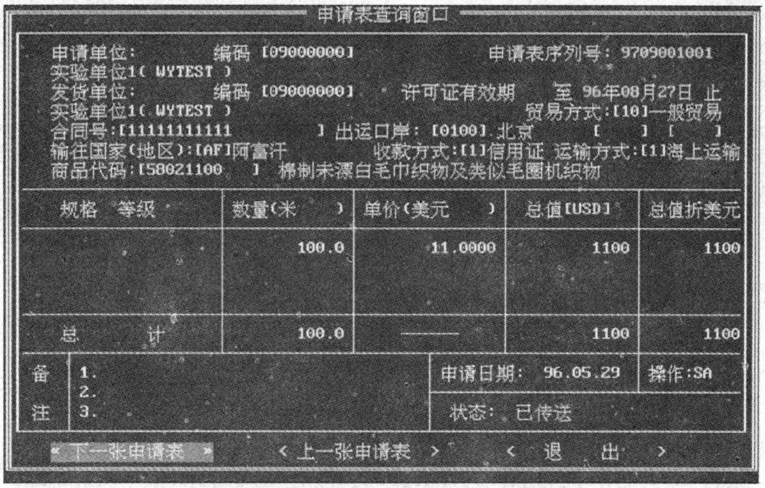

图 7 -3 原始单据的编辑处理

②将原始单据转换成中间文件(通过 EDI 转换软件将原始单据格式转换为中间文件),如图 7 -4 所示。

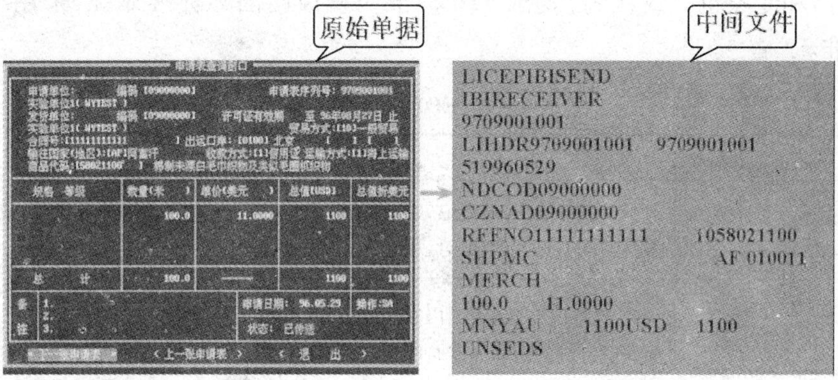

图 7 -4 原始单据转换成中间文件

③将中间文件转换成标准文件(通过翻译软件将中间文件转换为 EDI 标准格式文件),如图 7 -5 所示。

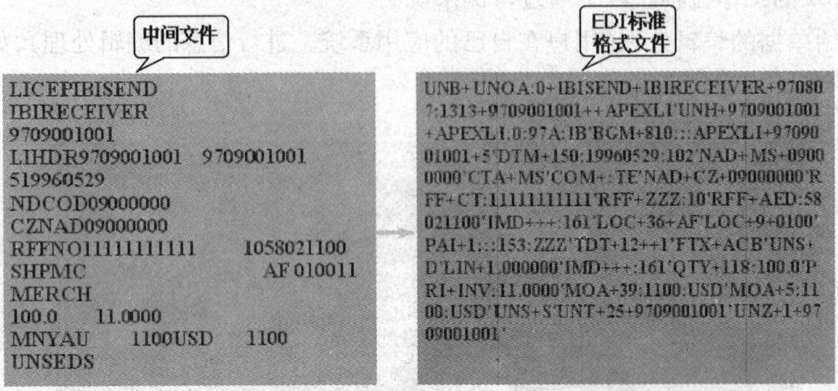

图 7－5　中间文件转换成标准文件

7.2.1.5　EDI 标准

EDI 的应用开始于 30 年前,美国运输行业为解决使用大量纸张单据的困扰而提出 EDI 的观念。随着 EDI 的广泛使用,为解决因标准不一而带来的不便,各国提出制定 EDI 标准。EDI 标准主要是指传输数据格式方面的标准。伴随着 EDI 的应用和发展,EDI 标准也不断地发展。EDI 标准的发展分为以下几个阶段,见表 7－1。

在 UN/EDIFACT 被 ISO 接受为国际标准之后,国际 EDI 标准就逐渐向其靠拢。ANSI X.12 和 UN/EDIFACT 两家已一致同意全力发展 UN/EDIFACT,使之成为全世界范围能接受的 EDI 标准。UN/EDIFACT 成为统一的 EDI 国际标准已是大势所趋。我国有关部门和专家也一致认为,我国 EDI 标准应积极向国际标准靠拢,采用 UN/EDIFACT 标准。

表 7－1　EDI 发展的阶段

阶段	时间	简　述
第一阶段: 产业标准阶段	1970～1980	此阶段开始于 20 世纪 70 年代,美国几家运输行业的公司联合起来,成立了运输数据协调委员会(TDCC)
第二阶段: 国家标准阶段	1980～1985	首先在 1979 年,美国国家标准协会(ANSI)授权 ASCX12 委员会制定了 ASCX12 标准;与此同时,欧洲方面也由官方机构及贸易组织推动共同的 EDI 标准,并获联合国的授权,80 年代早期提出 TDI(Trade Data Interchange)及 GTDI(Guidelines for TDI)的标准
第三阶段: 国际通用标准阶段	1985 开始	1985 年两大标准——北美 ANSI ASC X12 与欧洲 GTDI 开始广泛接触与合作,进行国际 EDI 通用标准的研究发展。联合国欧洲经济理事会于 1986 年提出以 UN/EDIFACT 为统一的 EDI 标准。统一企业之间计算机系统之间的系统格式,使计算机可以更广泛地与其他系统沟通,达到世界化与国际化的应用境界

7.2.2 以 Internet 为基础的 EDI

EDI 自 20 世纪 60 年代产生以来,经过 40 多年的发展,各项技术都已比较成熟,EDI 增值网服务安全可靠,贸易伙伴管理交易与确认仲裁技术成熟,在国际贸易、海关通关、交通运输、政府招标、公共事业管理中得到了广泛的应用。但是 EDI 只适用于大企业之间进行商务活动的电子数据交换,而不适用于中小企业,以及企业与消费者之间进行的电子商务活动。

20 世纪 90 年代出现了基于互联网的 EDI,并迅速发展,EDI 作为企业之间商业数据交换的标准格式将继续存在,并随着互联网的发展而进一步发展,互联网为 EDI 在企业的推广,特别是中小企业的应用创造了很好的条件。

7.2.2.1 互联网与 EDI 的结合方式

(1) Internet Mail 方式。Internet Mail 是利用 ISP 代替增值网(VAN)实现商业数据和信息的电子交换。使用互联网和使用增值网相比要便宜得多。利用 Internet 的电子邮件服务传输 EDI 单证,其采用的技术是应用 Internet 邮件协议 SMTP 的扩展——MIME(Multipurpose Internet Mail Extensions)。MIME 可详细说明和自动识别具有任意类型内容的 E-mail,能使邮件的客户机识别 EDI 主体的分段,特别是 UN/EDIFACT 消息。在采用 Internet 电子邮件传输 EDI 单证时必须采用特殊的封装技术,即首先对 EDI 单证进行必要的传送编码处理,并封装在 Internet/MIME 电子邮件的体部,然后再利用 Internet 邮件传输系统进行传输。但是在互联网上用这种方式做电子交易,其转换问题、翻译问题还没有得到解决。

(2) Web_EDI。Web_EDI 是目前使用最为广泛的 EDI 与互联网相结合的方式。EDI 实现的是企业数据的安全交换,Web 实现的是企业的信息共享,如果把两者结合起来,则能够同时实现数据交换与资源共享。

Web_EDI 的目标是减少中小企业实现 EDI 的费用,即允许中小企业只通过浏览器和互联网连接来执行 EDI 交换。Web 是 EDI 报文的接口,HTML 语言提供了一种在 Web 上实现商务处理的工具,它允许用户创建表格,并提供一种能将表格中的信息传递到商务应用中的方法。在电子商务中,一个参与者针对每个 EDI 报文开发或购买相应的 Web 表单,并改造成适合自己的标准执行协定,然后把它们放在 Web 网站上,此时表单就成为 EDI 系统的接口;另一个电子商务的参与者登录到 Web 网站上,选择他感兴趣的表单填写,把填写结果提交给 Web 服务器,通过服务器进行合法性检查,把它变成通常的 EDI 报文。此后,报文处理就同传统的 EDI 报文处理完全一样了。为了保证报文信息能够从 Web 网站返回给它的参与者,报文还能够转变成 Web 表单或电子邮件的形式。因此,对于所有的交易,EDI 相关的费用只发生一次,而且是由建立 EDI 接口的参与方承担所有实现 EDI 的费用,这些参与方一般是比较大的企业,当然这些企业可享受 EDI 带来的所有好处;而另一方只参与 EDI 交换,而不能从 EDI 中得到其他好处。

(3)XML/EDI。XML/EDI方式同Web_EDI的区别是它们的目标不同,即所有参与者都从EDI得到好处。为了达到这个目的,XML/EDI着重解决EDI的最主要的问题——转换。其原理是引进模板的概念,模板描述的不是报文的数据,而是报文的结构以及如何解释报文,能做到无须编程就可以实现报文的转换。在用户计算机上,安装一个模板的软件代理,软件代理用最佳方式解释模板和处理消息,如果用户应用程序实现了XML/EDI,则代理程序可以自动完成映射,并产生正确的消息,同时,代理还可以为用户生成一个Web表单。与Web_EDI不同,XML/EDI可以在客户端处理消息,自动完成映射,花费很小。通过模板,用户可以得到对其环境的最佳集成,模板可以存储在别处,在需要时动态地结合到本地的应用程序中,这些使XML/EDI成为名副其实的Web风格的EDI。

目前,XML/EDI的完善工作正在进行中,基本的技术已经成形,得到了工业界的广泛支持。但是,许多实现的细节还要定义,即这一语言的标准还在制定中。

毫无疑问,从未来的发展看,互联网将成为EDI传输的主要平台。为此,EDI的软件开发商会将EDI软件与互联网格式的软件结合起来,由软件本身将相应的交易信息自动转换或翻译成EDI格式,用户根本就不会意识到EDI格式的翻译过程。以后的网络浏览器本身就可能带有EDI翻译器,到那时,EDI的应用水平又会上升到另一个台阶。

7.2.2.2 互联网EDI的优势

以互联网为基础的EDI与传统的封闭式EDI相比,有以下几点优势。

(1)比传统封闭式EDI节省投资和营运成本。互联网EDI比在增值网上运行的EDI要节省投资和营运成本。增值网服务商是按照每一笔生意或每千字节来收取费用的,而互联网的连接一般则只需每月付固定的费用。例如,位于美国亚拉巴马州的Avex Electronics公司将应用Premenos Templar公司的软件推行以互联网为基础的EDI。据该公司估算,如果使用增值网服务商提供的传统EDI,每月费用为2 500美元,而以互联网为基础的EDI大约只是其一半的开支。节省初始投资和营运成本更是多数企业转向以互联网为基础的EDI的主要原因。

由于投资和营运成本相对减少,相对进入的障碍减少,因此,以互联网为基础的EDI吸引了不少中小企业准备实施EDI,这样EDI交易伙伴的范围就相应扩大了。

(2)使电子商务的参与形式多样化。传统的EDI相对缺乏灵活性,因为计算机本身更擅长于高效率地处理标准化、程序化和重复性的事务。以互联网为基础的EDI使企业在开放性的平台上实施,这样就会使电子商务的参与形式多样化。例如,企业可以与新的贸易伙伴通过使用电子邮件进行谈判交流。随着互联网信息传输速度的提高,可视会议、网上同步谈话等会逐步代替国际长途电话,在有些情况下甚至可以代替面对面的谈判。

(3)比传统EDI的接入灵活方便、速度快。传统EDI的网络接入需要特殊的传输协议和接入方式,缺乏灵活性。而由于以互联网为基础的EDI是用互联网传输交易信息,所以网络接入方便,可以通过专用网,也可以通过电话线直接接入。另外,传统的EDI在传输时有长达12~14小时的时滞,而以互联网为基础的EDI比传统的EDI的传输速度要快得多,加密解密和压缩的时间也不过几分钟。

7.2.2.3 影响互联网 EDI 应用的障碍

以互联网为基础的 EDI 的优势是完全令人信服的,但是,它目前存在的一些问题影响了它的广泛应用。

(1)安全问题。由于互联网是开放性的信息传输网络,因此,企业交易信息虽然被加密,但安全仍然是要考虑的重要实际问题。对于许多大公司来讲,一般的解决方案之一,是在接入互联网时设立网络安全屏障,也就是俗称的“防火墙”。另外,公司还要有一套网络接入的权限限制。

(2)网络运营的可靠性。互联网属于公共网络,不管是在哪个国家和地区,其使用者都在与日俱增,网络运营中传输出现故障或信息丢失常会发生。相对于专用网络,公共网络无法提供完善的服务保证。因此,企业在利用互联网时,往往考虑与第二个互联网服务商建立接入互联网的第二通道,以防第一通道出现问题。

(3)第三方认证问题。电子商务要求交易的所有参与者有效保留传递的交易信息,在必要时要求提供有力的证据来证实信息传递的内容、传输方式和传输时间。目前,提供 EDI 服务的专营私营网络往往都相应提供第三方认证的服务,即以第三方公正方的名义证实信息及传递的有效性。然而,目前以国际互联网为基础的 EDI 方式在这方面仍存在局限性。

总而言之,权衡利弊,相对封闭的专用 EDI 增值网络在一段时间内仍然起主要作用,但是以互联网为基础的 EDI 却为中小企业提供了与大公司之间建立 EDI 关系的一个最佳途径。从长远发展来看,以互联网为基础的 EDI 方式的缺陷会随着技术的不断进步被有效地克服,从而为企业提供可靠、安全和有效的技术环境。此外,投资成本和运营的方便程度也会支持大公司趋向于使用以互联网为基础的 EDI。

本节内容图表化

EDI 的基本概念	“将商业或行政事务处理,按照一个公认的标准,形成结构化的事务处理或信息数据结构,从计算机到计算机的数据传输方法”
EDI 的特点	(1)EDI 所传送的资料是一般业务资料,如发票、订单等,而不是指一般性的通知 (2)EDI 的应用对象是具有固定格式的业务信息,其应用主体是具有经常性业务联系的单位 (3)采用共同的标准化格式,这也是 EDI 与电子邮件的本质区别 (4)数据由双方的计算机系统自动地传输和处理,而不需要人工的介入操作
EDI 的作用	(1)降低纸张使用成本 (2)提高工作效率 (3)节省库存费用 (4)减少错误数据处理 (5)节省人员费用 (6)其他效益

续表

EDI 系统的软件构成	EDI 系统的软件包括转换软件、翻译软件和通信软件
以 Internet 为基础的 EDI	互联网与 EDI 的结合方式主要有三种:①Internet Mail 方式;②Web_EDI;③XML/EDI
	互联网 EDI 的优势有:①比传统封闭式 EDI 节省投资和营运成本;②使电子商务的参与形式多样化;③比传统 EDI 的接入灵活方便、速度快
	影响互联网 EDI 应用的障碍主要有:①安全问题;②网络运营的可靠性;③第三方认证问题

开阔视野——还有你所不知道的

物流 EDI——“优码”的应用

美国企业最初把 EDI 应用在企业间的订货业务活动中,其后 EDI 的应用范围从订货业务开始向其他业务扩展,如 POS 刷卡机销售信息传送业务、库存管理业务、发货送货信息和支付信息的传送业务等。近年来 EDI 在物流体系中广泛应用,被称为物流 EDI。而宏达公司所采用的货物优码全程监控解决方案则基于 EDI 的物流监控思路,成本低,易操作,是适应国内企业应用的一种本土方式。

(1)什么是“优码”?“优码”主要由“码”和“号”两部分组成,技术的核心为二维条码技术。二维条码是一种全新的自动识别和信息载体技术,跟现在商品包装上黑白相间和数字组合的一维条码类似,但它的优势在于能够与图像、声音、文字等信息进行整合,并且可以根据需要制作成单色或彩色,从而增加搭载的信息量。使用者通过装有“优码”识别软件的摄像手机等便携移动设备对其进行扫描,就可以直接读取到此“优码”对应的相关信息。如果使用者的手机没有摄像功能,在手机中输入此二维条码对应的优码号也能够达到目的。

(2)加入“优码”的物流环节。

①宏达公司在茶叶产地收取茶叶时,公司员工要对茶叶品质和产地、有机无机等信息进行采集,制成优码签贴在茶叶包上;进入生产车间后,这包茶叶的等级、生产、包装等信息要全部加入优码,生产结束后,加入所有产品信息的优码再次被贴到产品外包装上。

②接到客户的茶叶订单后,宏达公司便制定货物运送计划,并把运送货物的清单及运送时间安排等信息制成优码公布在 WAP 网站上,同时通过邮件、手机信息等方式将优码发送给物流运输业主和接收货物业主,以便于物流运输业主和接收货物业主分别制定车辆调配计划和货物接收计划。

③宏达收到车辆调配和货物接收反馈信息后,便根据顾客订货的要求和货物运送计划下达发货指令,分拣配货,并把打印出物流优码的货物标签贴在货物包装箱上。然后再次把货物信息制成优码公布在 WAP 网站上,并把优码发送给物流运输业主和接收货物业主。这样,物流运输业主在向公司取运货物时,利用手机就可以读取货物优码标签,

并与先前收到的货物运输数据进行核对,确认运送货物。

④物流运输业主在物流中心对货物进行整理、集装,做出送货清单并制成优码在WAP网站上公布,把发货信息优码发送给收货业主,同时在货物运送的时候还可以进行货物跟踪管理;收货业主收到货物之后,宏达便可以收到物流运输业主的“完成运送业务”信息和“运费请示”信息。

⑤收货业主收到货物时,也不再急于打开包装具体查验,只需利用手机读取货物外包装的优码标签,并与先前收到的货物运输数据进行核对确认就可以。打开货物包装后,用手机读取内包装优码,就可以确认收到货物的产品质量,并开出收货发票,把货物入库。如果确认一切无误,收货业主就向物流运输业主和发送货物业主发送收货确认信息。

传统的一维条码应用成本较高,一是因为通过增值网络进行通信的成本高,二是制定和满足EDI标准较为困难。而现在,随着互联网的迅速普及,优码的出现可以为物流信息活动提供快速、简便、廉价的通信方式。

现在他们只要在生产的时候将产品信息制成优码贴在产品内包装上,将运输信息制成优码贴在产品外包装上,由专业的物流运输企业运输即可。交接时只要用带摄像头的手机扫描一下,所有的信息都可以调出来,立即就可以核对;接收货物的经销商也只需用手机扫描外包装上的优码,就知道是不是给他的货物,打开外包装扫描内包装,就知道是不是他所需要的等级和品种,而且经销商还可以通过扫描发给他们的运输优码,随时随地掌握货物的运输信息。

案例学习——看看你的分析能力

北美菲利浦公司实施EDI

北美菲利浦公司(NAPC)是全美前100家大型工商企业之一,主要生产和经营日用消费产品、照明产品、电子电器部件以及其他专门设备。NAPC的EDI工作由三部分构成:第一部分是一套专用的EDI系统,用于世界范围内菲利浦各分支机构之间的通信联系;第二部分是与国外的EDI标准委员会合作,目的是保证NAPC的利益能在EDI标准开发过程中得到充分的体现;第三部分是帮助想要与客户建立EDI联系的部门开展实施EDI工作。

NAPC实施EDI有6个步骤:一是状态分析;二是确定问题的解决方法;三是与有关各方初步接触;四是对问题和处理方法进一步调查分析;五是业务部门实施;六是实施监督。

NAPC的EDI小组正在考虑开展一些其他方面的工作来进一步强化EDI的实施,在公司范围内提高员工的EDI水准,装备更优良的通信设施,从而使公司对EDI工作的支持更有力度、更有效率。

从NAPC实施EDI的案例中,我们可以得到以下几点经验。

(1)应用EDI这样的项目,由于技术变化相当快,而且存在外部压力,因此有必要制定一套应变措施。

(2)让使用方派人参加 EDI 的规划和实施工作是十分重要的。

(3)仅仅从成本收益角度来判断实施 EDI,往往难下定论,因为大部分成本支出在前,而收益在后,并且成本呈短期性质而收益具有长期特征。

(4)由于 EDI 需要多部门协同工作,因而跨部门联网十分重要。

(5)需要借助 EDI 软件供应商的帮助来缩短实施 EDI 所需的时间。

(6)培训是 EDI 实施成功的关键。

(7)如果是应客户的要求而实施 EDI,这种"被迫"卷入 EDI 事务可能使实施工作出现"危机感"。最好是能预先估计到客户的需要,相应地制定出自己的实施时间表,变被动为主动。

■ 分析这个案例中北美菲利浦公司是如何实施 EDI 活动的。

■ 北美菲利浦公司在实施 EDI 过程中注意了哪些问题?

班级讨论——加深你的知识理解

(1)什么类型的企业最欢迎 EDI?它在企业发展中发挥哪些重要作用?

(2)在 EDI 的工作方式和流程中,什么因素最为重要?

自己动手——锻炼你的实践能力

(1)访问当地运用 EDI 的企业或单位(外贸公司、海关或商检部门),了解其系统的结构、发展以及实施。

(2)通过在网上查找资料,看一看企业是如何开展 EDI 的。

小节复习——牢记本节主要内容

一、解释概念

(1)EDI;(2)Web_EDI;(3)XML/EDI

二、简短回答

(1)EDI 系统由哪些部分组成?

(2)简述 EDI 的主要特点。

(3)简述实施 EDI 的基本步骤和应该注意的问题。

7.3 电子商务网站建设

引导案例——
打开知识的大门

阿里巴巴网站

阿里巴巴源自古老的阿拉伯故事，当年的阿里巴巴用一句“芝麻，开门”打开了宝藏大门，迎来了无穷财富。阿里巴巴的首席执行官马云也希望通过点击进入 www. alibaba. com 就能出现一个信息时代商人的宝库，让他与加入阿里巴巴的商家如获至宝地迎来现实意义上的无穷财富。

阿里巴巴分为国际网、全球华商网、中国网三个网站，分别提供英、中文繁体、中文简体三种语言的服务，主要为会员提供一个国际贸易平台，是汇集全球178个国家(地区)的商业信息形成了一个个性化的商人社区。

服务内容包括：商业机会；发布信息；每日最新；商情特快；公司全库；公司链接；样品浏览；样品编辑；以商会友；中国人才热线。

阿里巴巴是中国领先的B2B电子商务公司。从总的用户访问量来看，针对全球进出口企业的国际贸易网站 www. 1688. com 和针对国内贸易买家和卖家的国内贸易网站 china. alibaba. com 是最受欢迎的B2B网络贸易平台。阿里巴巴为全世界的中小企业提供有效的B2B电子商务解决方案。

尤其是1688. com经过14年的发展，现已成为全球首个B类注册用户超过1.2亿的平台，每天超过1 200万客户来访，每天产生1.5亿次在线浏览，有1 000万个企业开通公司商铺，覆盖服装、家居、工业品等49个一级行业，1 709个二级行业。目前，1688. com已和全国百强产业带签约达成合作，带动产业带实现电商化，更加高效率地服务更多线上的采购批发商。

■ 阿里巴巴网站域名(www. alibaba. com)有何特别的寓意？
■ 你所了解的阿里巴巴是一个什么样的网站？

7.3.1 网站建设步骤

不管是哪类网站，其建设过程一般都需要经过以下几个阶段。

7.3.1.1 申请域名

(1)选择本企业的域名。域名是访问者进入企业网站的“钥匙”，像品牌、商标一样具有重要的识别作用，一个好域名会大大有助于将企业的网址“炒”成众所周知的著名网站。定义域名要根据企业性质或信息内容的性质，使域名具有一定的内涵。域名应简洁、易记，有很强的视觉冲击力，标志性强。一个好的域名往往与本单位的以下信息一致。

①单位名称的中英文缩写。

②企业的产品注册商标。

③与企业广告语一致的中英文内容，但注意不能超过 20 个字符。

④比较有趣的名字，如 hello，howareyou，yes，168 等。

(2)国外注册域名。若企业选择在国际上注册域名，通常有两种注册的方法：第一种方法是直接在美国的域名注册机构 InterNic 的网站上联机注册（http://rs.internic.net）；第二种方法是通过国内的国际域名注册代理机构注册。

(3)国内注册域名。若企业选择在国内注册域名，也有两种注册的办法：自己直接在中国互联网信息中心（CNNIC）注册或通过 CNNIC 的代理注册机构代理注册。

(4)域名的商业价值。从技术上讲，域名只是因特网中用于解决地址对应问题的一种方法，是一个技术名词。但是，由于因特网已经成为世界性的网络，因此域名也演变成为一个社会科学名词。

为了更便于人们认识自己，大部分企业都是用自己的名称或商标来定义域名。域名虽然与公司、商标和产品名称无直接关系，但由于域名在因特网上是唯一的，一个域名注册后，其他任何企业就不能再注册相同的域名了，这就使域名与商标、企业标识物有了相类似的意义，因此有人也把域名称为"网络商标"。事实上，企业在因特网上注册了域名、设立了网站，就可以被全球用户随时访问和查询，从而建立起广泛的业务联系，为自己赢得更多的商业机会。域名在商业竞争中不只是一个网络地址，还包含着企业的信誉。以企业名称或产品名称为域名的企业，一般是这一行业的佼佼者，至少在那里会有这个行业的重要信息。

截至 2014 年 6 月，我国域名总数为 1 915 万个，相比 2013 年底增速为 3.9%。其中，".CN"域名总数为 1 065 万，占中国域名总数比例为 55.6%；".COM"域名数量为 706 万，占比为 36.9%。

7.3.1.2 选择 Internet 接入服务商和网站的设立方式

(1)选择 Internet 接入服务商。Internet 服务提供商（ISP）就是企业网站接入 Internet 的桥梁。选择 ISP 时，需要综合考虑以下几方面的因素。

①根据自己的投资规模选择 ISP 的收费水平。

②根据应用水平决定使用的接入速率。

③接入商的安全性保证网站内容的可靠性和安全性。

④接入商是否有备份线路保证网站接入的持续性。

⑤接入商的技术能力是保证服务质量的关键。

⑥接入商网站的建设情况，如 ISP 网站的知名度会影响由其接入 Internet 的网站的宣传效果。

(2)主机租用托管方案。当企业需要建立商务网站时，必须首先确定 Web 服务器（主机）的宿主空间，通常可选择的方式有：虚拟主机、主机租用、服务器托管和自建方式以及云主机租用详见表 7－2 所示。

表 7－2　主机租用托管方案

托管方案	定义	特点	适用对象
虚拟主机	采用虚拟主机技术可以将一台计算机主机分成若干台“虚拟”的主机，每一台虚拟主机都具有独立域名，具有独立或共享的 IP 地址，具有完整的服务器功能	①管理简单，互联网服务商负责服务器的管理 ②网站建设时间短，方便快捷	发展初期的小型企业
主机租用	客户自身拥有一台服务器，并把它放置在 Internet 数据中心的机房，由客户自己进行维护，或者是由其它的签约人进行远程维护	①与虚拟主机相比，托管主机限制较少，用户可以自己完成各种所需的环境配置和个性化应用的安装 ②独享主机，不存在资源受影响的情况，安全、可靠	中小企业
服务器托管	在专门的服务器托管公司机房里放置服务器，企业通过远程控制的方式实现服务器管理	企业灵活掌控，自主决定运行系统和从事的业务	具有一定经济实力，且能够承担服务器组建、线路租用和后期维护费用的部分企业
自建服务器	自建网络机房和购置服务器，有专线接入互联网，自行负责服务器的配置和维护管理	①企业可以自主配置服务器 ②企业对系统软件的更新和管理更加灵活 ③成本高、人力投入大	大型企事业单位
云主机租用	云主机租用提供拥有基于云计算模式下按需使用和按需付费能力的服务器租用服务	①超大规模，快速实现分布式部署的用户 ②高可靠性，安全稳定 ③操作方便，远程管理服务平台，灵活自由部署所需的服务器环境 ④弹性大，根据负载情况，按需扩展 ⑤解决故障更快 ⑥成本低廉、基本零维护	中小企业、个人等用户

不同的主机租用托管方案有着不同的特点，适合不同规模的企业，选用何种方式构建企业网站，还得依据实际环境。通常情况下，如果企业有关互联网的应用较多而需要组建专业的企业网站，而又无法分出人力、物力来强力支持时，服务器托管是最好的方式；而如果只是为了实现简单的树立企业形象、加强与客户的交流，虚拟主机应首要考虑。同时，伴随着近几年来云主机模式的迅速开展，云主机租用已经逐渐成为电子商务企业的首选。

7.3.1.3 建立企业网站服务系统

申请好地址和域名后，可以设计自己企业的网站服务系统。这主要包括以下四部分的工作。

(1)选择服务器硬件和管理终端。如果已经有服务器和终端，那就要确定它们是否符合目前的要求。如果不能满足要求，则需要添置新的设备。选择服务器有一些注意事项，首要的是确定采用什么样的硬件平台、哪个厂商的硬件平台，是使用PC服务器还是使用工作站服务器，或者是使用小型机还是大型机；其次是确定服务器的配置情况，如CPU多快、内存多大、硬盘容量多少等，这是后续工作的基础。

(2)选择服务器操作系统、Web服务软件。根据前面选择的硬件平台来选择自己的服务器操作系统和Web服务软件。选择企业服务器系统和Web服务软件的时候，注意考虑以下一些事项。

①自己企业原有的操作系统是什么？

②自己企业的工程人员对哪种操作系统和服务软件相对熟悉一些？

③在满足企业要求的情况下，选择的操作系统和服务软件是否最易于管理和维护？

④操作系统和服务软件是否高度可靠和安全？

一般来说，对于一个小型企业，可以考虑采用微软的Windows NT操作系统和IIS服务软件，也可以考虑采用SunSolaris和Netscape的WWW服务软件。

(3)铺设企业的网络布线系统，将企业分离的机器连接在一起。

(4)安装企业的服务器和操作系统，安装WWW服务软件，管理终端通过网络与服务器连接。建立企业的消息传递机制，建立企业的数据库信息系统，实现消息、数据与网站的集成。

7.3.1.4 网站的体系结构设计与网页制作

根据企业网站规划，制定网站的体系结构、分层目录、功能模块、连接路径等，特别是设计好企业主页的结构。

在制作企业主页之前，应该先设计企业主页的结构，确定企业的主页上将包含哪些内容。要分清信息的密级，哪些信息可以给哪些用户看，这些在具体制作之前都必须设计好，避免在制作时再反复修改。

设计完企业网页的结构后就可以进行企业网页的制作了，也就是编写具体的HTML文件。有很多的工具可用来制作网页，比如微软的FrontPage等可视化制作工具，只需在工具中将页面中的信息布置好，工具将自动帮你变成描述网页的HTML文件，然后就可以将制作好的页面利用工具的发布功能发布到Web服务器上去，供Internet用户浏览。

7.3.1.5 完善与改进企业网页

网页的进一步完善涉及一些网页高级技术的应用。高级技术的应用虽然并不是必需的，但有了它，就能满足Web某些特定应用的要求。在高级技术的应用过程中，要考虑技术的兼容性，应该有限制地应用这些技术。因为Internet用户的终端不会在同一个水平上，用户的计算机水平也不一样。如果高级技术过多，就会限制没有掌握此技术的人使用这些信息。另外，如果用户的计算机性能和用户的访问带宽比较低，也不能满足这些高级应用的运行要求。

7.3.1.6 网站调试与开通

企业的网站系统建立起来了，网页也初步制作好了，这样就可以与 Internet 连接了。与 Internet 的连接包括以下一些工作。

(1)向线路提供商申请企业到 Internet 接入商的连接线路。连接线路有多种，可以根据企业的应用水平、实际需求以及投资规模进行选择。目前广域网的连接方式有综合业务数字网(ISDN)、非对称数字用户线路(ADSL)、数字数据网(DDN)、电缆调制解调器(Cable Modem)、光纤宽带接入、无线接入等，不同的连接提供的速率不同，费用也相差较多。速率越快，可靠性越高，价格也越贵。

(2)建立企业与 Internet 服务商在路由器上的连接，实现网路的连接。路由器的选择决定于所选择的连接线路，它的配置取决于连接线路提供者支持的协议。

(3)建立企业的域名环境，使企业的 Web 网址指向 Web 服务器的 IP 地址。企业在此之前已经申请了域名，它让外界在访问企业的主机时可以到企业的域名服务器进行查询，但关于企业内部的其他主机的域名，就需要在企业的域名服务器中登记，这就是企业域名环境的建立。

7.3.1.7 宣传企业网站

企业网站宣传的目的是吸引访问者，提高访问率。通常有以下三种宣传方式。

(1)与其他门户网站建立伙伴关系。与其他企业的门户网站建立伙伴关系，有利于互相宣传对方的网页。通过友情链接，Internet 用户在访问别的网页时就会看到你企业的网站，从而就有可能链接到你企业的网页上来。在与其他网站互相链接中有以下一些策略值得借鉴。

①广泛链接。通过大量与外部的网站建立链接，可以使你的网站成为某个行业、某个论题的大量相关网站的中转点，从而使你企业的网站成为著名的链接中心。这样做将会尽可能多地吸引访问者，从而达到以下目的：获取广告收入、加大企业页面的访问量、在特定的领域改善品牌形象和信誉。

广泛链接的问题在于维护起来费时费钱，而且会使访问者很快转向其他网站，减少在你企业网站的逗留时间，无法为企业带来利润。

②简单链接。为了弥补广泛链接中用户逗留时间短的缺点，可以同外部网站保持最低数量的链接，即只与那些为本网站提供直接利益的网站进行链接。比如，其他网站上有一篇宣传某企业的文章，就可以链接到那儿；如果有中间商销售该企业的产品，也应该链接到他们的网站。

③友情链接。友情链接有利于伙伴网站互相提高访问量，你可以将其他企业的网站标志放在你的主页上，并且链接到他的网站上。你的伙伴网站也将你的企业网站标志放

在他的主页上,并链接到你的主页。这样,你就相当于拥有了两个网站的用户,自然就增加了网页的访问量。

(2)将自己的门户网站加入到搜索网站中。由于 Internet 用户在搜索某个特定信息时经常会通过搜索网站进行搜索,所以,将自己企业的网站登记到搜索网站中,有助于客户查询企业的网址,扩大网址的知名度。下面以网易搜索引擎(有道搜索网站)为例介绍门户网站的登记过程。

首先使用网易通行证登录,没有网易通行证先进行注册,再登录。登录后开通有道搜索推广账户,图 7 -6 显示新站登记页面。

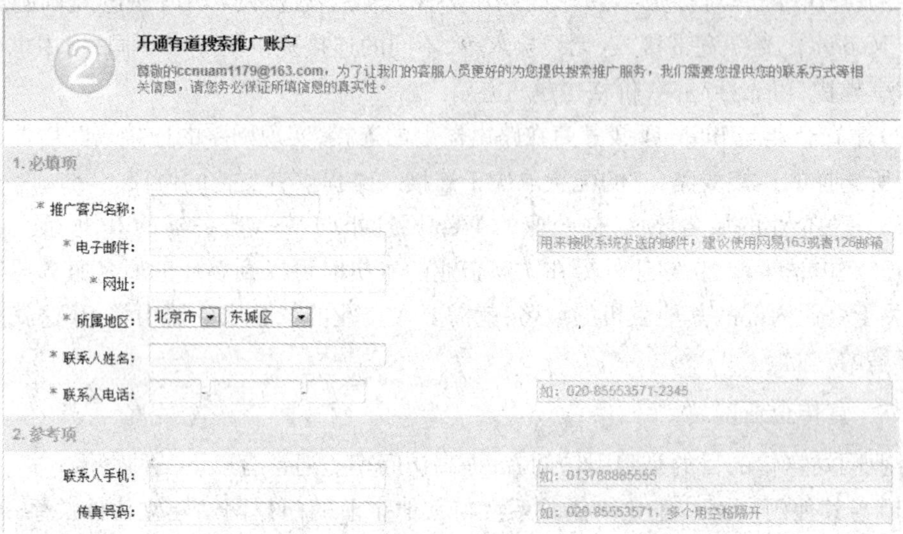

图 7 -6　新站登记页面

输入各个栏目中的信息后,按"完成注册"按钮,网站就登记到有道搜索网站了,然后可以前往所填的常用电子邮件查收有道搜索的邮件,根据邮件内容激活推广账户。以后用户就可以通过搜索网站搜索到所登记的网址。

(3)其他宣传手段。为了提高企业网址的知名度,提高网址的访问量,还可采用其他宣传手段。通过在网页中设置一些其他内容,比如休闲娱乐的内容、游戏、免费邮箱、有奖游戏等,可以吸引用户频繁访问网站,增加网站的知名度。

也可以将企业的网站当做一个产品来看待,通过一些传统的方法提高它的知名度,例如,通过广播、电视、报刊等进行宣传,在名片上加印企业的网址等。

7.3.2　网站设计

一个网站的内容一般都包括:首页,用来欢迎访问者和介绍网站;帮助页面,帮助访问者使用网站;企业页面,提供有关企业的相关电子商务信息;交易页面,引导消费者购买商品或服务;内容页面,在全部销售过程中提供从信息搜索到售后服务和评估等所有有关产品与服务的信息。

网站的目标是以高雅的设计和高品质的内容来吸引潜在的用户。除解决好网站内容的问题外,网站设计还包括信息结构、导航条设计和色彩与图形设计等。

网站设计成功的标准是满足消费者的期望。网站设计一般从识别消费者需求、期望和存在的问题着手,然后再以满足这些需求、期望或解决问题为目标进行详细设计。表7-2列举了网站设计中要注意的要领和相关的问题。这其中,交互性、可靠性、安全性都已经在前文或其他章节中有过论述。

表7-2 网站设计标准

要领和问题	解释
导航	访问者能否轻松找到浏览网站的方法 网站是否按照3次点击规则去设计的
一致性	不同页面之间在设计元素特别是页面设计上是否一致 网站和内容是否对所有访问者表现相同
速度	打开网页要花费多长时间
外观	网页的设计是否令人愉快 网页的外观是否体现了企业期望的形象 网站的内容是否便于理解、便于阅读、便于沟通
性能保证	网站提供的计算器、导航链接、访问者注册、搜索工具等是否都正常工作 所有过期连接是否清除迅速 网站是否能提供全天候的服务
交互性	网站是否鼓励访问者在了解企业产品或服务中扮演重要角色 网站是否提供齐备的联系方式以便访问者提出问题和反馈信息
安全性	消费者信息是否被妥善保护 消费者使用信用卡消费时是否有安全感
可量测性	网站的设计是否预留了未来更新和增强的接口 随着网站的成长,最初投资者的利益是否受到保护

7.3.2.1 信息结构

一个网站的信息结构是指网站及其Web页面对信息进行组织、标记、导航的方法,它使整个Web网站能够被浏览和搜索。信息结构在网站结构设计时就要考虑到。最常见的网站结构是树状型,图7-7显示了树状型网络店铺的典型结构。大多数的树状型网站层次都设计成宽而浅的,即在第二级设置3~10个目录并把层级限制在2~3级。这种设计的原因是:如果结构层次窄(目录很少)且深(层次过多),访问者就要花费更多地精力去寻找所需资讯,不利于吸引客户。

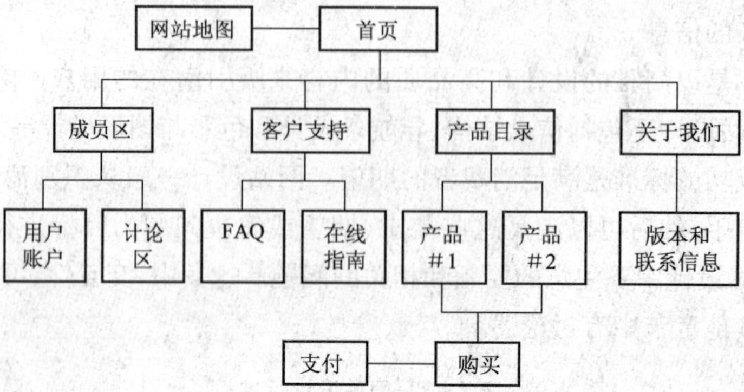

图 7－7　树状型网站的典型结构

7.3.2.2　网站导航

网站导航的目的是帮助访问者快速、轻松地找到所需信息的辅助系统。网站设计者设计一个成功的网站导航要做到一贯性，还可能用到一些导航辅助工具，如导航条、导航栏、网站地图和搜索工具等。

最简单的导航辅助工具是导航条（见图 7－8 的图例）。它能帮助访问者链接到最近的目的地（例如首页、"关于我们"）和网站的主要目录（如产品目录、客服支持等）。一般来说，导航条上的项目是根据重要性的高低从左向右排列的，因而往往最左边是首页链接。导航条可以是文本、按钮或者菜单标签等形式。

图 7－8　典型导航条

图 7－9 显示了网站首页各部分的设计位置。

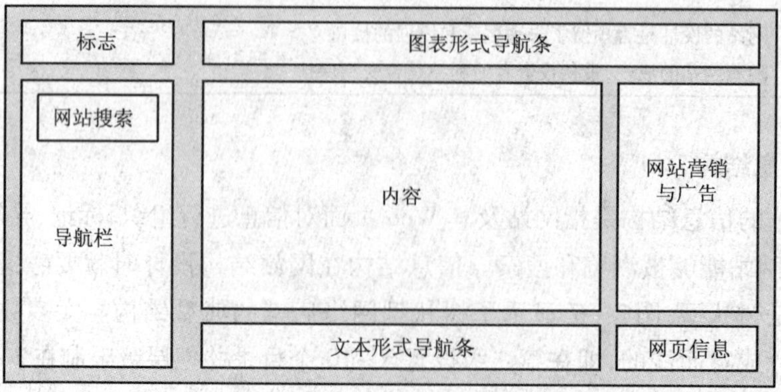

图 7－9　一般网页的布局网格线

7.3.2.3 一致性

网站设计的一致性体现在信息结构和网站导航之间的紧密联系,意味着网站页面拥有统一的页面设计。一个网站的页面设计包含了视觉上把一个网站与其他网站相区分的元素,如布局、字体、颜色、图像和导航等。如果网站中不同的网页使用了截然不同的页面设计,那么会给访问者带来诸多的不便,这不利于网站吸引和留住访问者。

7.3.2.4 色彩与图形设计

网络是一个缤纷多彩的世界,正确使用颜色、照片、图片和音像等是对网站有益的补充。有效应用色彩与图形的关键在于与目标客户群的期望相匹配。比如,财经服务类网站仅使用正式的颜色(如绿色、蓝色等)并辅以一些简单的图表便能很好地反映要表达的内容;而一些女性网站则倾向于使用一些明亮而柔和的色彩和大量的图片及空白的空间;而游戏网站常会运用大量的 Flash 动画或动态图片等。

7.3.3 网站开发技术

7.3.3.1 Web 设计技术

(1)HTML 网页设计技术。HTML 是超文本标记语言,是一种描述文档结构的语言,专门用于编写网页,其主要语法是元素和标签。组成 HTML 文件的元素有许多种,例如 title(文档标题),img(图像),table(表格)等,用它们来组织文件的内容和指导文件的输出格式。绝大多数元素是"容器",即它有起始标记和结尾标记。元素的起始标记叫做起始链接签,元素的结束标记叫做结尾链接签。HTML 用标签来规定元素的属性和它在文档中的位置。标签是 HTML 中的主要语法,分单独标签和成对标签两种。大多数标签是成对出现的,由首标签和尾标签组成。成对标签用于界定元素的范围。

(2)XML 语言及相关技术。1996 年,万维网联盟(World Wide Web Consortium,W3C)提出了 XML 可扩展的标记语言(eXtensible Markup Language)草案。1998 年,W3C 正式发布了 XML1.0 标准。XML 语言对信息的格式和表达方法作了最大限度的规范,应用软件可以按照统一的方式处理所有 XML 信息。这样一来,信息在整个 Web 世界里的共享和交换就有了技术上的保障。HTML 语言关心的是信息的表现形式,而 XML 语言关心的是信息本身的格式和数据内容。从这个意义上说,XML 语言不但可以将客户端的信息展现技术提高到一个新的层次,而且可以显著提高服务端的信息获取、生成、发布和共享能力。XML 是一套定义语义标记的规则,这些标记将文档分成许多部件并对这些部件加以标志。

(3)ASP。这里 ASP 即 Active Server Page 的缩写,它是一种包含了使用 VB Script 或 Java Script 脚本程序代码的网页。当浏览器浏览 ASP 网页时,Web 服务器就会根据请求生成相应的 HTML 代码,然后再返回给浏览器,这样浏览器端看到的就是动态生成的网页。它可以与数据库和其他程序进行交互,是一种简单、方便的编程工具。在了解了 VB Script 的基本语法后,只需弄清楚各个组件的用途、属性、方法,就可以轻松编写出自己的

ASP 系统。ASP 的网页文件的格式是. ASP。

(4)JSP。JSP 是 Java Server Pages 的缩写,是由 Sun 公司倡导、许多公司参与一起建立的一种 动态网页技术标准,在传统的网页 HTML 文件(. html)中加入 Java 程序片段和 JSP 标记(tag)就构成了 JSP 网页(jsp)。Web 服务器在遇到访问 JSP 网页的请求时,首先执行其中的程序片段,然后将执行结果以 HTML 格式返回给客户。程序片段可以操作数据库、重新定向网页以及发送 E-mail 等,这就是建立动态网页所需要的功能。所有程序操作都在服务器端执行,网络上传送给客户端的仅是得到的结果,对客户浏览器的要求最低。

(5)JAVA。Java 是 Sun 公司推出的一种编程语言。它是通过解释方式来执行的语言,语法规则和 C⁺⁺类似。同时,Java 也是一种跨平台的程序设计语言。用 Java 语言编写的程序叫做"小应用程序"(Applet),用编译器将它编译成类文件后,将它存在 WWW 页面中,并在 HTML 文档上作好相应标记, 在用户端,只要是装上 Java 的客户软件,就可以在网上直接运行 Applet。

因此,Java 是一个被广泛使用的网络编程语言,它是一种新的计算概念。其优点在于:一方面,作为一种程序设计语言,它简单、面向对象、不依赖于机器的结构,具有可移植性、可靠性、安全性,并且提供了并发的机制,具有很高的性能;另一方面,它最大限度地利用了网络,Java 的小应用程序可在网络上传输而不受 CPU 和环境的限制。另外,Java 还提供了丰富的类库,使程序设计者可以很方便地建立自己的系统。

7.3.3.2 数据库技术

(1)主要的数据库软件。主要的数据库软件有以下六种。

①Oracle 的数据库软件。Oracle 公司是全球最大的数据库系统软件供应商,该公司多年来提供了多种版本的 Oracle 大型数据库软件,所推出的面向网络计算的 Oracle 9i 系列数据库软件,提供了一种 Internet/Intranet 数据库应用解决方案,是一种基于 Web 的数据库产品。

通过 Oracle 9i 系列数据库产品,可以建立各种基于 Internet 的数据库应用,开展在线商务、政务处理,以及在线购物和服务等。此外,通过该产品还可以十分方便地在 Internet/Intranet 上构建企业的数据仓库,极大地方便用户,并提高企业的整体管理水平。

②IBM 的 DB2。IBM 公司的 DB2 也是老牌的大型数据库软件,而新推出的 DB2 V8 作为面向下一代电子商务的关系型数据库,则具备了多种领先性能及高可靠性和高扩展性,同时还能支持当今的各种主流操作系统,已成为管理信息系统、电子商务、企业资源规划、客户关系管理等应用的数据库系统首选方案之一。

新近推出的 IBM DB2 系列软件还支持大型 Web 数据仓库应用,包括对联机事务处理(OLTP)、决策支持和数据挖掘等应用的支持。

③Sybase 的数据库软件。Sybase 公司的名称取自 System(系统)和 Database(数据库),也是一个老牌的数据库软件供应商。Sybase 公司的软件产品可分为 3 个层次:数据库服务器层、中间件层和应用程序开发工具层。

数据库服务器是Sybase公司的核心产品，在该层，Sybase提供了多种服务器，分别支持快速、可扩充的数据仓库，OLTP和小型数据管理等各种应用。

在中间件层，Sybase为数据备份与各种异构的计算环境提供了相应的服务器和互操作产品，为数据库系统的开放性奠定了基础。

在应用程序开发工具层，Sybase提供了应用系统开发和调试工具、软件管理与监控工具，以及上百个Sybase合作伙伴的产品。著名的PowerBuilder软件就是Sybase公司提供的一个基于图形用户界面的客户机，服务器前端应用软件开发工具，其强大的功能及友好的开发环境可以帮助程序员快速地开发复杂的数据库应用系统。

④SQL Server。SQL Server是采用客户机/服务器结构的关系型数据库管理系统，最初由微软公司和Sybase公司等合作开发。1992年，SQL Server被移植到Windows NT后，微软成了此项目的主导者，先后推出了SQL Server 6.5，SQL Server 7.0和SQL Server 2000、SQL Server 2005、SQL Server2008、SQL Server2012、SQL Server2014等版本。

在SQL Server的发展过程中，每个版本都有关键词，SQL Server2008的关键词是自助BI，SQL Server2012的关键词是云就绪，Microsoft SQL Server 2014也是微软最新一代数据库平台工具，其关键词是“关键业务”和“云性能”。它集成了内存OLTP技术，提供了对关键业务的高性能支持和保障，并使企业可以通过熟悉的工具快速获取深刻的洞察力，帮助企业构建完整、一致的混合云平台并快速搭建、部署和管理跨越本地和云端的解决方案。同时，Microsoft SQL Server 2014支持管理Azure公有云数据，使企业更好地接触和使用虚拟平台。

⑤MySQL。随着大量中小型网站的涌现以及Internet应用对动态交互和数据驱动的需求，一种运行在Linux操作系统平台上并与之珠联璧合的数据库软件MySQL应运而生。MySQL小巧玲珑、功能强大又近乎免费，目前已在中小型网站的数据库市场中占据了约四成的份额，且有快速扩张的趋势。

MySQL由瑞典的T. C. X. DataKonsultAB公司开发，可以从http://www.mysql.com/上下载。它提供了其他数据库少有的编程工具，而且MySQL对于商业和个人用户是免费的。

⑥Access。Access是微软公司Office套装软件中的一个数据库管理系统，是PC上广泛应用的一个适用于中小型企业数据管理的软件。Access不仅可用于存储大量数据，而且提供了强大的数据管理功能和友好的用户界面，并且可在其基础上方便地开发各种实用的数据库应用系统。

Access的特点是与微软公司的Windows操作系统紧密结合，易于安装和操作使用，系统开销少，并可以方便地与Word及Excel等软件交换数据，完全可以胜任构建小型商务网站数据库系统的需要。

(2)访问Web数据库的几种技术。目前，在Windows操作系统平台上，主要有以下三种访问Web数据库的技术。

①利用CGI访问Web数据库。CGI(Common Gateway Interface)即公共网关接口，是

较早实现的访问 Web 数据库的技术,在商务网站的开发中起着重要的作用。CGI 实际上是用来在用户浏览器和 Web 服务器之间传递信息的中间件程序,适用于 UNIX 和 Windows 等多种服务器平台。目前在商务网站的创建过程中,CGI 程序常常被用来对 HTML 表单和后台数据库进行操作,例如利用 CGI 程序对数据库中的数据进行搜索、添加和修改等。

使用 CGI 方式访问 Web 数据库的方式有不少缺点,例如不易开发和维护应用程序、功能有限、不易查错、执行速度较慢、不兼容 HTML 文档等。

②利用 IDC 访问 Web 数据库。IDC(Internet Database Connector)即网络数据库连接,是微软公司的 Web 服务器软件 IIS 所带的一个动态链接库,它通过 ODBC 接口实现对各种数据库的访问。IDC 由 IDC 脚本文件和 HTML 模板文件组成。IDC 脚本文件用来控制数据库的访问,其中包含了被访问的数据库名、用户名、密码等数据库连接参数及有关的 SQL 语句。HTML 模板文件则以直观的方式说明怎样将查询到的数据插入到 Web 页面。

IDC 方式不仅可以查询数据库中的信息,也可以通过 Web 页面将数据存入数据库中。需要说明的是:IDC 仅支持微软公司的 Web 服务器软件 IIS,而不支持其他的 Web 服务器。

③利用 ADC 访问 Web 数据库。ADC(Advanced Database Connector)即高级数据库连接,它的特点是提供了 ActiveX 控件来访问数据库,并且其数据查询操作是在客户端浏览器中完成的,因而需要在客户端安装 ADC 的 ActiveX 控件,通过将服务器端的大量数据库记录下载到客户端,即可在客户端浏览器直接浏览和查询数据,所以比较适用于需要频繁访问数据库的情形。

ActiveX 是 Microsoft 提出的一种软件标准,也是 Microsoft 一组有关软件的统称,是可以运行在 Web 页而上的程序组件。ActiveX 控件采用面向对象的方式编程,其执行效率较高。

(3)ODBC 数据库连接技术。ODBC(Open DataBase Connection)即开放式数据库连接,是 Microsoft 倡导的数据库服务器连接标准,它向访问 Web 数据库的应用程序提供了一种通用的接口。在其支持下,一个应用程序可以通过一组通用的代码实现对各种不同数据库管理系统的访问。通过 ODBC 访问数据库的方式是基于 SQL 的,各种应用程序透过不同的 ODBC 驱动程序可以实现利用 SQL 语言对不同数据库系统的访问。

采用 ODBC 的最大好处是应用程序可以采用任何一种支持 ODBC 的工具软件独立开发,而不受所访问的数据库管理系统的约束。如图 7-10 所示,对于各种支持 ODBC 接口的数据库管理系统,每一个应用程序只需要编写一组代码,即可通过不同 ODBC 驱动程序访问对应的不同数据库。

7.3.4 网站建设模式

对于网站建设,企业需要决定是由内部员工自建还是由外部服务商负责,或者两者

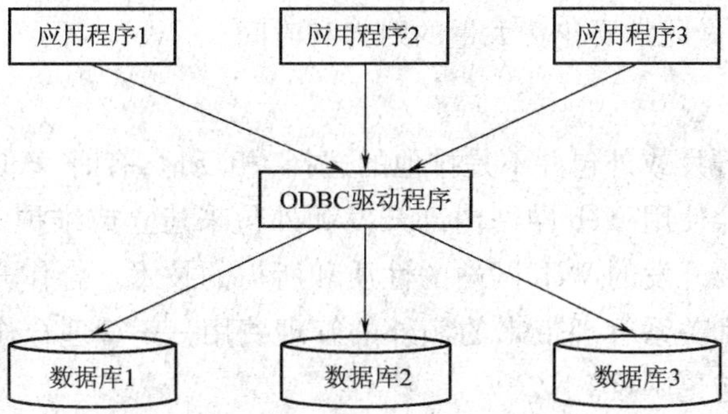

图 7-10 通过 ODBC 访问数据库的方式

兼而有之。对此,网站建设可以采取不同的模式。

7.3.4.1 自建

Web 网站自建是利用企业自己的员工来建立和维护 Web 网站的过程。一般说来,以下几个方面的因素会使企业倾向于开发自己的 Web 网站。

(1)使用已有的内部专家。拥有经验丰富的 Web 网站设计人员或专家是公司选择内部开发的第一个原因。

(2)建立内部专家团队的愿望。这是一个与前者非常相关的原因,企业可能没有这方面的专家,但是希望自己能拥有开发 Web 网站的能力,在这种情况下,企业会雇用新的员工或对现有员工进行培训以便能自己建立并维护 Web 网站。

(3)保护专有技术。如果新的软件或内部开发的基于 Web 的应用程序对公司的电子商务非常重要,企业会倾向于使用自己的员工来进行 Web 网站开发以保护该智力资产。

(4)获得更好的控制和响应度。尤其是在维护阶段,企业很容易发现如果由内部员工来负责 Web 网站建设可以使得一些诸如意见处理、内容管理以及不断进行的网站开发等问题解决得越来越快,成本越来越低,响应度越来越高。

7.3.4.2 外包

Web 网站外包是指企业雇佣其他公司建立和(或)维护 Web 网站。一般说来,以下几个因素会使得企业倾向于 Web 网站外包。

(1)快速上市。如果快速实现网络化对企业初始期的成功很重要的话,一个专门进行 Web 网站开发的外部公司无疑拥有快速建立 Web 网站所需的一切资源。一般说来,内部开发是要耗费更多时间的,但这也并不总是绝对的。

(2)非核心竞争力。通常,有一些企业认为开发和维护 Web 网站不应作为自己的核心竞争力。Web 网站开发外包可以使企业集中更多的精力进行产品促销、提升销售额、发展企业间关系以及开展其他商务活动。

(3)接触专门人才的机会。尤其是在网站的建立初期,一个 Web 网站开发公司可能会带来建立网站所需的各种人才和全部开发工具。这样,如果一个企业自己有很好的

HTML 程序员,但是缺乏数据库整合和专门的规划人才,它就可以在接触的基础上雇佣这样的人才,但是这样做通常要花费大量的财力和时间。

7.3.4.3 混合型

Web 网站内部开发或外包并不是排他的选择,相反地,有时 Web 网站合作开发可能是最好的选择。混合使用 Web 网站内部开发和外包来建立或维护 Web 网站是可行的,当然这也要取决于要开发的 Web 网站的性质和所需的技术。合作开发带来的主要不利因素是由合同管理和关系管理带来的额外的管理费用——管理合作关系有时可能会比完全内部开发或外包更困难。

本节内容图表化

网站建设步骤	①申请域名;②选择 Internet 接入服务商和网站的设立方式;③建立企业网站服务系统;④网站的体系结构设计与网页制作;⑤完善与改进企业网页;⑥网站调试与开通;⑦宣传企业网站
网站设计应注意的主要问题	(1)信息结构 (2)网站导航 (3)一致性 (4)色彩与图形设计
网站开发技术	(1)Web 设计技术:HTML 网页设计技术;XML 语言及相关技术;ASP;JSP;JAVA (2)数据库技术:①主要的数据库软件:Oracle,DB2,Sybase,SQL Server,MySQL,Access;②访问 Web 数据库的几种技术:CGI,IDC,ADC
网站建设模式	(1)自建 (2)外包 (3)混合型

开阔视野——还有你所不知道的

域名申请策略

正确注册域名和合理使用域名是开展电子商务的第一步。在确定了一个网站品牌之后,如何运用域名已经成为一个企业资源运用的重要问题了。域名申请时可以考虑分散域名策略、单一域名策略和三级域名策略。

(1)分散域名策略。当一个生产规模大、产品多样化的公司的某种产品具有非常独特的个性,并拥有了相对较大规模的市场忠诚度的时候,就必须有分散域名。一般来说,品牌消费者并不一定都知道这个品牌是哪个公司的,而且往往他们也并不关心。比如,很多人知道“飘柔”,可要他们马上说出其生产公司的名称(宝洁公司)时却往往记不起来。所以,产品多样化或者产品个性强的时候,公司必须为某些品牌独立注册域名,以培养、尊重和强化消费者的消费忠诚度。

分散域名的弊端在于网站建设强度增大，管理力度分散，从而造成网站建设与维护成本增加。而且，在某一程度上来说影响了公司的整体形象。所以，要采取分散域名注册的决策，必须拥有三个基本要素（产品多样化、独特个性品牌、特定市场的消费忠诚度）中的至少两个。

（2）单一域名策略。把产品以目录的形式放在同一个域名之下是目前企业采用最多的域名运用决策。这样的网站首页一般不是很好看，但是很有效，容易吸引人，能唤起人们定期浏览的欲望。另外，作为一个网站，因为在同一个域名下面，不用考虑不同定位和不同风格的主页制作，可以节省站点建设开支，既便于管理，也便于统一推广和宣传。

单一域名策略的缺点在于缺乏个性，难以强调某一独立品牌，难以细分不同层次的市场。而且，当公司的某一品牌商品在市场上搞砸了之后，这样网站上的其他产品会因为这个产品的坏名誉而受到连累。

（3）三级域名策略。企业域名的一般形式为："产品名. 企业名. com"，即所谓的"三级域名"。"三级域名"最适合于公司推出新产品时使用，既可以借助公司信誉推动新产品的市场推广，又可以表示产品的特殊性，以试探市场反应，然后再确定是否应该把产品品牌独立出去。

就消费者接受心理方面而言，采用三级域名（产品名. 企业名. com 或产品名. 企业名. Cn）对消费者的记忆要求高，既要求消费者知道企业名称，又必须知道产品名称。

（资料来源：根据参考文献[41]改写）

案例学习——看看你的分析能力

微软公司的网络商店

微软公司在为全球客户提供各种软件产品的同时，也在设法利用软件产品来改善对客户的服务，建设网络商店就是其中的一项内容。为了使客户可以在需要的任何时候获得微软公司的产品，微软公司创建了一个功能强大的新的电子商务网站——Microsoft Online Store。

在微软的虚拟商店，客户很容易找到关于所有产品的详细信息。客户可以精确地了解支持特定的硬件和软件的系统需求，也可以观看网络商店的产品展示。当客户决定购买时，就可以向虚拟的购物篮中添加商品，然后转到安全的结账区或者继续在 Online Store 中浏览。

客户在完成在线交易时，Online Store 将依靠商务订单处理系统来整理订购信息，并提示客户选择一种寄送和支付方法。在网站收到客户的信用卡信息时，系统将会经由 SSL 将整个订单传递给微软公司的订单管理 SQL Server 数据库。

微软的支持技术使得在线零售商很容易将他们自己的电子商务系统结合到 Microsoft Online Store 中，并且使得 Online Store 可以很容易地对商店的显示内容进行调整，以满足每个客户的需求。例如，在客户信息中包含过去购买产品的历史记录，这使得 Online Store 可以在客户随后访问网络商店时，提醒客户有关特定产品的更新或新服务包的信息。

- 微软电子商务网站提供了哪些服务?
- 微软的网上商店是如何满足个性化需求的?

班级讨论——加深你的知识理解

(1)你知道哪些电子商务网站?你认为它们的优、缺点是什么?
(2)你参加过电子商务网站建设或策划吗?你有何感触?

自己动手——锻炼你的实践能力

(1)在网络上查看电子商务网站,并分析它们的功能和内容有哪些特点。
(2)策划一个简单的电子商务网站,形成策划报告。
(3)查阅当前网站建设的主要技术。

小节复习——牢记本节主要内容

一、解释概念

(1)域名;(2)服务器托管(3)信息结构;(4)虚拟主机

二、简短回答

(1)简述电子商务网站的建设步骤。
(2)简述电子商务网站的宣传方法。
(3)简述网站建设技术。
(4)简述网站建设模式。

7.4 电子商务实施策略

引导案例——打开知识的大门

联想集团的电子商务策略

软件基础建设是企业电子商务的前期工作,联想由此开始建设企业核心的业务管理应用系统和电子商务网站。为了整顿内部管理,提高工作效率,联想开始实施 ERP。

通过 ERP 系统的实施,联想在企业信息功能和结构方面制定了统一的业务标准,建立了统一的信息平台,并利用这个平台,对整个公司的信息流进行统一的规划和建设。

加强内部信息化建设、实施ERP的同时,联想也没有忽视自身品牌的宣传和企业形象的树立。

联想的电子商务已经具备了基本框架,有网络硬件和信息环境做基础,有ERP完善企业内部管理,有电子商务网站做宣传。接下来,联想开始了电子商务的三个核心部分的设计,即CRM(客户关系管理)、SCM(供应链管理)以及PDM(产品数据管理)这三个直接增值环节。

■ 联想电子商务对我国企业实施电子商务有何启示?
■ 你知道还有哪些企业实施了电子商务系统吗?

中国企业发展电子商务是时代发展的必然趋势。这是中国企业信息时代参与世界竞争的必经之路。如今,越来越多的传统企业认识到,以网络化、知识管理、全球化为主要特征的新经济是不可逆转的,传统企业信息化是企业发展电子商务的必由之路。

7.4.1 企业实施电子商务的准备工作

7.4.1.1 企业实施电子商务的环境分析

(1)围绕企业目标和战略进行分析。企业实施电子商务,首先必须理解企业自己的目标和战略,因为它们是一个企业上网和电子商务应用的基础。为此,必须搞清楚以下几个问题。

①企业当前销售或提供什么新的产品,其中有哪些产品能立即上网?

②企业当前提供什么服务和新增服务,其中有哪些服务可以上网或者发展在线服务?

③企业当前目标市场的特征,其中有哪些是有利于上网的特征?

④企业当前采用什么方式实现其目标,企业上网是否有利于实现目标和降低成本?

⑤企业当前采用什么方式保证其产品和服务的质量,企业上网是否有利于提高产品和服务的质量?

⑥企业当前采用什么方法树立企业形象,企业上网是否能明显提高企业形象?

(2)企业内部环境分析。企业实施电子商务成功与否主要取决于内部环境和内部因素。应通过广泛深入地企业内部环境分析和内部因素分析,确定企业上网和开展电子商务活动的有利因素和条件。企业电子商务内部环境因素分析的主要内容如下。

①第一把手是否重视。企业实施电子商务是企业的重大变革,企业的高层领导对企业电子商务的态度非常重要,第一把手必须挂帅,对电子商务项目负责人要坚决给予支持。他的决心是否坚定,是企业实施电子商务的内部环境因素中的第一因素。

②重视内部用户。要深入分析企业上网和电子商务应用的内部用户(企业雇员)的特征。了解他们的年龄和资历,掌握他们的受教育程度、文化水平、专业技术程度和对高新技术的接受能力等。

③重视发掘内部潜能。要围绕企业电子商务的总目标,努力挖掘企业内部的专业技术人才,尽量从内部获得更多的技术和技能。

④重视保护内部资源。Internet 网站尽量与企业内部网络密切结合,以协调和统一利用企业内部的信息系统和电子化硬件和软件系统,保护企业资源。

⑤重视业务流程重组。基于 Internet、Web 和电子商务的业务流程再造是使企业流程最大限度地连接全世界,使企业成为全球化企业。

(3)企业外部环境分析。通过企业外部环境分析和影响因素的分析,确定企业上网和开展电子商务活动对于自身来说能够获得哪些机遇以及面临哪些挑战。企业实施电子商务的主要外部环境分析的内容如下。

①重视竞争对手。企业处于激烈的竞争环境之中,要注意分析同行业企业上网和电子商务的应用情况。

②重视从外部获得的必要的技术和技能。要围绕企业电子商务的总目标,努力学习企业外部的专业技术知识和才能,尽量从外部环境获得更多的必要的技术和技能。

③重视外部用户。要深入分析企业上网和电子商务应用的外部用户(当前的客户和潜在的客户、供应商)的特征(受教育程度、技术程度、连入 Internet 的情况)。

④重视利用企业外联网。建立企业网站要尽量与企业外联网密切结合,做到企业内联网、外联网和 Internet 的全面协调和统一,使网络成为对外联系与运营的核心。

7.4.1.2 确立企业实施电子商务的主要负责人

企业实施电子商务是企业决策者必须重视和认真研究的问题。每个企业决策者都必须清醒地认识到 Internet 的机会就在眼前,必须抓住和利用这些机会。在企业实施电子商务的过程中,企业的领导者具有重要的作用。企业对于网络的重视程度通常都和一个企业的领导者对企业的理解和重视有很大关系。因此企业的领导对于网络的理解和对于网络的认识与重视,往往决定这个企业将来在网络时代和信息时代能否获得竞争的优势。

企业的信息主管能够起到承上启下的作用,因为他们懂得网络,懂得计算机技术,他们能够对企业发展电子商务进行科学的组织和领导,同时能够培训普通工作人员应用网络。在企业的信息主管的领导下,使整个企业的经济、管理和运营人员都能够真正懂得和应用网络,整个企业上网及发展电子商务的工程才能真正落实和逐步具体实现。

7.4.2 企业实施电子商务的步骤

企业实施电子商务应以创造商机并提升竞争力为目标,一般需完成以下十二个步骤。

7.4.2.1 制定策略

由于互联网的商业应用相当广泛,因此公司的企划部门必须事先评估可行的商业应用,将提案呈交给高级主管,并说明电子商务的优点,获得主管的支持及承诺。接着召开会议来制定明确的策略及目标，组成电子商务发展团队。

7.4.2.2 寻找合适的合作伙伴

要成功地经营电子商务，企业还要具有合适的合作伙伴，以利于电子商务的发展及推动。对企业而言，具备电子商务基本知识和高度配合能力，肯长期与自己一起发展的客户或供应商，是最好的合作伙伴。

7.4.2.3 调查客户和合作厂商的需求

所谓知彼知己，百战百胜，企业应认真收集客户、合作厂商对电子商务的看法、需求与期望，以便对企业间商务往来作全盘的规划。

7.4.2.4 内部人员教育培训

新兴的技术及工作环境，往往使员工望而生畏，因此对内部员工提供有关电子商务的教育是势在必行的。

7.4.2.5 业务流程重组

电子商务的最大效益是企业自动化、计算机化，因此旧的业务流程必须进行重组，以适应新的作业环境。

7.4.2.6 实体设备与技术评估

企业必须事先调查所要选用的软硬件及技术，以便提供一个完善的电子商务环境。企业在进行实体设备及技术评估时，需要考虑软硬件厂商是否为永久经营厂商，软硬件厂商是否提供良好的售后服务，软硬件的价格是否合理，符不符合公司的成本效益，软硬件所具有的功能是否符合公司的需求等因素。

7.4.2.7 建设电子商务系统

经过前几步骤后企业开始建设电子商务系统。在建设过程中，必须考虑到使用者的便利性、流程控制点及功能的完备性等因素。

7.4.2.8 系统测试与修正

电子商务系统建设完毕后，企业必须开始规划一个完善的系统测试计划，包括单元测试、功能测试、整合测试等，并根据测试结果加以改进，以符合企业的电子商务营运目标及成本要求。

7.4.2.9 使用者教育培训

为了提升电子商务系统的接受度及使用率，使用者的教育培训是重要的一环。当系统测试完毕，且尚未上网使用时，应按照系统操作手册对使用者进行教育培训。

7.4.2.10 系统上网使用

系统上网使用前，必须安排人员将系统以阶段性的方式逐一上网，以降低系统出现问题的概率。

7.4.2.11 电子商务推广

和一般的产品一样,企业间电子商务要看到具体的成果,除了需加强其附加值、提供及时的信息之外,还需将系统推广至各交易伙伴,方可发挥电子商务的最大效益。

7.4.2.12 实施成果的分析及改进

企业必须定期对电子商务的实施情形进行评估,并给予适时的改进,以维持企业的电子商务效益。

7.4.3 电子商务系统的运行管理

电子商务网站管理的内容主要包括电子商务网站的宣传、监测,内容定期或不定期的更新,应答与复函。这需要企业在电子商务运作过程中同时做好以下三项相关的工作。

7.4.3.1 强化核心部门的角色

对经营者而言,电子商务的最终价值将是核心商务价值、新型网上商务价值和合作经营价值的综合价值。公司要有一个由高级经理领导的精干的核心部门,该经理负责为公司总体利益斡旋,负责排除障碍及协调较难处理的关系。当这样一个核心的角色得到强化时,他们将不仅能阻止传统商务削弱电子商务,而且也能利用电子商务创立新的网上价值。

7.4.3.2 加强知识管理

企业快速、高效地响应顾客个性化需求的最关键环节可能不在于物质资源,而在于企业获取、处理、传递、利用信息和知识的能力。因此,企业应当加强知识管理,通过建立完善的知识仓库(包括顾客数据库、合作伙伴数据库、产品数据库等)提高信息化水平,加快共享、交流和利用知识的速度,提高反应能力。知识管理主要以市场为核心,围绕市场来组织管理智力资源,使之与企业其他各种资源有效结合,根据企业所处的整体环境,强调企业内外资源的充分利用,促进企业发展。

7.4.3.3 建立广泛的业务伙伴网络

电子商务管理的一个重点是伙伴管理。许多反应较快的商家和企业,对自己的基础结构进行重组和扩建时,早已经突破了传统的企业边界,覆盖到了公司所有的业务合作伙伴和顾客,在 Internet 上,建立了企业外联网,使各个商家和企业之间更加便于合作,并建立了良好的伙伴关系。电子商务需要生产过程中的各个环节能够更紧密地联系起来。在网络经济时代,靠散兵游勇作战的方式难以快速、高效地满足不断变化的市场需求,广泛结网将成为企业谋求持续发展的重要手段。

本节内容图表化

企业实施电子商务的准备工作	(1)企业实施电子商务的环境分析 (2)确立企业实施电子商务的主要负责人,一般以 CIO 为主要负责人
企业实施电子商务的步骤	①制定策略;②寻找合适的合作伙伴;③调查客户和合作厂商的需求;④内部人员教育培训;⑤业务流程重组;⑥实体设备与技术评估;⑦建设电子商务系统;⑧系统测试与修正;⑨使用者教育培训;⑩系统上网使用;⑪电子商务推广;⑫实施成果的分析与改进
电子商务系统的运行管理	(1)强化核心部门的角色 (2)加强知识管理 (3)建立广泛的业务伙伴网络

开阔视野——还有你所不知道的

完全电子商务和部分电子商务企业的电子商务实施

一、完全电子商务企业的电子商务系统实施

完全电子商务是指销售的产品和销售渠道都是数字化的。完全电子商务的企业实施电子商务系统的主要任务就是电子商务网站平台的建设和推广。在完全电子商务企业中,企业的业务流程全部在网络中完成,所以,网站平台必须全面符合企业的业务要求。其电子商务系统的实施需要从企业业务流程重组到企业业务的网络实现,然后到系统的开发和应用。

二、部分电子商务企业的电子商务系统实施

部分电子商务是指销售的产品或者销售渠道是实体的。部分电子商务的企业实施电子商务系统的主要任务是建设电子商务网站平台、构建物流平台、售后服务平台。由于部分电子商务企业只有部分业务在网络中实现,所以要求现实业务与网络业务能有机结合,这在电子商务系统的设计中,必须充分考虑区分现实业务与网络业务,以便于企业有针对性地实施网站系统。

案例学习——看看你的分析能力

IBM 的电子商务战略

IBM 的战略转型到 e-business(电子商务)后,为公司及其股东带来了商业价值。

一开始,IBM 就组建了一个叫做企业网络管理部(Enterprise Web Management)的独立部门,主要实现以下四项目标。

(1)领导和促进 IBM 的战略转型。

(2)帮助各业务部门更有效地使用互联网。

(3)建立公司网站的战略——创造一种在线环境,使得顾客能够很方便地与 IBM 进行交易。

(4)利用转型过程中积累起来的关于e-business的研究案例,挖掘电子商务的巨大潜力。

公司正在建立一套在全公司范围内一致的商务战略,以此来充分利用公司的网站和投资规模。与此同时,公司还在建立一种统一的、以顾客为中心的互联网模型。

对IBM来说,电子商务的意义不仅仅是每天在网上销售了多少美元。例如,在采购领域,IBM通过使用电子发票减少了成千上万张的纸质发票,并加快了供货商的交付速度,IBM仔细评估了采购流程中的每一步骤,以决定在哪个环节利用Web来增加价值。电子商务也导致了20多种业务的产生,包括与供货商合作、在线购买以及知识管理运用。这些业务将帮助公司降低成本,改进购买活动。

IBM的目标是成为最好的电子商务企业,这就意味着它要成为上述商务流程中每个环节的领先者。

■ IBM的电子商务战略是什么?
■ IBM是如何落实其电子商务战略的?

班级讨论——加深你的知识理解

(1)你知道哪些因素会影响企业电子商务系统的实施?
(2)你了解有哪些行业的企业实施了电子商务系统吗?

自己动手——锻炼你的实践能力

(1)上网查找有哪些企业实施了电子商务系统,并了解其实施过程中存在的问题。
(2)简单策划一个电子商务系统(如旅游业企业)的实施过程。

小节复习——牢记本节主要内容

简短回答

(1)企业实施电子商务系统的准备工作有哪些?
(2)企业实施电子商务系统的步骤是什么?
(3)企业应该如何管理电子商务系统?

8 电子商务支撑环境

【本章要点】

◆电子商务安全保障体系

◆加密技术及其应用

◆电子商务支付体系

◆电子商务物流体系

◆电子商务信用管理体系

◆电子商务政策法律环境

【学习要求】

通过本章的学习,我们将认识电子商务安全的重要性,以及保障电子商务安全的技术和管理制度;初步了解加密、数字签名、身份认证等技术的基本原理;了解和探讨电子商务的支付方式及其发展现状,以及电子商务物流环境、信用环境和政策法规环境;从而比较全面地了解电子商务活动的支撑环境和影响因素,以便进一步加深对电子商务的理解,提高对电子商务应用的分析能力。

电子商务除需要上一章所讲的电子商务系统的应用支撑之外,还需要很多相关支撑条件作为基础,这些支撑条件构成整个电子商务的支撑环境,这就是我们通常所说的包括电子商务安全保障体系、电子支付平台、电子商务物流、电子商务信用环境和电子商务政策法律环境等的支撑环境。本章我们将对支撑电子商务发展的环境进行讨论和学习。

8.1 电子商务安全保障

引导案例——打开知识的大门

Verisign 公司的网上防欺诈保护服务

Verisign 公司主席和 CEO Sclavos 说,电子商务将再次火爆,这已经不是秘密,但是坏消息是网上交易已经成了大目标,随着我们看到的经济形态正在转移,我们也看到了犯罪率的转移。

Sclavos 指出,虽然电子商务在 2002 年增长了近 74%,但是欺诈交易数量增长得更快,2002 年欺诈交易行为猛增至 114%。他还说,把公司网络解决方案部门的地理数据与在线信用卡交易的时间数据结合起来,这种方法已被证实可以减少网上交易中的欺诈率。

Verisign 公司的欺诈保护服务将信用卡号码、持卡人姓名、交易发生的原始网址进行比对,以评估交易行为的合法性,从而作出有关交易行为是否属于欺诈的初步判断。

例如,当系统检测到一名美国公民进行的网上交易事实上来自俄罗斯,就是说从网络地址上看出实际地址是俄罗斯时,那么这项交易的可靠性就要大打折扣。

■ 你认为电子商务活动与电子商务欺诈行为会成正比增长吗?
■ 你知道如何防止网上交易欺诈吗?

Internet 之所以能发展成为今天的全球性网络,主要是依赖于它的开放性。但是,这种开放式的信息交换方式使其网络安全具有很大的脆弱性。由于电子商务交易平台的虚拟性和匿名性,其安全问题也变得越来越突出,成为制约其进一步发展的主要“瓶颈”。电子商务安全从整体上可分为两大部分:计算机网络安全和商务交易安全。

计算机网络安全的内容包括:计算机网络设备安全、计算机网络系统安全、数据库安全等。其目的是针对计算机网络本身可能存在的安全问题,实施网络安全增强方案,以保证计算机网络自身的安全性。

商务交易安全则紧紧围绕传统商务在互联网络上应用时产生的各种安全问题:在计算机网络安全的基础上,如何保障电子商务过程的顺利进行,即实现电子商务的保密性、完整性、可鉴别性、不可伪造性和不可抵赖性。

计算机网络安全与商务交易安全实际上是密不可分的,两者相辅相成,缺一不可。没有计算机网络安全作为基础,商务交易安全就犹如空中楼阁,无从谈起。没有商务交易安全保障,即使计算机网络本身再安全,仍然无法达到电子商务所特有的安全要求。

8.1.1 电子商务安全概述

8.1.1.1 电子商务的安全性需求

电子商务发展的核心和关键问题是交易的安全性。Internet 本身的开放性,使网上交易面临了种种危险,也由此提出了相应的安全控制要求。

(1)信息的保密性。电子商务作为贸易的一种手段,其有些信息直接代表着个人、企业或国家的商业机密。当电子商务是建立在一个较为开放的网络环境基础上时,维护商业机密就成为电子商务全面推广应用的重要保障。因此,要采取措施预防非法的信息存取和信息在传输过程中被非法窃取。如,信用卡的账号和用户名等不能被他人获取,因此在信息传播中一般均有加密的要求。

(2)信息的完整性。电子商务简化了贸易过程,减少了人为的干预,同时也带来维护贸易各方商业信息的完整、统一问题。贸易各方信息的完整性将影响到贸易各方的交易和经营策略,保持贸易各方信息的完整性是电子商务应用的基础。因此,要预防对信息的随意生成、修改和删除,同时要防止数据传送过程中信息的丢失和重复。

(3)交易者身份确定性。网上交易的双方很可能素昧平生,相隔千里。要使交易成功,首先要能确认对方的身份,对商家要考虑客户不能是骗子,而客户也会担心网上的商店是不是一个黑店。因此能方便而可靠地确认对方身份是交易的前提。

(4)不可否认性。由于商情千变万化,交易一旦达成是不能被否认的。否则必然会损害一方的利益。因此电子交易通信过程的各个环节都必须是不可否认的。

(5)系统的可靠性。系统的可靠性是指计算机及网络系统的硬件和软件工作的可靠性,是否会因为计算机故障或意外原因(如停电)造成信息错误、失效或丢失。提高系统可靠性主要是要选择质量好、可靠性高的硬件和软件产品,并且要考虑系统配置的冗余和备份,还要配置良好的备用电源和防雷设施,系统维护人员要经常对系统进行保养和维护,不可带故障运行等。

8.1.1.2 电子商务安全的保障体系

(1)电子商务安全保障的正确理念。首先,电子商务安全是系统性问题,要综合考虑人员、技术、管理、法规、制度等多项要素;其次,电子商务安全是整体性问题,指望几项独立的安全产品或技术手段解决所有安全问题是不现实的;再次,安全保障是动态发展的过程,安全保障建设不会是一劳永逸的;最后,安全是相对的,安全保障建设投资是可度量的。

(2)管理上的安全措施。首先,在高层管理要引起对电子商务安全的足够重视,促成管理人员同相关的技术人员一起制定企业内部、外部网络安全规划和标准。在规划中应该指出企业信息安全在近期和未来一段时间内要达到什么级别和标准,预备投入的资源有多少等。其次,在规划和标准的指导下要制定详细的安全行为规范,包括各种硬软件设备使用和维护权限的管理办法、网络系统登录和使用的安全保障管理办法、数据维护和备份的管理规定等。最后,要特别注意安全条例的执行保障,即有了规定就一定要按照规定去执行。只有在管理上具备明确的目标和标准,技术人员才能更好地提供安全上的技术支持。

(3)法律上的安全保障。安全的电子商务仅靠单一的技术手段来保证是难以奏效的,必须依靠法律手段、行政手段和技术手段的完美结合来最终保护参与电子商务各方的利益。这就需要在企业和企业之间、政府和企业之间、企业和消费者之间、政府和政府之间明确各自需要遵守的法律义务和责任。

(4)技术上的安全保障。电子商务中涉及的安全技术很多,其中有一些已经获得了广泛的应用和认可。维护企业内部网安全的技术包括用户密码和权限管理技术、防火墙技术、虚拟专用网(VPN)技术和网络杀毒技术等;维护交易数据在互联网上安全传输的技术包括数据加密和数字签名等,其中为了识别用户在现实世界中的真实身份还要涉及认证中心;另外,为了维护电子交易中最为关键的资金流动,特别是信用卡支付的安全,还要涉及两个应用广泛的协议,即安全套接层协议(SSL)和安全电子交易协议(SET)。

总之,网上交易安全管理,应当跳出单纯从技术角度寻求解决办法的圈子,采用综合防范的思路,从技术、管理、法律等方面去思考。

8.1.2 加密技术

8.1.2.1 加密的相关概念

(1)明文:一般情况下,信息的原始形式称为明文。

(2)密文:明文经过变换加密后的形式称为密文。

(3)算法:计算机解决问题的方法和步骤,就是计算机的算法。每一个算法都是由一系列的操作指令组成的。这些操作包括加、减、乘、除、判断等,按顺序、分支、重复等结构组成。

(4)密钥:密钥是一个数值,它和加密算法一起生成特别的密文。密钥是数据加密技术的关键,是为了有效地控制加密和解密算法的实现,要求通信双方都掌握的专门信息。密钥的尺寸用位(bit)来衡量,1024 位密钥代表的数是非常巨大的。在公开密钥加密方法中,密钥的尺寸越大,密文就越安全。

(5)数据加密:即对原来为明文的文件或数据按某种算法进行处理,使其成为不可读的密文的过程。密文只能在输入相应的密钥之后才能显示出本来内容,通过这样的途径来达到保护数据不被非法窃取、阅读的目的。

(6)数据解密:加密过程的逆过程为解密,即将该编码信息转化为其原来数据的过程。

8.1.2.2 加密技术

数据加密技术就是通过信息的变换编码,将机密的敏感信息变换成难以读懂的乱码型信息的方法。根据密钥的不同,可将数据加密技术分为对称加密技术、非对称加密技术、混合加密技术。

(1)对称加密技术。对称加密技术就是加密密钥能够从解密密钥中推算出来,同时解密密钥也可以从加密密钥中推算出来,而在大多数的对称算法中,加密密钥和解密密钥是相同的,这种技术也称为秘密密钥加密技术。

这种技术要求发送方用户和接收方用户在安全通信之前,商定一个密钥。这样发送方用户和接收方用户使用相同的密钥对信息进行加密和解密。对称加密流程如图 8-1 所示。

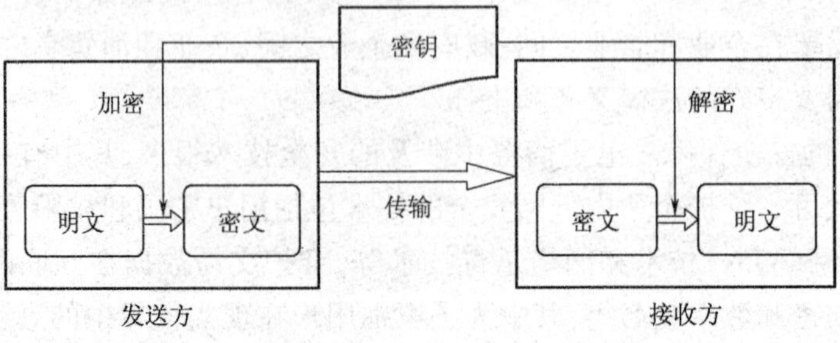

图 8-1 对称加密流程

现阶段在电子商务中常用的对称加密算法有美国数据加密标准(Data Encryption Standard,DES)。DES 是对称的,既可用于加密又可用于解密。DES 的安全性只依赖于密钥的安全性,不依赖于算法的安全性。

(2)非对称加密技术。顾名思义,非对称加密技术中加密密钥和解密密钥是不同的,也不可以相互推算(至少在合理假定的长时间内)。这种技术也称为公开密钥加密技术,之所以又叫做公开密钥加密技术是由于加密密钥可以公开,即陌生人可以得到它并用来加密信息,但只有用相应的解密密钥才能解密信息。在这种加密技术中,加密密钥被叫做公开密钥,而解密密钥被叫做私有密钥。公开密钥和私有密钥成对出现,而且两个密钥之间存在数学关系:用一个密钥加密过的密文只能用对应的另一个密钥来解密,并且不能由一个密钥推算出另一个密钥。

这种技术要求发送方用户和接收方用户在安全通信之前,发送方通过网络查询或其他方式得到接收方的公开密钥;发送方使用接收方的公开密钥对明文进行加密得到密文;接收方收到密文后,用自己的私有密钥进行解密,恢复出明文。非对称加密流程如图 8 -2 所示。

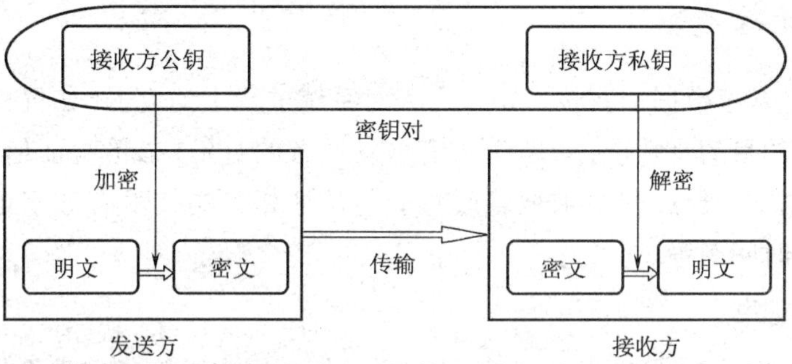

图 8 -2　非对称加密流程

现阶段在电子商务中常用的非对称加密算法有 RSA 编码法,由这种算法的发明人 Rivest,Shamir,Adelman 首字母缩写而得名。RSA 的安全性取决于从公开密钥计算出私有密钥的困难程度,但是随着技术的发展,同样的加密算法被破译的时间会愈来愈短。实际上,只要破译所需要的时间超过保密期,保密的目的也就达到了。

(3)混合加密技术。混合加密技术不是一种单一的加密技术,而是一个结合体,是上述两种数据加密技术相互结合的产物。通信双方的通信过程分为两个部分,双方先利用非对称加密技术传送本次通信所用的对称密钥,然后再用对称加密技术加密传送文件。

混合加密技术是用户在实际应用中总结出来的,它可以弥补对称加密技术和非对称加密技术的弱点,使二者优势互补,同时达到方便用户的目的。

8.1.2.3　加密技术在电子商务中的应用

(1)加密技术在商务信息保密中的应用。加密技术是人们防止信息失密而常采取的安全技术手段,在电子商务中实现数据加密既可以采用 DES 算法,也可以采用 RSA 算法。DES 加密速度快，适合加密较长的报文；而 RSA 可解决密钥的分发传送问题，但是直接用公钥加密明文的代价很大，加密后密文会变长。因此在实际应用中常利用混合加密技术，即用公开密钥加密技术在通信双方之间传送 DES 算法中的密钥，而采用对称密钥加密技术来对实际需传输的大量数据加密、解密。

（2）加密技术在身份认证中的应用。在网络环境下开展商务活动的前提是交易双方身份的识别，如果不进行身份识别，第三方就有可能假冒交易一方的身份，以破坏交易或盗取交易成果；身份识别还能防止出现抵赖，使交易双方对自己所发送的信息不能予以否认。数字签名技术是确定交易信息内容的真实性（即信息确实来源于期望的发送方）的主要鉴别手段，其基础是数据加密中的公开密钥加密技术。数字签名技术是在电子文件上签名，是确认文件内容的一种手段，是加密技术的综合应用。

数字签名与书面文件签名具有相同的效力，采用数字签名，能确认以下两点：信息是由签名者发送的；信息自签发后到收到为止未曾作过任何修改。

这样数字签名就可用来防止电子信息因易被修改而被别人伪造，或冒用别人名义发送信息，或发出（或收到）信件后又加以否认等情况发生。

8.1.3 认证技术

认证技术是基于数据加密技术防止有人对系统进行主动攻击（如冒充、篡改）的一种重要技术，认证的目的有两个：一是确认信息发送者的身份；二是验证信息的完整性，即确认信息在传送或存储过程中未被篡改过。与认证相关的技术有数字证书、数字签名、数字信封、数字时间戳等。

8.1.3.1 数字证书

（1）数字证书的定义。数字证书就是网络通信中标志通信各方身份信息的一系列数据，其作用类似于现实生活中的身份证。它是一个由权威机构——证书授权（Certificate Authority，CA）中心发行的，人们可以在交往中用它来识别对方的身份。

数字证书是一个经证书授权中心数字签名的包含公开密钥拥有者信息以及公开密钥的文件。最简单的证书包含一个公开密钥、用户名以及证书授权中心的数字签名。一般情况下，证书中还包括密钥的有效时间、发证机关（证书授权中心）的名称、该证书的序列号等信息（如图 8－3 所示）。

（2）数字证书的应用。数字证书可以应用于互联网上的电子商务活动和电子政务活动，其应用范围涉及需要身份认证及数据安全的各个行业，包括传统的商业、制造业、流通业的网上交易，以及公共事业、金融服务业、工商税务、海关、政府行政办公、教育科研单位、保险、医疗等网上作业系统。

8.1.3.2 数字签名技术

（1）数字签名的概念。所谓数字签名，就是通过某种密码运算生成一系列符号及代码组成电子密码进行签名，来代替书写签名或印章，对于这种电子式的签名还可进行技

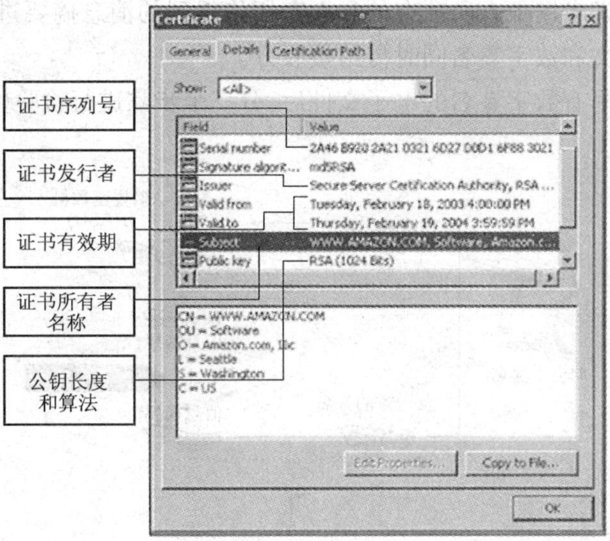

图 8-3 数字证书

术验证。其验证的准确度是一般手工签名和图章验证无法比拟的。“数字签名”是目前电子商务、电子政务中应用最普遍、技术最成熟、可操作性最强的一种电子签名方法。它采用了规范化的程序和科学化的方法,用于鉴定签名人的身份以及对一项电子数据内容的认可。它还能验证出文件的原文在传输过程中有无变动,确保传输电子文件的完整性、真实性和不可抵赖性。

(2)数字签名的步骤。数字签名是由数字签字软件在计算机上自动完成的,数字签字软件在产生数字签名时是分两个步骤来进行的(如图 8-4 所示)。

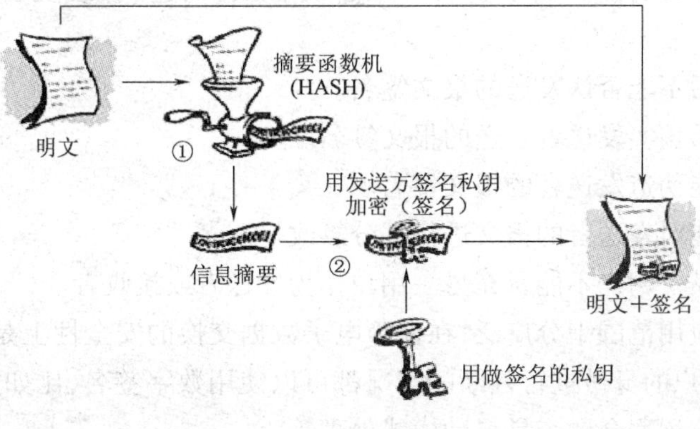

图 8-4 数字签名的生成

第一步是数字签字软件根据特定的算法(哈希函数)将被签文件转换成一个比原来文件短得多的消息摘要,这个消息摘要对该文件是唯一的,当被签文件的任何地方被更改时,相应的消息摘要也随之改变。

第二步是由发送者用个人所独有的私人密钥将得到的消息摘要进行加密，形成数字签名。发送方将原文和数字签名同时传给接收方。

收件人在收到附有数字签名的电子文件后，分三个步骤进行检验（如图8－5所示）。

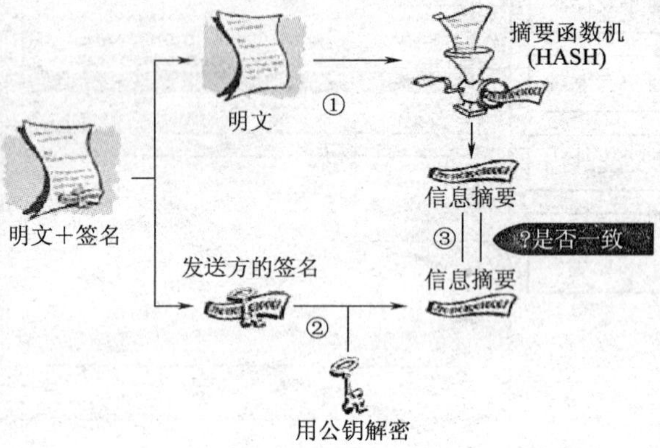

图8－5 数字签名的验证

第一步与数字签字软件一样，对接收到的电子文件用同样的算法产生一个消息摘要。

第二步是用签字者的公开密钥将接收到的数字签名解密，还原成消息摘要。

第三步是将第一步产生的消息摘要和第二步解密得到的消息摘要进行比较，如果两者符合，说明文件是完整的，否则，文件在传送过程中就曾被修改或发生错误。

根据公开密钥加密体系中密钥的加密与解密的相依特性，收件人只要能用签字者的公开密钥对其数字签字进行解密，就可证实该文件来自真实的签字者。

（3）数字签名的功能。数字签名可以解决否认、伪造、篡改及冒充等问题。具体如下。

①发送者事后不能否认发送的报文签名。

②接收者能够核实发送者发送的报文签名。

③接收者不能伪造发送者的报文签名。

④接收者不能对发送者的报文进行部分篡改。

⑤网络中的某一用户不能冒充另一用户作为发送者或接收者。

数字签名的应用范围十分广泛，在保障电子数据交换的安全性上是一个突破性的进展，凡是需要对用户的身份进行判断的情况都可以使用数字签名，比如加密信件、商务信函、订货购买系统、远程金融交易自动模式处理等。

8.1.3.3 数字信封技术

数字信封是公钥密码体制在实际中的一个应用，用加密技术来保证只有规定的特定收信人才能阅读通信的内容。

在数字信封中，信息发送方采用对称密钥来加密信息内容，然后将此对称密钥用接收方的公开密钥来加密(这部分称数字信封)之后,将它和加密后的信息一起发送给接收方,接收方先用相应的私有密钥打开数字信封,得到对称密钥,然后使用对称密钥解开加密信息。这种技术的安全性相当高。数字信封主要包括数字信封打包和数字信封拆解:数字信封打包是使用对方的公钥将加密密钥进行加密的过程,只有对方的私钥才能将加密后的数据(通信密钥)还原;数字信封拆解是使用私钥将加密过的数据解密的过程。数字信封生成与拆解过程如图 8 -6 所示。

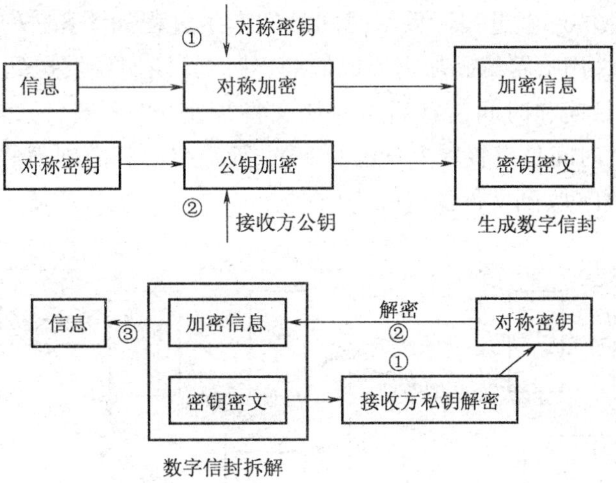

图 8 -6 数字信封生成与拆解过程

8.1.3.4 数字时间戳

交易文件中,时间是十分重要的信息。在书面合同中,文件签署的日期和签名一样均是十分重要的防止文件被伪造和篡改的关键性内容。在电子交易中,同样需对交易文件的日期和时间信息采取安全措施,而数字时间戳服务(Digital Time-stamp Service,DTS)就能提供电子文件发表时间的安全保护。

(1)数字时间戳的概念。数字时间戳是由第三方提供的一种可信时间标记服务,通过该服务获得的数字时间戳数据可以用来证明在某一时刻数据已经存在。时间戳在日常生活中普遍存在,如发票上的日期、合同上的日期标记等,数字时间戳就是这些时间戳的数字化。

与寄信用的邮戳一样,数字时间戳服务也是用来证明消息的收发时间的。由于用户桌面时间很容易改变,由桌面时间系统产生的时间戳不可信赖,因此需要一个由第三方提供的可信赖的且不可抵赖的时间戳服务。时间戳(Time-Stamp)是一个经加密后形成的凭证文档,它包括三个部分:需加时间戳的文件的摘要;DTS 收到文件的日期和时间;DTS 的数字签名。

(2)数字时间戳的应用。

①数字签名。众所周知,数字证书在某些情况下需要对其进行撤销处理以解除数字

公钥与某一主题(身份)的绑定。数字时间戳可以证明对消息的数字签名是在证书撤销之前操作的,因此,即便是在数字证书撤销之后,我们仍然可以通过数字时间戳数据验证数字签名的有效性。

②电子商务活动中某些时间底线的提交。数字时间戳可以表明操作是在某时间点之前(或之后)进行。投标书的时间控制应用就是一例。

③数字产品专利和版权保护。

数字时间戳的应用远不止这些,应用范围将随着计算机信息技术的发展而延伸。

(3)数字时间戳的产生过程。数字时间戳的产生过程如图 8－7 所示。用户首先将需要加时间戳的文件用哈希编码加密形成摘要,然后将该摘要发送到 DTS。DTS 在加入了收到文件摘要的日期和时间信息后再对该文件加密(数字签名),然后送回用户。注意:书面签署文件的时间是由签署人自己写上的,而数字时间戳则不然,它是由 DTS 认证单位来加的,并以 DTS 收到文件的时间为依据。

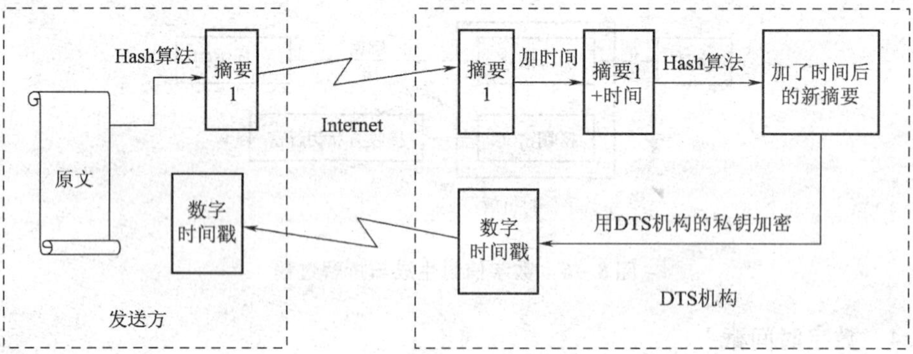

图 8－7　数字时间戳的产生过程

8.1.3.5　认证中心

(1)CA 认证中心的含义。所谓 CA 认证中心,也称为电子商务认证中心或数字认证中心,是负责发放和管理数字证书的权威机构,并作为电子商务交易中受信任的第三方,承担公钥体系中公钥的合法性检验的责任。

CA 认证中心的作用主要体现在事先验证或识别参与网上交易活动的各个主体(如持卡消费者、商家、收单银行的支付网关等)的身份,并用相应的数字证书代表他们在网上的身份,而这些数字证书就是由权威认证机构(即 CA)来颁发的。CA 中心在整个电子商务环境中处于至关重要的位置。它是整个信任链的起点,CA 中心是开展电子商务的基础。如果 CA 中心不安全或发放的证书不具权威性,那么网上电子交易就无从谈起。

(2)CA 认证在电子商务中的应用。由于 CA 认证给电子商务带来了高度的安全性,因此成为电子商务中不可或缺的组成部分。综合来说,CA 认证在电子商务中有如下几个方面的应用。

①安全登录。安全登录方式是指基于数字证书的用户身份自动识别方式。

②安全虚拟专用网(Virtual Private Networks,VPN)。利用安装在VPN的路由器、防火墙等网络设备上的数字证书,在VPN的数据传输中解决认证、机密、完整、不可否认等难题,同时为用户的活动提供了审计机制。

③安全电子交易(SET)。在一个基于SET的交易中,首先要验证或识别参与网上交易活动的各个主体(如持卡消费者、商户、支付网关)的身份,并用相应的数字证书代表他们的身份。

④无线网络的应用。无线应用协议(Wireless Application Protocol,WAP)是目前无线网络中主要的通信协议。可以在服务器允许的情况下,只由客户端鉴别服务器,服务器还可以要求客户端向服务器证明自己。

8.1.4 电子商务安全交易协议

如何通过电子支付安全地完成整个交易过程,又是人们在选择网上交易时所必须面对的而且是必须考虑的问题。人们对此进行了大量的探索,SSL安全协议和SET安全协议就是这种探索的两项重要成果,它们已经广泛在电子支付中使用。

8.1.4.1 SSL协议

(1)SSL协议的概念。安全套接层协议(Security Socket Layer,SSL)是网景(Netscape)公司提出的基于Web应用的安全协议,它包括:服务器认证、客户认证(可选)、SSL链路上的数据完整性和保密性。SSL主要使用公开密钥体制和数字证书技术保护信息传输的机密性和完整性,它不能保证信息的不可抵赖性,主要适用于点对点的信息传输,常用浏览器/服务器方式。

(2)SSL安全协议在电子商务中的应用。SSL协议根据邮购的原理进行了部分改进。在传统的邮购活动中,客户首先寻找商品信息,然后汇款给商家,商家再把商品寄给客户。这里,商家是可以信赖的,所以,客户须先付款给商家。在电子商务的开始阶段,商家担心客户购物后不付款,或使用过期作废的信用卡,因而希望银行给予认证。SSL安全协议正是在这种背景下应用于电子商务的。

SSL协议有利于商家而不利于客户。因为客户的信息首先传到商家,整个过程中缺少了客户对商家的认证。在电子商务的开始阶段,由于参与电子商务的公司大都是一些大公司,信誉较高,这个问题没有引起人们的重视。随着参与电子商务厂商的迅速增加,对厂商的认证问题越来越突出,SSL协议的缺点完全暴露出来,SSL协议逐渐被新的SET协议所取代。

8.1.4.2 SET协议

(1)SET协议的概念。安全电子交易协议(Secure Electronic Transaction,SET)是由VISA和Master Card两大信用卡公司联合推出的规范。为了克服SSL安全协议的缺点,VISA和Master Card联合开发了SET电子商务交易安全协议。这是一个为了在互联网上进行在线交易而设立的开放的以电子货币为基础的电子付款系统规范。它采用公钥密码体系(PKI)和电子证书标准,通过相应软件、数字证书、数字签名和加密技术能在电子交易环节上提供更大的信任度、更完整的交易信息、更高的安全性和更少受欺诈的可能性。SET 在保留对客户信用卡认证的前提下,又增加了对商家身份的认证,这对于需要支付货币的交易来讲是至关重要的。由于设计合理,SET 协议得到了 IBM,HP,Microsoft,VeriFone,GTE,Verisign 等许多大公司的支持,已成为事实上的工业标准。目前,它已获得了互联网工程任务组(IETF)标准的认可。SET 协议用以支持 B2C 这种类型的电子商务模式,即消费者持卡在网上购物与交易的模式。

(2)SET 系统的构成。基于 SET 协议构造的电子商务系统由以下六部分组成。

①持卡人。持卡人是指由发卡银行所发行的支付卡的授权持有者。

②商家。商家是指向持卡人出售商品或服务的个人或机构。商家必须与收单银行建立业务联系以接受支付卡这种付款方式。

③发卡银行。发卡银行是指向持卡人提供支付卡的金融机构。

④收单银行。收单银行是与商家建立了业务联系的金融机构,可以处理支付卡授权与付款。对于给定的支付卡账号,收单银行可以向商家提供账号是否有效及支付款项是否超出透支额度等授权信息。收单银行还处理持卡人到商家的购物款电子传送。

⑤支付网关。支付网关由收单银行或特定的第三方运作,用于处理商家的支付信息。支付网关作用于 SET 和现有的银行卡网络之间。

⑥认证中心(CA)。认证中心是一可信任的实体,可以为持卡人、商家和支付网关签发数字证书。

(3)SET 协议的工作流程。SET 协议的工作流程如图 8－8 所示。

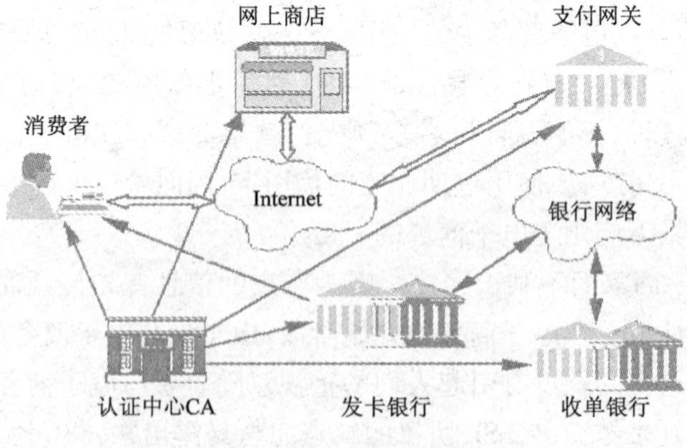

图 8－8　SET 协议的参与对象及工作流程

具体流程如下。

①消费者利用自己的 PC 机通过因特网选定所要购买的物品,并在计算机上输入订货单,订货单上需要包括在线商店、购买物品名称及数量、交货时间及地点等相关信息。

②通过电子商务服务器与有关在线商店联系,在线商店作出应答,告诉消费者所填

订货单的货物单价、应付款数、交货方式等信息是否准确、是否有变化。

③消费者选择付款方式,确认订单签发付款指令,此时 SET 开始介入工作。

④在 SET 中,消费者必须对订单和付款指令进行数字签名,同时利用双重签名技术保证商家看不到消费者的账号信息。

⑤在线商店接受订单后,向消费者所在银行请求支付认可。信息通过支付网关到收单银行,再到电子货币发行公司确认。批准交易后,返回确认信息给在线商店。

⑥在线商店发送订单确认信息给消费者。消费者端软件可记录交易日志,以备将来查询。

⑦在线商店发送货物或提供服务并通知收单银行将钱从消费者的账号转移到商店账号,或通知发卡银行请求支付。在认证操作和支付操作中间一般会有一个时间间隔,例如,在每天的下班前请求银行结算一天的账。

8.1.4.3 SSL 协议与 SET 协议的比较

SSL 协议和 SET 协议的差别主要表现在以下几个方面。

(1)用户方面。SSL 协议已被浏览器和 Web 服务器内置,无须安装专门软件;而 SET 协议中客户端需安装专门的电子钱包软件,在商家服务器和银行网络上也需安装相应的软件,增加了用户、商家、银行的费用。

(2)速度方面。SET 协议非常复杂、庞大、处理速度慢。一个典型的 SET 交易过程需验证电子证书 9 次、验证数字签名 6 次、传递证书 7 次,进行 5 次签名、4 次对称加密和 4 次非对称加密,整个交易过程可能需花费 1.5 ~2 分钟;而 SSL 协议则简单得多,处理速度比 SET 协议快。

(3)认证方面。早期的 SSL 协议并没有提供身份认证机制,虽然在 SSL3.0 中可以通过数字签名和数字证书实现浏览器和 Web 服务器之间的身份认证,但仍不能实现多方认证,而且 SSL 中只有商家服务器的认证是必需的,客户端认证则是可选的。相比之下,SET 协议的认证要求较高,所有参与 SET 的成员都必须申请数字证书,并且解决了客户与银行、客户与商家、商家与银行之间的多方认证问题。

(4)安全性方面。一般公认 SET 的安全性较 SSL 高。SET 协议由于采用了非对称加密、消息摘要和数字签名,可以确保信息的机密性、认证性、完整性和不可否认性,且 SET 协议采用了双重签名来保证各参与方信息的相互隔离,使商家只能看到持卡人的订单信息,而银行只能取得持卡人的信用卡信息。SSL 协议虽也采用了公钥加密、信息摘要,可以提供机密性、完整性和一定程度的身份验证功能,但缺乏一套完整的认证体系,不能提供完备的防抵赖功能。

总的来讲,SSL 协议比较简单,因而其应用也相对广泛;SET 协议比较复杂,因而在某种程度上也阻碍了其推广的进程。从安全性角度看,SSL 协议不如 SET 协议,对于使用信用卡支付的系统来说,SET 协议则是最好的选择,SET 协议是专门针对信用卡支付而设计的协议。

本节内容图表化

电子商务的安全需求	(1)信息的保密性 (2)信息的完整性 (3)交易者身份确定性 (4)不可否认性 (5)电子商务交易的有效性 (6)系统的可靠性
加密技术相关术语	(1)明文:信息的原始形式称为明文 (2)密文:明文经过变换加密后的形式称为密文 (3)加密:明文变成密文的过程称为加密 (4)解密:由密文变成明文的过程称为解密 (5)密钥:密钥是一个数值,它和加密算法一起生成特别的密文
对称加密	对称加密技术就是加密密钥能够从解密密钥中推算出来,同时解密密钥也可以从加密密钥中推算出来,而在大多数的对称算法中,加密密钥和解密密钥是相同的
非对称加密	非对称加密技术中加密密钥和解密密钥是不同的,也不可以相互推算(至少在合理假定的长时间内)
加密技术应用	(1)数字证书 (2)数字签名技术 (3)数字信封技术 (4)数字时间戳 (5)认证中心
电子商务安全交易协议	(1)SSL 协议安全套接层协议 (2)SET 协议

开阔视野——还有你所不知道的

电子商务安全升级——阿里巴巴全球首推在线产品责任险

两大国际巨头——阿里巴巴和美亚保险 2007 年 5 月 1 日透露:双方已确认在电子商务领域携手合作——即日起阿里巴巴将通过其网上交易平台,为来自 220 多个国家和地区的 2 000 多万企业用户提供美亚产品责任保险的在线交易服务,成为全球首家在线推广产品责任保险的商业 B2B 网站,而数千万家网商企业将成为此举最直接的受益者。

据介绍,通过该协议,美亚将为阿里巴巴的在线商户提供产品责任保险业务咨询与专业投保方案建议,为客户办理产品责任保险投保、理赔和信息告知等保险服务,并将联合阿里学院举办专业论坛,为客户提供详细的进出口风险解决方案,帮助客户了解国外法律环境,增强风险意识,增强产品在海外市场的竞争力。

美国美亚保险公司上海分公司副总裁曾晓曼介绍说,与发达国家相比,中国的责任保险尚处于较低水平。目前,中国采购商愿意购买产品责任保险的人只有 4%,而且大多也是应国外进口商的要求被动投保。作为全球知名的B2B网站，阿里巴巴与美亚联手推广产品责任保险，无疑将提高中国商家的风险意识，进而提升中国产品的国际竞争力。

案例学习——看看你的分析能力

拉卡拉疑客户资料外泄

拉卡拉集团成立于2005年，是中国领先的互联网金融及社区电商公司，借助互联网技术，以便民服务及支付为手段，为商户及其用户提供金融及电子商务服务。至今为止拉卡拉累计用户超过8 000万，累计服务用户超过8亿人次，在全国超过300个城市运营超过50万商户，覆盖80%以上社区，每月交易额超过1 000亿元。拉卡拉与中国银联以及工、农、中、建、交五大行在内的上百家金融机构建立了战略合作伙伴关系，全国主要银行的信用卡用户平均约有15%主要通过拉卡拉平台还款，个别银行甚至超过40%。

2013年拉卡拉疑发生客户资料外泄事件。有消费者在网上发文称“拉卡拉客户资料外泄”，在此帖评论中，多名网友表示是拉卡拉用户且近期使用过，对此事十分关心，担心自己银行卡账户存在安全问题，质疑拉卡拉风控能力，有消费者称以后最好还是选择去银行办理相关业务，不能贪图方便。针对上述情况，拉卡拉方面的回应是：消费者质疑的“拉卡拉客户资料外泄”一事不属实。拉卡拉目前开展的业务均属银行账户型业务，不属于支付账户型业务，即刷卡支付。到目前为止，所有用户在拉卡拉各类型终端发起的任何交易，其个人敏感信息如密码等均不在拉卡拉的任何终端留存，这也是人民银行等监管机构对收单机构的基本要求，拉卡拉的业务流程、模式、应用系统、终端等各类软硬件均是经过监管机构的检测和认证的。用户的交易信息包括密码验证等环节均是直接通过银行的应用系统进行验证处理。有专家表示：“虽然拉卡拉支付功能不通过互联网，直接在银联刷卡机上刷卡操作，专线传输，在支付过程中既灵活又安全。但是，在该智能终端功能逐步延伸的同时，由于缺少监控设备，多次误操作后也不会被吞卡、锁卡，这些防范上的漏洞也逐渐显露。”

作为最大的线下远程支付公司，积累了超过8 000万用户的拉卡拉在保护客户资料方面有哪些具体措施？如何建立内控及风险管理体系？拉卡拉方面称，对于安全风险控制，拉卡拉有完备的机制保障，同时有专业的风控团队保障用户的资金安全。用户在拉卡拉平台上进行的交易都是安全、有保障的，对于用户遇到的任何问题拉卡拉都会积极受理，同银联、银行等机构协调，保障用户利益。

（资料来源：中国电子商务研究中心 http://www.100ec.cn/）

■ 深入了解拉卡拉等其他第三方支付机构，讨论当下环境中如何维护电子商务交易安全。

班级讨论——加深你的知识理解

(1)谈谈你在网上交易过程中出现的安全问题。你是如何解决的?

(2)你所了解的电子商务交易的安全措施有哪些?

自己动手——锻炼你的实践能力

(1)中国的CA中心有哪些?它们都提供哪些服务?

(2)申请一张个人数字证书,并利用该证书与他人通信。

小节复习——牢记本节主要内容

一、解释概念

(1)明文;(2)密文;(3)公钥;(4)私钥;(5)密钥;(6)CA认证;(7)SSL协议;(8)SET协议

二、简短回答

(1)电子商务的安全需求有哪些?

(2)简述电子商务的安全保障体系包括的内容。

(3)简述数字信封的含义。

(4)简述数字时间的含义。

(5)简述数字证书的含义。

(6)简述数字签名的含义及其生成原理。

8.2 电子商务支付体系

引导案例——打开知识的大门

网上支付

小许是一名电子商务专业的学生,很想感受一下电子商务,借给自己的女朋友送生日礼物的机会,准备在京东买一台手机送给女朋友。他来到京东商城,选择了iPhone6,按下了网页上的“购买”按钮,在选择“付款方式”时,小许没有选择“货到付款”,而是选择了“网银支付”,接下来选择中国银行网上银行支付,输入卡号、密码、验证码后,按下确定按钮。这样,小许卡上的资金转账到京东商城的账号,而小许的女朋友在3日后也收到手机了。小许不由得露出了微笑,感叹道网上的东西不仅价格便宜,网上支付也真是便利呢!

现在，电子支付在电子商务领域为广大消费者和企业提供了便利，同时也促进了电子商务的推广和发展。

■ 这个案例中你知道小许采用的是什么支付方式吗？
■ 你知道除了这种支付方式外还有其他的支付方式吗？

在电子商务活动中，在线电子支付是一个极为重要的关键环节。并且电子支付作为一种消费方式已经为越来越多的人所接受，它是计算机技术应用于金融领域的一项重要成果，使得人们能够跨越地理疆界开展业务，快速完成资金结算，极大地提高了国际交易的便利性，因而比传统的支付方式更加快捷，成本更加低廉。

8.2.1 电子支付的定义与特点

所谓电子支付，指的是电子交易的当事人，包括消费者、商家和金融机构，以计算机和通信技术为手段，通过计算机网络系统以电子信息传递的形式实现的货币支付或资金结算。电子支付与传统支付方式的比较如表 8－1 所示。

表 8－1　电子支付与传统支付方式对照简表

支付方式 比较项目	传统支付	电子支付
款项支付方式	通过现金的流转、票据的转让以及银行的汇兑等物理实体完成	采用先进的信息技术完成信息传输和款项汇兑
工作环境	在较为封闭的系统中运作	在基于开放的网络平台中运作
设备要求	使用传统的通信媒介，对软、硬件要求相对较低	使用最先进的通信手段，对软、硬件要求很高
支付效率	支付时间相对较长，效率低，费用高	具有方便、快捷、高效、经济的优势

8.2.2 电子支付方式

对于电子商务而言，基于 Internet 的电子支付是以电子货币的形式进行的。电子支付方式目前主要有电子现金、电子信用卡、电子支票、电子钱包、借记卡等。

8.2.2.1 电子现金

电子现金是一种以数据形式流通的货币，它把现金数值转换成为一系列的加密序列数，通过这些序列数来表示现实中各种金额的币值，即以数字化形式存在的现金货币。

（1）电子现金的基本属性。电子现金的基本属性有四个。

①有货币价值。电子现金必须具备货币价值，它必须有一定的现金、银行认可的信用或银行证明的现金支票作为支持。当一家银行创造的电子现金被其他银行接受时，不

能存在不兼容的问题。如果失去了银行的支持,电子现金就会有风险,可能存在支持资金不足的问题。

②可交换性。电子现金作为一种支付方式,必须能够交换成其他的电子现金、纸币现金、商品或服务、银行账户的存款、债券等。电子现金一般倾向于在发放电子现金的银行使用,但实际上,不是所有的买方都会使用同一家银行的电子现金,买方和卖方甚至可能不在同一个国家。因此,电子现金面临着多家银行的广泛使用问题。

③可存储和检索。必须允许用户在家庭、办公室或旅途中,对存储在远程计算机、智能卡或专用设备上的电子现金进行存储和检索。因为在计算机中创建和存储伪造的电子现金很容易。因此最好把电子现金存储在一个不可变更的专用设备中。这种设备应该具有适当的界面,可以通过口令或其他的方式来鉴别使用者的身份。

④一次使用。电子现金必须防止复制和保证只能一次使用。因为电子现金不是一个买方支付给卖方后买方就不再拥有的实物。买方可能用同一笔电子现金在不同国家、地区的网上商店同时购物,这就会造成电子现金的重复使用。所以必须保证电子现金具有不可重复使用的性质。一般的电子现金系统会建立检测和惩罚机制。

(2)电子现金的支付过程。使用电子现金交易的流程如图8-9所示。

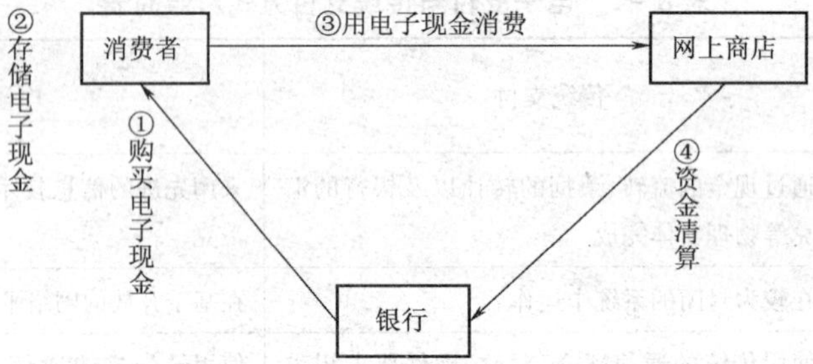

图8-9　电子现金支付流程

①购买电子现金。要拿到电子现金,消费者必须在电子现金发行银行事先开立一个账户。这样,在需要时消费者可用现金或存款申请兑换一定数额的电子现金。银行同时收取一小笔手续费,与消费者兑换的电子现金数额成正比。

②存储电子现金。消费者使用计算机上的电子现金终端软件将电子现金取出,并存储在计算机硬盘上(如电子钱包里或智能卡上)。

③用电子现金消费。当消费者到支持该种电子现金支付的商业网站消费时,就可以将电子现金发给商家来支付所选的商品或服务的费用。在这一过程中,商家要验证电子现金是否伪造,是否属于该消费者,是否是重复消费。经验证无误后,双方达成交易。

④资金清算。当商品或服务送达消费者时,商家才将电子现金交给银行,银行收回电子现金,并保留其序列号备查,再将等值的货币存入商家的银行账户,同时收取少量的手续费。

8.2.2.2　电子信用卡

信用卡是银行或其他金融公司签发给资信状况良好人士的一种特制卡片,是一种特殊的信用凭证。持卡人凭卡在发卡机构指定的商户购物和消费,也可以在指定的银行机构存取现金,并且记录有各种消费以及用户身份识别等信息,是一种集金融业务与电脑技术于一体的高科技产物。随着信用卡业务的发展,信用卡的种类不断增多,概括起来,一般有广义和狭义之分。

从广义上讲,凡是能够为持卡人提供信用证明、持卡人可以凭卡购物消费或享受特定服务的特制卡片均可称为信用卡。广义上的信用卡包括贷记卡、准贷记卡、借记卡、储蓄卡、提款卡、支票卡及赊账卡等。从狭义上说,信用卡主要是指由银行或其他金融机构发行的贷记卡,即无须预先存款就可以贷款消费的信用卡,是先消费后还款的信用卡。狭义信用卡是真正的凭借持卡人信用而获取银行资金支持进行消费的银行卡,因此称为 Credit Card。

我们这里介绍的电子信用卡则是广义上的信用卡(普通的银行卡)功能在 Internet 上的延伸,即通过各种支持银行卡网上结算的协议而实现客户所要求的支付结算。目前,在 B2C 电子商务中,电子信用卡是最流行的支付方式。

8.2.2.3 电子支票

(1)电子支票的概念与特点。支票一直是银行大量采用的支付工具,将支票改变为带有数字签名的报文或者利用数字电文代替支票的全部信息,就是电子支票。很多企业之间电子商务交易的资金量非常大,他们希望能够以现金和信用卡之外的方式来结算。为了满足这种需要,电子支票就应运而生了。它是网络银行常用的一种电子支付工具。

比起前两种电子支付方式,电子支票的出现和开发是较晚的。电子支票以纸质的支票为模型,用电子方式生成,它使用数字签名进行签名和背书,而且要求用数字证书来确认付款人、付款人银行和账户。电子支票的安全认证要用数字签名支持,可以通过专用网络 EDI 直接传输,也可以通过公共网络来传送。

电子支票款项可以通过银行收取,也可以通过现有的银行渠道进行结算。银行的基础设施与公共网络的集成是电子支票的基础。

(2)电子支票的支付过程(见图 8-10)。电子支票几乎和纸质支票有着同样的运作方式。用户先注册第三方账户服务器,然后开具电子支票,其中包含支付人姓名、支付人金融机构名称、支付人账户名、被支付人姓名、支票金额、支付人的数字签名。然后,用户用电子邮件或其他方式向卖方寄去一定金额的电子支票。卖方兑付前,要对电子支票进行背书。银行将签名认证和背书过的支票作为进行账户转账的依据,将支票金额从买方账户转到卖方账户。

8.2.2.4 电子钱包

(1)电子钱包的概念。电子钱包是顾客在电子商务购物活动中常用的一种小额结算的支付工具。在电子钱包内可以装电子货币,如电子现金、电子零钱、安全零钱、电子信用卡、在线货币、数字货币等。另外,还可以存放所有者的身份证书,所有者地址以及在电子商务网站的收款台上所需的其他信息。客户选好商品后,只要点击自己的电子钱包就能完成付款,大大加速了购物的过程。例如,在网上购物时,大多数时候都会被要求填

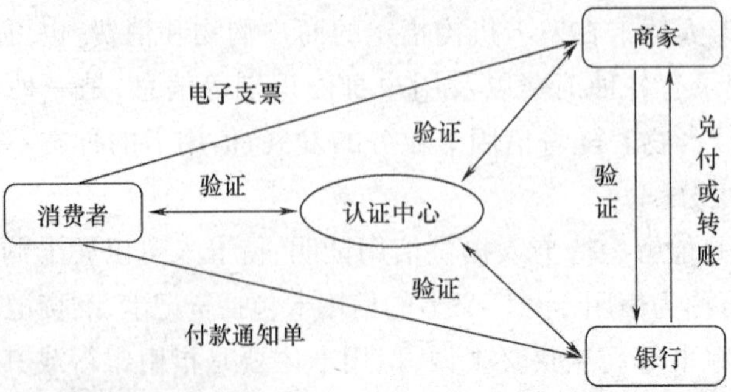

图 8－10　电子支票交易流程图

写一张表格,内容包括姓名、送货地址、账单寄送地址、信用卡信息等。刚开始填写几份还可以,但如果每次上网购物都重新填写就太麻烦了。电子钱包可以解决上述重复填写购物信息的问题。电子钱包是一种软件组件,用户可以将它下载到电脑中,并将信用卡号和其他个人信息存储在里面。当用户在接受电子钱包的商家处购物的时候,电子钱包会自动填写必要的信息。

(2)电子钱包的主要功能。在电子商务服务系统中设有电子钱包的功能管理模块,也就是所谓的电子钱包管理器。它可以帮助客户完成以下主要功能(见图 8－11)。

①个人资料管理。顾客成功申请钱包后,系统将在电子钱包服务器为其开立一个属于他个人的电子钱包档案。顾客可以在此档案中增加、修改、删除个人资料。

②网上付款。顾客在网上选择商品后,登录到电子钱包,选择入网银行,向金融中心支付网关发出付款指令来进行支付。

③查询交易账目、清单和数据。电子商务服务系统中还有电子交易记录器,消费者可以通过查询记录器来查询全部交易记录。

④银行卡余额查询。顾客可以通过电子钱包查询个人银行卡余额。

⑤商务网站链接。电子钱包内设众多商户网站链接,用户可以通过链接直接登录商户网站进行购物。

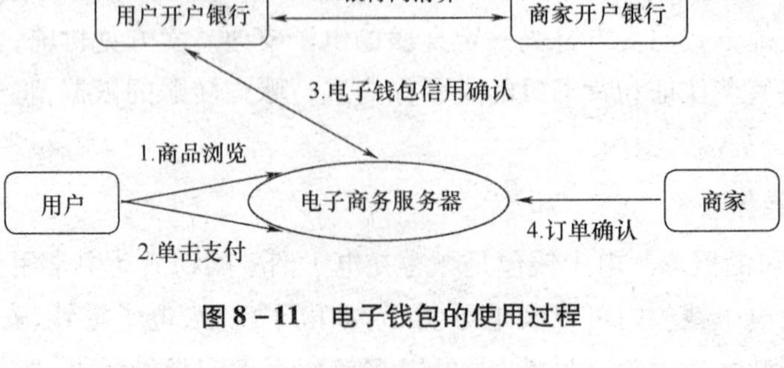

图 8－11　电子钱包的使用过程

8.2.2.5　借记卡

借记卡是指先存款后消费(或取现)没有透支功能的银行卡。按其功能的不同,可分为转账卡(含储蓄卡)、专用卡及储值卡。借记卡不仅具有存取现金、转账汇款、刷卡消费、代收代付、资产管理等功能,还附加了炒股、缴费等众多功能,并提供了大量增值服务。易用性强、便于普及、安全可靠等特点已使得借记卡近年来逐渐成为最受欢迎的支付卡。

借记卡的功能主要有以下几个方面:

(1)存取现金。借记卡大多具备本外币、定期、活期等储蓄功能,借记卡可在发卡银行网点、自主银行存取款,也可在全国乃至全球的 ATM 机上存取款。

(2)转账汇款。持卡人可通过银行网点、网上银行、自主银行等渠道将款项转账或汇款给其他账户。

(3)刷卡消费。持卡人可在商户处用借记卡刷卡消费。

(4)代收代付。借记卡可用于代发工资,也可缴纳各种费用(如通信费、水费、电费、燃气费等)。

(5)资产管理。理财产品、开放式基金、保险、个人外汇买卖、贵金属交易等均可通过借记卡进行签约、交易和结算。

(6)其他服务。许多银行借记卡的服务已延伸到金融服务之外,如为持卡人提供机场贵宾通道、医疗健康服务等。

8.2.3 网上银行

8.2.3.1 网上银行

网上银行又称网络银行、在线银行,是指银行通过 Internet 向客户提供开户、销户、查询、对账、行内转账、跨行转账、信贷、网上证券、投资理财等传统服务项目,使客户可以足不出户就能够安全便捷地管理活期和定期存款、支票、信用卡及个人投资等。

网上银行在电子商务中的作用有这样几点:①提高了服务的准确性和时效性;②降低了银行服务成本,提高可服务质量;③降低银行软、硬件开发和维护费用;④降低消费者成本,消费者操作更加生动、友好。

8.2.3.2 网上银行业务介绍

(1)基本网上银行业务。商业银行提供的基本网上银行服务包括在线查询账户余额、交易记录,下载数据,转账和网上支付等。

(2)网上投资。由于金融服务市场发达,可以投资的金融产品种类众多,国外的网上银行一般提供包括股票、期权、共同基金投资和 CDS 买卖等多种金融产品服务。

(3)网上购物。商业银行的网上银行设立的网上购物协助服务,大大方便了客户网上购物,为客户在相同的服务品种上提供了优质的金融服务或相关的信息服务,加强了商业银行在传统竞争领域的竞争优势。

(4)个人理财助理。各大银行将传统银行业务中的理财助理转移到网上进行,通过网络为客户提供理财的各种解决方案,从而极大地扩大了商业银行的服务范围,并降低了相关的服务成本。

(5)企业银行。企业银行服务是网上银行服务中最重要的部分之一,一般提供账户余额查询、交易记录查询、转账、在线支付各种费用、透支保护、投资服务等服务。其服务品种比个人客户的服务品种更多,也更为复杂。

(6)其他金融服务。除了银行服务外,大商业银行的网上均通过自身或与其他金融服务网站联合的方式,为客户提供多种金融服务产品,如保险、抵押和按揭等,以扩大网上银行的服务范围。

8.2.4 移动支付

移动支付,也称为手机支付,就是允许用户使用其移动终端(通常是手机)对所消费的商品或服务进行账务支付的一种服务方式。整个移动支付价值链包括移动运营商、支付服务商(比如银行、银联等)、应用提供商(公交、校园、公共事业等)、设备提供商(终端厂商、卡供应商、芯片提供商等)、系统集成商、商家和终端用户。

移动支付主要分为近场支付和远程支付两种,所谓近场支付就是用手机刷卡的方式坐车、买东西等,很便利。远程支付是指通过发送支付指令进行的支付方式。移动支付标准的制定工作已经持续了多年,目前主要有银联和移动运营商两大阵营提出的移动支付标准。

现阶段,常见的移动支付模式有以下四种。

8.2.4.1 移动运营商主导模式

移动运营商与用户和商业客户直接建立联系,在移动终端中采用特制的 SIM 卡,在商户端布放支持非接触交易的 POS 机,并搭建统一的移动支付运营平台。此模式不需要银行参与,如目前开展的手机钱包业务。移动运营商凭借在移动产业链中的核心地位以及庞大的用户群,在开展移动电子支付方面具有先天优势。

中国移动手机支付(https://cmpay.10086.cn/)是中国移动集团面向用户提供的一项综合性移动支付服务,在带给客户全新支付体验的同时,还大大提高了交易的安全性和便捷性。用户只需开通手机支付业务,系统将为用户开设一个手机支付账户,用户可通过该账户进行远程购物(如互联网购物,缴话费、水费、电费、燃气费及有线电视费等)。开通手机支付业务后,若用户在中国移动营业厅更换一张手机钱包(支持 RFID 功能的专用 SIM 卡),则还可以使用手机在布放有中国移动专用 POS 机的商家(如便利店、商场、超市、公交)进行现场刷卡消费。轻松支付,随"机"消费,真正实现"一机在手,走遍神州"。

8.2.4.2 金融机构主导模式

这一模式是金融机构布放 POS 机,开发平台,发展用户。用户与金融机构直接发生联系。例如,各大银行开展的手机银行业务,银联开展的"手付通"业务。中国银联与有关合作方推出的手机支付是以手机中的金融智能卡(SIM 卡或智能 SD 卡)为支付账户载体,以手机为支付信息处理终端的支付方式,它将手机与银行卡合二为一,既能实现远程支付,也可进行现场支付,既支持小额消费,也支持大额支付。

8.2.4.3 第三方支付平台主导模式

第三方支付企业利用电信运营商的通信网络资源和金融机构的支付卡,进行支付的身份认证和支付确认。他们只做远程支持,不涉及手机现场支付。如,支付宝开发了可以支持 iPhone、Android(安卓)等操作系统的手机支付宝客户端,用户可以向对方支付宝账户付款、确认收款、缴水电费等。

8.2.4.4 运营商与金融机构合作模式

这种模式在日韩取得了成功。银行和移动运营商发挥各自的优势,移动运营商具有用户优势和增值业务运营经验,银行提供移动支付安全和信用管理服务,有了金融机构的参与,运营商承受金融风险的能力极大增强,支付额度的限制大大减小,信用安全等级提高。

在我国的现实国情下,运营商和金融机构都不会完全开放自己的网络和接口,这也就决定了我国的第三方支付企业不可能在移动支付市场中占据主导地位。在这种情况下,金融机构与移动运营商合作,第三方支付企业协助支持是最适合我国移动支付发展的商业模式。金融机构在大额移动支付中占据主导地位,具有得天独厚的政策优势和资金优势,拥有较为完备的安全体系、信用体系和强大的数据结算支持。对于大额移动支付业务,用户对安全性要求极高,对金融机构的信任度远高于移动运营商;移动运营商在开展小额移动支付业务上更具市场效率和竞争优势;第三方支付企业在产业链合作中起到协调和整合的作用。移动运营商和金融机构对产业链主导权的"博弈"将长期存在,第三方支付也将具有较大的生存和成长的空间。

8.2.5 电子支付典型应用

8.2.5.1 第三方电子商务支付平台

第三方电子商务支付平台是指在电子商务交易中,由已经和国内外各大银行签约,并具备一定实力和信誉保障的第三方独立机构提供的交易支付平台。消费者在交易中只是先把应付的金额通过信用卡支付到第三方支付平台上,由平台授权商家发货,消费者收到货后再确认付款。

现在国内比较成熟的第三方支付平台如表 8 - 2 所示。

表 8 - 2 国内在线支付平台运营商

公司名称	平台名称	网址链接
阿里巴巴	支付宝	http://www.alipay.com
腾讯公司	财付通	http://www.tenpay.com
易趣公司	安付通	http://help.eachnet.com/help/freshman/escrowhelp0.html
银联电子支付服务有限公司	ChinaPay	http://www.chinapay.com/
PayPal 公司	贝宝	https://www.paypal.com/cn/webapps/mpp/home
首都信息发展股份有限公司	首信易支付	http://www.beijing.com.cn

续表

公司名称	平台名称	网址链接
北京网人互联科技有限公司	中国在线支付网	http://www.ipay.com.cn
快钱公司	快钱网	http://www.99bill.com
云网支付网关	云网支付网关	http://www.cncard.net
易宝支付有限公司	易宝支付	http://www.yeepay.com
中国邮政储蓄银行	网汇通	http://www.udpay.com.cn/
上海环迅电子商务有限公司	环迅支付	http://www.ips.com.cn/
汇付天下有限公司	汇付天下	http://www.chinapnr.com/

以上这些平台大部分都用于多种电子商务模式中，既用于 B2B，也用于 B2C 和 C2C。

2011 年 5 月 26 日，中国人民银行公布首批获得《非金融机构支付企业许可证》的第三方支付企业名单，共有 27 家企业获得牌照，其中既有支付宝、财付通、快钱、汇付天下等民营企业，也有银联商务有限公司、广州银联网络支付有限公司、北京银联商务有限公司等国字头企业。此次首批 27 张牌照的发放，标志着规模庞大的中国第三方支付行业，终于获得了合法经营的“身份”。它们从此可以合法从事互联网支付、移动电话支付、银行卡收单、预付卡发行与受理、货币汇兑等诸多支付业务。

8.2.5.2 电子商务网站常用的电子支付方式

国内电子商务网站网上销售所采用的支付方式有多种，表 8-3 所示是国内一些著名网站上所列示的支付方式。

表 8-3 部分网站列示的支付方式

网站 \ 方式	现金	银行卡	手机卡	储值卡	邮政汇款	银行汇款	票据支付	其他支付
当当网	Y	Y		Y	Y	Y	Z	D
新浪网	Y	Y	Y	Y	Y	Y		
洪恩在线		Y			Y			
云网	Y	Y			Y			
卓越网	Y	Y		Y	Y	Y		D
igo5		Y	Y			Y		
贝塔斯曼	Y	Y		Y	Y			
263 电子邮局	Y	Y	Y	Y				W
新东方在线	Y	Y		Y	Y	Y		

说明：Z 为支票；W 为委托收款；D 为代币券；Y 为使用

根据2006年iResearch艾瑞市场咨询统计的数据显示，全球网上购物者的主要支付方式如图8－12所示。

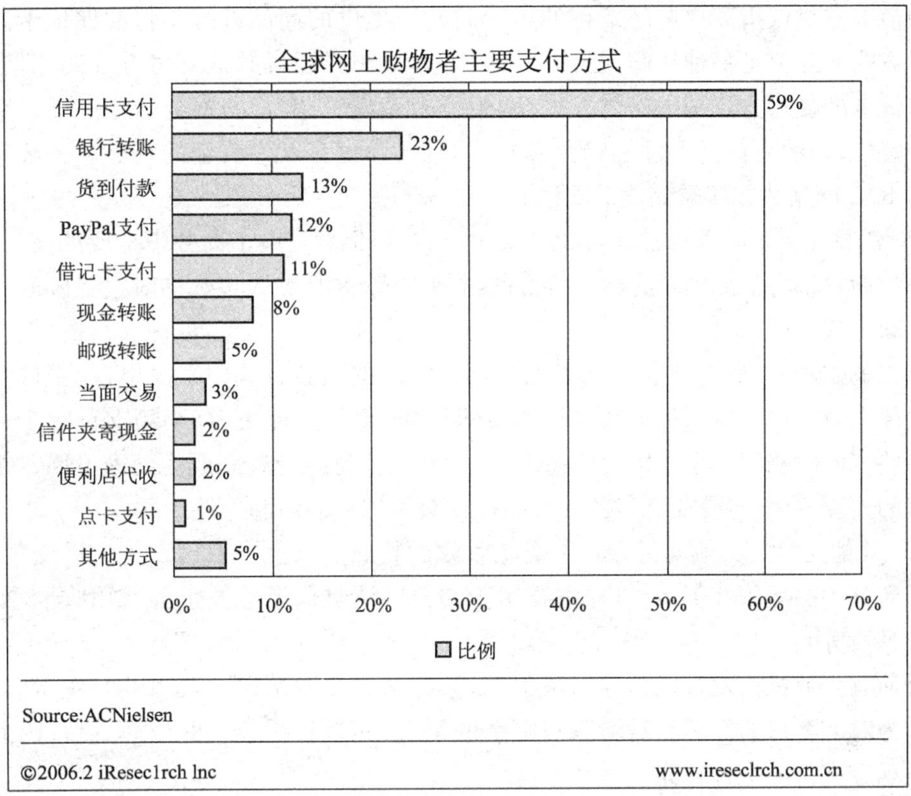

图8－12　网上购物者主要支付方式示意图

(1)现金支付。现金支付在运用中有两种形式：一种是商家自己或者委托其他机构主动上门收取，客户处于被动状态，因此是被动支付；另一种是客户主动到商家所在的场所付款，称为主动支付。在我国电子商务的实践中，被动支付均为货到付款，即"一手交钱，一手交货"，并且大多数商家都接受这种支付方式。

(2)卡类支付。目前主要有三种卡类支付形式：银行卡、手机卡和商户自己发行的储值卡，后面两种是非银行卡。

银行卡的支付又可以分为两种：第一种是直接支付，在这种情况下，收款商家是与银行签订协议的特约商户，顾客可以通过签约银行发行的银行卡向商家支付货款；第二种是间接支付，在这种情况下，一些支付代理机构和众多银行签订协议，构筑一个可以使用多家银行发行的银行卡的支付平台，商家不必与银行直接签订协议，而只需要同某个支付代理商签订协议，就可以直接享有该代理商的支付平台，客户则可以通过支付平台付款。

手机卡支付目前主要通过发送手机短信息的方式完成,这种支付方式目前主要运用于短信下载、邮箱收费等小额支付业务。手机卡支付一般属于信用支付,即先消费后支付,但是对于使用手机充值卡的用户来说就是即时支付。

储值卡支付仅指商户自己发行的用于向自己提供的商品进行支付的储值卡。储值卡支付方式实际上是一种从属支付方式,因为客户需要通过其他支付方式购买储值卡,购买储值卡的支付方式是主支付方式,购买行为完成后,客户的资金已经向商户交付完成,而储值卡内的支付只不过是双方交易的确认,并没有发生资金的转移。一般来说只有大型 B2C 网站才能接受储值卡支付。

(3)汇兑支付。汇兑虽然是传统的支付方式,但仍然是电子商务中重要的支付手段,大部分的商户都将汇兑列示为自己接受的付款方式,并且绝大多数同时接受邮政汇款和银行汇款方式。

(4)票据支付。票据支付在电子商务网站标示的付款方式中很少出现,主要是由于我国法律中对于银行本票和汇票的出具要求严格,金额不能更改,小额支付时个人使用十分不便。同时我国的个人信用体系不健全,支票拒付风险较高成为商家不愿意接受支票支付的重要原因,接受支票付款的商家往往会附加一些限制条件。

(5)其他支付。其他支付方式中委托收款的特点是只能在费用发生之后支付,因此在电子商务中的运用并不多,目前主要用于用户广泛且周期性发生的费用收取,如电子邮箱的月费等。

目前有少数机构发行代币券以吸引客户,但在大多数情况下代币券是免费赠送的,将其作为对老客户的优惠和对新客户吸引的手段,而且代币券只能当面支付,因此代币券只是现金支付的一种补充。

8.2.5.3 支付宝

支付宝是全球领先的第三方支付平台,成立于 2004 年 12 月,致力于为用户提供“简单、安全、快速”的支付解决方案。旗下有“支付宝”与“支付宝钱包”两个独立品牌。自 2014 年第二季度开始成为当前全球最大的移动支付厂商。截至 2014 年 10 月,支付宝钱包的活跃用户数已经达到 1.9 亿,日常移动支付日交易笔数超过 4 500 万笔;支付宝实名制用户已达 3 亿。

支付宝主要提供支付及理财服务。包括网购担保交易、网络支付、转账、信用卡还款、手机充值、水电煤缴费、个人理财等多个领域。在进入移动支付领域后,为零售百货、电影院线、连锁商超和出租车等多个行业提供服务。还推出了余额宝等理财服务。

支付宝与国内外 180 多家银行以及 VISA,MasterCard 国际组织等机构建立战略合作关系,成为金融机构在电子支付领域最受信任的合作伙伴。

表 8－3　支付宝服务类型及描述

服务类型	描述
登录密码	在登录支付宝账户时使用
支付密码	在进行付款、退款或部分账户操作时使用,设置必须与登录密码不同
系统消息定制	通过旺旺、电子邮件方式,将账户重要变更信息通知给用户
安全保护问题	用于找回密码、手机绑定、开启余额支付等
手机动态密码	修改账户关键信息或交易时,将需要增加手机短信校验这一步骤
实名认证	通过支付宝实名认证后,相当于拥有一张互联网身份证
数字证书	安装了支付宝数字证书,即使密码被盗了,也不用担心账户安全
支付盾	支付盾是数字证书的升级,使用起来更安全
第三方证书	使用现有的第三方证书绑定用户

支付宝的使用流程如图 8－13 所示。

(1)注册。当前支付宝支持手机号码注册和 E－mail 注册,一个 E－mail 地址只能注册一个支付宝账户,一个人可以注册多个支付宝账户。支付宝的注册需要设定支付宝登录密码和支付宝支付密码。

(2)开通网上银行账号,设定网银登录密码和网银支付密码。

(3)在支付宝网站可以将网上银行内的钱充值到支付宝账户中,也可在交易支付环节通过网银向支付宝充值。

(4)买家确认收货后,通过支付宝将该款项支付给卖家。如需退款,填写退款申请,支付宝进入到退款流程进行处理。

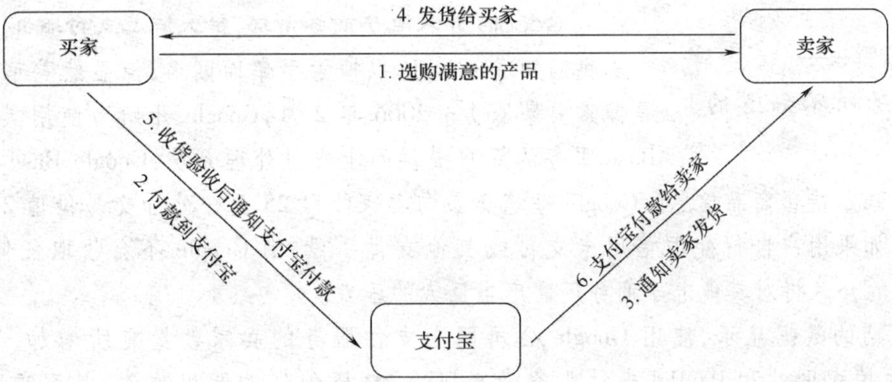

图 8－13　支付宝交易流程图

本节内容图表化

电子支付的定义	电子支付是指电子交易的当事人，包括消费者、商家和金融机构，以计算机和通信技术为手段，通过计算机网络系统以电子信息传递的形式实现的货币支付或资金结算
电子支付的特点	(1)电子支付是采用先进的技术完成信息传输的，其各种支付方式都是采用数字化的方式进行款项支付的 (2)电子支付的工作环境是基于一个开放的网络平台
电子支付方式	(1)电子现金 (2)电子信用卡 (3)电子支票 (4)电子钱包 (5)借记卡
网上银行	银行通过 Internet 向客户提供开户、销户、查询、对账、行内转账、跨行转账、信贷、网上证券、投资理财等传统服务项目，使客户可以足不出户就能够安全便捷地管理活期和定期存款、支票、信用卡及个人投资等。
移动支付	移动支付，也称手机支付，就是允许用户使用其移动终端（通常是手机）对所消费的商品或服务进行账务支付的一种服务方式。现阶段，常见的移动支付模式有：移动运营商主导模式、金融机构主导模式、第三方支付平台主导模式、运营商与金融机构合作模式
电子支付的典型应用	第三方电子商务支付平台——指在电子商务交易中，由已经和国内外各大银行签约、并具备一定实力和信誉保障的第三方独立机构提供的交易支持平台。消费者在交易中只是先把应付的金额通过信用卡支付到第三方支付平台上，由平台授权商家发货，消费者收到货后再确认付款

开阔视野——还有你所不知道的

Google 介入电子商务市场，扩大网上支付服务

我们知道，Google 以搜索引擎而闻名，但显然它不会仅仅是搜索引擎服务。2006 年 2 月，Google 开始为使用其 Google Base 服务的用户提供网上支付处理系统，Google Base 服务允许用户张贴待售商品信息。Google 每笔交易向卖家收取 25 美分外加交易价值 2.5% 的费用。如果用户自行处理信用卡支付或其他支付手段，则 Google 不会收取任何费用。Google 的介入将对其他电子商务厂商产生巨大的压力。

近期的数据显示，使用 Google 公司网上支付服务的卖家数量有所增加，这将给 eBay 的拍卖网站和 PayPal 支付业务带来压力，挤压他们的费用收入，甚至迫使其取消收费。

案例学习——看看你的分析能力

“驼鹿小屋”礼品店

罗德·纳尔逊和玛莎·纳尔逊15年前在加拿大阿尔伯特省卡尔加里市创办了一家名叫“驼鹿小屋”(TMH)的礼品店。纳尔逊夫妇充分利用全球最大的牛仔竞技表演之一的“卡尔加里牛仔节”带来的旅游贸易商机,向牛仔竞技迷和其他旅游者销售各种加拿大主题的商品,从便宜的食品(如加拿大枫糖和熏鲑鱼)到贵重的因纽特人和本地特色艺术品。公司注册商标的商品——驼鹿杯,最为畅销。

许多客户再到卡尔加里旅游时往往还会光顾“驼鹿小屋”礼品店。它的加拿大国庆宴会饰品系列非常受在外国生活的思乡的加拿大人的欢迎。这些客户多年来一直是通过邮购的方式购买商品。由于邮购销售额不断上升,玛莎决定扩展邮购业务,在网上接受订单。店里许多商品的价值/重量比很大,向世界各地客户送货都很方便。

“驼鹿小屋”礼品店目前的邮购业务只接受加拿大银行的支票或美元结算。要在网上销售,就必须能够接受多种结算工具。纳尔逊夫妇请你帮助他们考察几个网站的结算处理方案。

网站的结算处理方案应该能接受所有主要的信用卡,完成外汇兑换,还能为加拿大商户所用,另外收费也不能太高。目前“驼鹿小屋”礼品店所有商品的毛利是售价的10%～30%,在网上销售的送货费还会降低毛利。“驼鹿小屋”礼品店希望结算处理成本不要高于售价的4%。

■ 分析这个案例中“驼鹿小屋”礼品店的网上支付方式。

■ 根据本章所学的电子支付方面的知识,设计三种适合“驼鹿小屋”礼品店的支付结算处理方案,利用一段话介绍每种结算处理方案,指出每种方案的优缺点。

■ 用一页备忘录向纳尔逊夫妇提出你的建议,并阐述你所提出建议的理由。

班级讨论——加深你的知识理解

(1)谈谈你在网上交易过程中使用过哪些支付方式。

(2)你最喜欢哪种网上支付方式?为什么?

自己动手——锻炼你的实践能力

(1)去当当网上书店买一本自己喜欢的书,使用本章学习的支付的相关知识,选择一种适合自己的支付方式进行网上支付。

(2)浏览电子商务第三方支付平台的网站,看一下它们提供了哪些服务。

小节复习——牢记本节主要内容

一、解释概念

(1)电子支付;(2)电子钱包;(3)电子支票;(4)电子现金;(5)电子信用卡;(6)移动支付

二、简短回答

(1)简述电子支付的几种方式。

(2)简述电子现金的支付过程。

(3)电子支付有哪些特点?

(4)常见的移动支付模式有哪些?

8.3 电子商务的物流环境

引导案例——打开知识的大门

顺丰速运

1993 年,顺丰速运诞生于广东顺德。自成立以来,顺丰始终专注于服务质量的提升,不断满足市场的需求,在中国大陆、香港、澳门、台湾建立了庞大的信息采集、市场开发、物流配送、快件收派等业务机构及服务网络。与此同时,顺丰积极拓展国际件服务,除开通中国大陆、香港、澳门和台湾外,顺丰目前已开通美国、日本、韩国、新加坡、马来西亚、泰国、越南、澳大利亚等国家的快递服务。截至2014 年 7 月,顺丰已拥有近 29 万名员工,1.2 万多台运输车辆,15 架自有全货机及遍布中国大陆、海外的 9 100 多个营业网点。二十多年来,顺丰持续加强基础建设,积极研发和引进具有高科技含量的信息技术与设备,不断提升作业自动化水平,不断优化网络建设,实现了对快件产品流转全过程、全环节的信息监控、跟踪、查询及资源调度工作,确保了服务质量的稳步提升。

(资料来源:顺丰速运 http://www.sf-express.com/cn/sc/)

- 你认为电子商务的发展和物流有怎样的关系?
- 你还知道哪些比较著名的物流企业?

8.3.1 物流与电子商务物流

8.3.1.1 物流的内涵

物流是商品经济中伴随生产、流通、消费而产生的一种重要的经济活动。物流是由"物"和"流"两个基本要素组成,物流中的"物"指一切可以进行物理性位置移动的物质资料。即"物"的一个重要特点是,必须可以发生物理性位移。物流作为一个专用学科名词,它包含了物资在运动过程中的技术和管理活动。因此,物流的含义可以表述为:物资在生产过程中各个生产阶段之间的流动和从生产场所到消费场所之间的全部运动过程,包括运动过程中的空间位移及与之相关联的一系列生产技术性活动,这个技术包括自然技术和管理技术。

8.3.1.2 电子商务物流及其特点

关于电子商务物流,目前并没有明确的定义。有人认为,电子商务物流就是电子物流,或者物流的电子化;也有人认为它是电子商务时期的物流;还有人认为,电子商务物流就是现代物流。上述观点,都从不同的侧面强调了电子商务物流与其他物流的联系与不同。我们在此阐述的电子商务物流指的是服务于电子商务活动的物流。在本质上,它从属于现代物流,是现代物流的重要组成部分。与其他物流不同的是,它更强调物流的电子化以及物流配送。从目前的发展来看,电子商务物流具有以下几个特点。

(1)信息化。在电子商务物流的实际运作过程中,条码技术、数据库技术、电子订货系统、电子数据交换、企业资源计划、供应链管理等技术与观念得到了普遍的应用,所有电子商务物流的一个首要特点就是信息化。

(2)自动化。电子商务物流的第二个特点就是自动化。在电子商务物流运作过程中,各种自动化的设施也得到了充分的应用,如条码/语音/射频自动识别系统、自动分拣系统、自动存取系统、自动导向车、货物自动跟踪系统等。这些设施有效地扩大了物流作业能力、提高了劳动生产率、减少了物流作业的差错等。物流自动化的基础是物流信息化,其核心是机电一体化,外在表现是无人化。

(3)网络化。电子商务物流网络化有两层含义:一是电子商务物流配送系统的计算机通信网络,包括物流配送中心与供应商或制造商的联系要通过计算机网络,与下游客户之间的联系也要通过计算机网络通信。二是电子商务物流组织的网络化,即通过企业内联网、外联网以及互联网实现全球化的产销模式,按照全球客户的订单组织分散式的生产,调动全球的网络资源为企业所利用,然后通过全球物流网络将产品发送出去。

(4)柔性化。在电子商务活动中,企业往往需要根据客户需求的变化来灵活调节生产工艺,没有配套的柔性化的电子商务物流系统是不可能达到目的的。

8.3.2 电子商务物流组织模式

在电子商务物流运作过程中,很多企业已经在探索中形成了自己独特的物流组织模式。概括来讲,电子商务物流组织模式可以分为自营、外包和自营与外包相结合三种模式,如图 8 - 14 所示。

8.3.2.1 企业自营物流

企业自营物流是指企业将自身所需要的物流活动由自己承担和完成。从物流活动的起源考察,最初的物流活动都是企业自己承担的。后来,随着社会生产力的发展,社会

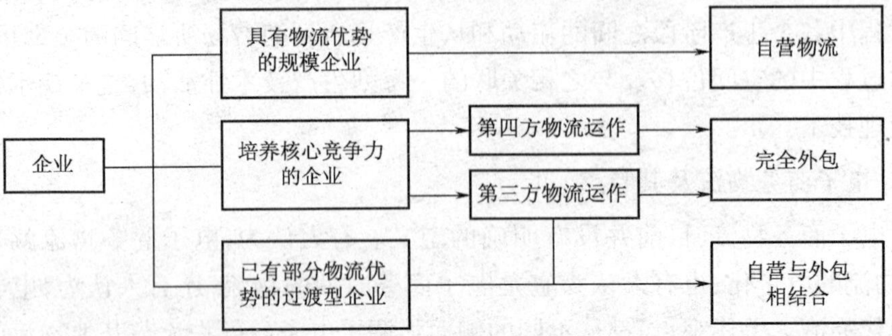

图 8－14　电子商务物流组织模式

分工的深化以及规模经济优势的显现，一部分企业将物流业务外包给第三方物流企业，于是企业自营物流演变成物流的一种类型。必须说明的是，虽然我们强调第三方物流的重要性，但并不否认企业自营物流的合理性。事实上，目前企业自营物流仍然是物流业务的主要部分。

8.3.2.2　外包模式

外包制是美国企业在 20 世纪 80 年代兴起的管理思想。当时，美国企业将企业流程重组作为经营合理化的重要手段，重新对业务内容、资源的分配进行考虑，也就是通过撤出非核心竞争业务来提高经营效率。外包则成为当时降低成本、提高企业竞争能力的重要手段，并受到重视。与这种思想对应的外包企业物流运作模式，是指将经营活动所需的物流服务外包给第三方物流企业或第四方物流提供商完成的基本方式。

(1)第三方物流。目前对于第三方物流的解释很多，还没有统一的概念，一般认为是"指商务和物流实行社会分工，物流业务由第三方的物流业者承接办理"。"物流行业既非生产方，又非销售方，而是在从生产到销售的整个流通过程中进行服务的第三方，它不拥有商品，而是为客户提供代理服务，具体内容包括：商品运输、储存配送以及附加值服务。"从事物品交易双方的部分或全部物流功能的外部服务提供者，成为第三方物流企业。

(2)第四方物流。第四方物流最早是由著名的管理咨询公司埃森哲公司提出来的，并且作为专有的服务商标进行了注册。它是指一个供应链集成商，通过调集和管理组织自己的以及具有互补性的服务提供商的资源、能力和技术，以提供一个综合的供应链解决方案。从概念上来看，第四方物流是有领导力量的物流提供商，它可以通过整个供应链的影响力，提供综合的供应链解决方案，为其顾客带来更大的价值。

8.3.2.3　自营与外包相结合的模式

自营与外包相结合的企业物流运作模式是指在已有的物流资源难以满足生产经营活动需要时，与供应商、其他企业及相关消费者联合起来，为有效解决物流需要开展的物流协作，通过资源互补、合理运作、实现企业物流经营过程顺利进行的基本方式。

自营与外包相结合的企业物流运作能够同时发挥自营、外包两种运作模式的优势。至于是将企业物流的哪一部分自营，哪一部分外包，应根据企业的具体情况以及当地的经济发展状况，社会基础设施，对方企业的规模实力、信誉以及是否受特许、专卖体制影响等因素综合考虑。目前，从事电子商务运作的企业通常的做法是将非核心业务物流外包，核心业务物流自营，供给物流和销售物流外包，生产物流自营。

8.3.3 物流在电子商务活动中的作用

现代物流相对于传统物流而言，是在传统物流的基础上引入了高科技手段，并对物流信息进行科学管理，从而使物流速度加快，准确率提高，库存减少，成本降低，甚至渗入生产和服务的配套管理中。但由于电子商务的发展还处于成长期，人们对电子商务中物流的认识还不是很深入。简单来看，物流对电子商务可以起到如下三方面的作用。

8.3.3.1 物流是电子商务的基本构成部分

由电子商务的基本流程（如图 8 – 15 所示）可以看出，电子商务的任何一笔完整交易，都包含着基本的“三流”，即信息流、资金流、物流。其中物流是指物质实体（商品或服务）的流动过程，如商品的储存、保管、配送、运输、装卸、信息管理等活动。物流虽然只是若干环节的一部分，但往往是商品和服务价值的最终体现，如果没有处理好，前端环节的价值就无法体现。在电子商务下，“三流”中的前两流均可通过计算机和网络通信设备实现，但作为“三流”中最为特殊的物流，只有诸如电子出版物、信息咨询等数字化的商品和服务可以直接通过网络传输方式进行，对于多数商品和服务来说物流仍要经由物理方式传输，即要经由一系列机械化、自动化工具的应用。准确、及时的物流信息对物流过程的监控，将使物流的流动速度加快、准确率提高，能有效地减少库存，缩短生产周期。

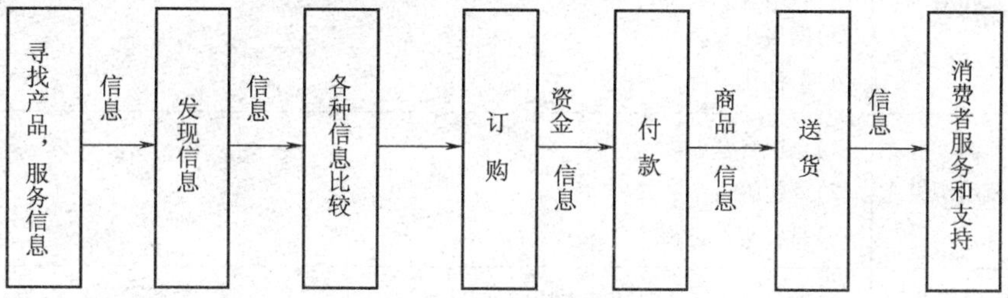

图 8 – 15 基本的电子商务流程

8.3.3.2 物流保障生产

无论在传统的贸易方式下，还是在电子商务下，生产都是商品流通之本，而生产的顺利进行仍需要各类物流活动支持。生产的全过程从原材料的采购开始，便要求有相应的供应物流活动，使所采购的材料到位，否则，生产就难以进行；在生产的各工艺流程之间，也需要原材料、半成品的物流过程，即所谓的生产物流，以实现生产的流动性；部分余料、可重复利用的物资的回收，就需要所谓的回收物流；废弃物的处理，则需要废弃物物流。

可见，整个生产过程实际上就是系列化的物流活动。合理化、现代化的物流，通过降低费用从而降低成本、优化库存结构、减少资金占压、缩短生产周期，保障了现代化生产的高效进行。相反，缺少了现代化的物流，生产将难以顺利进行，无论电子商务是多么便捷的贸易形式，仍将是无米之炊。

8.3.3.3 物流是实现以顾客为中心理念的根本保证

电子商务的出现，在最大限度上方便了最终消费者。他们不必再跑到拥挤的商业街，一家又一家地挑选自己所需的商品，而只要坐在家里，在 Internet 上搜索、查看、挑选，就可以完成他们的购物过程。但试想，如他们所购的商品迟迟不能送到，或者商家所送并非自己所购，那消费者还会选择网上购物吗？物流是电子商务中实现以顾客为中心理念的最终保证。缺少了现代化的物流，电子商务给消费者带来的购物便捷等于零，消费者必然会转向他们认为更为安全的传统购物方式，那么网上购物还有什么存在的必要？

由此可见，物流是实现电子商务的重要保证。随着电子商务的推广与应用，物流对电子商务活动的影响会日益明显。

本节内容图表化

物流的含义	物资资料在生产过程中各个生产阶段之间的流动和从生产场所到消费场所之间的全部运动过程；包括运动过程中的空间位移及与之相关联的一系列生产技术性活动，这个技术包括自然技术和管理技术
电子商务物流特点	(1)信息化 (2)自动化 (3)网络化 (4)柔性化
电子商务物流组织模式	(1)企业自营 (2)外包模式 (3)自营与外包相结合
电子商务物流的作用	(1)物流是电子商务的基本构成部分 (2)物流保障生产 (3)物流是实现以顾客为中心理念的根本保证

开阔视野——还有你所不知道的

绿色物流

现代物流活动对环境的影响已经威胁到我们的日常生活。21 世纪，人类面临人口膨胀、环境恶化、资源短缺的三大危机，绿色物流将备受关注。绿色物流是指为了实现顾客满意,连接绿色供给主体和绿色需求主体,克服空间和时间阻碍的有效、快速的绿色商品和服务流动的绿色经济管理活动过程。绿色物流从环境的角度对物流体系进行改进,形成了环境共生型的物流管理系统。这种物流管理系统建立在维护地球环境和可持续发展的基础上,改变原来经济发展与物流、消费生活与物流的单向作用关系,在抑制传统直线型的物流对环境造成危害的同时,采取与环境和谐相处的态度和全新理念,去设计和建立一个环保型的循环的物流系统,使达到传统物流末段的废旧物资能回流到正常的物流过程中来。一般称这种废旧物资的回流为逆向物流。逆向物流可以简单地概括为:从客户手中回收用过的、过时的或者损坏的产品和包装开始,直至最终处理环节的过程。但是,现在越来越被普遍接受的观点是,逆向物流是在整个产品生命周期中对产品和物资的完整的、有效的和高效的利用过程的协调。现代绿色物流强调了全局和长远的利益,强调了全方位对环境的关注,体现了企业的绿色形象,是一种全新的物流形态。

案例学习——
看看你的分析能力

国美电器的物流运作——物流自营与外包相结合

国美电器经过十几年的发展,从一个100平方米左右的普通电器商店逐步发展成在北京、天津、上海、重庆、成都等地区拥有80多家大型家电连锁超市的企业。为支持高速扩张的连锁店,国美建立了适应这种发展速度的国美物流、配送体系。

国美的物流系统,可以简单地分为采购、配送与销售三部分。其中核心部分,也是构成国美核心竞争能力的是产品的销售。而作为整个销售过程的重要部分,仓储配送是不可或缺的,可以说是销售的命脉。

国美并没有设立物流部,而是将物流职能分解,各部室各司其职、协调运作,共同保证了国美的正常运转。配送中心由各分部直接管理,完成货物存储、保管、配送等工作。国美电器门店业务负责人每天上班的第一件事是填写需货通知单,传真到"大库"(地区配送中心),在那里排上队,随后门店所属的大货车开到大库提货。中午时分,所需商品便能运到门店,进入门店所附的"小库"。一般门店每天都要从大库调货。大库、小库构成了国美电器全国连锁体系的物流系统的枢纽。国美已有的北京、天津、上海、成都、重庆5家分部,都各自拥有一家7 000~10 000平方米的配送中心(大库)。家电产品由厂家各地分公司直接拉进这些配送中心,再由配送中心分送至与它相对应的众多门店。据悉,每个地区分部都要建立74家连锁店,配送中心才能充分发挥其作用。国美各家连锁店的业务副经理一般按此前1~3天的销售情况、总公司市场宣传的卖点以及总部的业务指标,决定每天从本区域配送中心调货的数量及型号,运输则由每家店拥有的2~3辆3吨载货汽车完成。货物可以存放在小库里,而600~700平方米的小库是国美每家门店所必备的设施,这也是门店选址的一个重要参考因素。门店再配备自己的送货队伍,将商品直接送达每位消费者的家中。

目前,国美除拥有自己的物流配送设施外,已经开始尝试借助社会配送货源,比如租用邮政系统的车辆运输。邮政系统的车大、车况好、操作规范、信誉度高,远比自己养一支庞大的车队效率高。给顾客送货上门的车辆,国美目前采用的也是招募制和合作制。在北京,几百辆送货小面包车都是招募的;在成都,则采取与搬家公司合作的方式。随着社会分工的进一步细化,社会专业物流公司的发展必将为国美配送体系的发展与完善提供更加优越的社会环境。

■ 国美为何选择自营与外包相结合的物流运作模式?这种模式有什么优势?

班级讨论——加深你的知识理解

(1)你了解国内外有哪些知名的物流公司,举例说明。

(2)结合实际讨论电子商务物流有哪些作用?

自己动手——锻炼你的实践能力

(1)进入联邦快递网站 http://www.fedex.com,了解其物流系统的运作过程。

(2)浏览以下知名物流网站,了解他们的工作流程、服务功能。

- 中国物流在线(http://ww.chinatdonline.com)
- 伊速配送网(http://www.ec-speed.com)
- 深圳配送中心(http://www.logistics-cn.com.)
- 中国物流电子商务网(http://www.elogistics.com.cn)
- 中国邮政电子商务网(http://www.chinapost.com.cn)

小节复习——牢记本节主要内容

一、解释概念

(1)物流;(2)第三方物流;(3)第四方物流

二、简短回答

(1)电子商务物流有何特点?

(2)电子商务物流的组织模式有哪些?

(3)物流在电子商务活动中的作用有哪些?

(4)我国电子商务物流发展中存在着哪些问题?

8.4 电子商务的信用环境

引导案例——
打开知识的大门

网络交易诈骗案

2014年7月，湖南省娄底市公安局经过近2个多月的侦查，成功捣毁了一个网络现货诈骗团伙，抓获违法犯罪嫌疑人段某、周某等36人，涉案价值2 000多万元，现查破诈骗案件80余起，追回赃款赃物300多万元。该案也成为湖南省首例以诈骗案立案侦破的非法网络现货交易犯罪，也是侦办最为成功的一起新型网络诈骗案件。

犯罪嫌疑人创建一个虚假的网络现货交易平台，通过雇佣一批所谓的“操盘手”，须臾之间就让受害人亏损数万至数十万，甚至上百万。犯罪团伙以帮助理财、挽回股市亏损，承诺赢利可靠性达到90%以上为诱饵，通过股票操盘吞噬客户资金，大发不义之财。

2013年，段某注册了冷水江市春晖农贸有限公司，并购买了创建现货交易平台的软件和服务器。然后，段某又雇佣了一批熟悉电脑的所谓“操盘手”，再成功使该平台与某合法第三方支付软件绑定。最后，段某发展代理，通过代理公司的客服游说受害者进入该交易平台。经过一系列的准备工作，段某创建的春晖交易平台开始运营，该平台主要交易的是稀有金属。当然，段某实际上根本就没购买过任何金属，网上交易平台上的所有数据和行情均是虚构。

受害人受到客服的游说进入该交易平台后，段某等人会先给一些甜头，让受害人在刚进入时赚上一点小钱。随后，代理商会游说其投入更多的资金，并会热心地“指导”受害人进行操作。受害人只要在代理的游说下买进某商品，段某就会立即通知“操盘手”，人为地对交易行情进行操作，眨眼之间让受害者亏得血本无归。该诈骗团伙形成了幕后老板、操盘手、一级代理、二级代理等从上至下的层级关系，并通过网络向全国各地辐射。

（资料来源：人民网. http://www.people.com.cn/）

- 网络交易的虚拟性为网上诈骗提供了便利，如何才能防止网上受骗呢？
- 你认为提供商务活动交易的网站应该采取哪些措施防范网络诈骗？

面对电子商务全球化的发展趋势，电子商务交易的信用危机却悄然袭来。虚假交易、假冒行为、合同诈骗、网上拍卖、哄抬标的、侵犯消费者合法权益等各种违法违规行为屡屡发生。这些现象在很大程度上制约了我国电子商务的快速、健康发展。然而随着电子商务在全球范围内的兴起，我们如不尽快改变这种传统的交易方式，将会失去更多的市场份额和竞争优势。因此，我们必须建立电子商务信用管理体系，对企业和相关商业网站的信用进行评级，验证客户真实身份，同时还应不断收集客户资料，评估和授予信用额度，保障债权，保障应收账款安全和及时回收，为电子商务的发展营造一个较为宽松的信用环境，推动电子商务市场的健康发展，电子商务信用管理体系是企业信用管理体系的重心。

8.4.1 信用与商业信用

8.4.1.1 信用(Credit)

不同的研究角度对信用有不同的解释。从经济学的观点看,信用是对采用借贷货币资金或延期支付方式的商品买卖活动的总称;从社会学研究角度看,信用是指对一个人(自然人或法人)履行义务能力尤其是偿债能力的一种社会评价。西方国家从纯经济学角度将信用定义为因价值交换的滞后而产生的赊销活动,是以协议和契约保障的不同时间间隔下的经济交易行为。可以将信用分为:商业信用、消费信用和国家信用等等。

8.4.1.2 商业信用

商业信用是指采用延期付款或提前付款的方法进行商品买卖的交易方式,是一个组织在经营过程中的诚信和信誉程度的综合性反映。其核心内容是:一方基于对另一方的信任,以对方作出在将来某一个时间进行偿付的承诺为前提,向对方转移物权的行为。它体现该组织在经营活动中的特征、经营方式、信誉状况、信贷能力和在市场中的公众形象。了解一个企事业机构的信用状况有利于决策者们在商务活动中作出准确的判断和正确的决定,从更深一层的意义看,它有利于规范企事业单位、工商业主的市场经济行为,增大经营透明度,从而有效防范经济欺诈犯罪活动。

8.4.1.3 电子商务信用模式

电子商务信用是指电子商务交易的当事人在进行相关交易时应当以诚实和善意的努力促成交易的完成,在不怀有欺诈的情况下还要承担维护安全的义务。

我国电子商务主要采取四种较为典型的信用模式,即中介人模式、担保人模式、网站经营模式和委托授权模式。

(1)中介人模式是将电子商务网站作为交易中介人,达成交易协议后,购货的一方要将货款、销售的一方要将货物分别交给网站设在各地的办事机构,当网站的办事机构核对无误后再将货款及货物交给对方。这种信用模式试图通过网站的管理机构控制交易的全过程,虽然能在一定程度上减少商业欺诈等商业信用风险,但却需要网站有较大的投资以设立众多的办事机构,而且还有交易速度和交易成本问题的制约。

(2)担保人模式是以网站或网站的经营企业为交易各方提供担保为特征,试图通过这种担保来解决信用风险问题。这种将网站或网站的主办单位作为一个担保机构的信用模式,也有一个核实谈判的过程,无形中增加了交易成本。因此,在实践中,这一信用模式一般只适用于具有特定组织性的行业。

(3)网站经营模式是通过建立网上商店的方式进行交易活动,在取得商品的交易权后,让购买方将购买商品的款项支付到网站指定的账户上,网站收到购物款后才给购买者发送货物。这种信用模式是单边的,是以网站的信誉为基础的,这种信用模式一般主要适用于从事零售业的网站。

(4)委托授权经营模式是网站通过建立交易规则,要求参与交易的当事人按预设条件在协议银行建立交易公共账户，网络计算机按预设的程序对交易资金进行管理，以确保交易在资金安全的状况下进行。这种信用模式中电子商务网站并不直接进入交易的过程，交易双方的信用保证是以银行的公平监督为基础的。

8.4.2 企业电子商务信用管理体系的构建

电子商务作为一种业务的形式，不但提高了通信速度、加强了企业之间的信息交流，而且更重要的是降低了交易成本，提升了企业在国际市场上的竞争力，因此，电子商务在新经济条件下成为企业之间开展竞争与合作的重要手段。然而，鉴于国内企业信用意识淡薄，商业交易缺乏信誉、诚实，互不信任，因此，为了尽可能地排除企业和消费者的后顾之忧，比较切实可行的办法就是对应用电子商务的企业实行规范化管理，主要措施如下。

8.4.2.1 经营许可管理

调研资料表明，目前从事电子商务的大多数企业在营业前都没有经过信用评级，其应用的电子商务系统没有统一的技术标准，也没有专门的认证机构给予评级、颁发电子营业执照和数字证书，平台的安全性没有任何保障，这极大地增加了网上交易风险。因此，应加强工商行政部门的监督管理，对经营性网站一律实行资格认证。

8.4.2.2 信息发布管理

为方便用户了解信息，增强用户对网上交易的信心，从事电子商务的企业应建立企业信息发布中心以备用户登录查询。对在网站上发布的信息应本着真实、准确、完整的原则，不得弄虚作假、作误导性陈述或者有重大遗漏。

8.4.2.3 电子交易管理

电子交易管理作为交易过程的重要环节，是电子商务信用风险管理中极其重要的一个方面，它是决定交易能否正常进行及后期账款能否顺利回收的关键。因此，凡利用电子商务从事商务活动的企业和消费者都应当树立这方面的意识，制定一系列与此有关的重要程序，做到万无一失、滴水不漏。

8.4.2.4 内部作业管理

开展电子商务的企业应强化内部作业程序的管理，针对网上交易的具体环节应制定与之匹配的业务流程和服务体系，充分利用网络资源和内部信息资源，调查和收集客户的信用资料，采用一整套科学的评估技巧和手段，把各种数据按照信用要素的重要程度加以客观分析，评估出风险的程度，最终决定是否给予客户信用，以及信用额度和交易方式。

8.4.2.5 服务管理

鉴于网上交易的虚拟性，销售商应不断加强与客户的联系，提供切实可行的渠道供客户在必要时获得有关的服务条款，让客户体验网上交易能够带来的各种益处，增加对网上交易的可信度；平台服务商应加强对网上交易主体的管理，监控他们的实时交易和行为，对一些故意破坏或恶性交易的交易商进行经济处罚、投诉或淘汰。

8.4.2.6 清算程序管理

结算作为交易过程的最后一个环节,也起着非常重要的作用。企业在每一份订单签订后,都要考虑资金的回收速度。资金周转能力的强弱与企业的长期、持续、快速发展有相当大的关联,尤其通过网上信用销售,更要时刻关注每一笔交易款的回笼速度。鉴于银行是交易双方的唯一见证人,应明确银行对电子交易的监督管理,建立起对每一笔业务的跟踪系统。

电子商务信用体系建设方案编制的好坏、是否可行,对于政府而言,主要看其能否改变电子交易市场环境的恶劣状况,引导企业安全有效地开展电子商务,提高社会各界开展电子商务的积极性。

8.4.3 个人网络征信

8.4.3.1 个人信用征信的内涵

个人信用征信是指依法设立的个人信用征信机构对个人信用信息进行采集和加工,并根据用户要求提供个人信用信息查询和评估服务的活动。个人信用报告是征信机构把依法采集的信息,依法进行加工整理,最后依法向合法的信息查询人提供的个人信用历史记录。

个人信用信息包括:

(1)据以识别个人身份以及反映个人家庭、职业等情况的个人基本信息。

(2)个人与金融机构或者住房公积金管理中心等机构发生信贷关系而形成的个人信贷信息。

(3)个人与商业机构、公用事业服务机构发生赊购关系而形成的个人赊购、缴费信息。

(4)行政机关、行政事务执行机构、司法机关在行使职权过程中形成的与个人信用相关的公共记录信息。

(5)其他与个人信用有关的信息。

个人信用数据库包括个人基本信息、贷款信息、信用卡信息及信贷领域以外的部分信用信息,包括部分地区的个人交水费、电费、燃气费等公用事业费用的信息、个人欠税的信息、法院裁决信息等。

8.4.3.2 个人网络征信

2015年1月6日,中国人民银行在官网上发布了《关于做好个人征信业务准备工作的通知》,要求芝麻信用管理有限公司、腾讯征信有限公司等8家机构做好个人征信业务的准备工作,准备时间为6个月。这标志着个人征信正式向互联网公司开放。意味着网络售卖假货、打车软件爽约、网络虚假交易等网络不良行为将影响你未来的个人征信,截至2014年10月底,收录信用信息的自然人为8.5亿。下列八家机构为中国首批商业征信机构。

表8-4 我国首批商业征信机构

机构名称	背景	备注
芝麻信用管理有限公司	一般认为指蚂蚁金服旗下的征信事业群，欲打造“基于互联网的草根信用产品”，帮助企业和消费者对接	据报道，芝麻征信曾与多家P2P平台接触洽谈征信数据的合作
腾讯征信有限公司		未能通过工商资料查证其注册地址、注册资本和股东构成
深圳前海征信中心股份有限公司	(1)2013年8月注册，注册资本5 000万；(2)股东包括深圳市平安创新资本投资有限公司和深圳市平安置业投资有限公司；(3)法人代表：平安集团副总经理曹实凡；(4)营业范围：企业信用信息的采集、整理、保存、加工、咨询等	
鹏元征信有限公司		传统老牌资信企业
中诚信征信有限公司		传统老牌资信企业
中智诚征信有限公司	(1)成立于2013年9月的民营第三方征信公司；(2)以“黑名单”为业务特色；(3)法人代表：盛希泰，曾人华泰证券董事长	
拉卡拉信用管理有限公司	背后是第三方支付业界龙头之一——拉卡拉	
北京华道征信有限公司	由创业板上市企业“深圳银之杰”控制	深圳银之杰是专为银行提供软件产品、软件开发、金融专用设备和技术服务的IT企业

本节内容图表化

中介人模式	是将电子商务网站作为交易中介人，达成交易协议后，购货的一方要将货款、销售的一方要将货物分别交给网站设在各地的办事机构，网站的办事机构核对无误后再将货款及货物交给对方
担保人模式	是以网站或网站的经营企业为交易各方提供担保为特征，试图通过这种担保来解决信用风险问题。这种将网站或网站的主办单位作为一个担保机构的信用模式，也有一个核实谈判的过程，无形中增加了交易成本
网站经营模式	是通过建立网上商店的方式进行交易活动，在取得商品的交易权后，让购买方将购买商品的款项支付到网站指定的账户上，网站收到购物款后才给购买者发送货物。这种信用模式是单边的，是以网站的信誉为基础的，这种信用模式一般主要适用于从事零售业的网站
委托授权模式	是网站通过建立交易规则，要求参与交易的当事人按预设条件在协议银行建立交易公共账户，网络计算机按预设的程序对交易资金进行管理，以确保交易在安全的状况下进行。这种信用模式中电子商务网站并不直接进入交易的过程，交易双方的信用保证以银行的公平监督为基础

开阔视野——
还有你所不知道的

互联网启用电子身份证

由信息产业部信息化推进司、公安部全国公民身份号码查询服务中心、中国互联网协会指导，政府上网工程服务中心主办的“电子身份标志——身份通”启动大会2007年4月18日在京召开。这标志着网络世界通行证“电子身份标志——身份通”服务正式启动。

“身份通”是继“身份信息核查”服务之后，由国政通公司与公安部全国公民身份号码查询服务中心、各大电信运营商、金融单位合作推出的又一项重要身份信息服务。“身份通”依托公安部覆盖13亿人口的“全国公民身份信息系统”，利用用户主动激活的身份信息，生成一组数字代码和标志，可广泛应用于电子商务、银行理财、网上交友等所有需要确认身份真实性的网络信息交流活动中。基于身份信息随机生成的数字代码和标志，既确认了个人身份的真实性，又可有效避免个人信息曝光、保护个人隐私。该服务对打造未来我国的信用信息系统具有非常积极的意义。

案例学习——
看看你的分析能力

“我说你说都算”的电子商务

由于电子商务信用体系的模糊和成本问题，几乎所有国内的网络交易平台都把信用度的培养和建设工作放置在买卖双方，这种“我说你说都算”的方式，直接促成了“炒作信用度”普遍流行于国内的交易网站，特别是刚刚发展的C2C网站之间。

要注意的是，目前C2C的好评是“双向”性质的。也就是说，无论是买家还是卖家，只要完成网络交易并且互相好评之后，所得到的好评都将记录到自己的网上信用体系之内，系统显示的是你的“全体”好评的积累结果。再加上“宽松”无比的买家注册程序，这样的信用体系所包含的水分有多少？炒作有多容易？相信大家都已经心知肚明了。

正因如此，才出现这样的怪现象：注册才一个星期的卖家已经是“钻石级”的信用度，互换好评的消息在站内通信工具上面络绎不绝，更绝的是已经有“聪明人”开始在贩卖“钻石级”“双钻级”信用度的网店——并且奉送全套的注册资料，而且是明码实价，八折优惠人民币1.8万元。

除了上面这些大大小小比较“新颖”的招数以外，“双钻”卖家骗钱，“五星”买家骗货，虚假信息铺天盖地，水货假货泛滥成灾，在C2C网站里面比比皆是。这样说可能对于诚信、不作假的用户有所伤害，可是这正是我们目前要面对的电子商务的事实。

（资料来源：www.ecw.cn）

■ 通过以上介绍的案例，你认为我国电子商务信用的危机根源是什么？

■ 针对以上案例中列举的现象，C2C网站应该采取什么措施进行管理？

班级讨论——加深你的知识理解

(1)你认为信用的建立对电子商务的发展有什么促进作用?

(2)网上购物如何防范上当受骗?

自己动手——锻炼你的实践能力

(1)上网查阅一下资料,看看我国针对电子商务信用的问题采取了哪些具体措施?

(2)淘宝网店如何建立起自己的信用?

小节复习——牢记本节主要内容

一、解释概念

(1)信用;(2)商业信用

二、简短回答

(1)简述电子商务的几种信用模式。

(2)简述建立电子商务信用管理体系的意义。

8.5 电子商务的政策法规环境

引导案例——打开知识的大门

网上身份证失窃纠纷

王某在一个商家的网站上浏览,看中了一款笔记本电脑想购买。他决定采用公开密钥加密完成这一交易,于是,他从在线目录上查询商家的公开密钥,并以该公钥对自己的信用卡号码加密,再发送给商家。根据公开密钥加密理论,只有商家可以阅读加密的信息,因为商家排他性地拥有与其公开密钥相对应的私用密钥。但是,这期间李某以欺骗性的公开密钥代替商家真实的公开密钥提供了密钥信息,故王某在不知情的情况下以错误的公开密钥对其信用卡号码加密,由于李某拥有与欺骗性公开密钥相对应的私钥,他就可对王某的信用卡信息解密,盗窃了王某的信用卡号码,然后大肆挥霍消费。

更严重的是,公开密钥加密使李某隐藏了其欺骗的证据。在复制了王某的信用卡号码后,李某可再以商家真实的公开密钥,对王某的信息加密,并将信用卡号码发送给商家。商家和王某都不知道其间的交易信息被截获、篡改了。后来在王某发现自己的信用卡被盗取后，及时报案，避免了更大的损失。

■ 你认为在此类事故中，提供数字认证服务的认证机构和商家是否一定要承担法律责任？

自20世纪90年代中期以来，国际组织和各国政府十分关注电子商务领域的法律体系问题，纷纷制定法律、法规，以支持和引导电子商务的发展。电子商务法的法律体系可以表述为：一国内各种调整电子商务活动的具有法律效力的规范性法律文件按一定标准和原则组成的内部和谐一致的统一体。该体系的建构如表8－5所示。

表8－5　电子商务法法律体系

电子商务法规	内　容
电子合同法	对平等主体之间以数据电文的形式达成的合同进行规范
电子签名法	规范电子签名行为，确立电子签名的法律效力，维护有关各方的合法权益
电子支付法	保护电子交易的当事人使用安全电子支付手段，通过网络进行货币支付或资金流转
个人信息保护法	对网络上个人信息进行界定，保护个人信息不被泄露，保障交易顺利进行
电子商务消费者权益保护法	对消费者权益进行保护，促进电子商务的顺利发展
电子商务税收法	制定出适应电子商务内在规律又符合税收原则的电子商务的税收政策
电子商务纠纷解决机制	对电子商务纠纷进行界定，探讨解决纠纷的方法、体系

8.5.1　国际电子商务法律环境

国际上关于协调电子商务交易的法律主要由国际组织发起并制定，由各成员国共同遵守和执行。其中，最具代表性和普遍性的是联合国国际贸易法委员会1996年6月14日颁布的《电子商务示范法》及世界贸易组织关于电子商务法的规定。

8.5.1.1　联合国《电子商务示范法》

早期的国际电子商务立法主要是围绕EDI电子商务交换规则的制定展开的。1979年，美国标准化委员会制定了ANSI/ASC/X.12标准，其中X.12标准的推出促进了北美大陆的EDI进程。

1981年欧洲国家推出第一套网络贸易数据标准，即《贸易数据交换指导原则》（GTDI），它的发展为电子商务的研制和开发奠定了基础。1990年3月，联合国将这两大标准进行综合，建立了一个世界统一的EDI标准，即UN/EDIFACT标准，并被国际标准化组织正式接受为国际标准ISO9735。UN/EDIFACT标准的推出统一了世界贸易数据交换中的标准，使得利用电子数据交换在全球范围内开展商务活动成为可能。因此，UN/EDIFACT标准的诞生标志着国际电子商务的开始。此后，联合国又先后制定了《联合国行政商业运输电子数据交换规则》和《电子数据交换处理统一规则（UNCID）》等文件。1993年10

月,联合国国际贸易法委员会电子交换工作组第26届会议全面审议了《电子数据交换及贸易数据通信有关手段法律方面的统一规则草案》,形成了国际EDI法律基础。

20世纪90年代初,随着互联网商业化和社会化的发展,以互联网为基础的电子商务出现了前所未有的迅速发展。联合国国际贸易法委员会在EDI规则研究与发展的基础上,于1996年6月通过了《联合国国际贸易法委员会电子商务示范法》。该法的颁布为逐步解决电子商务的法律问题奠定了基础,为各国制定本国的电子商务法规提供了框架和示范文本。

8.5.1.2 世界贸易组织有关电子商务的立法

世界贸易组织(WTO)对于贸易领域的电子商务法律规范提出了计划,特别针对服务贸易提出了几个需要重点解决的问题,如电子商务定义、司法管辖权、电子商务分类、协议签署等,至于其他如关税、个人隐私、安全保证、国民待遇、公共道德等问题也提出了讨论和研究。另外,WTO还制定了有关电子商务的立法范围。

8.5.1.3 发达国家电子商务法律体系

电子商务作为一个新生事物,世界各国还处于摸索阶段,立法相对滞后,有关的法律规范框架都还处在构建之中。从发达国家目前的立法动向来看,基本上都是从一个战略发展的角度来规范和建立电子商务立法规则的。

美国是互联网的发源地,在电子商务立法方面比其他国家相对要深入一些。美国政府在1997年1月公布了《全球电子商务框架》白皮书,提出了发展电子商务的一般原则、面临的问题和相关建议。白皮书中主张各国政府不要对互联网上的商务活动进行限制和征税,并建议就一些共同的问题如未成年人保护、加密技术和审查制度等,建立一套国内和国际的指导原则,就如何保证互联网为自由竞争的、消费者自主选择的、不受管理的媒介提出了九条原则。1998年4月,美国商务部发表了《崛起的数字经济》一文,呼吁建立规范的因特网电子商务法律框架。1998年6月23日美国通过了反互联网税,禁止对新的互联网和互联网服务征收税费。

英国于1998年10月公布了英国电子商务发展规划,阐述了英国政府的电子商务方针和政策。其他如澳大利亚、日本、新加坡等国也都提出了自己的涉及电子商务法律建设的发展框架。

总体来看,目前国际上并没有形成一个统一的、各国均适用的电子商务法律。由于电子商务本身具有超越国界的特征,因此,有关电子商务的法律不仅要适合本国的发展情况和需求,同时还要与国际普遍接受的原则和法律规范相协调。

8.5.2 中国的电子商务政策法律环境

8.5.2.1 中国电子商务的政策与法规现状

国外电子商务的日新月异,引起了我国政府部门和有关各界的普遍关注和重视。相关的行政法规与规章有:1994年2月国务院颁发的《中华人民共和国计算机信息系统安全保护条例》,1996 年国务院发布、1997 年修正的《中华人民共和国计算机信息网络国际联网管理暂行规定》,1997 年 12 月公安部发布的《中华人民共和国计算机信息网络国际联网安全保护管理办法》,1998 年国家保密局发布的《计算机信息系统保密管理暂行规定》,2000 年 1 月国家保密局发布的《计算机信息系统国际联网保密管理规定》,以及 2000 年 4 月北京市工商行政管理局发布的《北京市工商行政管理局网上经营行为备案的通告》,2000 年 5 月北京市工商行政管理局发布的《关于对网络广告经营资格进行规范的通告》等。

2001 年 10 月修订的《著作权法》第十条确认了著作权人享有作品的信息网络传播权。为进一步有效管理网络著作权,2005 年 5 月 30 日,《互联网著作权行政保护办法》正式实施。

2002 年 8 月 1 日,新闻出版署颁布实施《互联网出版管理暂行规定》,对我国网络出版活动的准入和经营进行规范管理。

2002 年 9 月,信息产业部制定了《中国互联网域名管理办法》(此办法历经二次修订,最新的《办法》于 2004 年 12 月 20 开始实施)。

2002 年 11 月,广东省人大通过了《广东省电子商务交易条例》,这是全国第一部电子商务交易地方基本法。

《中华人民共和国电子签名法》在 2004 年 8 月 28 日十届全国人大常委会第十一次会议上表决通过,2005 年 4 月 1 日起实行。该法共 5 章 36 条,赋予电子签名与手写签名或盖章以同等的法律效力,明确了电子认证服务的市场准入制度,这将对中国电子商务的发展产生重大的影响。

2005 年 9 月 25 日,中国国务院新闻办公室、信息产业部联合发布《互联网新闻信息服务管理规定》,并即日施行,已实行 5 年的《互联网站从事登载新闻业务管理暂行规定》同时废止。

2005 年 10 月 30 日,中国人民银行向社会公布《电子支付指引(第一号)》,对银行从事电子支付活动提出了指导性要求,对银行针对不同客户在电子支付类型、单笔支付金额和每日累计支付金额等方面作出合理限制。

2006 年 12 月 29 日,全国人大常委会表决通过了关于加入《世界知识产权组织版权条约》和《世界知识产权组织表演和录音制品条约》的决定,中国由此正式加入这两个条约。这意味着中国将着力提升互联网版权保护水平。

2010 年 6 月,中国人民银行正式对外公布《非金融机构支付服务管理办法》对国内第三方支付行业实施正式的监管。根据该《办法》,非金融机构提供支付服务需要按规定取得"支付业务许可证",俗称"第三方支付牌照",成为支付机构,而 2011 年 9 月 1 日成为第三方支付机构获得许可证的最后期限,逾期未取得的企业将不得继续从事支付业务。

2013 年 10 月,针对目前电子商务领域存在的种种问题,十二届全国人大常委会将电子商务立法工作列入规划,并在之后成立了电子商务法起草组。到 2014 年 12 月,起草组针对 14 项具体问题进行了专题调研并完成研究报告,主要包括:电子商务监管体制、电子商务市场准入与退出、数据电文和电子合同问题、电子商务领域支付、在线知识产权保护、电子商务税收、电子商务纠纷解决机制、消费者权益保护、电子交易信息安全保障、跨境电子商务、电子商务产品质量监管、快递与电子商务协调发展、电子商务可信交易环境等。

立法的相关工作正在有序推进中,相关机构将力争在2015年3月前后形成立法大纲;2015年下半年,完成《电子商务法》草案。

8.5.2.2 我国发展电子商务的原则

为进一步加快电子商务的发展,充分发挥政府在电子支付、信息和网络安全、数据交换等技术标准方面的主导作用。我国信息产业部于2000年确定了我国电子商务发展将遵循的五大指导原则。

(1)政府在电子商务发展中应发挥宏观规划和指导作用。加强政府有关部门间的相互协调,有利于保持与电子商务有关的政策、法规和标准的一致、连续性;通过宏观规划、协调组织,制定有利于电子商务发展的优惠政策,以引导电子商务的发展,推动电子商务的应用。

(2)重视企业在电子商务中的作用。企业是经济活动的基本组成单位,电子商务的深入发展必须要有企业积极主动的参与。要鼓励企业发挥积极性,主动参与电子商务的应用,并加强行业自律。

(3)从示范工程入手引导电子商务的开展。根据国家急需、可行性强、效果显著的原则,积极、稳妥地开展电子商务,抓好重点领域、行业、地区、企业的电子商务试点,通过电子商务示范工程,重点在法律法规、标准规范、支付认证、安全可靠性和信息基础设施方面总结经验,逐步推广。

(4)遵守国家法律和安全管理规定。电子商务的发展应当遵守国家的有关法律法规和安全管理制度,必须采用由政府主管部门授权生产的安全技术产品。

(5)加强国际电子商务合作。从我国的实际情况出发,积极参与国际电子商务的合作,制定和创建既符合中国国情又与国际接轨的法规和制度环境,推动协调一致的全球电子商务环境的建立。

8.5.2.3 我国关于电子商务发展的政策

(1)实施有力的宏观指导。有关部门应在充分了解我国社会发展水平和现实社会需求的基础上,尽快制定发展电子商务的规划。应该很好地总结发达国家在电子商务发展方面的经验,对于电子商务的规划工作应该做得更早一些,更主动一些,更积极一些。应该制定一套行之有效的优惠政策,鼓励更多的信息技术公司从事部门、行业和企业的信息化、电子化,鼓励电子商务的应用、发展和普及。

(2)完善应用环境。电子商务的发展涉及基础设施建设、网络管理、法律法规、金融结算、物流配送、网上税收和网络安全等非常多的方面,是一项非常复杂的系统工程,建立和完善电子商务的应用环境对于促进和保证我国电子商务的顺利发展具有极其重要的意义。

要尽快制定我国有关电子商务的法律及其实施条例。各行业制定完善的电子商务规则是实现行业电子商务的首要要求。我国目前电子商务法律法规有待健全,电子支付有待完善,必须制定规则和规章制度来规范电子商务操作流程,维护有关各方的合法权益。

(3)加强基础设施建设。电子商务是基于因特网的商务活动,必须有与之相应的信息基础设施,包括各种信息传输网络的建设、信息传输设备的研制、信息技术的开发等一系列信息基础设施的建设。电子商务的发展还取决于信息终端设备的普及程度,信息基础设施必须与信息终端设备相连才能开展电子商务活动。

(4)促进信息化进程。要促进我国电子商务应用的普及,企业信息化是基础,金融电子化是保证。金融电子化工作要适应信息时代的要求,使企业和个人能够通过信息化手段,随时随地享受到高质量的金融服务。

(5)普及知识和培养人才。政府应加强计算机、网络和电子商务知识的推广普及,让更多的人认识计算机、网络和电子商务。要充分调动学校、企业及社会各界的积极性,面向电子商务应用与发展中的不同需求,培养各个层次的电子商务人才,特别是具有计算机网络技术和现代商务知识的复合型电子商务人才,营造我国电子商务应用与发展的社会环境和人才基础。

总而言之,中国电子商务及其相关的法律法规与政策还在不断完善之中。只有在积极的、健康的政策法规环境下,中国的电子商务才能发展起来,才能实现中国信息产业的跨越式发展。

8.5.3 电子商务交易规则

做游戏要有规则,做交易更要有规则。任何的交易都是基于一定的规则来完成的,要保证网上交易能够实现,首先要制定买卖双方在网上以什么规则来交易。

8.5.3.1 电子商务一般交易规则的内容

一般来说,交易规则要包括这样一些内容:交易时间、交易品种、交易程序、结算方式、交割方式、交易纠纷的处理等。

(1)交易时间。交易时间是指针对在网上所交易的商品,买卖双方开始进行交易和交易终止的时间。从理论上来说,网络是保证24小时能够交易的,但在实践上,由于网上交易的模式不同,对交易时间必须要明确。例如,网上证券的交易时间与证券交易所所规定的时间是一致的;网上拍卖必须十分明确交易开始和结束的具体时间;有些采用会员制交易方式的网上市场也要规定具体的交易时间。一旦交易时间明确,买卖双方就都要根据所规定的时间进行交易,否则会产生交易纠纷,引起法律问题。

(2)交易品种。网站经营企业必须对网上交易的商品加以明确。一般网上所交易的具体品种均由卖方来确定,但网站经营者要根据国家有关的法律、政策来规定可以进行的交易品种,比如毒品、色情产品肯定不能在网上进行。对有些具体的产品国家制定了限制网上交易的政策,如目前药品不能在网上销售。

(3)交易程序。网上交易的程序是交易规则中最重要的部分,一般会具体指明交易的步骤。通常的交易步骤为:注册——登录——查询——报价或议价——达成交易(下订单)——确认——付款——交割。

(4)结算方式。结算方式包括两个方面的内容:一是具体的支付工具,如会员保证金制、现金、电子现金、储值卡、信用卡、电子支票等;二是具体的支付方式,如网上支付、邮局或银行汇款、上门收款等。

(5)交割方式。交割方式是指实物或服务传递给买方的方式。根据商品或服务的特性,可以分为网上传递(下载)和实物送达两种方式。

一般无形产品如软件、咨询报告等可以通过网络直接传送;有形产品则必须采取实物交割、实体配送方式。业务实践中,实物商品的配送比较复杂,具体涉及送货方式、送货时间、送货费用、送货费用由谁负担、买方检验货物的权利等问题。

(6)交易纠纷的处理。这一般包括不可抗力的说明、发生交易纠纷的处理方式,如仲裁或诉讼、索赔等内容。

8.5.3.2 网络交易平台服务规范

为规范电子商务交易、明确交易各方的权利义务和责任、建立交易规则、提高电子商务交易的可靠性与信任度,在 ebay 易趣公司、一拍网、卓越、新浪、IGO5、首信、搜易得、云网共八家电子商务交易平台的共同参与下,中国电子商务协会凭借其组织企业、沟通政府、联络专家的有利地位,利用行业规范形式灵活的特点,选择电子商务交易平台作为规范电子商务交易的突破口,根据电子签名法、合同法、消费者权益保护法、电信条例、互联网信息服务管理办法等有关法律法规的规定,结合我国电子商务的实际状况和发展趋势,推出了我国电子商务领域的第一个行业规范——网络交易平台服务规范。

该网络交易平台服务规范已于2005 年4 月 18 日在第八届中国国际电子商务大会上正式对外发布,ebay 易趣公司、一拍网、卓越、新浪、IGO5、首信、搜易得、云网共八家电子商务交易平台的负责人到场签字,来自信息产业部、国家工商总局、商务部、公安部、税务总局、中国质量万里行促进会、全国律师协会等单位的官员到场见证了这一中国电子商务发展史上具有历史意义的事件。

网络交易平台交易服务规范的发布为电子商务企业完善制度并接受社会各界的监督提出了切实可行的规范体系,为各地方电子商务立法或电子交易立法提供参考和支持。

为规范第三方电子商务交易平台的经营活动,保护企业和消费者合法权益,营造公平、诚信的电子商务交易环境,商务部制定了《第三方电子商务交易平台服务规范》,于2011 年4 月 12 日发布。第三方电子商务交易平台服务规范秉持三项基本原则:公平、公正、公开原则,业务隔离原则,鼓励与促进原则。该服务规范为倡导诚信规范的经营服务理念,完善电子商务发展环境,促进电子商务健康发展,起到了至关重要的作用。

2014 年 2 月 13 日,国家工商行政管理总局公布了《网络交易管理办法》,消费者的网购“后悔权”将在法律和部门规章层面都获得支持。《网络交易管理办法》自 2014 年 3 月 15 日起施行。《网络交易管理办法》要求,网络商品经营者销售商品,消费者有权自收到商品之日起七日内退货,且无须说明理由;鲜活易腐、定做等四类商品除外。

本节内容图表化

我国发展电子商务的原则	(1)政府在电子商务发展中应发挥宏观规划和指导作用 (2)重视企业在电子商务中的作用 (3)从示范工程入手引导电子商务的开展 (4)遵守国家法律和安全管理规定 (5)加强国际电子商务合作
电子商务一般交易规则的内容	(1)交易时间 (2)交易品种 (3)交易程序 (4)结算方式 (5)交割方式 (6)交易纠纷的处理

开阔视野——还有你所不知道的

网络虚拟财产及其交易安全问题

我国网络游戏已有 10 年的历史,现已拥有 1 380 万在线玩家,中国已成为全球网络游戏产业增长最快的地区之一。随着网络游戏的不断发展,网络虚拟财产已经悄悄地延伸到现实中。17173.com 的一项调查显示,22.64% 的用户曾使用现实货币购买过网络游戏中的游戏号或虚拟物品。

网络虚拟财产是指依赖于网络空间中的虚拟环境而存在的、属于游戏玩家控制的游戏资源,包括游戏账号、游戏角色(RPG),及其游戏过程中积累的“货币”、“地产”、“装备”、“宠物”等物品。

现实中,无论是虚拟财产交易,还是网络游戏公司对虚拟财产交易的管理行为都呈现出一种混乱和无序化的状态。尽管网络游戏的运营商不鼓励“武器装备”、“宠物”等虚拟财产的货币化交易,但现实的交易已经在发生并不断扩大规模,虚拟财产的商品化已是一个不争的事实。

虚拟财产的商品化既然是不可避免的,法律要做的就应当是保护其交易安全。目前,游戏的运营商作为债务人就应当承担起保护交易安全的责任,即虚拟财产的交易安全由游戏运营商来保障。运营商作为交易双方的中间人,在网络游戏中设置一个交易平台,价格由交易双方协商,但双方的信誉须由运营商来保障。交易时,运营商首先对要交易的虚拟财产进行编号、登记，并在整个网络游戏中公示，即使是赠予也需要登记与公示。这样就保证了所有未经过交易平台登记与公示的私下交易都是无效的。登记公示后，卖方将虚拟财产转存到交易平台，由运营商负责保管，然后，在限定的时间内，买方将货币汇到运营商指定的账户，资金到账后运营商将虚拟财产在网络中交给买方。如果是互易财产也必须通过交易平台，即使双方同时反悔，也必须再次通过交易平台登记公示才能各自要回自己原来的虚拟财产。这样一来，交易的安全由技术、资金都由居于强势地位的运营商保护，交易的风险也由运营商负责，玩家就可以避免因交易欺诈所遭受的损失了。

案例学习——看看你的分析能力

网上交易中电子签名有必要吗

小张是一位股票投资人，他通过电子邮件委托经纪人来买卖股票。在上午8点向他的股票经纪人发送信息，让她当XYZ公司股票每股价格达到65.00元时立刻购入1 000股。假设上午9:35，该股票价格到达65.00元，发生了三组不同的连锁事件，每件事都可能引起纠纷。

场景一：股票经纪人按小张的要求行事。上午11:30，XYZ公司的一主要竞争对手宣布将出售一种新产品，这事实上使XYZ公司的主要产品成为过时货。到下午3:00，XYZ公司的股票价格猛跌至45.00元。几周后，小张收到股票经纪人寄来的账户结算单。他否认购买XYZ公司的股票并要求调整他的账户。

场景二：股票经纪人没有按小张的要求行事。两天后，XYZ公司发布收益良好的通告，股票价格上升至每股76.00元。小张立刻给他的股票经纪人打电话，要求立刻抛售他所持有的XYZ公司股票。而股票经纪人的回答是“什么股票？你并没持有XYZ公司股票。”她拒绝承认接到小张让她购买XYZ公司股票的命令。

场景三：股票经纪人按小张的要求行事，但是错误地只购买了100股，而不是1 000股。两天后，XYZ公司发布收益良好的通告，股票价格上升至每股76.00元。小张给他的股票经纪人打电话，要求抛售他所持有1 000股XYZ公司股票。而股票经纪人的回答是“你只持有100股XYZ公司股票。”她声称当初的购买要求是100股而不是1 000股。

■ 通过这个案例，分析采用电子签名的必要性和实施方法。

班级讨论——加深你的知识理解

(1)根据你的了解，国外主要出台了哪些电子商务法规？

(2)除了我们讲到的以外，你还了解哪些我国出台的与电子商务相关的法规？

(3)请你论述电子商务法规对电子商务的影响。

(4)请你举出几个经济生活中电子商务对传统法规提出挑战的实例。

自己动手——锻炼你的实践能力

(1)浏览中国电子商务法律网(http://www.chinaeclaw.com/),了解更多的法律知识。

(2)通过查阅书籍和上网查看《中华人民共和国电子签名法》,掌握电子签名法的主要内容。

小节复习——牢记本节主要内容

简短回答

(1)我国发展电子商务的原则和政策有哪些内容?

(2)电子商务的交易规则主要包括哪些内容?

(3)简要分析网络交易平台服务规范的现实意义。

参考文献

[1]王伟军.电子商务概论[M].武汉:华中师范大学出版社,2006.

[2]高家望.电子商务概论[M].武汉:华中师范大学出版社,2001.

[3]王学东,易明等.电子商务概论[M].广州:华南理工大学出版社,2005.

[4]张宽海.电子商务概论[M].北京:高等教育出版社,2005.

[5]菅利荣.电子商务概论[M].北京:科学出版社,2005.

[6]王文琴,徐德力等.电子商务概论[M].北京:电子工业出版社,2005.

[7]胡玫艳.电子商务教程[M].广州:华南理工出版社,2003.

[8]廖晓淇.中国电子商务报告[M].北京:经济科学出版社,2005.

[9]闵敏.电子商务概论[M].北京:机械工业出版社,2003.

[10]萨蒂普·克里希纳默西.电子商务管理 课文与案例[M].李北平等,译.北京:北京大学出版社,2005.

[11]黄敏学等.电子商务[M].北京:高等教育出版社,2004.

[12]张润彤.电子商务[M].北京:科学出版社,2005.

[13]邵兵家.电子商务概论[M].北京:高等教育出版社,2003.

[14]黄永斌.电子商务导论[M].北京:机械工业出版社,2004.

[15]黄正平.电子商务概论[M].广州:华南理工大学出版社,2003.

[16]祁明.电子商务实用教程[M].北京:高等教育出版社,2006.

[17]黄敏学.网络营销[M].武汉:武汉大学出版社,2000.

[18]谭建辉.网络营销经典案例与实训教程[M].北京:中国电力出版社,2006.

[19]Allan Afuah 等.电子商务教程与案例[M].李明志等,译.北京:清华大学出版社,2005.

[20]埃弗雷姆·特班,戴维·金等.电子商务:管理视角[M].北京:机械工业出版社,2007.

[21]塔菲克·杰拉希,艾布里特·恩德斯.电子商务战略 概念与案例[M].李洪心,译.大连:东北财经大学出版社,2006.

[22]赵纯均.经营电子商务:理论与应用[M].北京:清华大学出版社,2005.

[23]王红春.电子商务概论[M].北京:知识产权出版社,2014.

[24]董志良. 电子商务概论[M]. 北京:清华大学出版社,2014.

[25]王鑫鑫. 电子商务概论[M]. 北京:北京大学出版社,2014.

[26]张波,等. 电子商务实用教程[M]. 北京:清华大学出版社,2014.

[27]兰宜生. 电子商务基础教程[M]. 北京:清华大学出版社,2014.

[28]宋文官. 电子商务概论[M].3 版. 北京:清华大学出版社,2014.

[29]王冠宇. 电子商务及应用研究[M]. 北京:知识产权出版社,2013.

[30]覃征,等. 电子商务概论[M]. 北京:高等教育出版社,2012.

[31]王冬霞. 电子商务概论及实训[M]. 北京:科学出版社,2012.

[32]吴吉义,等. 电子商务概论与实例分析[M]. 北京:清华大学出版社,2012.

[33]司林胜,等. 电子商务案例分析教程[M]. 北京:电子工业出版社,2010.

[34]王伟军,等. 电子商务信息管理[M]. 北京:科学出版社,2010.

[35]梁春晓,等. 电子商务服务[M]. 北京:清华大学出版社,2010.

[36]李琪,等. 电子商务导论[M]. 北京:电子工业出版社,2010.

[37]姜红波,等. 电子商务概论[M].3 版. 北京:清华大学出版社,2009.

[38]秦成德,等. 移动电子商务[M]. 北京:人民邮电出版社,2009.

[39]周宇辰,等. 下一代电子商务——理论、应用及基于 IBM WebSphere Commerce 平台的实践[M]. 北京:电子工业出版社,2009.

[40]李蔚田,等. 物联网基础与应用[M]. 北京:北京大学出版社,2012.

[41]杨坚争,等. 电子商务基础与应用[M].8 版. 西安:西安电子科技大学出版社,2012.

[42]戴建中. 电子商务概论[M].2 版. 北京:清华大学出版社,2014.

[43]艾瑞咨询集团.2014 年中国电子商务行业年度监测报告简版[R],2014.

[44]中国电子商务研究中心.2014 年(上)中国电子商务市场数据监测报告[R],2014.

[45]中国互联网络信息中心. 第 34 次中国互联网络发展状况统计报告[R],2014.

[46]中国互联网络信息中心.2013 年中国网民网络视频应用研究报告[R],2014.

[47]中国互联网络信息中心.2013 年中国搜索引擎市场研究报告[R],2014.

[48]易观智库. 中国社会化电子商务专题研究[R],2012.

[49]姜丽. 网络视频营销的模式、类型和策略研究[D]. 武汉:华中科技大学,2014.

[50]赵桐羽. 移动互联网时代微产物的传播学探析——以腾讯微信为例[J]. 东南传播,2013(7).

[51]吴菊华,高穗,莫赞,等. 社会化电子商务模式创新研究[J]. 情报科学,2014,32(12).

[52]吕昕璐. 中国网上拍卖行业发展中的挑战及对策[J]. 现代经济信息,2014(13).

图书在版编目(CIP)数据

电子商务概论/王伟军主编. —3 版. —北京:首都经济贸易大学出版社,2016.1
ISBN 978-7-5638-2440-3

Ⅰ.①电… Ⅱ.①王… Ⅲ.①电子商务—概论 Ⅳ.①F713.36

中国版本图书馆 CIP 数据核字(2015)第 241292 号

电子商务概论(第三版)
王伟军 主编
沈金波 张婷婷 副主编

出版发行 首都经济贸易大学出版社
地　　址 北京市朝阳区红庙 (邮编 100026)
电　　话 (010)65976483 65065761 65071505(传真)
网　　址 http://www.sjmcb.com
E-mail publish@cueb.edu.cn
经　　销 全国新华书店
照　　排 首都经济贸易大学出版社激光照排服务部
印　　刷 北京市泰锐印刷有限责任公司
开　　本 787 毫米×1092 毫米 1/16
字　　数 512 千字
印　　张 20
版　　次 2008 年 2 月第 1 版 2011 年 7 月第 2 版
2016 年 1 月第 3 版 2016 年 1 月总第 5 次印刷
印　　数 14 001~18 000
书　　号 ISBN 978-7-5638-2440-3/F·1371
定　　价 35.00 元
